18世紀フランスの憲法思想とその実践

畑　安次

18世紀フランスの憲法思想とその実践

学術選書
59
憲　法

信山社

はしがき

　本書は，私がこれまでに発表してきた諸論文のうち，フランス革命に関するものを選んで加筆・修正して編集したものである。それらの諸論文は次頁〈初出一覧〉のとおりである。

　本書の構想はおよそ 15 年前にできあがっていた。しかし，金沢大学は「金沢城内キャンパス」から現在の「角間キャンパス」への移転問題をめぐって議論が分かれ，最終決着をめぐって山場を迎えていた。また，文部（科学）省主導のいわゆる「教養部廃止問題」をめぐる議論も最終段階を迎えていた。結局，大学の「角間移転」が「評議会決定」に基づいて実施され，教養部も廃止されるにことになった。「移転問題」にしろ「教養部廃止問題」にしろ，いずれも「大学自治・学部（部局）自治」をめぐる大きな問題であった。教養部は，「大学自治・学部（部局）自治」を掲げて闘ったけれども，大学をめぐる社会的・政治的状況は大きく様変わりをしていた。そして，何よりも大学構成員の意識が変わっていた。結局，教養部は「角間移転」「教養部廃止」をめぐる総括を教養部会の総意でもって行い，全学の動向に従った。さらに，「角間移転」と「教養部廃止」のあと，ロー・スクール開設をめぐる問題が起こり，これをめぐっても若干の議論が見られたが，ようやくにして開設に至った。

　その間，「大学行政」に関わることによって，15 年前に予定していた本書の出版が遅れてしまい，今日に至った。しかし，大学をめぐる多くの問題を考え続けてこられたことは，私にとっては意義深いものがあった。

　私の主要な研究テーマは「フランス憲法思想史」であるが，「思想と実践」という学生時代からの問題を抱えつつ，定年退職を迎えることになった。遅々として進まぬ仕事ではあるが，退職後もその延長線上での思索は続けていきたいと考えている。

　2010 年 10 月 10 日

　　　　　　　　　　　　　　　　　　　　　　　　　畑　　安　次

〈初出一覧〉

1 序 「18世紀フランス憲法思想の今日的意義」——「英仏ブルジョワ革命期の思想」恒藤武二編『ヨーロッパ思想史——社会的思想を中心に——』法律文化社，95-121頁，1987年。
2 第Ⅰ部 第1章 「自由主義的貴族の憲法思想」——「モンテスキューの憲法思想とパルルマン」金沢大学教養部論集人文科学篇31-1号，23-49頁，1993年。
3 第Ⅰ部 第2章 「ブルジョアの憲法思想」第1節「フィジオクラートの憲法思想」——「18世紀フランス憲法思想の一潮流——ケネー，シェイエス，1789年人権宣言」金沢大学教養部論集人文科学篇24-1号，88-107頁，1986年。
4 第Ⅰ部 第2章 「ブルジョアの憲法思想」第2節「アンシクロペディストの憲法思想」——「ディドロの憲法思想」同志社法学52巻6号，222-251頁，2001年。
5 第Ⅰ部 第3章 「『民衆』の憲法思想」——「ルソーの『一般意志』論」金沢法学50巻2号，1-28頁，2008年。
6 第Ⅰ部 第4章 「コミュニストの憲法思想」第1節「モレリの憲法思想」——「モレリの憲法思想」同志社法学46巻3・4号，253-279頁，1994年。
7 第Ⅰ部 第4章 「コミュニストの憲法思想」第2節「マブリの憲法思想」——「マブリの憲法思想」金沢法学40巻1号，225-261頁，1998年。
8 第Ⅱ部 第1章 「アンシャン・レジーム末期におけるパルルマンの憲法思想とその実践」——「アンシャン・レジーム末期におけるパルルマンの憲法思想」金沢大学教養部論集人文科学篇30-2号，59-89頁，1993年。
9 第Ⅱ部 第2章 「ブルジョアの憲法思想とその実践」——「18世紀フランス憲法思想の一潮流——ケネー，シェイエス，1789年人権宣言」金沢大学教養部論集人文科学篇24-1号，83-107頁，1986年。
10 第Ⅱ部 第3章 「『民衆』の憲法思想とその実践」——「ルソー，ロベスピエールと1793年6月24日の憲法」金沢大学教養部論集人文科学篇26-2号，7-32頁，1989年。
11 第Ⅱ部 第4章 「コミュニストの憲法思想とその実践」——「バブーヴィストの憲法思想」金沢法学40巻2号，65-100頁，1998年。

〈目　次〉

はしがき

◇序◇　18世紀フランスの憲法思想考察の今日的意義…………… 1

　1　フランス革命と憲法思想（1）／2　ピューリタン革命とフランス革命（1）／3　ブルジョア革命期におけるイギリスとフランスの憲法思想（3）／4　18世紀フランスの憲法思想考察の今日的意義（13）

◆第Ⅰ部◆　啓蒙期の憲法思想

◇第1章◇　自由主義的貴族の憲法思想——Montesquieu ………… 19

　はじめに（19）
　第1節　モンテスキューの政体分類論（22）
　第2節　モンテスキューのイギリス国制分析（28）
　第3節　モンテスキューの憲法思想とパルルマン（36）
　　第1項　18世紀初期のパルルマン（36）
　　第2項　パルルマンの諸建白（39）
　　第3項　モンテスキューの統治機構論とパルルマン（46）
　おわりに（51）

◇第2章◇　ブルジョアの憲法思想 …………………………………… 54

　第1節　フィジオクラートの憲法思想
　　　　　——F.Quesnay, Mercier de la Rivière（54）
　はじめに（54）
　　第1項　フィジオクラートの人権思想——自由・平等・所有の観念（57）
　　第2項　フィジオクラートの統治機構論——合法的専制主義（63）
　第2節　アンシクロペディストの憲法思想——D. Diderot, Le Chevalier de Jaucour（69）

vii

目　次

　　はじめに（69）

　　第1項　憲法思想の原点としての自然法論（69）

　　第2項　アンシクロペディストの人権思想（72）

　　　　1　人権思想の諸潮流（72）／2　所有権——「労働による所有権」論（74）／3　フィジオクラート批判——「公共善」論（77）

　　第3項　アンシクロペディストの主権思想（81）

　　　　1　主権思想の原点としての人民主権論（81）／2　立憲君主制と民主制（85）

　　おわりに（88）

◇第3章◇　「民衆」の憲法思想——J.-J.Rousseau……………………90

　　はじめに（90）

　　第1節　ルソーの政治社会構想（90）

　　　第1項　政治・法思想の原点としての『学問芸術論』（90）

　　　第2項　『人間不平等起源論』における自然状態・人間不平等の起源と歴史（94）

　　第2節　『社会契約論』における政治社会構想と「一般意思」（101）

　　　第1項　人民主権論（101）

　　　第2項　「一般意思」（104）

　　　第3項　人権思想（106）

　　　第4項　若干の検討（109）

　　おわりに（114）

◇第4章◇　コミュニストの憲法思想——Morelly, Mably……………115

　　第1節　モレリの憲法思想（115）

　　　はじめに（115）

　　　第1項　「バブーフの陰謀」とモレリ（116）

　　　第2項　『君主論』における憲法思想（117）

　　　　　1　主権の淵源と君主の権力（118）／2　最良の政治形態（120）

　　　第3項　『自然の法典』における憲法思想（122）

　　　　　1　発想の原点——人間観（122）／2　諸悪の根源としての私有財産制度（124）／3　自然の意図にかなった政治社会構想（125）

第４項　２つの憲法思想の関係（130）
　　おわりに（132）
　第２節　マブリの憲法思想（133）
　　はじめに（133）
　　第１項　発想の原点（136）
　　　　１　自然権としての平等と自由（136）／２　政治社会の目的（138）
　　　　／３　諸悪の根源としての土地所有（140）
　　第２項　ユートピア──空想的共産主義（141）
　　　　１　所有権批判と「財産共有の社会」（141）／２　ユートピアに
　　　　向けての諸法律（143）
　　第３項　憲法思想（147）
　　　　１　人権思想（147）／２　政治社会構想（155）
　　おわりに（161）

◆第Ⅱ部◆　革命期の憲法思想とその実践

◇第１章◇　アンシャン・レジーム末期におけるパルルマンの憲法
　　　　　　思想とその実践……………………………………………165

　はじめに（165）
　第１節　パルルマンの歴史と権限（166）
　　第１項　パルルマンの起源と発展（166）
　　第２項　パルルマンの権限（169）
　第２節　パルルマンの憲法思想とその実践（173）
　　第１項　考察の前提（173）
　　　　１　法律の保管者としてのパルルマン（173）／２　国王の上位にあ
　　　　る法律（175）
　　第２項　人権論（177）
　　　　１　自　由（177）／２　所　有（183）／３　平　等（186）
　　第３項　主権論（188）
　　　　１　統治契約論と国民代表論（189）／２　課税に関する国民の
　　　　同意（190）
　おわりに（195）

目　次

◇第2章◇　ブルジョアの憲法思想とその実践——Siéyès……………197

　　はじめに（197）
　　第1節　憲法制定国民議会（197）
　　　　　　1　憲法とは何か（198）／2　社会の目的と憲法・人権宣言（199）
　　第2節　シエースの人権宣言草案（200）
　　第3節　1789年人権宣言の憲法思想（205）
　　おわりに（209）

◇第3章◇　「民衆」の憲法思想とその実践——Robespierre……………212

　　はじめに（212）
　　第1節　人　権　思　想（215）
　　　第1項　平等理念と生存権（215）
　　　第2項　所有権の制限（216）
　　第2節　主権思想および統治機構論（217）
　　　第1項　国民主権論と人民主権論（217）
　　　第2項　立法権優位の統治機構論（219）
　　　第3項　選挙制度論（220）
　　第3節　ルソー，ロベスピエールと1793憲法（221）
　　　第1項　1793年憲法の憲法史上の評価をめぐる問題（221）
　　　第2項　1793年憲法に対するドウサンシエル・フェランディエールの
　　　　　　評価（222）
　　　　　　1　民主主義的性格（224）／2　反自由主義的性格（225）
　　　　　　／3　反議会主義的性格（227）
　　　第3項　1793年憲法に対するブリモの評価（229）
　　　　　　1　1793年憲法は反自由主義的憲法か（230）／2　1793年憲法に
　　　　　　おける権力分立原理の否定（233）／3　1793年憲法における統治
　　　　　　者と被治者の同一性（234）
　　　第4項　若干の検討（237）
　　　　　　1　ルソーの一般意思論（237）／2　1791年憲法と1793年
　　　　　　憲法（243）／3　ロベスピエールと1793年憲法（247）
　　おわりに（251）

目 次

◇第4章◇　コミュニストの憲法思想とその実践——Babeuf……………254

　はじめに（254）

　第1節　「テルミドールの反動」前後の憲法問題（255）
　　第1項　ルソー，ロベスピエールの憲法思想と1793憲法（255）
　　第2項　ロベスピエールと「革命政府」の諸原理（258）
　　第3項　「テルミドールの反動」と1795年8月22日の憲法（260）

　第2節　バブーヴィストの憲法思想（262）
　　第1項　人権思想を貫く平等主義（262）
　　　1　「公安秘密総裁府設立趣意書」（262）／2　「バブーフの教義の概要」における1793年憲法の評価（270）
　　第2項　「平等派の宣言」（274）
　　第3項　教育を受ける権利（275）

　第3節　統治機構構想（277）

　おわりに（280）

◇結◇　18世紀フランスの憲法思想とその実践に学ぶもの………………283

　あとがき（287）

　人名索引（巻末）／事項索引（巻末）

18世紀フランスの憲法思想とその実践

序　18世紀フランスの憲法思想考察の今日的意義

1　フランス革命と憲法思想

　10余年にわたって展開され，最終的にはブルジョア革命として終息するフランス革命は，典型的なブルジョア革命といわれるが，そこには次のような革命の諸形態が内含されている。すなわち，その内容は，（1）フランス革命の序曲ともいうべき1787年から開始される国王権力に対する貴族の反抗（貴族の「革命」），（2）貴族が掲げた「革命」の旗を受け継いで闘われた「ブルジョアの革命」，（3）この「ブルジョアの革命」の成果としての1789年人権宣言および1791年憲法（「89年－91年体制」）によっては自らの階級的欲求を実現することのできなかったプチ・ブルジョア民衆が，この体制を超克しようとして展開された「民衆の革命」（1792年－94年），（4）「『民衆』の革命」によってもなお実現されなかった社会の最底辺層の階級的欲求の実現を目指して展開されようとした「共産主義の革命」の試みと挫折（1794年-96年）である。

　本書は，典型的なブルジョア革命としての上記のようなフランス革命の諸形態が，革命前の憲法思想によって準備されていた点に着目し，思想と実践との相関関係について考察するものである。すなわち，（1）の貴族の反抗（貴族の「革命」）を支えた①パルルマン（Parlement＝高等法院）の憲法思想，（2）の「ブルジョアの革命」を支えた②ブルジョアの憲法思想，（3）の「民衆の革命」を支えた③「民衆（プチ・ブルジョア）の憲法思想」，（4）の「共産主義の革命」を支えた④「コミュニストの憲法思想」である。

2　ピューリタン革命とフランス革命

　このようなフランス革命をめぐる憲法思想とその実践を考察した場合，後述するようなイギリスのピューリタン革命をめぐるレヴェラーズの憲法思想が注目される。一般的に，17世紀中期のピューリタン革命と18世紀末期のフランス革命の相違点として，前者の早熟性と妥協性，後者の成熟性と徹底性が指摘されるのは周知のところである。しかし，両革命の進展過程を見ていくと，ほぼ共通したラディカルな局面を見出すことも可能である。エンゲルス（F.

Engels, 1820-95）は，このラディカルな局面について次のように指摘している。「最初の勝利で獲得された成果は，より急進的な党派の第2回の勝利によってはじめて確立されたのであり，それが確立され，目前の必要事が達成されると，急進派と彼らの成果はふたたび舞台から姿を消したのである。」[1]

　フランスについて見れば，もともと旧体制に対する革命は，旧体制の下で呻吟していた全階級の解放を志向するものであった以上，ブルジョアジーの階級的欲求の充足のみで終息し得るものではない。旧体制に取って代わったブルジョア支配体制＝「89年－91年体制」によってはその階級的欲求を充足できない貧農，手工業者，商店主等は，パリのサン・キュロット（sans-cullotes）もしくはアンラージェ（enragés）の運動に見られるように，このブルジョア体制の枠を超えようとする。1792年8月10日の人民蜂起は，まさしく第2の革命であり，「普通選挙を基礎としたデモクラティックな民衆共和国」[2]を予告するものであった。ロベスピエール（M.Robespierre, 1758-94）が新たな革命の指導者として登場してくるのは，このような背景においてである。「受動的市民，手工業者や商店主は，ロベスピエールと山嶽党員たちに導かれ，輝くしく政治の舞台に登場した。」[3]

　他方，後述するように，イギリスのピューリタン革命期にはクロムウエル（O.Cromwell, 1599-1658）の独立派が台頭してくるが，その階級的基盤はジェントリー，富農，商人，商工業者であった。この独立派主導の下では，分割的土地保有を要求する貧農層，小親方，職人，徒弟層の利益は実現されるべくもなかった。このような状況下で，リルバーン（J.Lilburnne, 1615-57），ウォールウィン（W.Walwyn, 1600-80），オーヴァトン（R.Overton）等によって導かれるレヴェラーズ（levelers）が革命渦中における急進勢力として登場してくる。

　このように，レヴェラーズとロベスピエールは約1世紀の時間的ズレを有しながらも，ともに絶対王政打倒過程におけるブルジョワ支配体制に対するプチ・ブルジョワ急進派の第2の革命の指導部隊として政治舞台に登場してくるのである。しかし，両者とも，一方では彼らによって導かれる階級の政治理念

（1）　F.エンゲルス「カール・マルクス『フランスにおける階級闘争・1848年から1850年まで』（1895年版）への序文」，マルクス・エンゲルス全集第7巻（大月書店，1961年）523頁。

（2）　A. Soboul, *La Révolution française*, 6 mille, Editions Sociales, p.244-5. 小場瀬卓三・渡辺淳訳『フランス革命（上）』（岩波新書，1953年）188頁。

（3）　*ibid*., p.244. 訳同上 188頁。

の限界＝プチ・ブルジョア的限界のゆえに，政治・法思想の次元においては，イギリスにおけるウインスタンリー（G.Winstanley, 1609-97）によって導かれるディッガーズ（Diggers）運動やフランスにおけるバブーフ（F.N.Babeuf, 1760-97）を軸とする「バブーフの陰謀」（La Conspiration de Babeuf)）等の社会主義社会の展望によって超克されようとするが，他方では現実の闘争渦中における同階級の政治的未成熟のゆえにブルジョア勢力の下に屈服せざるを得ない（1649年の独立派によるレヴェラーズの最終的圧殺，1794年のテルミドールのクー・デタ）。

3　ブルジョア革命期におけるイギリスとフランスの憲法思想

近代ブルジョア憲法は，1789年のフランス人権宣言3条（「主権の淵源は，本質的に国民に存する。」）および16条（「権利の保障が確保されず，権力の分立が定められていない社会は，憲法を持つものではない。」）に示されているように，基本的人権の保障，国民主権原理に基づく権力分立制を二大支柱とするものである。この二大支柱は，先に見たようなフランス革命を準備した憲法思想＝啓蒙期の憲法思想の諸潮流に負うものであり，これらの憲法思想は10余年にわたる革命の全過程を支えていると言っても過言ではない。これらの啓蒙期の憲法思想とその実践過程としての革命期をトータルに見た場合，そこには近代ブルジョワ憲法思想の基本的要素である人権論，主権論および統治機構論，さらにその前提としての選挙制度論をめぐって対照をなしている2つの潮流を抽出することができる。

ここでは，先に見た17世紀中期のピューリタン革命の早熟性と妥協性，18世紀末期のフランス革命の成熟性と徹底性を考慮しつつ，この2つの潮流の対照関係を概観しておきたい。

（1）憲法思想の二潮流

まず人権論についていえ言えば，近代憲法もしくは人権宣言における種々の人権は，いずれも自由・平等という基礎的理念に基づくものである。さらに，憲法は一定の生産関係の上に成り立つものであるから，その生産関係の基軸となる法的表現としての所有制度＝所有権について明確な規定を有している。種々の人権はこの所有権の放射物であるといっても過言ではない。そこで，自由の理念，平等の理念および所有権の三者がどのように関連づけられているかという点に着目することによって，人権思想の二潮流を整理することができる。

3

その1つは，所有権の絶対性を前提にして自由の理念を前面に押し出し，平等の理念を相対的に後退させる潮流である。いま1つは，所有権の制限を前提にして自由・平等理念の統一的実現を志向する潮流である。いま仮に前者をA潮流，後者をB潮流とする。次に，主権論，統治機構論および選挙制度論について言えば，上のA潮流は国民主権論および制限選挙制度論に，B潮流は人民主権論および普通・平等選挙制度論にそれぞれ対応していることがわかる。

　このことの詳細については本書の第Ⅰ部・第Ⅱ部において考察するが，フランス革命期におけるA潮流とB潮流の代表例を挙げるとすれば，1789年の人権宣言および1791年憲法＝「89年－91年体制」はA潮流に，ロベスピエールの憲法思想および彼の人権宣言草案はB潮流に属するものと言えよう。ここでは上の憲法思想の二潮流を念頭において，ピューリタン革命期のレヴェラーズの憲法思想を検討しておきたい。

（2）レヴェラーズ登場の背景

　イギリス絶対王政は，エリザベス1世（Elizabeth I, 在位1558-1603）のもとで全盛期を迎えるが，1603年のジェームズ1世（James I, 在位1603-25）のスチュアート王朝以降衰退期に移る。その基本的要因は，一方では領主制の解体に伴うジェントリーもしくは富農層の台頭および資本主義的毛織物工業の登場であり，他方では絶対王政の支柱であった国教会制度に対するピューリタンの台頭である。しかも，ジェントリー，富農層および商工業者の多くはピューリタンであったから，上に見た経済的・階級的要因と宗教的要因は不可分に結びついている点に注意したい。1625年即位のチャールズ1世（Charles I, 在位1625-49）は，クック（E.Coke, 1552-1634）の手になる1628年の「権利請願」（the Petition of Rights）に象徴されるような議会勢力の台頭に直面する。しかし，彼は1629年以降11年間にもわたって議会を開かず，側近であるウイリアム・ロード（W. Laud, 1573-1645）とストラフォード（Earl of Strafford, 1593-1641）のいわゆるロード・ストラフォード体制によって，一方では独占政策，上位領主権の復活，トン税・ポンド税等関税の強化，船舶税の不法課税といった王室財政の危機打開策を強行し，他方ではロードの「徹底政策」と言われるピューリタン弾圧策をもって臨む。

　しかし，ジェントリー，富農および商工業者の利益を代表する議会派は，11年ぶりの議会（1640年4月の短期議会）におけるジョン・ピム（J.Pym, 1584-1643）の演説によって国王側の政策を批判し，1640年11月以降のいわゆる長期議会

を通じてロード・ストラフォード体制を崩壊させる。さらには1641年を通じて，国王の召集如何にかかわらず3年に1回議会を開会すべきことを定めた「3年議会法」，解散は議会の議決によるべきことを定めた「解散反対法」，「船舶税の不法宣言」，宗教政策の拠点であった「高等宗教裁判所廃止法」等の諸改革を断行し，悪政の具体例を204項目にわたってまとめた「大抗議文」(Grand Remonstrance) を159対148で採択する。しかも議会派は1642年，国王に対して議会主権の原則を打ち出した「19箇条の提案」(The Nineteen Propositions) を行い，第一次内戦に突入する。

ところで，「大抗議文」が11票差で採択されていることからもわかるように，議会派内部には政治的・宗教的利害をめぐる深刻な対立がある。一般にこの対立は，国教会制度廃止後の教会制度のあり方をめぐる長老派（全国的統一教会組織の必要性を説く）と独立派（個別教会の自主性を尊重しつつ，個別教会の一般教会員と長老との協力関係の維持を説く）の対立として捉えられる。なお，個々の教会の自主性を尊重し，完全な教会分離を説く分離派が存することにも注意を要する[4]。長老派と独立派の対立は，当初，議会においては前者優位のうちに推移するが，革命の進展に伴い「ニュー・モデル軍」(New Model Army) をバックにしたクロムウェル (O.Cromwell, 1599-1658) によって導かれる独立派が支配勢力として台頭してくる。しかし，先に見たように，この独立派の階級的基盤はジェントリー，富農，商工業者であり，農民（主として土地囲い込みやコピー・ホールド＝謄本土地保有に反対し，分割的土地保有を要求する貧農層)，小親方，職人，徒弟といった社会の底辺層とりわけ手工業者や職人・徒弟層の利益は，独立派の支配の下では実現されるべくもない。

さらに注目されるのは，第1次内戦後，軍の解散を要求する長老派に対して兵士たちが抵抗し，しかも軍の解散問題をめぐって態度のあいまいな独立派の幹部を排除せんとする動きを示している点である。彼らは，軍の各部隊によって選出されたアジテーターを中心に，軍隊レヴェラーズとして革命渦中の注目すべき存在となる。リルバーン，ウォールウィン，オーヴァトン等によって導かれるレヴェラーズが革命における急進的勢力として登場してくるのは，このような背景においてである[5]。

---

(4)(5)　浜林正夫『イギリス市民革命史』(未来社, 1971年) 151頁以下参照。

（3）レヴェラーズの憲法思想
A　人権論

　貧農，小親方，職人，徒弟といった社会の底辺層の利益を代弁するレヴェラーズは，ジェントリー，富農，商工業者といった社会の上層の利益を代弁する議会派とりわけクロムウェルの独立派との緊張関係の中から登場してきた勢力である。しかし，フランスにおけるルソーの政治・法思想がロベスピエールを導いたように，彼らを導く法・政治思想があらかじめ形成されていたわけではない。しかも，彼らはロベスピエールのように一時的にでも権力を掌握した経験を持たない。彼らはピューリタニズムを基礎に，手探りで憲法思想を構築していかざるを得ない。それゆえ，彼らの人権論は，一面では議会勢力に対するラディカリズムを示しつつも，他面ではロベスピエールのように革命後の地平を見越した社会権思想を有するにまでは至っていない。彼らの人権のカタログが自由権思想に終始しているのは，そのためである。以下では，レヴェラーズの憲法草案ともいうべき「人民協定」(Agreement of the free people of England)[6]を中心に，その人権論を見てみよう。

① 自由の理念と自由権

　第1次（1647年），第2次（1648年），第3次（1649年）人民協定を通じて確認されているのは，次のような「法の下の平等」原則である。「現行のまたは将来のあらゆる法において万人が平等に規制される。土地保有・資産・特許状・位階・身分・地位は，他の人々の服従している法の通常の手続きが免除される特権を伴わない」（第1次・227，199）。この原則は，レヴェラーズの人権論の前提をなすものと言ってよい。なぜなら，自由権＝生命・身体の自由，信仰の自由，所有権に基礎づけられた経済活動の自由は，いずれもこの原則の上に位置づけられているからである。これらの自由のうち，生命・身体の自由[7]や信仰の自由[8]は，ピューリタニズムを基盤とするレヴェラーズにとっては本質的なものであると同時に，議会の弾圧や統制からの防衛上特に現実的意味を有するものであったと言える。

（6）「人民協定」の原文については，M. Wolfe, *Leveller Manifestoes of Puritan Revolution*, Thomas Nelson and Sons, 1944. を，訳文については渋谷浩編訳『自由民への訴え―ピューリタン革命文書―』(1978年,早稲田大学出版会) 187-222頁を参照した。本文中のカッコ内の数字は原書と訳書のページを示す。

次に，経済活動の自由について見てみよう。第2次および第3次人民協定の中には，①貿易および国内商業の自由[9]，②消費税・十分の一税の禁止，③均一率課税[10]等が掲げられているが，これらの規定は「3月請願」(Petition of March, 1647) における次のような反独占の主張に呼応するものであると考えられる。「すべての新しい非合法な特許制度（Patents）は，下院において廃止されたけれども，冒険商人（Marchant-adventures）その他の抑圧的独占はいまだ人民の自由に対する大きな制限となり，織物業やその他の毛織物工業（それはイングランドの主要産業である）に依存している勤勉な人々に対する極度の侵害となり，すべての種類の商人と船員（Sea-faring-men）に対する大きな失望と不利益，海運や航海に対する障害となっている。」[11] このような主張は，先に見た小親方，職人，徒弟といった都市の底辺層の利益を反映したものに他ならない。

それでは，レヴェラーズのいまひとつの階級的基盤である貧農層の利益についてはどのように考えられているのであろうか。オーヴァトンは「堕落した下院からの自由民への訴え」(An Apeal from the degenerate Representative Body to the free people, 1647.7.10) において，「囲い込まれた共有地」(Common inclosed) に関して次のように述べている。「古くから貧民たちの共有地としてありながら，今では垣根の中に囲い込まれて私有財産となっている全ての土地は，それが誰の手にあるものであれ，ただちに明け渡され，ふたたび自由な共同使用のもとにおかれ，貧民たちの利益のために提供されねばならない。」[12] ここに

---

(7)「代議員院は，刑事事件において自己に不利な尋問への回答を拒否したという理由で人または人々を罰する権力または罰を受けさせる権力を持たない。」「代議院は，殺人もしくは本協定の暴力的破棄以外の理由で人の生命を奪う法律を制定しまたは存続させる権力を持たない。……代議院は犯罪と均衡した刑罰を提示すべく全力を傾けるべきである。」「代議院は訴訟中もしくは裁判中のいかなる人からも有利または不利な証人を奪う法律を存続させまたは制定してはならない。」（第2次人民協定，301-2, 206-7）

(8)「信仰・宗教・礼拝に関して，刑罰その他によって人を強制し，または良心に従ってある家や場所（公共の礼拝のため定められた場所は除く）で信仰を告白し宗教を執行することを制約する法・宣誓・契約を維持し制定する権力を，我々は代議院に与えない。」（第2次人民協定，300, 204）

(9)「代議院は，ある人が海外各地との間で行う貿易を，他の人には許しているのに，制限する法を存続させまたは制定する権力を持たない。内国商業を制限する場合も同様である。」（第2次人民協定，300, 204）

(10)「代議院は……動産と不動産に対する均一の率による課税以外の方法で金銭を徴収する権力を持たない。」（第2次人民協定，302, 207）

(11) To the right honourable and supreme Authority of the nation, the Common in Parliament assembled. = Petition of March, 1647, M. Wolfe, op. cit., pp.136-7.

(12) M. Wolfe, op. cit., p.194.

序

明らかなように，レヴェラーズの視点は，囲い込み地の開放による貧農の救済に置かれている。ただ，上の引用部分だけでは開放された土地が旧来のまま共有のものとして残るとの印象を与えるが，次に見る所有権の位置づけを考えると，この土地についても私的所有の考え方が底流をなしているように思われる。

② 所 有 権

　所有権についてレヴェラーズの基本的な立場を明示しているのは，第2次人民協定における次のような規定である。「代議院はこの協約に含まれる共同の権利・自由・安全の基礎をいかなる方法をもってしても放棄したり除去したりしてはならない。また，人の財産を平等にし，所有物を破壊し，万物を共有してはならない」(300-1,205)。言うまでもなく，財産平等もしくは共有の否定，私的所有権擁護の立場である。このことは，リルバーン，ウォールウィン，オーヴァトン等の署名のある「声明」(A Manifestation, 1649.4.14) において，次のように述べられていることに呼応するものである。「われわれはそれゆえ，人々の財産を平等化しようという考え方を決して持っていないということ，われわれの究極の目的は，全ての人々が財産を享有できるようにコモンウエルスをしむけることにあるということを明言する。」[13]

　しかし，レヴェラーズのこのような立場は当初から明確なかたちで形成されていたわけではない。上に見たような独占批判や囲い込み批判の延長線上に出てきたものである。レヴェラーズの所有権に関する基本的立場がパトニー会議（兵士たちとレヴェラーズがまとめた「人民協定」をめぐって軍幹部との間に展開されたロンドン郊外パトニーにおける会議（1647.10.28-11.11)）での論争を経て形成されたものであることは，よく指摘されるところである[14]。この論争において，レヴェラーズは，生存権は富者にも貧者にも認められるべきであるから国家の内に生きるすべての者は選挙権を有すべきであるとして，選挙権を生存権によって基礎づけた。これに対して，独立派のクロムウェルやアイアトン（H. Ireton, 1611-51）は無政府主義の危険性を指摘し，財産に基礎づけられた制限選挙制を対置した。したがって，レヴェラーズの所有権論には，独立派からの攻撃を意識しつつ，ディッカーズとの相違を明確にせんとする姿勢がうかがえるが，さらにその底流をなしているのはレヴェラーズに代表される社会層（貧

---

(13)　M. Wolfe, *op.cit.*, p.391.
(14)　山本隆基『レヴェラーズ政治思想の研究』（法律文化社, 1986年）207-211頁。

8

農,小親方,職人,徒弟)の階級的欲求であると言えよう。彼らは「一方ではエンクロージャー批判を行ってディッカーズへの傾斜を示し,また時としては鉱山労働者の要求を支持したが,反対派から財産の水平化を意図すると攻撃されると第2・第3人民協定では私有財産制の維持を明文化」した[15]と言われる所以である。

なお,このことはレヴェラーズの救貧政策をめぐっても言えそうである。彼らは第2次人民協定において均一率課税策を提起しつつも,「30ポンド未満の財産所有者は救貧税および居住地の慣習的賦課金以外の課税を免除される」(302,207)と規定して救貧政策を打ち出しているが,国家的見地からの経済的強者の所有権制限政策を伴わない救貧政策は,所詮は慈恵的救済の域を出ないものである。やむを得ざる時代的制約と言えようけれども,レヴェラーズの人権論にはいわゆる社会権思想を見出すことはできない。したがって,先に見た人権思想の潮流との関係で言えば,レヴェラーズの人権思想は,部分的には平等理念を考慮しているやに思われる点も見られるが,全体としてはなお自由の理念に傾斜し,所有権の制限を前提とした社会権的発想を欠いていることからA潮流とB潮流の間を動揺しつつ,最終的にはA潮流に組み込まれる傾向を有していると言えよう。

このようなレヴェラーズの人権思想の限界は,私的所有に諸悪の根源を求めんとするウィンスタンリーのディッカーズ運動=社会主義への展望によって超克されるよりほかない。「レヴェラーズは,経済的自由と信仰の自由こそ真の自由であり,それを実現することによって平和の確立が可能であると主張した。それにたいしてウィンスタンリーは,逆に経済的自由や信仰の自由は真の自由ではなくて,奴隷と支配を生み出す権力の思想であると批判するのである」[16]と言われる所以である。

B 主権論および統治機構論
① 議会主権論と人民主権論

レヴェラーズは人民主権論を展開する点でロベスピエールと共通するが,その人民主権論は,議会派の論客パーカー(H.Parker, 1604-53)の議会主権論の超克を課題とするものであった。パーカーは「最近の陛下の回答と表明に関す

---

(15) 田村秀夫『イギリス革命思想史』(創文社,1961年)101頁。
(16) 山本隆基・前掲書221頁。

る考察」(Observation upon some of his majesties, late answers and expresses, 1642)において,「権力は本来人民固有のものである」[17]として権力の源泉を人民に求めるが,「人民は代表者を通じての影響力だけを有する」[18]として議会の存在を前面に押し出し,次のように説く。「いかなる国においても専断的な権力がどこかに存するということは真実であり,必要であって,そのことについてはいかなる不都合も伴わない。……もし国家がこの権力を一人もしくは若干の者に委ねるなら,そこには危険があろう。しかし,議会は一人でもなければ若干の者でもなく,実に国家そのものである。」[19]ここには明らかに,一方では王権抑制を,他方では政治舞台=議会からの民衆の排除をという議会派の欲求を読み取ることができる。レヴェラーズの人民主権論は,このような議会主権論との緊張関係の中から形成されたものである。

さて,レヴェラーズの初期段階の憲法思想は,オーヴァトンによって書かれた「幾千人もの市民の抗議」(A remonstrance of many thousand citizens, 1646.6.7)にもうかがえるが,そこでは人民主権論は次のように展開されている。「我々があなたがたを議会人として選んだ理由は,我々をあらゆる種類の束縛から救い出すためであり,国家を平和と幸福のうちに保つためであった。……／しかしあなたがたは憶えておかなければならない。この権力はまったく我々に由来するものであって,(いつでも取り戻すことができ,また取り戻しが可能なものでしかあり得ないところの)信託権力にすぎない。……我々があなたがたの主人であり,あなたがたは我々の代理人である。これはあなたがたが承認せざるを得ない真理だ。」[20]オーヴァトンは「堕落した下院からの自由民への訴え」においても,国民を「議会の真の本来的な最高の権威」[21]として位置づけているほか,リルバーンも「イングランドの生得権擁護」(England Birth-Right Justified, 1645)において,「議会の権力は信託を与えた人々によって制限される,議会は好むがままにではなく義務に従って行動しなければならない。すなわち人民の福祉をはかるべきであってその禍いをはかってはならない」[22]ということは議会自身も認めているところだと述べている。また,オーヴァトンも

---

(17) William Haller, *Tracts on Liberty in Puritan Revolution 1638-1647*, vol. II, 1979, New York, p.167.
(18)(19) *ibid.*, p.200.
(20) M. Wolfe, *op.cit.*, p.113. 渋谷・前掲編訳 136 頁。
(21) M. Wolfe, *op.cit.*, p.167.
(22) W. Haller, *op.cit.*, vol. III, p.261. 渋谷・前掲編訳 112-113 頁。

「イングランドの悲しい奴隷状態」(England Lamentable Slaverie, 1645) において，「全国民は，ひとびとの安全と自由に最も適合するように統治形態 (the public form) を改善し変更することにおいてさえも自由でなければならない」[23]と述べている。

これら3者の人民主権論とすでに見たパーカーの議会主権論の相違は明らかである。レヴェラーズにとって，議会は決して絶対的な存在ではない。国民の信託に基づかない権力は「簒奪と圧制以外の何ものでもない」[24]し，「信託された権力が違反を犯すなら，その権力はその正当な中枢としての信託者の手に帰する」[25]と考えられているからである。

② 人民代議院構想

それでは，このような人民主権論の上に，レヴェラーズはどのような統治機構論を展開するのであろうか。第3次人民協定によれば，「イングランドおよびそれに付属する領土の最高権威は，今後400名を超えない人々より成る人民代議院 (a Representative of the people) の中に存する」(402, 213-4)。人民代議院は200名以上の議員をもって成立し，多数決でもって国事を決定する。代議院議員は次期代議員に選出されないが，一会期を隔てれば再選されうる。代議院の権力は，この協定の指示と規則に従わなければならない。代議院の任期は1年であり，少なくとも4ヶ月間中断なく連日開会する。代議院は立法権のほか，①外国との講和および通商の交渉権限，②権利請願 (The Petition of Right) に含まれている生命・身体・自由・所有物および財産の安全確保の権限，③租税徴収および自由の増進，不満解消，国家の繁栄に役立つすべてのことを行う権限を有する (405, 217)。

これらの権限を見ると，第3次人民協定は立法権および行政権の双方を人民代議院に委ね，特に行政機関を想定していないことがわかる。第2次人民協定では国務会議 (a Council of State) が行政機関として位置づけられているが，第3次人民協定では，人民代議院の休会中といえども「国務会議を設置せず，国務処理は代議員院議員により構成される委員会に付託する」(405, 217) とされている。

---

[23] W. Haller, *op.cit.*, p.316.
[24] M. Wolfe, *op.cit.*, p.113. 渋谷・前掲編訳 136 頁。
[25] W. Wolfe, *op.cit.*, p.162. 渋谷・前掲編訳 168 頁。

序

　それでは代議院と司法権の関係はどうであろうか。「1月誓願」(Petition of January, 1648) では、「刑事事件であれ他の事件であれ、いかなる個々の事件も、それが通常の司法裁判所の管轄下にある場合には、下院や下院の委員会によっても判決されえない」[26]とされているほか、第3次人民協定でも、背任公務員の審任処罰以外に「われわれはあらゆる法律の執行に干渉する権限を人民代議院に与えない」[27]とされていることから、レヴェラーズは司法権を人民代議院の権限から除いていると言えよう。

　以上のように、レヴェラーズにおいては、400名から構成される一院制の人民代議院が立法権と行政権を併有するものとして統治機構の中枢部に位置づけられているが、人民主権論がその前提に据えられていることから、先に見た信仰の自由をはじめとする人民の人権は、人民代議院といえども侵すことのできないものとして、人民に留保されているのである。

　③ 選挙制度論

　ところで、人民主権論を提起するレヴェラーズはどのような選挙制度を構想しているのであろうか。フランスの「89年－91年体制」における国民主権論にしろイギリスにおけるパーカーの議会主権論にしろ、そこに共通するのは制限選挙制度論であり、普通選挙制度論が出てくるのは人民主権論においてである。その典型は、後述するロベスピエールの普通選挙制度論に見ることができる。

　ところが、人民主権論に立つレヴェラーズの選挙制度論は、「人民協定」では次のように表明されている。「各選挙区の選挙人はイングランドの現住者または市民権取得者で、この協定に署名した者であり、かつ施与を受けず、救貧税を負担すべく通常の評価を受けた者である」（第2次・297, 200）。「議員選挙においては、（自然権に従って）21歳以上の年齢のすべての男子（ただし従僕、施しを受ける者、武器もしくは自発的寄与をもって先王に仕えた者を除く）が選挙権を有する（第3次・402-3, 214）。

　ここに明らかなように、レヴェラーズの選挙制度論は厳密な意味での普通選挙制度論ではなく、従僕や被救済民の排除の上に成り立つものである。レヴェラーズが所有権をめぐって動揺しつつも、最終的には所有階級として浮上せんがために所有権の擁護を説かざるを得なかったように、選挙制度をめぐっても、

---

(26)　W. Wolfe, *op.cit.*, p.266.
(27)　W. Wolfe, *op.cit.*, p.406.

彼らによって代表される社会層のプチ・ブルジョア的立場が明瞭にあらわれている。以上のことから，レヴェラーズは人民主権論に基づき，人民の意思の反映機関としての人民代議員院を中枢とする統治機構論を展開して議会派に対抗しているとはいえ，彼らは同時に社会の最底辺層を政治の舞台から廃除しようとしていることがわかる。

4　18世紀フランスの憲法思想考察の今日的意義

　以上，レヴェラーズの憲法思想を，主として人権論と主権論に焦点をあてて見てきた。レヴェラーズの憲法思想における人民主権論およびそれに基づく統治機構論には，後述するロベスピエールの憲法思想（第Ⅱ部第3章）とほぼ共通する要素が含まれていることがわかる。すなわち，パーカーの議会主権論を超克せんとするレヴェラーズの人民主権論の核心は，統治形態の変更を人民に認めている点にあり，他方，民衆を政治の舞台から排除せんとする「89年－91年体制」の国民主権原理を超克せんとするロベスピエールの人民主権論の核心は，政府変更権，命令的委任制もしくは公務員罷免制にある。

　さらに，レヴェラーズにあっては，立法権のみならず行政上の諸権限をも有する人民代議院という一院制議会が統治機構の中枢に位置づけられており，ロベスピエールにあっても，一般意思論に基づく立法権優位の統治機構が考えられている。レヴェラーズの人民代議院構想は，国王および貴族院の長期にわたる圧制という歴史的経験に学んだものと考えられる。ロベスピエールの場合には，人民の主権は譲渡することも分割することもできず，立法権こそが主権の核心であって行政権や司法権はそれに従属するものでしかないとするルソーの法・政治思想が継承されている。たしかに，ロベスピエールは1793年－94年において革命的独裁政府を指導するが，それは内外の過酷な革命状況において過渡的に構想されたものであって，その過渡的状況を打開すれば主権者人民の一般意思＝法による統治が実現されるはずであった[28]。したがって，「恐怖政治」として批判される革命的独裁政府を，ロベスピエールの人民主権論およびそれに基づく統治機構論と直結させることには慎重でなければならない。

　以上のように，レヴェラーズとロベスピエールの人民主権論と統治機構論は共通点を有しているが，人権論については両者の間にはかなり大きな相違が見られる。レヴェラーズの場合には，自由権中心の人権体系が構想されており，特にその中核をなしているのは信仰の自由や生命・身体の自由である。そのこ

序

とはレヴェラーズ運動がピューリタニズムに支えられており，しかも厳しい弾圧（例えば，1646年のリルバーン，オーヴァトンの投獄，1649年のリルバーン，オーヴァトン，ウオーウイン等の投獄）の中で展開されたことの当然の帰結と考えられる。これらの自由とならんで経済活動の自由とりわけ抑圧的独占の排除，貿易および国内商業の自由が重視されているが，そのことはレヴェラーズ運動が小親方，職人，徒弟といった都市の底辺層によって支えられていたことの証であろう。

他方，平等に理念について見ると，彼らの平等観が「法の下の平等」という形式的平等を主軸とするものであったことがわかる。ただ，均一率課税の原則が掲げられているほか，囲い込み地の貧農への開放が説かれたりもしていることから，平等理念の実質化が志向されている点も看過すべきではない。しかし，平等理念の実質化をはかるためには，統治の基本原則において経済的強者の所有権の制限が位置づけられていなければならない。この観点からレヴェラーズの所有権論を見ると，特にパトニー論争以降，「財産の平等」や「万物の共有」への視点が全面的に否定され，所有権制限の発想も見られず，もっぱら所有権擁護の視点が前面に押し出されてきていることがわかる。この点は，小親方，職人，徒弟といったレヴェラーズ運動の担い手が，独立派の依拠するジェントリー，富農，商人層の台頭の前で経済的没落の危機に動揺しつつもなおディカーズとは異なる所有階級として浮上せんとする階級的欲求のあらわれと見ることができよう。

所有権についてのレヴェラーズのこのような姿勢は，彼らの選挙制度論にもうかがうことができる。すなわち，彼らの選挙制度論は厳格な意味での普通選挙制度論ではなく，従僕や被救済民という社会の最底辺層を排除するものであった。「かれらの選挙制度の改革案では，一度も明白かつ積極的なかたちで

---

(28) ロベスピエールは，「共和国の内政において国民公会を導くべき政治道徳の諸原理について」(Sur les principes de morale politique qui doivent guider la Convention nationale dans l'administration intérieur de la République, 1794. 2. 5) と題する演説において，革命政府の理念を次のように説いている。

「平和のうちにある人民政府の原動力が徳であるとすれば，革命における人民政府の原動力は徳と同時に恐怖である。徳，それなくしては恐怖は災禍となり，恐怖，それなくしては徳は無力である。恐怖とは迅速，厳格，不屈の正義以外のものではなく，それゆえその恐怖は徳の放射物である。それは特殊な原理であるというよりも，祖国の緊急の要求に適用された民主制の一般的原理の帰結である。」*Œuvres de Maximilien Robespierre*, t.x, 1967, P.U.F., p.357.

は普通選挙制は提案されていない」[29]と言われる所以である。

　以上のことから、レヴェラーズの人権論については、①平等理念につき部分的にはその実質化を志向しつつも、なお基本的には「法の下の平等」という形式的平等観の次元に止まっているということ、②その意味では、自由の理念に比して平等の理念が相対的に後退し、信仰の自由を軸とした自由権の体系に終始しているということ、③所有権の制限ではなく、その擁護が基本理念として位置づけられているということ、④厳格な意味での普通選挙論が展開されていないということ、を指摘することができる。

　これに対して、ロベスピエールの人権論では、所有権の制限を前提にした自由・平等理念の統一的実現が志向されていることから、「ロベスピエールや山岳派は共和思想の中に社会的権利の観念をもちこんだ」[30]と言われ、このような人権構想と不可分な形で人民主権論および普通選挙制度論が展開されているのである。

　ロベスピエールの人権論が、先に見た人権思想のＢ潮流に属することは明らかである。これに対し、レヴェラーズの人権論はＡ潮流とＢ潮流の間を動揺しつつもなおＡ潮流から完全に脱却しきれていない。そこには約１世紀を隔てた英仏両革命における社会構造＝階級分化のちがい、とりわけレヴェラーズとロベスピエールを支える階級の歴史的・社会的な成熟度の違いを見ることができる。このことはレヴェラーズ運動が常にリルバーン、ウォールウィン、オーヴァトンの指導下にあったのに対して、ロベスピエールはサン・キュロットとりわけ「アンラージェ」によって常に突き上げられていた点に示されていると言えよう。

　両者の憲法思想にはこのような相違があるとはいえ、ともにプチ・ブルジョア的限界を有しているがゆえに、法・政治思想の次元においてはディッカーズやバブーヴィストによって超克され、現実の革命渦中においてはクロムウェルによる圧殺、テルミドールのクー・デタによる屈服を余儀なくされる。しかし、レヴェラーズやロベスピエールが「人民協定」や「人権宣言草案」において近代ブルジョア憲法のデモクラティックな諸要素を網羅していること、したがって、そこに彼らの憲法思想の歴史的意義が存することは否定できない。それゆ

---

(29)　山本陸基・前掲書211頁。
(30)　Georges Lefebvre, Discours sur Robespierre, *Annales historiques de la Révolution française*, 1933. p.495. 柴田三千雄訳『フランス革命と農民』（未来社、1956年）89頁。

えにこそ，彼らの憲法思想はそれ以降も両国の激動期にあらためて不死鳥のごとくよみがえる。レヴェラーズの民主主義的主張は18世紀のイギリス・ラディカリズムに継承されているとも考えられるし，ロベスピエールの憲法思想は1946年の第4共和国憲法の「社会的原理」にまでも受け継がれているとも考えられる。否，それだけではない。社会的公平ということがわが国を含めて国際的な課題とされている今日，レヴェラーズやロベスピエールのデモクラティックな憲法思想は，今日の私たちになお多くの教訓を提示していると言わねばならない。ロベスピエールの理想に関するG.ルフェーヴル（G.Lefebvre, 1874-1959）の次のような評価は，そのことを示唆するものと言えよう。

「この『小ブルジョア的』理想を軽蔑する者は，1789年にはこれがフランスの農業日雇いや都市労働者の理想であったことを見落としているのである。土地を持たない農民がフランス革命を非難した理由は，集団的経営を創り出さなかったことではなくて，彼ら各人に一片の土地をも分配しなかったことである。労働者が不満としたのは，革命が大工場を設置しなかったことではなくて，折角ギルドが廃止されても彼らが独立の経営を立てることができなかったことである。ロベスピエールの理想は，当時の経済的状況に相応していた。サン・キュロットにとって，この理想は完全な社会的民主主義であった。そして経済的条件がまったく一変してしまった今日においても，この理想は多くのフランス人にとっても同じ意義をもっているのではないだろうか。」[31]

---

(31) *ibid.*, p.495. 同上79頁。

第Ⅰ部
啓蒙期の憲法思想

第1章 自由主義的貴族の憲法思想
——Montesquieu

はじめに

　モンテスキューは、『法の精神』（*De l'esprit des lois*, 1748）の序文において次のように述べている。

　「私はいくたびとなくこの著作に着手したが、いくたびとなくそれを放棄した。私は自分が書いておいた紙片を数えきれぬほどしばしば風のもてあそぶのに任せた。……私は計画も立てずに自分の対象を追求していた。原則も例外も知らなかったし、真理を発見したと思うと、次にはもうそれを見失った。ところが、私が諸原理を発見するや、すべて私が捜し求めていたものが私のもとにやってきた。そして、20年にわたって、私の著作が始まり、成長し、はかどり、終わるのを私は見た。」[1]

　ここには、「法律や制度を研究する方法を一変させた」[2]とか、社会科学の新たな地平を切り開いていったといわれる[3]モンテスキューの苦悩と自信のほどが示されている。それは収集した資料の分析をめぐる苦悩と自信にほかならない。この資料をもとに、「彼は幾多の世紀がもつれさせた枷の《糸》をほどきたいと思った」のであり、「糸をほどき、すべてが手元に来るようにその糸を手繰り寄せたかったのである。」[4]

　しかし、山ほどの資料やテキスト、年代記や文書集を机上に積み上げ、それ

---

(1) 『法の精神』の原文はプレイヤード版『モンテスキュー全集』（*Œuvres complètes de Montesquieu*, Bibliothèque de la Pléiade, Texte présenté et annoté par Roger Caillois, Gallimard, t. II, 1951）による。訳文は岩波文庫版『法の精神 上・中・下』（野田良之他訳）（岩波文庫、1989年）を参考にさせていただいた（以下同じ）。

(2) Simone Goyard-Fabre, De la philosophie de Montesquieu et do son actualité, in *Revue de Métaphysique et de Morale*, 1971, n.3, p.294.

(3) 「『法の精神』は、アリストテレス、ボーダンに比肩しうる、そして、自然科学的方法に基礎づけられた最初の体系的社会科学である。」——三辺博之「モンテスキューの政治思想の方法的基礎とそのイデオロギー論的構造（3）」国家学会雑誌77巻11・12号（1964）67頁。

(4) Louis Althusser, *Montesquieu; La politique et l'histoire*, P.U.F., 1974, p.8. 西川長夫、坂上孝訳『政治と歴史』（紀伊国屋書店、1974年）12頁。

らを丹念に分析するにしても，それは何の仮説も立てずに無目的に行えるものではない。また，その分析結果を総合的に組み立てる構想を見出し得ないかぎり，すべての作業は徒労と化すであろう。モンテスキューが発見した「諸原理」とは，この仮説と構想をめぐる諸原理に他ならない[5]。

ところで，資料分析のための仮説とその分析結果を総合的に組み立てるための構想は，その分析者・構想者の世界観とりわけ政治観と切り離して考えることはできない。アルチュセール（L. Arthusser）がいうように，「モンテスキューのうちには発見する人の深い喜び」がみられるが，「発見そのものがあまりにもしばしば覆い隠している……モンテスキューの選んだ党派的立場」[6]を看過してはならない。この意味において，モンテスキューの『法の精神』の解釈をめぐる最大の問題は，上に述べた資料分析という「事実」の平面と彼の政治観という「価値」の平面との関係をめぐる問題である[7]。

この問題に関して私が最も注目するのは，「イギリスの国制について」と題する『法の精神』第11編第6章の次の2節である。

① 「それゆえ，われわれの述べている政体の基本的な国制（la constitution）は次のとおりである。その立法府は2つの部分から構成され，相互的な阻止機能（la faculté mutuelle d'empêcher）によって一方が他方を抑制するであろう。両者はともに執行権によって拘束され，執行権自体も立法権によって拘束されるであろう。」

② 「これらの3つの権力は，休止または無活動の状態になることがあろう。しかし，これらの権力は事物の必然的な運動（le mouvement nécessaire des choses）によって進行を強制されるので，協調して進行せざるをえないであろう。」

上の①では，立法権と執行権のみが国制の基本構造に据えられ，裁判権がそ

---

(5) 「モンテスキューの言う『原理』とは，ア・プリオリに認識された数学的合理性ではなく，むしろ，20年にわたる試行錯誤の結果，経験的に見出された仮説的原理である。」——三辺博之・前掲論文（2）国家学会雑誌77巻1・2号（1963）33頁。

(6) L. Althusser, op.cit., pp.8-9. 前掲注（4）訳書12-13頁。

(7) 「事実，モンテスキューが政治学の先駆者たらんとしているとしても，彼は首尾よく反フィロゾーフたりえていないし，また何よりも道徳的フィロゾーフとしてとどまっているのである。同様にあらゆる碩学がそうであるように，諸事実に精通せんとしている点でニュートン主義者であるが，彼は価値へのあらゆる訴えを避けるまでには至っておらず，伝統の哲学に執着しているのである。政体に関する彼の研究以上に，モンテスキューの雑種的性格を暴露している節は何もない。」——S. Goyard-Fabre, op.cit, p.305.

の基本構造から排除されているが，その基本的な意図は何処にあるのか。これが第1の問題である。次に，②では，3つの権力（実は立法権と執行権という2権力）は休止または無活動の状態になることがあろうとしながらも，「事物の必然的な運動」によって協調して進行せざるをえないであろうという「楽観論」にとどまっているが，その根拠は何であるのか。これが第2の問題である。

『法の精神』第11編第6章が「イギリスの国制について」（De la constitution d'Angleterre）と題され，モンテスキューが1729年11月から1731年4月にかけてイギリスに滞在した経験にもとづいて書かれていることは周知のところである。しかし，当時のイギリスの萌芽期にある議院内閣制に関する記述に見られるように，モンテスキューの説明がイギリスの国制を必ずしも正確に伝えるものでないことも，古くから指摘されているところである[8]。果たして，それはモンテスキューの単なる事実誤認にもとづくものであろうか。それとも，モンテスキューはイギリスの国制を分析紹介しつつも，そこに何らかの別の意図を介在させていたのであろうか。この問題は，先に述べた資料分析という「事実」の平面と彼の政治観という「価値」の平面との関係をめぐる問題にほかならない。

従来，この問題は『法の精神』を貫く方法論一般の問題として，とりわけモンテスキューがカルテジアン（cartésien）かアンピリスト（empiriste）かをめぐる問題として，詳細な議論が積み重ねられてきた[9]。しかし，その方法論一般をめぐる問題を第11編第6章のイギリスの国制分析にあてはめてみた場合，その議論において必ずしも十分でないのは，その国制分析の背後に秘められたモンテスキューの統治機構構想に関する実証的な考察である。果たして，モンテスキューはイギリス滞在の経験がなければ「権力分立」（séparation des pouvoirs）といわれてきた統治機構を構想することができなかったのか。それとも，その統治機構の輪郭は何らかのかたちですでに構想されており，イギリス滞在

---

(8) 「彼のここの叙述が現実の英国憲法の客観的・科学的な説明だと断ずることも当をえたものとはいえない。」——宮沢俊義「モンテスキューの『法の精神』」『憲法の思想』岩波書店（1967）96頁。

(9) Cf. Emile Durkheim, Montesquieu; Sa part dans la fondation des sciences politiques et de la science des sociétés, in Revue d'histoire politique et constitutionnelle, juilliet-septembre, 1937, p.405 et s. 宮沢俊義・前掲注（8）論文・『憲法の思想』17-45頁，三辺博之・前掲注（5）論文（2）国家学会雑誌77巻1・2号，30頁以下，上原行雄「モンテスキューの法思想とその方法論的基礎」（1）（2・完）法律論叢40巻6号（1967）41頁以下，同44巻5・6号（1971）1頁以下参照。

の経験はその構想を補強するものではなかったのか。この点の解明は，すでに提示した2つの問題に答えるための不可欠の前提をなすものである。その場合，考察されねばならないのは，モンテスキューとパルルマン（Parlement・高等法院）の関係である。モンテスキューの統治機構構想がパルルマンの存在を念頭において展開されていることは，すでに明らかにされている[10]。しかし，モンテスキューとパルルマンの関係をパルルマンの建白書（remontrances）を分析することによって明らかにするという実証的検討は必ずしも十分とは言えない。

そこで本章では，18世紀初期のパリのパルルマンの諸建白書を貫いている基本的な発想はいかなるものか，そしてその発想がモンテスキューの統治機構構想にいかなる影響を与えているかについて考察することによって，先に見た二つの問題点の解明を試みたい。この試みの前提として，モンテスキューの政体分類論とイギリスの国制分析の検討から始めることにする。

◆ 第1節　モンテスキューの政体分類論 ◆

モンテスキューは『法の精神』第1篇第1章の冒頭において，「法（Les lois）とは，そのもっとも広い意味では，事物の本性に由来する必然的な関係である」と定義している。この定義は，既存の法的世界に対する大胆な挑戦である。なぜなら，それまでの法は神の法であれ自然法であれ，あるいは実定法であれ，いずれも一定の目的を前提とした人間の行為規範としての命令であったのに対し，モンテスキューはこの目的および命令の枠組みから法を解き放ち，これを「関係」として捉えているからである。「関係」概念として定義づけられたこの法は，一見，自然法則を想起させる。しかし，時代はこの「関係」を独り歩きさせるほどの寛容度には達していない。カトリック教会はなお全能的存在である。それに，「私はまず人間を調べた」とあるように，モンテスキューが考究しようとしたのは，認識の対象であると同時に認識の主体でもある人間である。それゆえ，モンテスキューは上にみた「関係」を闇のなかを漂うにまかせるわけにはいかない。そこでモンテスキューは言う。世界は「盲目的な宿命」（la fatalité aveugle）によって支配されているのではなく，あらかじめ「原初的理性」（la raison primitive）が存在する，と。こうして，法はあらためて次のよう

---

(10)　三辺博之・前掲注(5)論文(4・完)国家学会雑誌78巻1・2号（1964）37頁以下参照。

に定義される。「もろもろの法は，この原初的理性とさまざまな存在との間にある関係であり，また，これらさまざまな存在相互間における諸関係なのである」(Liv. 1, Chap, 1)。

以上がモンテスキューの最広義の法＝法一般（lois en générales）の定義である。この定義におけるキーワードは「原初的理性」である。それは諸事物の必然的関係を成立せしめ，その関係を究極的に統括する原理と考えてよいであろう。この「原初的理性」を「神」と捉えることも可能である。しかし，そうだとしてもアルチュセール（L. Althusser）が言うように，この「神そのものは，さまざまな存在を創造することによってこれらの法を定め，自分の出した最初の命令が同じ性質を持つ必然性に従わせられるのを見るのだということをつけ加えるとすれば，神自体はその内部で法の全般的な伝播によって打ち負かされることになる！」[11]したがって，そこでは「神」はもはや絶対的な存在ではなく，相対化され「清算」されることになる。こうして「原初的理性」は，「関係」としての法を考察する人間に，そして誰よりもモンテスキューに戻され，世界は彼の掌中におさまることになる。そこでモンテスキューは言う。「作られた法が存在する以前に，正義の可能的な諸関係（rapports de justice possible）は存在していた」(Liv. 1, Chap. 1) と。したがって，「原初的理性」とはこの「正義の可能的な諸関係」を成り立たしめるところの原理であると同時に，それを把握しようとする観察者モンテスキューの理性であり，知性＝エスプリでもある[12]。この「正義の可能的な諸関係」は「衡平の諸関係」（rapports d'équité）とも表現されている。モンテスキューは言う。「したがって，実定法に先立って，まず衡平の諸関係が存在し，これらを実定法が確立するのだということを認めなければならない」(Liv. 1, chap. 1) と。以上のことから，『法の精神』を解釈するためのキーワードは，「原初的理性」および「正義の可能的な諸関係」＝「衡平の諸関係」であると言えよう[13]。

次に，モンテスキューは広義の自然法（lois de la nature）[14]について簡単に触

---

(11) L. Althusser, op.cit., p.31. 前掲注（4）訳書37頁。
(12) 「ただ，留意すべきはモンテスキューの３理性という言葉には二通りの用法があることである。一つは，ものの本性を知るために観察する技術（art）としての理性であり，もう一つは分析理性を超越し全体のバランスを見渡すことのできる『エスプリ』である。そしてこのエスプリを『原始理性』（raison primitive）と呼ぶ。」——中江桂子「モンテスキューにおけるエスプリ概念——『ペルシャ人の手紙』を中心に——」「思想」819号（1992）119頁。

れたあと，狭義の法としての実定法（lois positives）について次のように説明している。「人間は社会生活を始めるとすぐに，彼らは自分の弱さの感情を失う。彼らの間に存在した平等は終わり，戦争状態が始まる」（Liv. 1, Chap. 3）。それは民族対民族の戦争状態であり，それぞれの国家社会における個々人の戦争状態である。この戦争状態に対処するために，①民族相互間の関係を規律する万民法（droit des gens），②各国家社会における治者と被治者との関係を規律する政法（droit politique），③各国家における市民相互間の関係を規律する市民法（droit civil）が制定される。

　上の実定法を踏まえて，モンテスキューは『法の精神』の全体的プランを明らかにしている。その場合，①「法は，一般的には，それが地上のありとあらゆる人民を支配するかぎりにおいて，人間理性（raison humaine）の適用である」ということ，②「それらの法は，その作られた目的たる人民にとって固有のものでなくてはならない」ということが前提となっている（Liv. 1, Chap. 3）。こうしてモンテスキューは，実定法との関係において考察すべき諸要素として，①政体の性質と原理（la nature et le principe du gouvernement），②国の自然的要素＝気候，地質，位置，大きさ，③社会的要素＝生活様式（農耕，狩猟，放牧），④国制が許容し得る自由の程度（le degré de liberté que la constitution peut souffrir），住民の宗教，性向，富，人口，商業，習俗，生活態度，⑤実定法の相互関係，⑥実定法の起源，立法者の目的および実定法確立の基礎としての事物の秩序，を挙げている。モンテスキューは言う。「私がこの著作においてなそうとするのは，以上のことである。私はこれらすべての関係を検討するであろう。これらすべての関係が一緒になって，『法の精神』と呼ばれるものを形成する」（Liv. 1, Chap. 3）。上にみた諸要素のうち，本書が考察対象とするのは，「政体の性質および原理」と「国制が許容しうる自由の程度」の2点である。

(13)　「モンテスキューは，エスプリという言葉に二通りの意味を含ませていることに注意しなければならない。1つは社会全体の均衡をみわたす知の『はたらき』としてのエスプリであり，もう1つは，均衡が達成された『状態』のことである。」中江桂子・前掲注(12)論文124頁。

(14)　モンテスキューと自然法の関係については，佐竹寛「モンテスキューにおける法と道徳」(1)(2・完) 法学新報65巻1号 (1958) 45頁以下，同2号 (1958) 51頁以下参照。また，1725年頃モンテスキューによって執筆されたと推定される自然法に関する草稿について，佐竹寛訳「自然法ならびに正義と不正との区別に関する試論（Essai touchant les lois naturelles et la distinction du juste et de l'injuste）——モンテスキュー遺稿未公刊資料」(1)(2・完) 法学新報64巻8号 (1957) 92頁以下，同9号 (1957) 74頁以下参照。

第1章　自由主義的貴族の憲法思想

まず最初に,「政体の性質および原理」に関するモンテスキューの考察について見てみよう。モンテスキューによれば,政体の性質とは「その政体をしてそのように在らしむるもの」(ce qui le fait être tel) であり,政体の原理とは「その政体を活動せしめるもの」(ce qui le fait agir) である (Liv. 1, Chap. 1)。換言すれば,前者は「政体の固有の構造」すなわち主権の所在とその行使様式であり,後者は「政体を動かす人間の感情」すなわち主権の行使を支える人びとの感情である。

モンテスキューによれば,政体には3種類ある。共和政 (Gouvernement république),君主政 (G. monarchique) および専制政 (G. despotique) である。共和政において人民が主権者であるとき,それは民主政 (G. démocratique) であり,人民の一部が主権者であるとき,それは貴族政 (G. aristocratique) である。民主政について,モンテスキューはアテナイ,スパルタ,ローマ等の歴史的事例を分析しつつ考察をすすめている。民主政においては,主権者人民の意思は投票を通じて表明される。したがって,投票の権利を確立する法律がこの政体の基本的法律となる。この民主政においては,主権者たる人民は自らなし得ることは自ら行い,そうでないことは政務執政官 (ministres) に委ねるべきである。この意味において,「この政体の基本的格率は人民がその政務執政官すなわち役人 (magistres) を任命するということである」(Liv. 1, Chap. 2)。モンテスキューによれば,人民は自らの権威を委託すべき人びとを選定することおよびそれらの人びとの仕事を監視することについては優れた能力を有しているが,自ら政務を処理する能力には欠けている。

貴族政について,モンテスキューはジェノヴァ,ローマ,ヴェネツイア,ポーランド等の歴史的事例を分析し,次のように述べている。「最良の貴族政とは,人民のうちで権力に全く参加しない部分が非常に小さく,また非常に貧しいため,支配する部分がこれを圧迫することになんらの関心をもたない」貴族政である。「したがって,貴族の家柄はできるだけ人民に近い必要がある。貴族政が民主政に近づけば近づくほど,それは完全になるであろう。そして貴族政が君主政に近づくにつれて,それはより不完全になるであろう」(Liv. 2, Chap. 3)。

君主政は基本的諸法律に基づいて単一の君主が統治する政体であるが,君主の気まぐれな意思の抑制機関として「中間的,従属的,依存的な諸権力」(pouvoirs intermédiaires, subordonés et dépendants) が必要である。「最も自然な従属的中間的権力は,貴族の権力」であり,「君主なくして貴族なく,貴族な

くして君主なし」というのが君主政の基本的格率である (Liv. 2, Chap. 4)。さらに,「君主国においては中間的諸身分が存在するだけでは十分でない。さらに法律の保管所 (dépôt des lois) が必要である」。それは,「法律が作られたとき, それを告げ知らせ, 法律が忘れられるとき, それを思い出させるところの政治団体 (corps politiques) にほかならない (Liv. 2, Chap. 4)。後述するように, モンテスキューの場合, パルルマン (Parlement・高等法院) がこの団体として考えられていることは言うまでもない。

　最後に, 専制政においては, 法律も準則も存在しない。あるのは,「五感によって, 自分がすべてであり, 他人は無でしかないとたえず言い聞かされる1人の人間」のみである (Liv. 2, Chap. 5)。要するに, そこでは専制君主の恣意と気まぐれがすべてを支配する。

　以上が政体の性質についてのモンテスキューの分析である。それは, 主権の所在とその行使様式の双方に着目した分析である。しかし, 主権の所在とその行使様式は別異のものであるから, これを同一次元で捉えて政体の区別を論じているモンテスキューの政体分類論に対しては, 当然のことながら批判がある。たとえば, ジャネ (Paul Janet) は,「国家の本質的事実が主権であるとすれば, 諸国家の本質的な相違はその主権が配分される様式のうちに探るべきではないか」[15]と述べ, 民主政と貴族政は本質的に異なるものであると説いている。さらに, 専制政は君主政の濫用形態であるから, モンテスキューが君主政と専制政を別異の政体として扱っていることには欠陥があり, アリストテレスの政体分類こそが科学的であると述べている。このような批判はそれ自体としては正当であろう。しかし,『法の精神』という作品は, 科学者としてのモンテスキューの姿勢を保持しつつも, 専制政に転化したフランス君主政＝絶対王政のもとにおいて, いかにしたら「政治的自由」(la liberté politique) を回復しうるかという実践的意図に基づいて書かれているのであり, この点にこそモンテスキューが君主政と専制政を区別した真意が秘められていることを看過すべきではない。

　それでは, 政体の原理つまり政体を機能せしめる人びとの感情は何であるのか。モンテスキューによれば, 民主政の原理は徳性 (vertu) つまり「平等への愛」(amour de l'égalité) であり, 貴族政の原理は貴族と人民を平等ならしめ,

---

(15) Paul Janet, *Histoire de la science politique dans ses rapports avec la morale* t.2, 5éd., Paris, Libraire Felix Alcan, 1926, p.344.

貴族間で平等たらんとする貴族の自己抑制の徳性つまり節制（modération）である。君主政の原理は名誉（honneur）つまり各人および各身分の偏見（préjugé）であり、専制政の原理は恐怖（crainte）である。「法律は各政体の原理に対して、その性質に対してと同様に関係している」と述べているように（Liv. 3, Chap. 1），モンテスキューは両者の相関関係を前提として政体分類論を展開しているのである。ジャネはこの政体の原理を、その政治形態を生かしつづける「内的発条」（ressort intérieur）として捉え，この原理に関する考察は，「政治学におけるモンテスキューの類まれな新機軸の１つである」[16]と評している。また，アルチュセールは，モンテスキューによる政体の性質と原理の統一的把握を高く評価して次のように述べている。「この点は，モンテスキューの発見の全範囲を把握するためには決定的である。政体の性質と原理の全体性というこの観念において，モンテスキューは，無限の謎を解く鍵を彼に与えてくれる新しい理論的カテゴリーを実際に提出しているのである。たしかにモンテスキュー以前にも政治理論家たちは，所与の政体が持つ法の多様性を説明しようと試みてきた。しかし，彼らは……やっと政体の性質の論理を素描し得ただけであった。……モンテスキューは，国家は現実的全体であり，その立法，諸制度，慣習というその細部のすべてはその内的統一性の結果であり，必然的な表現であるにすぎないという仮説を諸事実のなかで発見し，検証することによって，この古くからの議論をここで最終的に解決する」[17]。

ところで，上にみた「政体の性質及び原理」に関する考察は，モンテスキューの基本的テーマである「政治的自由」を介して，彼の統治機構構想に不可分に結びついている。以下，イギリスの国制分析を介しての彼の統治機構論についてみてみよう。

なお，従来，『法の精神』と権力分立（séparation des pouvoirs）は不可分なものと考えられ，今日においても講学上そのように説かれることが多い。しかし，すでに19世紀末に，デュギー（Léon Duguit）は1789年の国民議会に対するモンテスキューの影響を認めつつも，『法の精神』は権力の完全な分離を説いたものではないと指摘している[18]。また，アイゼンマン（Charles Eisenmann）は

---

(16) *ibid.*, p.347.
(17) L. Althusser, *op.cit.*, pp.47-48. 前掲注（４）訳書54頁参照。
(18) Léon Duguit, La séparation des pouvoirs et l'Assemblée nationale de 1789, in *Revue d'Economie politique*, t.7, 1893, p.99 et s.

「国家権力を分離するという観念は『法の精神』には完全に欠けている」[19]と述べて従来の解釈を厳しく批判し、「権力分立の虚像」を次のような巧みな表現でもって説明している。「モンテスキューによって理想的なものとして賞賛された国家構造（la Constitution）は、完全に分離され、また全ての関係において相互に孤立した（isolés）3つの機関による3権力の行使の制度といった公式に要約されるにまかされている。／たとえていえば、モンテスキューによる最良の憲法宇宙（le monde constitutionnel）は3つの物体（corps）で構成されており、そのそれぞれの物体は自律的で独立した運動でもってその固有の圏内を運行し、他の物体のいかなる引力（attraction）にもいかなる反発力に（répulsion）にも影響されず、したがって他の物体に対していかなる引力も反発力も及ぼさない。」[20] 私もまた、『法の精神』と権力分立を直結させる解釈は妥当でないと考える。したがって、本書では権力分立論に代えて統治機構論という表現を用いることにし、文脈上止むを得ない場合にかぎり、カッコつきで「権力分立」と表現することにする[21]。

◆ 第2節　モンテスキューのイギリス国制分析 ◆

モンテスキューが「法の精神」を析出するための諸要素の1つとしてあげた「国制が許容しうる自由の程度」に関する考察は、『法の精神』第11編において展開されている。そこでは、「国制との関係における政治的自由」と「市民との関係における政治的自由」が区別されている[22]が、統治機構をめぐって問

---

(19)　Chales Eisenmann, L'Esprit des lois et la séparation des pouvoirs, in *Meranges R. Carre de Malberg*, Paris, 1933, p.179.

(20)　Charles Eisenmann, La pensée constitutionnelle de Montesquieu, in *La pensée politique et constitutionnelle de Montesquieu, Bincentnaire de l'esprit des lois* 1748. 1948, Paris, Sirey, 1952, Réimpression, Scienta Verlag Aalen, 1988, p. 141.

(21)　「モンテスキューをアメリカ独立革命やフランス革命における思想的または憲法制定上の祖述者として位置づけ、さらに彼の政治思想ないし理論が近代の市民革命に極めて進歩的な役割を果たし或いは影響を及ぼしたものとして、これを立憲政治ないし立憲主義の源泉とみなすことには何らの疑いも起こらないのであろうか。」「たとえば、『法の精神』（*De l'esprit des lois*, 1748）に述べられたモンテスキューの権力分立論が、あたかもその後の憲法制度として発展をみた三権分立主義と同質のものであるかの如き非 実証的・無批判な理解など、以外に筆者のしばしば遭遇する問題である。」梶原愛己「モンテスキューの権力分立論に対するロック理論の関係——思想系譜についての一つの疑問」法政研究（九州大学）28巻1号（1961）84頁。

題となるのは前者である。モンテスキューは言う。「政治的自由とは人が望むことを行うことではない。国家，すなわち，法律が存在する社会においては，自由とは人が望むべきことをなしうること，そして，望むべきでないことをなすべく強制されないことにのみ存しうる。」換言すれば，「自由とは法律の許すすべてをなす権利である。そして，ある市民が法律の禁ずることをなしうるとすれば，他の市民も同じようにこの権能をもつであろうから，彼にはもはや自由はないであろう」(Liv.xi, Chap. 3)。

この自由の定義についていえば，たしかに，「自由とは人が望むべきことをなしうること，そして，望むべきでないことをなすべく強制されないことにのみ存する」ということは正当であろう。しかし，法律に従えば自由であるということにはならない。なぜなら，暴政的な法律がありうるからである。それゆえ，ジャネによれば，「モンテスキューの誤りは……彼が権利（le droit）から法律（la loi）を派生させるのではなく，法律から権利を派生させていることに由来するものである。」[23]

ところで，モンテスキューにとって，「民主政や貴族政は，その本性によって自由な国家であるのではない」(Liv.xi, Chap. 4)。なぜなら，すでにみたように，モンテスキューは，民主政において主権者である人民は自ら政務を処理する能力に欠けているとみており，しかも，貴族政はこのような民主政に近づくほど完全なものになると考えているからである。さらに，民主政の原理を徳性＝平等への愛とし，貴族政の原理を節制＝貴族と人民および貴族相互間の平等を志向する自己抑制としているが，「彼は，自由は平等よりも不平等に結びついているということ，したがって君主政は自由の存在にとって最も望ましい体制であるということに着目していた」[24]からである。それゆえ，政治的自由は制限政体（Gouvernement modéré）すなわち君主政において，権力が濫用されない場合にのみ存する。しかし，「およそ権力を有する人間がそれを濫用しがちなことは万代不易の経験である」。それゆえ，「権力を濫用しえないようにす

---

(22) モンテスキューは，この２つの意味における自由について，次のように述べている。「国制との関係において自由を形成するものは，諸法律の規定，さらには基本的法律の規定だけである。しかし，市民との関係においては，習俗，生活態度，一般に認められた事例などが自由を生じさせうるし……市民に関する若干の法律も自由を助長しうるのである。」(Liv.xii, Chap.1)

(23) P. Janet, *op.cit.*, p.366.

(24) S. Goyard-Fabre, *op.cit.*, p.311.

るためには，事物の配置によって，権力が権力を抑止するようにしなければならない。誰も法律が義務づけていないことをなすように強制されず，また，法律が許していることをしないように強制されないような国制が存在しうるのである」(Liv. xi, Chap. 4)。

このような前提に立って世界史に目を向けたとき，モンテスキューは，「世界には，政治的自由を国制の直接目的とする国民もある」(Liv. xi, Chap. 5) として，イギリスを挙げている。こうして，1729年11月から1731年4月までイギリスに滞在したモンテスキューは，その成果を「イギリスの国制について」と題する第11編第6章にまとめたのである。そこでは次のように述べられている。「各国家には3種の権力，つまり，立法権 (la puissance législative)，万民法に属する事項の執行権 (la puissance exéctrice des choses qui dépendent du droit des gens) および市民法に属する事項の執行権 (la puissance exéctrice de celles qui dépendent du droit civil) がある。」立法権については説明を要しないが，万民法に属する事項の執行権とは「講和または戦争をし，外交使節を派遣または接受し，安全を確立し，侵略を予防する権力」および「公的決定を実行する権力」であり，市民法に属す事項の執行権とは「犯罪を罰し，あるいは，諸個人の紛争を裁く」権力である。モンテスキューは前者を執行権 (la puissance exécutrice)，後者を裁判権 (la puissance de juger) と呼んでもよいとしている (Liv. xi, Chap. 6)。

ところで，近代的な「権力分立」論の先駆者はロック (John Locke, 1632-1704) であるが，ここではロックの理論とモンテスキューのそれとの相違についてみておきたい。ロックの場合，立法権 (legislative power)，外交権もしくは連合権 (federative power)，執行権 (executive power) が区別されているが，裁判権は独自の権力概念としては捉えられていない。しかも，「すべての協同体の執行権および連合権は，実際には相互に区別があるとしても，それはほとんど分離することができず，また，違った人の手に同時におくこともできない」[25]とされていることから，ロックの理論は実質的には「2権分立」論であるといってよい。これに対して，モンテスキューは立法・執行・裁判の3権を概念上区別し，それぞれ別個の機関に委ねている。モンテスキューが裁判権を独自の権力概念として捉えたところにロックとの相違をみることができ

---

(25) J. Locke, *Two Treatises of Civil Government*, Everyman's Library, 1962, p.192. 鵜飼信成訳『市民政府論』岩波文庫，150頁。

る[26]。ただし，モンテスキューも裁判権の担い手を国家の権力機構の内に位置づけていない点に注意しなければならない。しかし，後述するように，モンテスキューの統治機構論においては，この裁判権の担い手としての政治団体＝パルルマンが極めて重要な役割を期待されているのである。

さて，モンテスキューが統治機構論を展開する目的は言うまでもなく政治的自由の擁護であるが，それについて彼は次のように述べている。

「同一の人間あるいは同一の役職者団体において立法権と執行権とが結合されるとき，自由は全く存在しない。なぜなら，同一の君主または同一の元老院が暴政的な法律を作り，暴政的にそれを執行する恐れがありうるからである。

裁判権が立法権や執行権と分離されていなければ，自由はやはり存在しない。もしこの権力が立法権と結合されれば，市民の生命と自由に関する権力は恣意的となろう。なぜなら，裁判官が立法者となるからである。もしこの権力が執行権と結合されれば，裁判官は圧制者の力をもちうるであろう。

もしも同一の人間，または，貴族もしくは人民の有力者の同一の団体が，これら3つの権力，すなわち，法律を作る権力，公的な決定を執行する権力，犯罪や個人間の紛争を裁判する権力を行使するならば，すべては失われるであろう。」(Liv. xi, Chap. 6)

モンテスキューは，この最後の例をトルコにみている。「トルコ人のもとでは，これらの3つの権力は皇帝の一身に結合されて，おそるべき専制政治が支配している」からである (Liv. xi, Chap. 6)。そして，ルイ14世の統治がそのような傾向を有していたことについては，『ペルシャ人の手紙』(Lettre persanes, 1721) において次のように述べられている。「王様がしばしば仰せられたそうだが，世界中のすべての政体のうちで，トルコのそれか，わがおそれ多いスル

---

(26) 「モンテスキューは，ロックの政治学の諸論説について絶えず熟考した。彼はその才能のかなりの部分をロックに負っている。（しかし）そのことは，モンテスキューにとって，ロックが人々の盲目的に追随してきたようなモデルであったということを意味しない。わがラ・ブレードの賢人（モンテスキュー）は，その性格においてあまりにも独自性を有していたので，そのような追随を耐え忍ぶことができなかったのである。」「モンテスキューは二つの要素をくらべている。すなわち，一方では，執行・立法・裁判という三権力の分割 (division：それらのいずれも他の二権力と連帯しながらも独立している) であり，他方では，三つの政体王政・貴族政・民主政の結合 (combinaison) である。イギリスの国制がわれわれの思想家（モンテスキュー）にとって《人間精神の傑作》と思われたのは，この点においてである。」Josephe Didieu, *Montesquieu, L'homme et l'œuvres*, Paris, Boivin et Cie, 1943, pp. 86-87.

タンのそれがもっともお気に召すだろうとのことで，それほど東洋風政治を重んじているのだ。」[27]

　さて，立法権，執行権，裁判権のそれぞれについて，モンテスキューはどのように考えているのであろうか。この点について考察する場合，後述するように，イギリスの国制についてのモンテスキューの分析が必ずしも正確なものではなく，ときに重大な「誤り」を含んでいることに留意する必要がある。

　まず立法権について，モンテスキューは次のように述べている。

　「自由な国家においては，自由な魂をもつとみなされるあらゆる人間が自分自身によって支配されるべきであるから，人民が一団となって立法権をもつべきであろう。しかし，それは強大な諸国家では不可能であり，弱少の諸国家では多くの不都合を免れがたいので，人民は自分自身でなしえないことをすべてその代表者を通じて行わなければならない」(Liv. xi, Chap. 6)。ここに明らかなように，モンテスキューは直接制をさけて代表制を考えているのであるが，それは単に大国における直接制の物理的不可能性のゆえではなく，彼の政治観とりわけ人民の政治的資質に関する彼の貴族的偏見によるものである。すでにみたように，モンテスキューにとって，人民は代表者を選定しそれを監視する能力は有するが，自ら政務を処理する能力には欠ける存在である。

　この代議制を前提として，モンテスキューは立法府の構成について次のように述べている。「立法権は貴族の団体にも人民を代表するために選ばれた団体にも委ねられ」る。要するに，上院と下院という2院制である。この「両団体はそれぞれ別々に会議と審議をもち，別個の見解や利害をもつであろう」(Liv. xi, Chap. 6)。この2院制に関してもモンテスキューの貴族的発想をうかがうことができる。すなわち，彼によれば，「国家には常に，出生，富，名誉によって際立った人びとがいる」ことから，これを一般人民と混同するなら，そのことは自由の擁護にとってマイナスになる。「それゆえ，立法における彼らの役割は，彼らが国内でもっている他の優越性に比例すべきである」。また，代表者を選ぶに際しては市民は投票権を有すべきであるが，「自分自身の意思をもたないとみなされるほど低い身分にある者は除かれる」(Liv. xi, Chap. 6)。

　次に，執行権についてモンテスキューは次のように述べている。「執行権は

---

(27) Œuvres complètes de Montesquieu, t.1, Bibliothèque de la Pléiade, Gllimard, 1949, p.184. 井田進也訳『ペルシャ人の手紙』井上幸治編『モンテスキュー』（『世界の名著34』（中央公論社，1980年），119-120頁。

君主の手中におかれるべきである。政体のこの部分は、ほとんど常に即時の行動を必要とするので、多くの人よりも1人によって、よりよく処理されるからである」。モンテスキューの念頭にあるのはあくまでも君主政である。問題となるのは次の一節である。「君主が存在せず、執行権が立法府から選ばれた若干の人々に委ねられるならば、もはや自由は存在しないであろう。なぜなら、2つの権力が結合され、同じ人々がそのいずれにもときとして参加し、また、常に参加しうるからである」(Liv. xi, Chap. 6)。

　ここに明らかなように、モンテスキューは萌芽期にあるイギリスの議院内閣制を正面から否定しているのである。したがって、「イギリスの国制について」と題する第11編第6章は、モンテスキューによるイギリスの国制の正確な分析ではなく彼自身の政治的評価をその分析の中に挿入しているとみなさなければならない。実証主義者モンテスキューがイギリスの萌芽期の議院内閣制を誤って紹介するなどということは、およそ考えられないからである。その意味において、この点に関する宮沢俊義の次の指摘は傾聴に値する。「『法の精神』の叙述は原則としては冷静な客観的な態度でなされている。しかし、そこで専制主義が取り扱われる場合は著者のそれに対する倫理的批判が明確にみられる。それと同じように、英国憲法の論述においては、著者のそれに対する倫理的賞賛が明白に看取される。著者はここでは単に真理の追求をのみこととする科学者ではなくて、正義の秤でもって事物の価値を判断しようとする評価者としてあらわれている。」したがって、「彼の……叙述が現実の英国憲法の客観的、科学的説明だと断ずることも当をえたものとはいえない。」[28]

　さらに、立法権と執行権の関係について、モンテスキューは次のように述べている。「執行権が立法府の企図を抑止する権利をもたないならば、立法府は専制的となろう。」これは立法府に対する執行権者の拒否権である。しかし、「立法権は逆に執行権を抑止する権能をもつべきではない。なぜなら、執行にはその本性上限界があり、執行を制限することは無益だからである。」それでは、執行権に対して立法権は無力であるのか。立法権は、「自分が作った法律がどのような仕方で執行されたかを審査する権能」をもつべきである (Liv. xi, Chap. 6)。この権能は今日の国政調査権であるが、モンテスキューは君主制を前提としていることから、この権能は君主の権力濫用を抑止するための手段と

---

(28) 宮沢俊義・前掲注(8)論文、96-97頁。

考えられる。

　最後に，裁判権についてモンテスキューは身分制を前提とした構想を展開している。すなわち，「貴族は国民の通常裁判所ではなくて，立法府のうちの貴族によって構成されている部分に呼び出されるべきである。」これに対し，人民による裁判権は「常設的な元老院に与えられるべきではない。それは，必要とされる期間だけ存続する裁判所を構成するために，人民の団体から，1年のある時期に，法律に規定された仕方で選びだされた人々によって行使されるべきである」（Liv. xi, Chap. 6）。このように，モンテスキューは貴族に対する裁判権と人民に対する裁判権を区別した上で，後者の裁判権について次のように述べている。「三権力のうち，裁判権はある意味では無である。残るのは2つの権力である。」「国民の裁判官は……法律の言葉を発する口にすぎず，その力も厳しさも緩和することのできない無生物である」（éiv. xi, chap. 6）。

　以上が立法・執行・裁判の3権についてのモンテスキューの説明であるが，これらの説明のまとめとして次のように述べている。「それゆえ，われわれの述べている政体の基本的な国制は次のとおりである。その立法府は2つの部分から構成され，相互的な阻止権能によって一方が他方を抑制するであろう。両者はともに執行権によって拘束され，執行権自体も立法権によって拘束されるであろう」（Liv. xi, Chap. 6）。

　このように，モンテスキューは立法・執行・裁判という3権の概念上の区別を行いながら，裁判権を具体的な権力機構の中に位置づけてはいないのである。すなわち，モンテスキューにあっては，立法権と執行権のみが具体的な権力機構の中に位置づけられ，それぞれの担い手として上院・下院・君主という3者が捉えられているのである。このように，立法権者である上院は貴族の代表によって，下院は人民の代表によって構成され，執行権は君主によって担われるのであるから，モンテスキューの統治機構論は，具体的な政治的次元においては，貴族・人民・君主という3者の勢力均衡が実現されるものとして構想されているのである。したがって，モンテスキューは，君主政を前提としながらも混合政体（Gouvernement mixte）論を展開していると考えてよいであろう。

　以上のことを踏まえ，さらに後述することとの関係で，ここでは次の2点に留意したい。第1に，モンテスキューの統治機構論は政体分類論と不可分な関係において展開されていることである。すでにみたように，モンテスキューはその政体分類論において民主政，貴族政，君主政，専制政を区別しつつ，君主

第1章　自由主義的貴族の憲法思想

政を前提として君主の恣意的な権力発動を抑制する統治機構を構想していた。具体的には，貴族の中間的・附属的・従属的機関を重視することによって君主・貴族・人民の勢力均衡を実現し，さらに「法律の保管所」＝パルルマンを要としてこの均衡を維持せんとするところに，モンテスキューの基本的な発想があったのである。したがって，「モンテスキューは，政体論における，君主政・貴族政・民主政の3つの型の政体を，立法・執行・司法の三権力分立の理論に接合しようと試みたのである」[29]といわれるように，その統治機構論はこの政体分類論を踏まえた上で，君主政を前提として展開されているのであって，決してそれ以外の政治社会を期待したものではない。「モンテスキューの権力分立論は，君主の執行権と，中間団体である貴族団および人民代表団の立法権との抑制・均衡の理論にほかならない」[30]といわれるゆえんである。『法の精神』を解釈するためのキー・ワードは「原初的理性」および「正義の可能的な諸関係」＝「均衡の諸関係」であるとすでに述べたが，政体分類論および統治機構論において，まさしくこの「均衡」を求めようとするモンテスキューの理性もしくはエスプリが機能しているのである。

　第2に，モンテスキューの統治機構論がイギリスの国制の実態を考慮しつつ展開されていることは否めないとしても，それが単なるイギリスの国制の分析に留まるものでないということである。先にもふれたように，モンテスキューによるイギリスの国制分析には事実誤認ともいうべき箇所があるが，その点についてはイエリネックの次の指摘も参考になる。「モンテスキューは現実のイギリスを知らなかったという有名な非難についても，ひとは，絶えずいくらかより慎重でなければならない。なぜなら彼はこの現実のイギリスを彼の説の基礎とすることなどを必要としていないからである。」[31]

　たしかに，モンテスキューは，イギリス人がその国制のもとで実際に政治的自由を享受しているか否かを問題にしているのではない。なぜなら，「イギリス人が現にこの自由を享受しているか否かを検討することは，私の任ではない。私としては，その自由が彼らの法律によって確立されていることを述べれば十分であって，それ以上のことは求めないのである」と語っているからである (Liv. xi, Chap. 6)。それだけではない。モンテスキューは，フランス君主政は自

---

(29)　三辺博之・前掲注（5）論文（4）国家学会雑誌78巻1・2号，42頁。
(30)　同上，44頁。
(31)　イエリネック，芦部信喜他訳『一般国家学』（学陽書房，1874年），490頁。

由を直接の目的とはしていないが，市民，国家および君主の「栄光」を目指す結果として自由の精神を生み出し，そのことによって自由を目的とする国家イギリスと同様に幸福に貢献できるのだと自負しつつ，次のように述べているからである。「そこでの3つの権力は，すでに述べた国制（イギリスの国制）を手本として配分かつ融合されているわけではない。3つの権力は，それぞれ独自の配分をもち，それに従って多かれ少なかれ政治的自由に近づいている。そして，もしもそれらが政治的自由に近づかないならば，君主政は専制政へと堕落するであろう」(Liv. xi, Chasp. 7)。

そうだとすれば，モンテスキューの真のねらいはイギリスをモデルとして統治機構を構想することではなく，フランス君主政を念頭において，君主の権力濫用による専制政への堕落をいかにしたら防止することができるかという点に据えられているといえよう。その構想の輪郭は，王権との緊張関係のもとで歴史的に展開されてきたパルルマンの活動を介して，彼のイギリス滞在以前にすでに形成されていたのではなかろうか。以下，この点について考えてみよう。

◆ 第3節　モンテスキューの憲法思想とパルルマン ◆

第1項　18世紀初期のパルルマン

これまで見てきたように，モンテスキューは3つの権力を概念上区別しながら，裁判権を具体的な権力機構から排除している。こうして，上院・下院の立法権と君主の執行権を前提とした政体の基本構造を説いているのであるが，それに続けて次のように述べている。「これら3つの権力は，休止または無活動の状態になることがあろう。しかし，これらの権力は事物の必然的な運動によって進行を強制されるので，協調して進行せざるをえないであろう」(Liv. xi, Chap. 6)。したがって，『法の精神』の中に「権力分立」論を見出す伝統的な考え方を厳しく批判したアイゼンマンが，「国家機関……の機能的，人的および実質的な分立という意味においては，モンテスキューは権力分立を賞賛してもいないし実現してもいない」[32]と述べているように，モンテスキューの統治機構論は権力の「分立」というよりも権力の「協調」の理論として構想され

---

(32)　Charles Eisenmann, *op. cit.*, p.179.

第1章　自由主義的貴族の憲法思想

ているのである。

　それでは，この権力の「協調」は何を担保として保障されるのか。それが問題である。この点については，野村敬造の次のような解釈がある。「モンテスキューが英国の議会政治にもう一歩アプローチしたなら，均衡において偶発的に生ずる静止または停滞から抜け出すために，立法府と執行府の協力活動への刺戟を与えるものは事物の自然の運行によるものではなく，下院の多数派の領袖であり，与党と国王の信任を同時に持つ首相の活動によるものであることを理解したであろう。然し，モンテスキューは，ウオルポール（Walpol）首相による権限の行使につき，意識的にか無意識的にか目を閉じ，曖昧な答えを出すにとどまった。」[33] しかし，私はこの点については，モンテスキューが意識的に目を閉じているのだと解釈するものである。既述のように，モンテスキューの真のねらいはイギリスをモデルとして統治機構を「理念型」として提示することではなく，フランス君主政がいかにしたら政治的自由に接近し得るかを具体的に構想することにあるからである。したがって，フランス君主政を前提として，権力が権力を抑止し，しかもそれらの権力が協調して進行し得る可能性は別のところに探らねばならない。

　そこで考えてみなければならないのは，彼が君主政における「法律の保管所」（dépôt des lois）として位置づけたパルルマンの存在である。次の一節にあらためて注目したい。「君主国においては中間的諸身分が存在するだけでは十分でない。さらに法律の保管所が必要である。この保管所は，法律が作られたとき，それを告げ知らせ，法律が忘れられるとき，それを思い出させるところの政治団体の中にのみ存在しうる。」（Liv. ii , chap. 4）

　この政治団体がパルルマンである。後述するように，このパルルマンはその評定官（conseillers）がルイ 11 世（Louis XI, 在位 1461-83）のもとで 1467 年に終身的身分保障を認められて以来，法令審査登録権（enregistrement）と建白権（remontrances）を楯にとって王権との対立緊張関係を形成し，強力な政治的役割を演じてきた[34]。しかし，フロンドの乱鎮圧後の 1653 年 10 月 22 日の王宣（déclaration）は，パルルマンに対して国事について検討することおよび財政問題について指示を与えることを禁じた。さらに，摂政期を終えてルイ

---

(33)　野村敬造『権力分立に関する論攷』（法律文化社，1976年）18頁。
(34)　拙稿「アンシャン・レジーム末期におけるパルルマンの憲法思想」金沢大学教養部論集人文科学篇 30-2（1993）59頁以下参照。

第Ⅰ部　啓蒙期の憲法思想

14世の親政に移る1661年7月8日の王室顧問会議の決定（arrêt de Conseil）は，王令（Ordonnances）および王室顧問会議の決定に服すべきことをパルルマンに厳命した。また，ルイ14世は1668年に，パリのパルルマンの記録から1648年から1652年までの政治問題に言及している部分を削除させた。さらに，1667年の民事王令（Ordonnance civile）はパルルマンの建白の慣行を規制し，1673年2月24日の王宣は，王令，勅令，王宣もしくは公開状（lettres patentes）がいかなる修正や保留もなしに登録されるべきことを命じた[35]。モンテスキューが『ペルシャ人の手紙』においてルイ14世の統治を東洋風の専制政治であると批判し，「パルルマンはいまではわずかに裁判を行うのを任務としているだけで，それらの権威はなにか思いもよらぬ事情で力と生気を回復しないかぎり，いつも低迷している」[36]と嘆いているのは，このような歴史的な背景を踏まえてのことである。まさしく，モンテスキューにとって，絶対王政確立の歴史はパルルマンの権威失墜の歴史だったのである。

しかし，ルイ14世が没することによって政治情勢は一変する。摂政フィリップ・ドルレアン（Philippe d'Orléan, 1674-1723）はルイ15世の摂政に関するルイ14世の遺言を変更するに際して，パルルマンの協力を必要とした。そのために，1715年9月15日の王令は，幼少の国王の臨席する親臨法廷（lit de justice）で登録されたものであるが，それはいかなる制限も付さずに，法令登録に先立つパルルマンの事前建白という旧来の権限の復活を容認した[37]。このことについて，オリヴィエ・マルタン（François Olivier-Martin）は次のように

---

(35) Jules Flammermont, *Remontrances du Parlement de Paris au xviii siecle*, t. 1, (1715-1753), Paris, Imprimerie Nationale, 1888, Introduction, p. Ⅰ. （以下，Remont rance. と略記）

(36) *Œuvres complètes de Montesquieu*, t.1, Bibliothèque de la Pléiade, Gallimard, 1949, p.268. 井田進也訳「ペルシャ人の手紙」── 井上幸治篇『モンテスキュー』（『世界の名著34』（中央公論社，1980年）176頁。

(37) 「ルイ14世はその甥であるオルレアン公に愛着を覚えていなかったが，世襲により……オルレアン公に摂政職がもたらされた。その後継者（ルイ15世）の教育とフランスの統治をこの甥の掌中に委ねるのを避けるため，ルイ14世は新たな構想にもとづいて摂政職を組織した遺言書を作り，その保管をパリのパルルマンに委ねた。／……オルレアン公はパルルマンの主要なメンバーに対して，彼らから奪われていた政治的諸権限を彼らに回復せしめることを約束することによって，偉大な国王の最後の意思を破棄することを，苦もなく彼らに決定させたのである。」かくして，「ルイ14世の遺言書はためらうことなく修正された。摂政職はオルレアン公に委ねられ，オルレアン公には，ブルボン公（ルイ15世）の臨席するその王室顧問会議を思いのままに構成する権利が認められたのである。」J. Flammermont, *Remontrances*, t.1, Intro. p.Ⅴ.

38

述べている。「この王令の規定にもとづいて，18世紀を通じて高等諸法院（cours souveraines）がわがものとすることになる活動と闘争の本質的手段が設定された。次第に拡大されてきた建白において，高等諸法院は君主政の国家構造（constitution de la monarchie）に関する自らの見解を表明し，自らのやり方でもってその国家構造を解釈するようになった。高等諸法院は単に自らの登録に付されるべき諸法律の場合だけでなく，あらゆる種類の状況に関して，それらの建白をさし向けるであろう。」[38]

　モンテスキューは，自らの統治機構論を構想するに際し，このようなパルルマンの行動に多くを学んでいないであろうか。そこで，以下においては，フラメルモン（Jules Flammermont）編『18世紀におけるパリのパルルマンの建白集』(Remontrances du Parlement de Pris aux XVIII siècle, publiées par Jules Flammermont, t.1（1715-53），1888, Paris, Imprimerie Nationale）を素材として，モンテスキューのイギリス滞在前の18世紀初期段階におけるパリのパルルマンがその諸建白を通じて，立法・執行・裁判の3権力にいかなる関わりを持とうとしているかを見てみよう。

第2項　パルルマンの諸建白

（1）　1716年5月13日「宿駅監督官職および建造物監督官職を再建する勅令に関する建白」（Remontrance sur les édits créant la surintendance des postes et relais et la surintendance des batiments et manufactures）[39]

　宿駅監督長官および監督官（grand-maître et surintendance générale des postes）という官職は，無用のものであるとして1692年1月のルイ14世の勅令によって廃止されていた。1715年9月の新勅令は，これらの官職を再建しようとするものである。パルルマンはルイ14世治下で沈黙を余儀なくされてきたが，この新勅令に対する建白によって「立法権行使への参加の理論」（la théorie de la participation à l'exercice du pouvoir législative）を確立した[40]。この新勅令は，宿駅に関する全ての問題をめぐる絶対的な裁判管轄権（juridiction absolue）を，宿駅監督長官および監督官に委ねようとするものである。しかし，これらの権

---

(38)　F. Olivier-Martin, *Les Parlements contre l'absolutisme traditionnel au XIII siècle*, 1919-50, Paris, Edition Loysel, 1988, p.13.（以下，*Les* Parlements. と略記）
(39)　J, Flammermont, *Remontrances*., t.1, p.42 et s.
(40)　*ibid*., Intro., p. xxxxi.

限は，問題の性質に応じて，パルルマンの管轄下にあるバイイ裁判所（bailliages royaux），セネシャル裁判所（sénéchaussées royaux）および騎馬警察隊長官（prévôt des maréchaux）に帰属すべきものであり，この点で新勅令はパルルマンの伝統的な裁判管轄権を侵害するものである。パルルマンがこの新勅令に反対して建白を提示したのはこのためである。

同建白の1節は次のように述べている。「勅令の尊厳は侵すことのできない監視を必要とします。勅令の変更を正当化しうるのは明白な公共的必要性のみであります。その必要性はここでは看取されないのであります。」[41] したがって，この建白の主要なねらいは，王権に対するパルルマンの裁判管轄権の擁護にとどまらず，新勅令に対するパルルマンの審査登録権および建白権を介して，勅令変更に関する立法権および執行権にも関与せんとするところにある。

（2）　1718年6月19日「**貨幣の全面改鋳を命じた1718年5月の勅令に関して，パルルマンの使者によって摂政にまとめて提出された進言**」（Représentation assemblées aux régent par une députation du parlement sur l'édit de mai 1718 ordonnant la refonte générale des monnais）[42]

パルルマンは，貨幣改鋳の口実でもって貨幣価値を恣意的に変更するというロー（John Law, 1671-1729）の財政措置[43]を命じた勅令に反対した。実は，同勅令はパルルマンには送付されず，造幣院（Cour des Monnaies）[44]に送付され，そこで登録されたものであった。

そこで，パルルマンは同勅令を検討するために，4つの最高院（パルルマン・造幣院（Cour des Monnaies）・会計検査院（Chambre des comptes）・租税院（Cour des Aides））の代表者の合同会議を召集しようとした。しかし，摂政はフロンドの乱当時の轍を踏んではならないと考えてこの合同会議を禁止した[45]。そのため，パルルマンの院長は王宮に赴き，摂政に対して進言を行った。同院長は貨幣問題に関する16・17世紀の前例を列挙して，パルルマンの権限を次のように擁護した。「われわれは父祖から次のことを聞いております。すなわ

---

(41)　*ibid.*, p.43. et s.

(42)　*ibid.*, p.68 et s.

(43)　「ジョン・ローのシステム」（Système de John Law）と言われる財政政策については，吉田静一『ジョン・ローの研究』（泉文堂，1966年）29頁以下，赤羽裕『アンシャン・レジーム論序説』（みすず書房，1978年）71頁以下参照。

(44)　「パルルマン（Parlements）……会計検査院（Chambre des Comtes），租税院（Cour des Aides），造幣院（Cour des Monnaies）は，17世紀以降の国王の官職団体を構成している。」── F, Olivier-Martin, *op.cit.*, p.7.

ち，王国全体の治安に関する規律を含む法律はパルルマンにおいて登録されねばならず，その法律の公示が行われるのはこの第1の裁判所（Premier tribunal de la justice du roi）においてであります。この権威づけによってその法律はすべてのバイイ裁判所管区およびセネシャル裁判所管区へ送付されるのであり，したがって法律を公的なものにするために必要なこの形式は，他のいかなる裁判所によっても補充されえないのであります。」[46]

摂政オルレアン公はこの進言を聴きはしたが，貨幣問題については造幣院が権限を有しているとしてパルルマンの要求に応じなかった。パルルマンは6月20日，貨幣改鋳の勅令の執行を一時停止する決定を行うが，21日，王室顧問会議はこの決定を破棄する。こうして，パルルマンは6月27日に次のような建白を提示する。

(3) 1718年6月27日「貨幣改鋳問題に関する建白」(Remontrance sur l'affaire de la refonte des monnaies)[47]

この建白は，パルルマンの伝統的な権限について次のように述べている。「パルルマンは，陛下の前任者である諸国王によって認められてきた権限しか有しておりません。その権限は，わが諸国王の諸命令を執行せしめるためにしか用いられるべきではありません。われわれはまた，王国に良き秩序を維持し，公共の平安を確保し，また今日われわれが行っているように，必要な場合には……臣民の要求と不安を陛下に進言するために，われわれに委ねられていることを行わねばなりません。」[48]「われわれは，陛下の御意がパルルマンにおいて登録され公示されたあと，その管轄下にあるバイイ裁判所およびセネシャル裁判所に送付されるという通常の方法でもって陛下のすべての人民に伝達されるということは，単に陛下の臣民の利益のみならず，陛下御自身の利益でもあると，あえて申し上げんとするものであります。」[49]

---

(45) 「1648年にパルルマンは会計検査院および造幣院と連帯して連合会議（arrêt d'Union）を行い，王令の登録を拒否するという反抗に出ている。これは「高等法院のフロンド」(la Fronde parlementaire) と呼ばれる。なお，詳しくは，Fr. Olivier-Martin, *Histoire du droit français des origines à la Révolution*, Domat Montchrestien, 1948, reproduction, Paris, E.C.N.R.S.1988, p.545 et s. 塙浩訳『フランス法制史概説』（創文社，1986年）810頁以下参照。
(46) J. Flamermont, *Remontrances*, t.1, p.71.
(47) *ibid*., p.76 et s.
(48) *ibid*., p.77.
(49) *ibid*., p.78.

この建白に対して摂政は次のように回答し、パルルマンに譲歩しなかった。「国王の権威は、もしそれが古来の法律を維持することに帰せられてしまって新たな法律を制定しないとすれば、人々の企てと時代の必要性があいついで引き起こすすべての過誤を抑制するには十分ではないであろう。／古い法律も新しい法律も国王の意志によってしか存続しないし、法律たるためには国王の意志だけしか必要としない。それを行うことが高等諸法院に委ねられているところの登録は、立法権に対して何ものも付加するものではない。その登録は単に公布にすぎず、また、高等諸法院が他の臣民に模範を示す栄誉を疑いもなく有しているに違いなく、また有しているところの不可欠の服従行為にすぎない。」[50]

上にみた進言および建白に明らかなように、パルルマンは法令の審査登録および公示を当該法令に効力を付与するための独自の権限行為と考えているのに対し、摂政の側では法令の効力を付与するものは国王の意思のみであって、パルルマンにおける登録や公示は単なる服従行為でしかないと考えているのである。両者の見解は基本的に異なっている。そこで、パルルマンは7月26日、次のような反復建白を提示した。

（4）1718年7月26日「貨幣改鋳に関する反復建白」(Itératives remontrannces sur la refonte des monnaies)[51]

この反復建白は歴史的な考察を含んでいるので、その諸節を引いてみよう。

「わが国の諸国王のすべての王令は、われわれにもたらされる勅令およびその他の法律の内に、陛下と国家の利益および王国の根本法に反するものが何ら存在しないかどうかを検証することをわれわれに課しております。」[52]

「陛下、陛下のパルルマンは、陛下に対してはなはだ真摯な抗議を行わねばならないと考えるものであります。と申しますのも、パルルマンは自らの義務についてあまりにも完璧な認識を有しておりますので、パルルマンがフランスにおける唯一の合法的権限……として考えている権限を減少させたり分割したりするなどとは夢想だにしないからであります。」[53]

「1304年頃……国王はパルルマンを種々の理由でもって一定の場所に設置さ

---

(50) *ibid.*, p.86.
(51) *ibid.*, p.88 et s.
(52) *ibid.*, p.88.
(53) *ibid.*, p.89.

れたのであります。つまり，国王は固定的な団体——この団体は重大な諸問題に対して筋の通った配慮をなし，また王権のすべての特権の保持を持続的に監視することによってそれらの特権を完全なかたちで維持し，それに反するような企てを抑止するものであります——を設置することによって，王権の諸権利の維持を確保し，国王にとってもすべての国民にとっても有益なことを行おうと考えられたのであります。」(54)

「この時以降，パルルマンは国王とその他の臣民の間の一種の必要な紐帯であると考えられるようにまでになり，人民はパルルマンによって検証された法律が有益であるかもしくは必要なものであるということを納得し，またわが諸国王は，それらの法律がこの裁判所（パルルマン）を通過したときにその臣民はそれに服従するのであるということを経験によって認識されたのであります。」(55)

「陛下，われわれは，陛下が唯一の主人であり唯一の立法者であるということ，種々のできごと，陛下の人民の諸要求，陛下の王国の公安，秩序および管理は，この国においていつも遵守されてきた形式において，それらを新たなものにするようにわれわれをして変更せしめるという法（lois）が存在するということを認めると同時に，われわれは，確固不動の君主政とともに古い法が存在するということ，その保管所は王権によってわれわれに委ねられてきたということを陛下に申し上げるのが，われわれの義務であると考えるものであります。」(56)

要するに，上にみた(2)(3)(4)の進言および建白を貫いているのは，(1)の建白と同様に，パルルマンの裁判管轄権および立法問題（matière législative）に関する権限をめぐる諸原理である。しかも，新勅令の執行を停止する決定まで行っているのであるから，パルルマンは執行権にまで関与しているのである。

この反復建白には回答が寄せられなかった。そこでパルルマンは反政府キャンペーンを企て，ロー（John Law, 1671-1729）の財政政策を攻撃した。しかし，国璽尚書（garde des sceaux）ダルジャンソン（René Louis de Voyer Marquis d'Argenson）は，パルルマンが国王の命令に待ったをかけ，「王国の不可欠の立法者」（léglsateur necéssaire du royaume）たらんとして国王の権威を傷つけたとの非難を行い，パルルマンの建白権を制限するための措置を予告した。こうし

---

(54)(55) *ibid.,* p.90.
(56) *ibid.,* pp.94-95.

て国王は，王室顧問会議の決定にもとづいて，最初の懲罰王令（Ordonnances dites "de discipline" ou édits de dicipline）を発した。それによると，今後パルルマンに送付される法律については，8日以内に建白が提示されないかぎり，その法律は登録されたものと見なされるということ，建白に対して国王の回答がなされなければパルルマンは遅滞なくその法律を登録しなければならないということ，法律を解釈すること，修正すること，その執行を延期することは禁じられるということ，パルルマンは自らのもとに送付されなかった法律に関しては建白を提示してはならないということ，国王によって促されないかぎり財政管理および統治に関するいかなる問題にも関わってはならないというとである[57]。これに対してパルルマンは強く抗議したが，8月28日から29日にかけて，王権側はパルルマンの最も熱心な3人の評定官を連行し，拘禁した。パルルマンは3人の釈放を求め，摂政のもとへ代表団を派遣して次のような建白を提示した。

（5） 1718年8月29日「副院長フリゾン・ドゥ・ブラモン氏と評定官サン・マルタン氏およびフェイドー・ドゥ・カランド氏の連行および拘禁に関する建白」（Remontrance sur l'enlévement et l'arrestation de M. le président Frizon de Blamont et de MM. les conseillers de Saint-Martin et Feydeau de Calendes）[58]

この建白は，裁判管轄権と評定官の職務権限に関するパルルマンの基本的な見解を示している。建白は次のように述べている。「陛下が彼らを逮捕させた時，陛下は彼らが有罪であると思料されたものとわれわれは考えるものであります。陛下，そのような場合には，それに関して最も厳格な裁判を行う栄誉をわれわれに委ねていただきたいのであります。われわれの同僚が訴追されている何らかの犯罪について，彼らを裁く特権はわれわれにとって決して疑問の余地なきものでありました。……／われわれは，生じた諸問題に関して全く自由に審理するためにしか，またわれわれの良心の赴くところに従ってその見解を述べるためにしか，陛下のいかなる官吏となる栄誉も有していないのであります。／この自由がわれわれから奪われ，陛下にとってわれわれを全く無益なものとするということは，陛下の公務にとって大きな不幸となりましょう……。」[59]

---

(57) *ibid.*, Intro., pp.IX-X.
(58) *ibid.*, p.116 et s.

この建白に対して摂政は回答をしなかったが,パルルマンの煽動が穏やかになったとして3名を釈放した。これ以降18ケ月にわたってパルルマンは沈黙し,ローの無法な財政政策を傍観した。その後,パルルマンは1720年4月17日の「年金金利を50ドゥニエに減少させる勅令に関する建白」(Remontrance sur l'édit reduissant les rentes au denier 50)[60]および反復建白によってローの財政政策に反発したため,ポントワーズ(Pontoise)へ追放されることになる。しかし,やがてローの財政政策は完全に破綻し,同年12月16日,パルルマンはパリに帰還した。

(6) 1721年3月1日「ラ・フォルス公の訴追移送に関する建白」(Remontrances sur l'évocation du procés du duc de la Force)[61]

摂政顧問会議(Conseil de Régence)のメンバーであるラ・フォルス公は,その地位を利用して,ローの財政政策のもとで法外な銀行券を入手し,それによって大量の商品を買い占めていた。このことが警察当局によって告発され,パルルマンはラ・フォルス公の逮捕命令を発し,彼を訴追するための同輩衆(pairs)の裁判を召集した。しかし,2月28日,王室顧問会議はラ・フォルス公の訴訟を国王に移送するようにとの決定をパルルマンに通達した。このため,パルルマンは建白を提示した。同建白は次のように述べて,この訴訟移送は神聖不可侵な慣習に反するものであると主張した。「陛下……陛下の王国の同輩衆がその行動について弁明しなければならないのは,パルルマンにおいてでしかありません。それらの問題が取り扱われねばならないのは,陛下の監督下において,すなわち,わが登録簿が特に国王の法廷(Cour du Roi)と呼んでいる法廷においてでしかありません。」[62]

この建白に対して王権側が譲歩し,ラ・フォルス公の訴訟をパルルマンに委ねるという王宣が3月10日に発せられた。こうして,パルルマンはラ・フォルス公を買占人であるとして有罪を宣告し,買い占められていた全商品を病院および食料品組合のために売却させた。要するに,この建白もパルルマンの裁判管轄権とりわけ同輩衆の法廷の管轄権を擁護しようとしたものにほかならない。

---

(59) ibid., p.117.
(60) ibid., p.126 et s.
(61) ibid., p.140 et s.
(62) ibid., p.145.

第3項　モンテスキューの統治機構論とパルルマン

　上にみた18世紀初期の諸建白は，ルイ14世没後，モンテスキューが『法の精神』を構想する直前のものであるが，これらを通してわかることは，第1に，パルルマンが自らの伝統的な裁判管轄権を強力に擁護しようとしていること，第2に，さらにこの擁護を介して立法権および執行権にも関与しようとしていることである。このことについて，フラメルモンは次のように述べている。「裁判権と執行権の分離を擁護することによって……パルルマンはすぐれた役割を果した。18世紀にはパルルマンはこれらの理論に忠実であり，パルルマンはこれらの理論を次第に展開し，それらの理論は世論の先例にまでなるであろう。」[63]

　こうして，フラメルモンは1730年代における諸権力の「分立」の具体的な例証として，1732年8月4日の「パルルマンの地位に関する建白」(Remontrances sur l'état du Parlement)[64]の次の一節をあげている。「陛下，陛下の統治と同様の賢明な統治においては，主権者の諸権限（attributs du Souverain）と，主権者が創設した評定官の諸権限（fonctions des magistrats）は混同されてはなりません。すなわち，法律を制定することは主権者（の権限）に属し，それらの法律を執行することは評定官（の権限）に属するものであります」[65]

　このようなパルルマンの主張に着目することによって，フラメルモンはさらに次のように述べている。「したがって，確かなことに，モンテスキューが執行権と裁判権の分立に関する彼の有名な理論を形成したのは，このようなパルルマンの環境においてであり，彼はイギリスに滞在する必要はなかったのである。」[66]このフラメルモンの見解は，モンテスキューの統治機構論がイギリスの国家構造の分析にもとづいて形成されたのではなく，歴史的に展開されてきたパルルマンの「権力分立」とりわけ執行権と裁判権の「分立」の理論にもとづくものであるというのである。

　しかし，フラメルモンのこの見解に対しては，オリヴィエ-マルタンの次のような異論が提示されている。「フラメルモンは，このテクスト（上に引用した

---

(63)　*ibid.*, Intro., p.XLIX.
(64)　*ibid.*, p.276 et s.
(65)　*ibid.*, p.283.
(66)　*ibid.*, Intro., p.XLIII.

1732年8月4日の建白の1節——引用者注)の中に執行権と裁判権の分立を見出した。しかし、同建白は続けて次のように述べている。『法律を制定することは主権者(の権限)に属し、それらの法律を執行することは評定官(の権限)に属するものであります』と。したがって、その分立は、国王に認められた立法権と、裁判権を含みはするが、その裁判権に限定されはしない法律の執行権との間に描かれているのである。」[67]

また、オリヴィエ-マルタンは次のようにも述べている。「パリのパルルマンは、われわれが今日それを理解しているところの狭い意味における裁判権以外の権力をまさしく要求しているのである。」[68]「現代人であるわれわれは、18世紀においては、執行権と裁判権との間には、わが国の歴史上の諸憲法が打ち立てたような障壁は存在しなかったということを認めねばならない。」[69]

確かに、フラメルモンの見解よりも、それに対するオリヴィエ-マルタンの上にみた批判的見解の方が正確であると言わざるをえない。なぜなら、フラメルモンが着目していた1732年8月4日のパルルマンの建白の1節は、裁判権と執行権の「分立」ではなく、立法権と執行権の「分立」を主張するものだからである。また、18世紀における立法・執行・裁判の3権は形式的にはすべて国王に集中するとしても、その具体的な発動に着目した場合には、その具体的な担い手をも含めて、必ずしも明確に「分立」されてはいないからである。

しかし、すでにみた(1)から(6)の建白を通じて、パルルマンが自らの裁判管轄権を強力に擁護していることは否めない事実である。また上のようにフラメルモンを批判するオリヴィエ-マルタンも、モンテスキューが述べている次の3点に注目することによって、モンテスキューはイギリスの国制を素材とした「権力分立」を説き終えるに際し、その出発点を閉ざしてしまっていると述べている[70]。

①「タキトゥスの驚嘆すべき著作『ゲルマン人の習俗について』を読んでもらえば、イギリス人がその政治体制の観念を引き出したのは、かれらゲルマン人からであることがわかるであろう。この見事な組織は森の中で見出されたのである。」(Liv. xi, chap. 6)

②「イギリス人が現にこの自由を享受しているか否かを検討することは、私の任ではない。私としては、その自由が彼らの法律によって確立されているこ

---

(67)(68)(69)　F. Olivier-Martin, *Les Parlements.*, p.105.
(70)　*ibid.*, p.108.

とを述べれば十分であって，それ以上のことは求めないのである。」(Liv. xi, Chap. 6)

③「われわれが知っている諸君主政は，今述べた君主政のように，自由を直接の目的としていない。それらは市民や国家や君公などの栄光のみを目指している。しかし，この栄光の結果として自由の精神が生じ，この精神は，これらの国家において，自由そのものと同じぐらい偉大なことをなし，おそらく同じくらい幸福に貢献することができる。／そこでの3つの権力は，すでに述べた国制を手本として配分をもち，それに従って多かれ少なかれ政治的自由に近づいている。そして，もしそれらが政治的自由に近づかないならば，君主政は専制政へ堕落するであろう。」(Liv. xi, Chap. 7)

そうだとすれば，モンテスキューの統治機構論を支えている基本的な問題意識が，フランス君主政のもとで，いかにして政治的自由を回復しうるかという点にあることは，オリヴィエ-マルタンも認めざるをえない。したがって，「モンテスキューが執行権と裁判権との分立に関する彼の有名な理論を形成したのは，このようなパルルマンの環境においてであり，彼はイギリスに滞在する必要はなかったのである」というフラメルモンの先の指摘は，上にみたオリヴィエ・マルタンの批判も考慮にいれれば，私に対して貴重な示唆を与えるものである。

以上のことを踏まえた上で，ここでは本章冒頭に示した次の2つの考察課題について考えてみたい。①モンテスキューの統治機構論においては，立法権と執行権のみが国制の基本構造に据えられ，裁判権がその基本構造から排除されているが，その基本的な意図は何処にあるのか。②3つの権力（実は立法権と執行権の2権力）は休止または無活動の状態になることがあろうとしながらも，モンテスキューは，事物の必然的な運動によって協調して進行せざるを得ないであろうと述べているが，そのような「楽観論」の根拠は何であるのか。

言うまでもなく，この2つの問題は不可分な関係を有している。これらの問題について考える場合に留意すべきことは，すでに述べたように，「イギリスの国制について」と題する『法の精神』第11編第6章の展開の背後にあるモンテスキューの主要な問題意識は，フランス絶対王政下でいかにしたら政治的自由を回復しうるかという点に置かれているということである[71]。すでにイエリネックが述べていたように，「彼（モンテスキュー）はこの現実のイギリスを彼の説の基礎とすることなどを必要としていない」のである。このイエリネッ

第1章　自由主義的貴族の憲法思想

クの見解は,「権力分立」論を構想するに際してモンテスキューはイギリスに滞在する必要はなかったというフラメルモンの指摘と呼応している。また,ジャネは,「ローマの法律は公共の権力を非常に多くの政務官の間に巧みに分割していた。彼ら政務官はたがいに支持し,抑制し,緩和し合った」[72]という『ローマ人盛衰原因論』(Considération sur les causes de la grandeur des Romains et de leur décadence, 1734) の1節に着目し,そこにすでにモンテスキューの「権力分立」論の萌芽が現れていると述べている[73]。さらに,オリヴィエ-マルタンが注目していた3点からも分かるように,モンテスキューの統治機構論は,彼のイギリス滞在経験に負うところがあることを否定できないとしても,その基本的な輪郭は別のところですでに形成されていたと考えねばならない[74]。市民革命を経たイギリスの国家構造を絶対王政下のフランスにスライドさせてこと足りると考えることなどは,歴史家としてのモンテスキューにあるまじきことだからである。さらに,モンテスキューの政治観は歴史の前方に向って開かれているのではなく,後方に向って開かれていることも否定できない。彼は,「人間の想像しうる最良の種類の政体」について,次のように述べているからである。「人民の公的自由,貴族と聖職者の特典,国王の権力の3者がよく協調を保ち,この協調の続いた時代のヨーロッパの各部分の政体ほど見事に節度ある政体がかつてこの地上にあったとは,私には思われないほどである。」(Liv. xi, Chap. 8)

---

(71)　「イギリス憲法についてのモンテスキューの叙述が事実を示したものか,政治的自由実現の構図を描いたものかについては議論が多いが,このような形で提出された問いに厳密に答えるとすれば,後者の見解が正しいといわざるをえない。」——上原行雄・前掲注(9)論文(2・完)法律論叢44巻5・6号,43頁。

(72)　Œuvres complètes de Montesquieu, t.2, Bibliothèque de la Pléiade, Gallimard, 1951, pp. 124-125. 田中治男・粟田伸子訳『ローマ人盛衰原因論』(岩波文庫,1989年) 114頁。

(73)　P. Janet, op. cit., pp.327-328.

(74)　「このようなモンテスキューにおける権力分立の思想は,なにも彼がイギリスに行ってはじめて発見したというわけではない。それはすでに『ペルシャ人の手紙』においてかなりはっきりとした形であらわれているのである。すなわち,かれは,思想としては,はやくから権力分立論を,政治的自由保証の制度として理論的には重要視していた。問題は,そのような制度が現実に行われている具体的な事例をイギリスにおいて,はじめて見出したということであろう。すなわちモンテスキューは,イギリスにおいて,自己の政治理論の本質的変更を行ったのではなく,むしろ,従来持ち続けていた,絶対主義権力からの政治的自由保全のための権力分立論という思想を,イギリス旅行の体験により検証し,かつ補強し,一層の確信を持つようになったと理解するのが妥当であるように思われる。」佐竹寛「モンテスキューの政治思想形成程におけるイギリス滞在の意義」法学新報71巻7号 (1964) 14頁。

それでは，モンテスキューはフランス君主政のあるべき統治機構をどのように構想していたのであろうか。君主政において，形式的には立法・執行・裁判の3権が君主に収斂するものであることはあらためて言うまでもない。問題は実質的な意味における3権の担い手である。執行権が王室顧問会議（Conseil du Roi）を介して国王にあると考えられていることは，これまでの考察から明らかである。ただし，オリヴィエ-マルタンが指摘しているように，18世紀においては，執行権と裁判権は截然と区別されているわけではない。それゆえにこそ，パルルマンは建白を通じて国王の勅令執行に干渉したのである。

　立法権の担い手が問題である。モンテスキューは貴族の代表団である上院と人民の代表団である下院によって立法権が行使されるとしているが，それはイギリスの国制についてのことであって，フランスにはそのような議会制度は存在していない。そこで考えてみなければならないのは，1614年以降開かれていない全身分会議（Etats généraux）の存在である。確かに，モンテスキューはこの全身分会議については直接言及していない。しかし，「封建制の成立から16世紀末にいたる封建制の完成における等族国家Ständesstaatがモンテスキューの君主政の観念に歴史的に対応している」[75]とか，「等族的制動による身分国家が，モンテスキューの権力分立論の本質である」[76]といわれるように，かれがこの全身分会議を度外視して統治機構を構想していると考えることはできない。現に，『法の精神』に鼓舞されたパルルマンが，18世紀後半において，この全身分会議の召集を要求し，それがフランス革命の導火線になることは周知のところである。したがって，立法権はこの全身分会議を介して国王にあると構想されているとみてよいであろう。

　最後に裁判権であるが，モンテスキューがその担い手をパルルマンに求めていることは，彼がこれを「法律の保管所」として位置づけていることから明らかである。そして，モンテスキューのこのような捉え方が，すでにみたパルルマンの諸建白に根拠を有していることも言うまでもない。しかも，このパルルマンは法令の執行に際し，その法令に対する事前の審査登録権を行使し，必要に応じて君主に対する建白権を発動することによってその法令の執行を停止したり，修正したりするものとして構想されているのである。

　このような統治機構を考えれば，パルルマンにとっていわゆる悪法なるもの

---

(75)　三辺博之・前掲注（3）論文（3）国家学会雑誌77巻11・12号72頁。
(76)　三辺博之・前掲注(10)論文（4）国家学会雑誌78巻1・2号46頁。

の存在する余地はないことになる。したがって，裁判権の担い手であるパルルマンをわざわざ権力機構の内に位置づける必要はない。むしろ，国王の統治機構から一定の距離を置いて存在する政治団体としてパルルマンを位置づけ，その統治機構の要として機能させようとするところにモンテスキューの真意があると考えられる。モンテスキューにあっては，パルルマンは法令審査登録権や建白権を行使して立法・執行の両権にも干渉しうるフリー・ハンドを得た政治団体として，さらには，「人民を開明すること……人民を服従へと立ち戻らせること」（Liv. ii, chap. 4）をも任務とする政治団体として，いわば君主政の統治機構の外部にあってその機構を十全に機能せしめる全能的存在として位置づけられているのである。したがって，このように考えれば，立法・執行の両権はこのパルルマンを基軸にして協調して機能せざるをえず，休止や無活動の状態に陥ることはありえないのである。

　以上のことから，モンテスキューの憲法思想とりわけその統治機構論は，歴史的に展開されてきたパルルマンの機能を踏まえて形成されたものであるといえよう。ファゲ（Emile Faguet）が言うように，「モンテスキューは……パルルマンと評定官職（magistrature）独立の公然たる味方」であり，「彼にとってそのことは，彼の体系の要をなすものである。おそらく彼にとっては，その要は立法権と執行権の分立以上に重要なのである」[77]。この意味において，ドゥラテ（Robert Derathé）が言うように，「彼は……貴族およびパルルマンの諸特権の維持もしくは再興の味方だったのである。」[78]「《専制政体》を告発しながら，モンテスキューは絶対主義の政治にたいして自由一般よりも，むしろ封建的階級の個別的なさまざまな自由，この階級の人身上の安全，その階級が永続するための諸条件，さらには歴史がこの階級から奪った地位を新たな権力諸機関のなかでとりもどすというかれらの主張の方を擁護したのである」[79]

おわりに

　『法の精神』という作品の不幸のひとつは，「イギリスの国制について」と題する第11編第6章が同作品の全体構造から切り離され，それが権力分立

---

[77] Emile Faguet, *La politique comparée de Montesquieu, Rousseau et Voltaire*, Paris. 1902, Sletkine Reprints, Genéve, 1981, pp.119-120.
[78] Robert Derathé, Montesquieu et Jean-Jacques Rousseau, in *Revue internationalle de philosophie*, 1955, n.33-34, p.371.
[79] L. Althusser, *op.cit.*, p.93. 前掲注（4）訳書・101頁。

（séparation des pouvoirs）という近代立憲主義の原理を説くものとして解されてきたことである。たしかに，モンテスキューは，第5章において，「世界には，政治的自由を国制の直接目的とする国民もある」としてイギリスをあげ，第6章において，賞賛的態度でもってその国政分析を行っている。しかし，すでにみたように，そのモンテスキューはイギリス国制分析を終えたあと，第7章において，イギリス以外の諸君主政，たとえばフランス君主政は政治的自由を国制の直接目的としてはいないが，市民や国家や君主の栄光を目的とする結果，自由の精神が生じ，そこではイギリスと異なった独自の権力配分によって政治的自由に近づいているのだと自負しているのである。

　したがって，モンテスキューは政治的自由を国制の直接目的としているイギリスに学びつつも，その成果を絶対王政下のフランスにスライドさせればこと足りるなどとは決して考えていない。モンテスキューはあくまでも歴史に学ぶ相対主義者であって，政治的自由実現のための時空を貫通した絶対普遍の原理を模索したりはしない。人間理性の表明としての「各国民の国制の法律」はその国民に固有のものであって，「1国民の法律が他国民にも適合しうるというようなことは全くの偶然」にすぎないからである（Liv. I, Chap. 3）。したがって，各国家には政治的自由実現のための固有の原理が存在するというのが，『法の精神』を貫いている基本的発想である。

　それゆえ，市民や国家や君公などの栄光を目的とする君主政は，その国に特有の歴史的・政治的・社会的・自然的諸条件を考慮にいれて，その栄光を目指す結果として政治的自由を実現しうる統治機構を構想しなければならない。モンテスキューがイギリスの国制を分析するとき，このことが常に意識されているのであり，そこではその国制分析という「事実」の平面と，政治的自由を回復しうるためのフランスの統治機構はいかにあるべきかという「価値」の平面は常に交錯しているのである。しかも，この「価値」の平面にモンテスキューの「党派的立場」が投影されていることは言うまでもない。

　絶対王政下にあって政治的自由を回復するためのあるべきフランスの統治機構は，同国独自の歴史的諸条件を考慮にいれて構想されねばならない。モンテスキューにとって，その歴史的諸条件の中から浮かび上がってくるのはパルルマンの存在である。彼の統治機構論がこのパルルマンを機軸に展開されていることは，すでにみたとおりである。モンテスキューがイギリス国制分析において，国制の基本構造から裁判権を排除していること，3つの権力（実は立法権

第1章　自由主義的貴族の憲法思想

と執行権の2権力）は休止または無活動の状態に陥ることなく，「事物の必然的な運動」によって協調して進まざるをえないと述べていることの背後には，常にパルルマンの存在が意識されているのである。

このようなパルルマンの憲法思想がどのような形で「革命期」に継承され，その歴史的役割を終えるのかについては，第Ⅱ部第1章において検証することにする。

第2章 ブルジョアの憲法思想

第1節 フィジオクラートの憲法思想
―― F. Quesnay, Mercier de la Rivière

はじめに

　アダム・スミス（Adam Smith, 1723-1790）によって経済学における「農業の諸体系」（agricultural systems）すなわち「土地生産物をあらゆる国の収入および富の唯一の源泉とする体系」[1]として紹介されて以来，ケネー（Francois Quesnay, 1694-1774）学派の「フィジオクラシー」（Physiocratie）[2]は主として経済学の領域で考察され，「フィジオクラートは，フランス革命の基礎を準備した人々のうちで重要な地位を与えられねばならない」[3]と言われながら，法思想史とりわけ憲法思想史の領域では部分的に言及されることはあっても，まとまった個別テーマとしてはあまり考察されてこなかったと言っても過言ではない。そのことはわが国においてのみならず[4]，フランスにおいても言えそうである[5]。しかし，政治経済学史の観点からまとめられた木崎喜代治著『フランス政治経済学の生成』は，「自然（Physio-）による統治（-cratie）」を意味す

---

(1)　アダム・スミス著，大内兵衛=松川七郎訳『諸国民の富 (3)』（岩波文庫, 1965年）459頁。
(2)　ただし，ケネー自身は「「フィジオクラシー」という語を用いたわけではない。この語は，デュポン・ド・ヌムール（Dupont de Nemours, 1739-1817）がケネー学派の著作をまとめた作品のタイトル *Physiocratie, ou constitution naturelle du gouvernement le plus avantageux au genre humain*, に由来する。――木崎喜代治『フランス政治経済学の生成』未来社（1976）110-113頁参照。
(3)　Eric Roll, *A History of Econimic Thougt*, 3 ed. 1965, p.137.
(4)　法哲学史もしくは法思想史の分野では，恒藤恭「法哲学史の観点からみたケネーの自然法思想 (1)(2)」（季刊法律学 15・16号）が，憲法思想史の分野では，部分的にフィジオクラートに言及したものとして，松平斉光「フランス革命と権力分立思想 (1)(2)」国家学会雑誌 75 巻 3・4号，5・6号，三輪隆「1789年の権利宣言における政治的権利 (1)(2)」早稲田法学会誌 26・27巻等が挙げられる。なお，坂田太郎・渡辺輝雄編『わが国における重農主義研究文献目録』（勁草書房, 1974年）参照。

る「フィジオクラシー」を「もっぱら経済学説としてしか扱わないという態度」は妥当ではないとして，次のように述べている。

「『デモクラシー（民主政）』や『アリストクラシー（貴族政）』など，われわれはなによりもまず政治制度や政治学説としてとり扱う。……『フィジオクラシー』を，もっぱら経済学説として扱うことは，ケネーの思想そのものをゆがめることになりはしないであろうか。ケネーが，自己の学説体系を『フィジオクラシー』と名づけたとき，『アリストクラシー』や『デモクラシー』という語がかれの脳裡に浮かんでいなかったと想像することはまず不可能である。しかも，この用語が現れた1767年ごろのケネーの関心はとりわけ政治理論にむかっていたことを想起しよう。さらにまた，かれが1767年の『シナの専制主義』において，『デモクラシー』や『アリストクラシー』を明示的に批判しているのをみれば，むしろかれは，これらの統治形態に対抗する意味をこめて『フィジオクラート』という語を作りだしたのだと想像することさえできる。」[6]

ところで，ケネーの作品はフランス絶対王政の形成期（アンリ4世の治世）[7]——発展期（ルイ13世の治世）——全盛期（ルイ14世の治世）——衰退期（ルイ15世の治世）の全過程に及んでおり[8]，さながら絶対王政の総括であるといえるが，とりわけ厳しい批判の対象とされているのはルイ14世治世下のコルベールティスム（Colbertisme）である。ルイ14世に象徴されるフランス絶対王政の全盛期は，ヴォルテールの『ルイ14世の世紀』に明らかなように，ネーデルランド戦争をはじめとする30年にもわたる戦争政策の上に成り立っている。

（5） 法哲学もしくは法思想史の観点からまとめられた Albert Brimo, *Les Grands Courants de la Philoisophie du Droit et de l'Etat*, Paris, 1978. にもケネーへの言及は見られないし，憲法学の古典ともいうべき Léon Duguit, *Traité de Droit Constituitionnel*, 5vols, Paris, 1972. にも見られない。
（6） 木崎喜代治・前掲書110頁。
（7） ケネーの『農業王国の経済統治の一般準則』は，アンリ4世に献上されたシュリー（Sully）公の『36ケ条の準則』（1604）をモデルとしたものである。ケネーは言う。「この偉大な大臣（シュリー公）は，国王の富，国家の権力，人民の幸福を，土地の収入すなわち農業およびその生産物の対外貿易の上に位置づけることによって，王国の経済統治の真の諸原理を把握したのである。」F. Quesnay, *Œuvres économiques et philosophiques*, publiée avec une introduction et des notes par Auguste Onken, Reimpression de l'Edition Francfort, 1888, Scientia Verlag Aalen, 1965, p.329. （以下 Œuvres. と略記）島津亮二・菱山泉訳訳『ケネー全集』第2巻83頁（以下，巻数と頁のみをしめす。訳文はこれを参照した）。
（8） 平田清明『経済科学の創造』（岩波書店，1965年）64-66頁。

このような戦争政策を遂行する上で必要な課題は国内統一と財政基盤の強化であるが、これに応えようとしたのが財務総監コルベール（J.B.Corbert, 1619-1683）の重商主義＝コルベールティスムにほかならない[9]。

コルベールティスムの特徴は、①王立マニュファクチュールおよび特権マニュファクチュール政策、②穀物取引の統制、③租税強化、の3点に要約できるが、これら3点は密接不可分な関係にある。コルベールティスムが貨幣を国の富とみなす観点のもとで形成されてきたことは周知のところであるが、イギリスに比してブルジョアジーの自律的形成が遅れたフランスでは、上にみた「上からの」マニュファクチュール政策によって特権商人層を育成する必要があった。しかし、この必要性は中小手工業生産をギルド的規制の下におくことによって「下から」のブルジョアジーの成長を抑制する結果をもたらす。また、国の富としての貨幣獲得のための対外戦争を勝ち抜く必要から労働賃金が抑制され、そのことが低穀物価格を余儀なくする。最後に、コルベールティスムを支えるバックボーンとしての軍事力を維持するために租税制度の強化がはかられる[10]。このような一連の諸政策のもと、農業および農村の疲弊は明らかであった。

このような状況下にあって、ケネーの関心が農業および農村に向かい、それらを圧迫しているコルベールティスムの下での財政政策・租税政策を厳しく批判することになるのは当然のなりゆきであった。『農業王国の経済統治の一般準則』（*Maximes Générales du Gouvernement Economique d'un Royaume Agricole*, 1758）において、ケネーは次のようにコルベールを批判する

「全盛期の一大臣が、オランダ人の貿易と奢侈品製造業の華やかさに眼を奪われて、金の真の使いみちについても、国の真の貿易についても考えることなく、もはや貿易と金のことしか口にしないような錯乱状態にその祖国を突き落としたことは、決して忘れられないであろう。／この大臣は、その善意によっ

---

(9) コルベールティスムについて考える場合、この時期には「半封建的土地所有の上に全面的に依拠しているところの旧型上層官職保有者＝巨大地主層（高等法院官僚がその代表）の相対的地位の後退と、これに代わっての、最高の栄誉ある職業＝遠隔地商業（とくに貿易）・特権マニュ経営・問屋制度および金融業（とりわけ間接税の徴税請負）に営みの中心をおく新興特権商人・巨大金融業者グループの上昇と最上層への定着がとくに注目される」と言われるように、絶対王政を支配する階級勢力が高等法院官僚から特権商人へと転換している点に注意を要する。中木康夫『フランス絶対王政の構造』（未来社、1963年）290頁参照。

(10) 小林昇編『講座経済史Ⅰ』（同文舘、1977年）168頁参照。

て尊敬されるべきであるとしても、余りにも自己の考えに捕らわれすぎたために、富の源泉自体を犠牲にまでして手工業の富を生じしめようと欲し、かくして農業国の全ての経済構造を混乱させたのである。」[11]

ここで言われている富の源泉とは、言うまでもなく農業である。『穀物論』（Grains, 1757）において、ケネーは次のように述べている。

「農業は原材料を供給し、国王と地主に収入を、聖職者に10分の1税を、耕作者に利潤をもたらす。国の他のあらゆる階級を力づけ、他のあらゆる職業に活動力を与え、商業を繁栄させ、人口をふやし、工業に生気をふきこみ、国家の繁栄を維持するものこそ、これらのたえず再生される本源的富である。」[12]

この「本源的富の再生産過程」すなわち生産階級（classe productive）によって形成された純生産物（produit net）が地代として地主階級（classe des propriétaire）を経由して国庫収入をもたらし、さらにそれが不妊階級（classe stérile）である商工業者・国民のあいだを循環することによって再び生産階級へと環流する過程を明らかにしたのが『経済表』（Tableau Economique, 1758）にほかならない。したがって、「フィジオクラシー」とは、そこに示された農業を源泉とする富の再生産過程を可能ならしめる統治の原理＝「農業王国の経済統治の一般原則」にほかならない。

第1項 フィジオクラートの人権思想——自由・平等・所有の観念

上に見たように、「フィジオクラシー」とは農業を源泉とする富の再生産過程を可能ならしめる統治原理であるが、それはケネーの哲学＝自然法思想によって支えられている。それについては、その歴史的性格をも含めて、「法哲学史の観点から見たケネーの自然法思想」という恒藤恭の論文等[13]によって明らかにされているので、ここではケネーの憲法思想において自由・平等・所有といった人権の基礎的観念がいかなる関係をなすものとして捉えられているか、また、人権確保のためにいかなる統治機構が構想されているかに限定して考察することにする。

---

(11) F. Quesnay, Œuvres. p.343. 訳第3巻25頁。
(12) F. Quesnay, Œuvres, p.215-216. 訳第2巻81頁。
(13) 恒藤恭「法哲学史の観点からみたケネーの自然法思想（1）（2）」季刊法律学15・16号、坂田太郎「フランソワ・ケネー『自然権論』を中心として」一橋論叢53巻4号389頁以下、高橋誠「フランソワ・ケネーの政治経済学への道」一橋論叢55巻2号298頁以下、平田清明・前掲書202頁以下、木崎喜代治・前掲書108頁以下参照。

ケネーは『自然法』(*Le Droit naturel*, 1765) および『シナの専制主義』(*Despotisme de la Chine*, 1767) という2つの作品において自然法について考察しているが、ここでは前者における定義を引いてみよう。

「自然法は、あるいは物理的であり、あるいは道徳的である (Les lois naturelles sont ou physiques ou morales)。／ここでは、物理的法則とは、人類にとって明らかに最も有利な自然的秩序におけるすべての物理的事象に関する整然とした過程 (le cours réglé de tout événement physique de l'ordre naturel évidement le plus avantageux au genre humain) の意味に解される。／ここでは道徳的法則とは、人類にとって明らかに最も有利な物理的秩序に適合した道徳的秩序における人間行為の規律 (la règle de tout action humaine de l'ordre morale conformé à l'ordre physique évidement le plus avantageux au genre humaine) の意味に解される。／これらの2つの法則は、合体して自然法 (loi naturelle) と呼ばれるものを構成する。」[14]

このように、ケネーにおいては自然法は、①物理的世界を貫徹する法則、②道徳的世界における人間の行為規範という両面から捉えられているが、注目すべきことは、その両者がともに「人類にとって明らかに最も有利な自然的秩序」(l'ordre naturel événement le plus avantageux au genre humain) を前提として観念されている点である[15]。確かに、ケネーによれば、「人間は自己自身を創造しえないのと同じく、自然的秩序を創造したり構成したりすることはできない」[16]のであるから、上に見た「物理的法則」に従うほかない。その意味では、ケネーの「自然法は、まず人為を排したところに成立する物理的秩序として存在する」[17]とも言える。しかし、ケネーにあっては、この「物理的法則」は「人類にとって明らかに最も有利な自然的秩序」を前提として捉えられている点を看過すべきではない。つまり、この「物理的法則」の貫徹する「物理的秩序」に適合した行為こそが「道徳的法則」にかなった行為だとケネーは言うが、それは前提としての「人類にとって明らかに最も有利な自然的秩序」に合致し

---

(14) *Œuvres.*, pp.374-375. 訳第3巻77頁。なお、『シナの専制主義』における自然法の定義については、*Œuvres.*, p.673. 勝谷在登『支那論』(白揚社、1940年) 152頁参照。

(15) 『自然権』では l'ordre naturel と l'ordre physique という別の表現が用いられているが、『シナの専制主義』では両者が l'ordre naturel に統一されている。*Œuvres.*, p.637.

(16) *Œuvres.*, p.641. 勝谷在登訳『支那論』160頁参照。ただし、訳文は必ずしもこれに従っていない。以下、同じ。

(17) 木崎喜代治・前掲書122頁。

た行為ということにほかならない。「ケネーは常に，有益であるものから正当であるものを推論する」[18]と言われるように，そこにはケネーの自然法思想における一種の功利主義的循環論をうかがうことができる。結局のところ，『シナの専制主義』において，「社会秩序の自然法則は，人間の生活資料（la subsistence），生存（la conservation）および便益（la commodité）にとって必要な財産の永続的再生産の物理的法則自体である」[19]とされているように，ケネーの自然法は，すでにみた農業を源泉とする富の再生産過程を「人類にとって明らかに最も有利な自然的秩序」として位置づけ，それをオーソライズする役割を当初から期待されているのである。当時の自然法思想の多くがその主体の抱く社会構想をオーソライズするイデオロギーとして機能したように，ケネーの自然法もまたそのような機能を期待されているのである。ケネーはこの自然法を「神によって定められた最高法」「不変的で拒否しえない可能なかぎり最良の法」「最も完全な統治の基礎」「あらゆる自然法の根本をなす規範」といった表現で強調しているが[20]，それらの誇張表現に期待されているのはいずれも上の機能にほかならない。

次に，この自然法との関係で実定法が位置づけられているのであるが，この実定法もまた上の功利主義的循環論の中に組み込まれていることがわかる。というのは，ケネーにとって実定法は，「行政・統治の秩序を定め，社会の防衛を保証し，自然法を整然と遵守せしめ，国民の中に導入された風習および慣習を改良しあるいは維持し，種々の状態に応じて国民の個人的諸権利を規律し，世論や礼節の不確実さに起因する疑問がある場合に実定的秩序を確定し，配分的正義の確立をはかるために主権者（une autorité souveraine）によって制定された真正な規範である」[21]が，結局のところこの「実定法は，人類にとって明らかに最も有利な自然的秩序に関する管理の法」（lois de manutention relatives à l'ordre naturel événement le plus avantagement au genre humain）[22]として要約されているからである。このように，ケネーの言う自然法および実定法はともに，農業を源泉とする富の再生産過程を「人類にとって明らかに最も有利な自然的

---

(18) G. Hasbach, Les fondements philosophique de l'économie politique de Quesnay et Smith. in *Revue d'économie politique*, t.Ⅶ, 1893, p.764.
(19) *Œuvres.*, p.642.『支那論』161 頁。
(20) *Œuvres.*, p.375. 訳第 3 巻 77 頁。
(21) *Œuvres.*, p.375. 訳第 3 巻 77 頁。
(22) *Œuvres.*, p.375. 訳第 3 巻 77 頁。

秩序」として位置づける発想に由来するものである。

　さて，フィジオクラートの人権思想を考察する際に重要なのはケネーの自然権論であるが，実のところこの自然権論もまた上の発想に基礎づけられているのである。ケネーは自然権を次のように定義している。「人間の自然権（DROIT NATUREL）は，人間がその享有に適した物に対してもつ権利である。」[23]この場合，ケネーは万物に対する人間の権利を考えているわけではない。「万物に対する人間の権利ということは，観念的なものでしかない」[24]からである。「各人の自然権は，実際においては，各人が労働によって獲得する部分に限られる」[25]。このようなケネーの所有権論が次のようなロックの『市民政府論』第2論文で展開されている見解に呼応するものであることは明らかであり，よく指摘されるところである。

　「たとえ土地とすべての下級の被造物が万人の共有のものであっても，しかも人は誰でも自分自身の一身については所有権をもっている。これは彼以外の何人も，なんらの権利を有しないものである。彼の肉体の労働，彼の手の動きは，まさしく彼のものであるといってよい。そこで彼が自然が備えそこにそれを残しておいたその状態から取り出すものはなんでも，彼が自分の労働を混えたのであり，そうして彼自身のものである何物かをそれに附加えたのであって，このようにしてそれは彼の所有となるのである。それは彼によって自然がそれを置いた共有の状態から取り出されたから，彼の労働によって，他の人々の共有の権利を排斥するなにものかがそれに附加されたのである。この労働は，その労働をなしたものの所有であることは疑いをいれないから，彼のみが，己の労働のひとたび加えられたものに対し，権利をもつのである。少なくともほかに他人の共有のものとして，十分なだけが，また同じようによいものが残されているかぎりそうなのである。」[26][27]

　「以上のことからして，次の点が明瞭になる。すなわち，たとえ自然の事物

----

(23)　*Œuvres.*, p.359. 訳第3巻53頁。
(24)　*Œuvres.*, p.367.「万物に対する各人の権利は，空中を飛翔するすべての羽虫に対する燕の権利に似ているのであって，実際においては，それは，燕がその労働すなわち欲求にかりたてられた探求によって捉えることのできる羽虫に限られているのである。」*Œuvres.*, pp.366-367. 訳第3巻65頁。
(25)　*Œuvres.*, p.366. 訳第3巻65頁。
(26)　坂田二郎・前掲論文13頁。
(27)　J. Locke, *Two Treatises of Civil Gouverment*, Evrymen's Library, 1962, p.130. 鵜飼信成訳『市民政府論』（岩波文庫，1968年）32-33頁。

は共有のものとして考えられていても，人間は，自分の主人であり，自分自身の一身およびその活動すなわち労働の所有者であるが故に，依然として自分自身のうちの所有権の大きな基礎をもっていたということ，そうして彼が自分の存在の維持ないし慰安に用いたものの大部分をなすものは，発明および技術が生活の利便を改良するようになって以来，完全に彼個人のものであり，決して他人と共有ではなかったということ，これである。」[28]

ここに明らかなように，ロックの所有権論は，「身体の所有」——「労働の所有」——「物的所有」という構成をとっている。ケネーの自然権論＝所有権論をこのロックの所有権論と対比してみた場合，ロックからケネーへの影響は明らかである。ただ，『自然権』におけるケネーの論述は必ずしも十分ではないので，ここではそれを補充するために，ケネーの弟子であるメルシエ・ドゥ・ラ・リヴィエール（Mercier de la Rivière, 1720-1793 ou 1794）の『政治社会の自然的本質的秩序』（L'Ordre naturel essentiel des sociétés politiques, 1767）[29]の中に，若干の説明を探ってみよう。

メルシエ・ドゥ・ラ・リヴィエールによれば，人間の本性的感情は「享有への愛」（L'amour des juissances）と「苦痛の嫌悪」（l'aversion de la douleur）であり，これらは「人類にとっての２大原動因（les deux garands ressorts de humanité）である[30]。これらの感情は労働を通じて充足されることから，「その労働の成果の平穏な所有を確保する全ての手段を保持しうるように……つまり社会に生活するように自ずと人間をしむける欲求が生ずる」[31]。したがって，各人がその身体の所有者であり，その労働によって取得された事物の所有者であるのは当然のことである。この権利（所有権）は「絶対的な正義の根本法（la première loi de justice absolue）」である[32]。それゆえ，他者の身体および所有権を恣意的に侵害することは許されない。「われわれはそのような無秩序を予防し，妨げるためにのみ社会に結合しているのである。この無秩序は，その絶対的な

---

(28) ibid., p.138. 同上 49-50 頁。
(29) 本書では，メルシエ・ドゥ・ラ・リヴィエールの『政治社会の自然的本質的秩序』については，これを収録した（ただし全文ではない）作品 Eugêne Daire, *Collection des principaux économists, t.2, Physiocrates; Quesnay, Dupont de Nemours, Mercier de la Rivière, L'Abbe Baudeau, Le Trone*, Reimpression de l'Edition 1846, OSNARUK OTTO ZELLER, 1966. によった（以下，*Physiocrates.* と略記）。
(30) *Physiocrates.*, p.634.
(31) *Physiocrates.*, p.609.
(32)(33) *Physiocrates.*, p.613.

必要性と正義とがわれわれにとって明白である権利を無に帰せしめるものである」[33]。かくして、メルシエ・ドゥ・ラ・リヴィエールにとって、所有権の保障こそが政治社会の自然的本質的秩序の基礎となるのである[34]。

メルシエ・ドゥ・ラ・リヴィエールのこの論理展開は、すでに見たロックの所有権論と同一の構造を有しているが、さらにそれはケネーの次の1節に明確に呼応する。「不動産および動産の所有権は、それらの正当な所有者に確保されねばならない。なぜなら、所有権の安全は社会の経済的秩序の本質的な基礎だからである」(『農業王国の経済統治の一般準則』第4)[35]。

以上のことから明らかなように、「身体の所有」──「労働の所有」──「物的所有」という論理展開のもとで捉えられたケネーの自然権＝所有権も、自然法や実定法がそうであったように「社会の経済的秩序」＝「人類にとって明らかに最も有利な自然的秩序」を前提として提示されているのである。

ところで、この所有権の帰結について注意しなければならないのは、フィジオクラートが第1に、所有権の帰結として自由の観念を捉えていることである。第2に、所有権行使の結果としての社会的不平等を正当なものとして位置づけていることである。第1点について、メルシエ・ドゥ・ラ・リヴィエールは次のように述べている。「ここでは、社会的自由は当然のこととして所有権に含まれているものと考えてもらいたい。所有権は享有する権利（le droit de juier）以外のものではない。ところで、享有する権利を享有する自由から分離して考えることは不可能である。また、その自由はその権利なしには存在しえない。……かくして、所有権を攻撃すること、それは自由を攻撃することである。……所有・安全・自由こそわれわれが探求するところのものであり、われわれが自ら制定せんとする実定法の中に明白に見出すに違いないものである。これらのものこそ、われわれがこれらの（実定法の）本質的かつ始原的理性（LA RAISON ESSENTIELLE ET PRIMITTIVE）と呼ぶべきものである」[36]。フィジオクラートにとって、この所有権に基礎づけられた自由こそ「産業の真の基礎」なのである[37]。

第2点について、ケネーは次のように考えている。自然状態においては、人

---

(34) *Physiocrates*, p.614.「所有権、自由および安全を保障する社会制度の総体は、メルシエ・ドゥ・ラ・リヴィエールが政治社会の本質的秩序と呼んでいるものである。」Paul Janet, *Histoire de la science politique*. 5ed., t. 2, Paris, 1913, p.642.

(35) *Œuvres.*, p.331. 訳第3巻5頁。

(36) *Physiocrates.*, p.615.

間はその労働によってのみ必要とする物に対して自然権を有するにすぎないのだが,「肉体的・知的能力と, 特に各人のその他の諸手段を考えてみるならば, なおそこには人間の所有権の享有に関して大きな不平等が見出されるであろう。この不平等は, その根源においては正義でもなければ不正義でもない。それは自然権の諸法則の結合から生ずるものである」[38]。したがって, 各人はその能力を行使できるという権利においては平等であっても, 肉体的・知的能力の差異に伴う生産力の不平等は否定しがたい自然法則であって, 財産と生活状態の不平等は本質的に正当なものということになる[39]。

以上のことから明らかなように, フィジオクラートの人権思想においては, 自然権としての所有権と自由の観念が一体不可分な関係をなすものとして捉えられ, 肉体的・知的能力の差異に起因する財産と生活状態の不平等は自然法則の結合の結果と見なされているのであって, この意味において, 平等の観念は所有権および自由の観念の背後に押しやられているのである。

第2項　フィジオクラートの統治機構論——合法的専制主義

以上見てきたように, ケネーの自然法・実定法および自然権の理論は,「人類にとって明らかに最も有利な自然的秩序」を前提として構成されていた。ここでは, このこととの関連を考慮しつつ, ケネーの国家論すなわち主権論およびそれに基づく統治機構論をみてみよう。

『自然権』という作品においてケネーが強調するのは, 後見的権力 (l'autorité tutélaire) と実定法によって統治される政治社会である。すなわち, ケネーによれば, 人間が絶対的権力の支配に服さず, したがって実定法がいまだ存在しないような群居の状態 (l'état de multitude) にある場合には, 彼らは砂漠の未開の蛮人に等しい。なぜなら, 彼らは所有権を保障する後見的権力がないために, 農業によっても牧畜によっても富を獲得しえないからである[40]。「法律および後見的権力が, 所有権と自由を保障しないような場合には有益な政府も社会も全く存在せず, ただ政府の見かけをした独裁と無政府状態が存在するにすぎない」[41]。これとは逆に, 人間が実定法と後見的権力の保護のもと

---

(37)　cf. Henri Sée, *L'Evolution de la science politique en France au XIII siècle*, Réimpression de L'édition de Paris, 1925, GENEVE 1978, p.205.
(38)　*Œuvres.*, p.368. 訳第3巻67頁。
(39)　cf. Henri See, *op.cit.*, p.206.
(40)　*Œuvres.*, p.372. 訳第3巻74頁。

にある場合には，彼らの所有者としての実力は発揮され，自然権は拡張されるのである[42]。ここに言う実定法は，すでに見たように「人類にとって明らかに最も有利な自然的秩序に関する管理の法」であり，主権者によって制定されるものである。「各人の自然権は，社会に結合した人間にとって最も有利な秩序を構成するところの可能な限り善良な諸法律が確実に遵守されるのに比例して拡張される」[43]。

したがって，主権者はこの「自然的秩序」を規律する自然法について明確な認識を有していなければならない。「帝国の平穏と繁栄とを恒常的に保障しうるものは，これらの最高法の認識以外にはない」[44]。この認識を可能にするものは何か。それは「自然法の研究によって鍛えられ，拡充され，完成された理性」[45]にほかならない。「自然法の発現過程（la marche des lois naturelles）が明確に認識されるほどまでに啓蒙され，導かれ，到達した理性は，できるだけ善良な統治に必要な規準となる。そこではこの最高法の遵守が人々の生存権や後見的権力の維持に必要な富を十分に増加させるのであり，その後見的権力の保護が社会に結合した人々に対して，彼等自身の富の所有権と身体の安全を保障するのである」[46]。

それでは，上に見た後見的権力と実定法によって統治される政治社会はいかにあるべきか。換言すれば，ケネーはいかなる統治形態を考えているのか。『シナの専制主義』においては，①恣意的専制君主政（despote arbitraire），②貴族政，③君主政的であると同時に貴族政的な（monarchique et aristcratique）混合政体，④民主政，⑤君主政的・貴族政的および民主政的な（monarchique, aristcratique et démocratique）混合政体はいずれも拒否されている[47]。したがって，ケネーの志向する統治形態は恣意的でない君主政にほかならない。『農業王国の経済統治の一般準則』では，次のような第1準則が掲げられている。

「主権は単一で，社会のすべての個人に対し，また私的利益（intérêts particuliers）を求めんとするすべての企画に対して優越的であるべきである。なぜな

---

(41) Œuvres., p.374. 訳第3巻76頁。
(42) Œuvres., p.373. 訳第3巻75頁。
(43) Œuvres., p.377. 訳第3巻80頁。
(44)(45) Œuvres., p.376. 訳第3巻79頁。
(46) Œuvres., p.377. 訳第3巻80頁。
(47) Œuvres., p.638 et s..『支那論』155-156頁。

ら，支配と服従の目的は万人の安全と万人の合法的な利益にあるからである。統治における権力均衡の制度（Le système des contreforces）は強者間の不和と弱者の抑圧しかもたらさない致命的な見解である。社会が種々の市民にわかれていて，その一部の者が他の者に対して主権を行使することは，国民の一般的利益を破壊し，市民の種々の階級の間に私的利益をめぐる紛争をもたらす。かくして，このような分裂は，全ての市民の全ての富の源泉である農業の繁栄に結合すべきであるところの農業王国の統治の秩序を転倒させることであろう。」[48]

また，『シナの専制主義』では次のように説かれている。

「この権力はその決定とその行動において単一で不可分のものでなければならないし，ただ一人で行政権を有し，全ての市民をして法律を遵守せしめ，万人に対する万人の権利，強者に対する弱者の権利を保障し，不正な企ておよび王国の内外の敵の簒奪と抑圧を予見し抑制する力を有した一人の首長に結合されねばならない。国家の種々の階級の間で分有される権力は，濫用され一致を見ることのない権力となるであろう。そのような権力は，過誤を抑止し，私的利益を一般的な秩序および安寧へと協同せしめる首長も結合点も有しないであろう。」[49]

ここに明らかなように，ケネーは唯一絶対の主権者＝君主の権力に匹敵する他の権力の存在を認めない。その点では，3権力の抑制と均衡という通常の意味での権力分立論は否認される[50]。しかし，そうかと言ってケネーの君主政は当時の絶対王政＝恣意的・専制的君主政をオーソライズするためのものではなく，いわゆる啓蒙的専制君主政論である。メルシエ・ドゥ・ラ・リヴィエールの論述を考慮にいれて，いま少し詳しくこの点について見てみよう。

ケネーの考えを受けて，メルシエ・ドゥ・ラ・リヴィエールは次のように言う。「かくして，暴力行為や明白な不正行為に対する保障として，諸君は，社会の全ての物理的力によって武装した1つの後見的権力を有する」[51]。この後見的権力は世襲的な「単一の主権者」に委ねなければならず，その公権力は分割す

---

(48) Œuvres., pp.329-331. 訳第3巻330-331頁。
(49) Œuvres., pp.639-640.『支那論』155-156頁。
(50) 松平斉光・前掲論文は，権力分立論を「併合的権力分立論」と「階層的権力分立論」に分け，後者に属するものとしてフィジオクラートの理論を分析している。なお，平田清明・前掲書126頁以下参照。
(51) Physiocrates., p.623.

ることはできない[52]。公権力の内容をなすものは立法権と執行権であるが，立法権はすでに見てきたような「人類にとって明らかに最も有利な自然的秩序」の法たる自然法を，理性を通じて把握し宣言する権力であって，「決して新たな法律を創る権力ではない」[53]。ケネーにあっては，この立法作業は具体的には「立法院」（le conseil du législateur）と，そこで宣明された「法律を審査する裁判所」（les tribunaux qui vérifient les lois）によって担当される[54]。メルシエ・ドゥ・ラ・リヴィエールによれば，立法権は「すでに神自身によって創られている法を公示すること，そしてそれらの法に，主権者が唯一の把持者である強制力の公印（sceau）を押すことに限られる」[55]。このような立法権を前提として，先に見た「全ての市民をして法律を遵守せしめ，万人に対する万人の権利，強者に対する弱者の権利を保障し，不正な企ておよび王国の内外の敵の簒奪と抑圧を予見し抑止する力」としての執行権[56]が捉えられているのである。このようなフィジオクラートの考えについて，セー（H. Sée）はは次のように述べている。「フィジオクラートが考えているような絶対主義は，18世紀に存在するような君主政とは根本的に異なっている。事実，彼等は，公権力，全ての権力は国民の世論にのみ基づくべきだと宣言している。……それゆえ，世論が啓蒙されること，したがって思想が自由であり，全ての意見が認められることが必要なのである」[57]。

このことは，上に見た後見的権力の濫用の危険性に対するフィジオクラートの見解にもうかがえる。メルシエ・ドゥ・ラ・リヴィエールは言う。「単一の首長の側の権力の濫用に関する全ての不安を鎮めるためには，主権者に対して，所有権を保護することの明白な必要性に注意を向けさせるだけで十分である。というのは，彼は社会の全ての物理的力をその手中に把持していることによってしか主権者ではないのだから」[58]。要するに，主権者には「所有権を特徴づけ，その全ての自然的かつ始原的範囲においてその所有権を維持すべき絶対的義

---

(52) *Physiocrates.*, p.624.
(53) *Physiocrates.*, p.628.
(54) *Œuvres.*, p.640.『支那論』頁。
(55) *Physiocrates.*, p.628.
(56) 『シナの専制主義』の別の箇所では，執行権は「外国からの攻撃に対する社会の防衛を保障し，国内の秩序を維持し，悪人の犯罪を予防し，処罰するため，十分に強力で，一人の首長によって指導される力」と説明されている。*Œuvres.*, p.650.『支那論』176頁。
(57) H. Sée, *op.cit.*, p.211.
(58)(59)(60) *Physiocrates.*, 624.

務」[59]が課せられているというのである。メルシエ・ドゥ・ラ・リヴィエールは，この義務を根拠づけているものを「絶対的必要と正義に関する明証」(L'évidence de la nécessité de la justice absolue)[60]と呼んでいるが，要するに，フィジオクラートにとっては所有権保障が絶対命題なのである。すなわち，主権者の権力といえども，それ自体が租税制度に支えられ，またその租税制度が所有権保障の上に成り立つものである以上，この絶対命題を無視することはできないというわけである。

　フィジオクラートによれば，人間は生来的に１つの権力のもとに生きるべく運命づけられている。フィジオクラートはそれを「『明証の』専制的権力」(l'autorité despotique de l'évidence) と呼んでいるが，それは上に見たことからも明らかなように，恣意的専制主義 (le despotisme arbitraire) を許容するものでは決してない。それは，「恣意を絶対的に避け，主権者においては行政官たちにおいてそうであるように，正義の執行を混乱させるような権力の濫用を不可能にする」[61]ところの「合法的専制主義」(le despotisme légal) である。

　フィジオクラートの「明証の専制主義」もしくは「合法的専制主義」が「恣意的専制主義」に転化しないという保障が十全であるのか，換言すれば，彼らのいう「絶対的必要と正義に関する明証」がどの程度の説得力を有するものであるかはなお疑問である。しかし，H．セーが言うように，「フィジオクラートが絶対主義もしくは特に啓蒙的専制主義に対する彼等の偏向を正当化しようと考えているこの理論によってのみ，彼らは，他の全ての体制によるよりも，彼らにとって大切であると思われる経済的改革を実現することが可能であるように思えたのである」[62]。この経済改革は，農民を拘束する領主制の廃止と経済活動に対する諸制約の撤廃を目指すものであったが，そのことによって，フィジオクラートは絶対王政末期の恣意的専制的支配から諸個人を解放しようとしたのであり，上に見てきた所有権の保障とそれに基づく市民的自由とりわけ経済活動の自由の保障を求めたのである。その意味では，彼らフィジオクラートは，基本的には個人主義的発想に立ち，18世紀末の絶対王政下の政治的・社会的現実との緊張関係を意識していたと言えよう。しかし，彼らの発想が全人民の解放を志向するものであったかという点では，やはり疑問が残る。この点では，H．セーやJ．ゴドショ（J. Godechot）の次のような指摘に耳を傾けざるを

---

(61)　H. Sée., *op.cit.*, p.211.
(62)　*ibid.*, p.212.

第Ⅰ部　啓蒙期の憲法思想

得ない。

　「しかし，彼らが取り組んでいるのは平等主義の国家ではない。彼らが讃えている社会改革は，特に経済的発展と富の生産とを目的とする。かくして，ケネーは『最下層階級の市民の生活のゆとりが減じられないこと』を要求する。なぜであろうか。それは，もしこれらの階級がこの上なく悲惨であったならば，『彼らは，国内においてのみ消費される商品の消費に十分に貢献できず，そうなれば，国民の再生産収入を減ずることになるからである。』フィジオクラートが個人の解放のために意思表示しているとしても，彼らは特に所有者・資本家としての個人のことを考えているのだということを忘れてはならない。彼らは，その生産者としての経済的役割を通してしか社会階級を考えない。……一言で言えば，フィジオクラートは富の配分ということよりも富の生産ということに専念したのである。経済的・社会的問題に関しては，彼らは自由主義者ではあっても平等主義者ではない。」(H.セー)[63]

　「かの所有権の概念は全ての社会的不平等を神聖化するものであったが，それはフィジオクラートをして，平等の名において抗議しようとしている人々から所有権と自由を擁護することができるような強力な権力をまとった政治体制を構想せしむべく導いた。」(J.ゴドショ)[64]

　このような評価を踏まえて言えば，自然法論および自然権＝所有権論に基礎づけられたケネーの自由主義は，国家権力の制限を前提として特殊利益（l'intérêts particuliers）と共同利益（l'intérêts général）の予定調和を期するといった性格の自由主義では決してない。「弱い国家の理論はケネーの理論ではない」[65]と言われるように，彼の国家論は階級的性格の極めて鮮明なそれであった。

　このようなフィジオクラートの憲法思想がどのような形で「革命期」に継承されていくのかについては，第Ⅱ部第2章において検証することにする。

---

(63)　*ibid.*, p.213-214.
(64)　Jacqes Godechot, *op.cit.*, p.13.
(65)　H. Truchy, Le liberalisme economique dans les œuvres de Qesnay, in *Revue D'économie politique*, t. Ⅷ, 1899, p.953.

第2節　アンシクロペディストの憲法思想
―― D. Diderot, Le Chevalier de Jaucour

はじめに

　「『百科全書』においてディドロによって表明された政治思想は……これまで十分な研究の対象とはなってこなかった」[66]とJ. プルースト（Jacquess Proust）が1963年に指摘したように，ディドロの『百科全書』時代の政治思想およびそれ以降の「革命前夜」ともいうべき時代状況における政治思想との関係については，必ずしも詳細に研究されてきたとは言えない。しかし，プルーストらの監修によるエルマン社の『ディドロ全集』（Diderot Œuvres Complètes, Hermann）が刊行されており，今後さらなるディドロ研究が進むことと思われるが，現時点での研究状況においてはこの点は基本的には変わっていない。特に，ディドロが人権の基礎的観念である「自由」「平等」「所有」をどのように関連づけて人権思想を展開しているのか，また，ディドロが一貫して恣意的・専制的君主制を否定していることは明らかだとしても，究極の政治形態として立憲君主制（制限君主制もしくは穏和君主制）を考えていたのか，それとも民主制までをも考慮に入れていたのか，については明確な結論が出ているとは言えない。そこで本章では，ディドロの人権思想および主権思想を検討することによって，この問題解決の糸口を見出したい。

第1項　憲法思想の原点としての自然法論

　啓蒙期の政治思想・法思想にはニュアンスの違いはあるにせよ，ほぼ共通して「自然状態」（Etat de Nature）および「自然法」（Droit naturel）に関する考察が含まれている。その場合，ルソーのように「自然状態」を歴史上の事実としてではなく想定された状態として説明しているのを別にすれば[67]，自然状態は社会状態（社会的結合）を説明するための道具概念として設定され，しかも，その自然状態は自然法によって規律されているとするのが一般的である。その

---

(66) J. Proust, La contribution à l'Encyclopédie et les théories du droit naturel, *Annales historiques de la Révolution française*, t. 35, 1963, p.257.
(67) 「もはや存在せず，恐らくは存在したことがなく，多分これからも存在しそうにもない一つの状態」――J.-J. Rousseau, *Œuvres Complètes*, Edition Gallimard, Tome Ⅲ, 1964, p.123. 本田喜代治・平岡昇訳『人間不平等起源論』（岩波文庫, 1972年）27頁。

意味においては，自然状態と自然法は密接不可分な関係において捉えられている。

因みに，『百科全書』においてジョクール（Le Chevalier DE JAUCOURT, 1704-79）が担当した「自然状態」という項目[68]によれば，自然状態とは「その誕生時点における人間の状態」（l'état de l'homme au moment de sa naissance）であるが，それは，①神との関係（rapport à Dieu）という観点から考察した場合，②その同胞の援助もなく孤立している個々人を想像するという観点から考察した場合，③すべての人々の間に存する道徳的関係に基づいて考察した場合，という3つの観点から展開されている。

これらのうちジョクールが主として考察対象にしているのは，③の観点からみた自然状態である。それは，(a)完全に自由な状態（un état de parfaite liberté）であり，(b)平等の状態（un état d'égalité）であり，(c)自然法（la loi naturelle）によって規律された状態として捉えられている。この自然状態から社会状態へ移行する基本的原因は何か。ジョクールは3つの原因を考えている。第1に，自然法は理性的人間によって把握されるとはいえ，人間は打算（intérêt）もしくは無知（ignorance）によってその自然法を無視することがあり，その場合人々の同意によって制定された法律があればそのような人間の行為を制することができるが，自然状態にはそのような法律が欠如していること。第2に，自然状態には制定された法律にしたがって紛争を解決するための公平な裁判官が欠如していること。第3に，自然状態には判決執行の強制権が欠如していること。要するに，自然状態において立法権，司法権，執行権の欠如していることが，自然状態から社会状態への移行の原因である。人間は自然状態の長所と欠点を比較して社会的結合の道を選んだのであるから，政治権力の目的および限界もまた明らかである。つまり，それは各人が自然状態から譲り受ける財産の保全，人民の平穏・安全・幸福の確保に他ならない。このように，17世紀のロックと同様，18世紀フランスのフィロゾーフにとっても，ほぼ共通して自然状態は自由で平等な状態であり，自然法によって規律された状態として捉えられている。

これに対して，ディドロは『百科全書』において「自然法」という項目[69]を

---

(68) *Encyclopédie ou Dictionnaire Raisonne des Sciences, des Arts et Metiers par une Société des Gens Lettres*, Tome Ⅵ (ET=FN). 訳出に際しては，桑原武夫訳編『百科全書』岩波文庫を参照した。

執筆しているが（1755年），注目されるのは，彼がジョクールとは違って，「自然法」を「自然状態」と結びつけていない点である。結論を先取りして言えば，ディドロにとって自然法は人間の善悪の判断基準である。この善悪の判断基準に言及する彼の出発点は，生来的に社会的で理性的な存在である人間の自由意思（le volontaire）である。彼は言う。「もし人間が自由でないとすれば……動物的な善悪はあり得ても理性的な善悪はないであろうし，また道徳的な善悪も正不正も義務も権利もないであろう。」したがって，ディドロにとって「自由」とは，理性の働きによって善意に満ちた行動をとり得るということに他ならない。

ところで，理性にしたがって行為することが「自由」であるとしても，その行為が善であるか悪であるかは，何によって判別されるのであろうか。彼は，それを「一般意思」（la volonté générale）に求める。この「一般意思」は，「正義・不正義の性質」（la nature du juste et de l'injuste）を決するものであり，人々の利益の一致（「諸君の同胞に対する，同胞の諸君に対する一致」（cette conformité de vous à eux tous et d'eux tous à vous））をもたらす意思，すなわち「私的利益」と「公共的利益」の一致をもたらす共同体構成員全員の意思である。「一般意思は常に善良である。それは誤ったことがなかったし，誤ることはないであろう。」それは，ルソーが『学問芸術論』において，情念を静めておのれの良心の声（la voix de sa conscience）に耳を傾けよ，と説いたあのヴェルチュ（la vertu）につながる意思である[70]。ルソーはディドロにヒントを得てデヴュー作『学問芸術論』を構想し，『人間不平等起源論』を経て『社会契約論』における「一般意思」論に帰着したと考えられる。

それゆえ，各人の「特殊意思」（la volonté particulière）にしか耳を傾けない人間は人類の敵（l'ennemie du genre humain）であり，逆に，「一般意思」に服することは社会の絆となる。ディドロは言う。「1つは一般的で，他の1つは

---

(69) Diderot, Œuvres Complètes, Tome 7, Edition de John Lough et Jacques Proust, Hermann, 1976, pp.24-29. 訳出に際しては，小場瀬卓三・平岡昇監修『ディドロ著作集』第3巻（政治・経済），（法政大学出版局，1989年）11頁以下を参照した。以下，『ディドロ著作集』と略記する。

(70) 「おお，徳よ！　素朴な魂の崇高な学問よ！……お前の原則は，すべての人の心の中に刻みこまれていはしないのか。お前の掟を学ぶには，自分自身の中にかえり，情念を静めて自己の良心の声に耳をかたむけるだけでは十分ではないのか。ここにこそ真の哲学がある。」——J.-J. Rousseau, Œuvres Completes, Edition Gallimard, 1964, p.30. 前川貞二郎訳『学問芸術論』（岩波文庫，1968年）54頁。

特殊的である 2 つの意思のうち，一般意思は決して誤ることはないのであるから，人類の幸福のために立法権者がいずれの意思に属すべきであるか……を考えることは困難なことではない。」「法はすべての人々のために作られねばならない」のであるから，立法権者はこの一般意思に耳を傾けるべきである。そうすれば，自然法の本質（la nature du droit naturel）は変化しないであろう。

このように，ディドロは理性的人間の自由意思を前提として，善悪の判断基準としての自然法の存在を確信し，それを把握し得る意思を「一般意思」という表現で呼んでいるのである。ディドロにとって，人間は社会的理性的存在であり，自然法の何たるかについての理解可能性を有する存在である。したがって，この「一般意思」に耳を傾けることのできる立法権者のもとに生きるとき，自然法の規律する普遍的秩序が実現される。ディドロは言う。「君が人類の一員であり，かつ人類の一員として止まるとき，君の注意を引くのは君と他のすべての人，他のすべての人と君の利益の一致である。この一致を決して見失わないことだ。それなくしては君は，善，正義，人間性，徳の観念が悟性（l'entendement）の中でぐらつくのを見るであろう。」

ディドロにとって，この自然法の規律する普遍的秩序の実現が究極的な目的である。この目的達成のための方途は政治的歴史的な時代状況の違いに応じて異なることは言うまでもない。私は，ディドロの政治思想の原点をなすものがこの自然法論・一般意思論であり，それはいわばディドロの政治思想の原理論をなしていると考える。そして，この原理論に基づいて，個々の政治状況に応じた彼の政治思想の具体的な表現形態が現出するのだと考える。この原理論をバックにして，ディドロは，ユートピアンとも思われる極めて理想主義的な政治思想の次元から，その思想の一貫性を疑わせるやに思われる極めて現実主義的な政治思想の地平にまで下降するのである。この点については，さらに後述することにする。

第 2 項　アンシクロペディストの人権思想

1　人権思想の諸潮流

啓蒙期フランスにおける人権思想は，「自由」（la liberté）「平等」（l'égalité）「所有」（la propriété）という基礎的観念をどのように関連づけているかによって，その内容を大きく異にする。概して言えば，それは次の 4 つの潮流に整理することができる。①モンテスキュー（Montesquieu, 1689-1755）に代表される

ように，ルイ14世の絶対王政に先行する時代を「古き良き時代」として捉え，貴族の特権保持の観点から貴族中心の「自由」と「所有」の観念を強調し，「平等」を重視しようとはしない人権思想（したがって，身分制を前提にしていることから近代的な人権思想とは言えない）。②フィジオクラート（重農学派）のケネー（F. Quesnay, 1694-1774）やメルシエ・ドゥ・ラ・リヴィエール（Mercier de la Rivière, 1720-93）に代表されるように，私的「所有」が保障されることが「自由」の意味するところであるとして，この二つの基礎的観念を一体として前面に押し出し，「平等」の観念を相対的に後退させる人権思想。③ルソー（J.-J. Rousseau, 1712-78）に代表されるように，政治的・社会的不平等の起源は私的「所有」にあるとしてこれをネガティヴに評価し，「平等」理念を実現しようとすればその私的「所有」を極力制限しなければならないとする人権思想。④マブリ（G. B. Mably, 1709-85）やモレリ（Morelly, 生没年不詳）に代表されるように，究極的には生産手段の私的「所有」を一切否定し，財産共有社会（la communauté des biens）を実現することによってはじめて「自由」と「平等」観念の統一的実現が可能になるという人権思想。

　啓蒙期におけるこれらの人権思想は，主権思想と結びついて憲法思想の潮流を形成し，革命期においてそれぞれの実践主体を見出して継承されていくことになる。すなわち，(a)モンテスキューの憲法思想は，「君主主権」（la souveraineté monarchique）を前提としつつも，貴族の免税特権を廃止しようとする王権に対して抵抗し，結果的に「革命の序曲」を奏でたパルルマン（Parlements：高等法院）の法服貴族（noblesse de robe）たちに，(b)フィジオクラートの憲法思想は，「民衆」に対して革命的行動を喚起した時点では「人民主権」（la souveraineté populaire）を唱えつつも，やがて「能動的市民」（le citoyen actif）と「受動的市民」（le citoyen passif）を区別することによって「国民主権」（la souveraineté nationale）に帰着した国民議会（l'Assemblée nationale）の指導者の1人シエース（Abbé Siéyès, 1748-1836）に，(c)ルソーの憲法思想は，一貫して「人民主権」を主張した国民公会（la Convention nationale）の指導者ロベスピエール（M. Robespierre, 1758-94）に，(d)マブリやモレリの憲法思想は，「人民主権」の確立を目指して「共産主義革命」を展望したバブーフ（F. N. Babeuf, 1760-97）に継承されていく[71]。

2　所有権──「労働による所有権」論

　さて，問題は，上記の4つの人権思想の潮流のうち，ディドロがどの潮流に属するのかである。ここでは，ディドロの所有権論を中心にして，彼が「自由」「平等」「所有」の観念をどのように関連づけて人権思想を展開しているかを見てみよう。ディドロの所有権論は，おそらく1763年に書かれたものとされる[72]『出版業に関する書簡』（*Lettre sur le Commerce de la Libraire*）において，「自然が最初に平等にすべての人びとに与え，耕作という，所有の第一の正当な手段によってのみ個人が手に入れる畑や牧場や木やブドウ畑」[73]と述べていることに明らかなように，「労働による所有権」論である。この「労働による所有権」論は，1771年の『父と子供たちとの対話』（*Entretien de pére avec son enfants*）において，所有権を基礎づけるものは何か，という問いに対して，「それは労働による財産の所有である」（la prise de possession par travail）との回答がみられることに明らかなように[74]，ディドロの晩年においても変わっていない。いま少し，ディドロに耳を傾けよう。「本当の富は人間と土地しかない。人間は土地がなければ無価値だし，土地も人間がなければ無価値である。」[75]「国民の内でいちばん苦労しながら，栄養も一番悪いとしたら，農民は農民であることに嫌気がさすか，死んでしまうかするにきまっている。暮らしが楽になったらみんな百姓をやめてしまう，などと言うのは，無知か薄情なのかどちらかである。」[76]

　以上のことから明らかように，それは，ロックの『市民政府論』（*Two Trea-*

---

(71)　拙稿「18世紀フランス憲法思想の一潮流──ケネー，シェイエス，1789年人権宣言」金沢大学教養部論集人文科学篇第21・1号（1986年），「ルソー，ロベスピエールと1793年6月24日の憲法」金沢大学教養部論集人文科学篇26・2号（1989年），「モンテスキューの憲法思想」金沢大学教養部論集人文科学2篇第31・1号（1993年），「アンシャン・レジーム末期におけるパルルマンの憲法思想」金沢大学教養部論集人文科学篇第30・2号（1993年），「モレリの憲法思想」同志社法学46巻3・4（1995年），「マブリの憲法思想」金沢法学第40巻1号（1998年），「バブーヴィストの憲法思想」金沢法学第40巻2号（1998年）参照。

(72)　Diderot, *Œuvres Completes*, Tome Ⅷ, Edition de John Lough et Jacques Proust, Hermann, 1976, p.467.

(73)　*ibid*., p.510.『ディドロ著作集』第3巻（法政大学出版局，1989年）124頁。

(74)　Diderot, *Œuvres Completes*, Tome Ⅻ, Edition de H. Dieckmann-J.Varloot, Hermann, 1989, p.484.

(75)　Diderot, *Œuvres Completes*, Tome Ⅶ, Edition de John Lough et Jacques Proust, 1976, p.423.『ディドロ著作集』第2巻（法政大学出版会，1980年）206頁。

(76)　*ibid*., p.424. 同206頁。

tises of Civil Government, 1769）において展開されている所有権論を継承したものであり，フィジオクラートの所有権論に呼応するものである。

ロックの「労働による所有権」論は，フィジオクラートのケネーやその弟子であるメルシエ・ドゥ・ラ・リヴィエールにも継承されている。

例えば，メルシエ・ドゥ・ラ・ラヴィエールは『政治社会の自然的本質的秩序』（*De l'Ordre naturel et essential de la société politique, 1767*）において，この「労働による所有権」について概略次のように述べている。人間の本性的感情は「享有への愛」（l'amour des juissances）と「苦痛の嫌悪」（l'aversion de la douleur）であり，これらは「人類にとっての2大原動因（les grands ressorts de l'humanité）」である[77]。これらの感情は労働を通じて充足されることから，「その労働の成果の平穏な所有を確保する全ての手段を保持し得るように……人間をしむける欲求が生じる。」[78]ところで，各人がその身体の所有者であるのは当然のことである。「この最初の権利は絶対的な正義の根本法（la première loi du juste absolu）である。」[79]それゆえ，他者の身体および所有権を恣意的に侵害することは許されない。「われわれはそのような明らかな無秩序を予防し，妨げるためにのみ社会に結合しているのである。この無秩序は，その絶対的な必要性と正義とがわれわれにとって明白である権利を無に帰せしめるものである。」[80]したがって，P.ジャネ（P. Janet）が戦前の段階で指摘していたように，「所有権，自由および安全を保障する社会制度の総体は，メルシエ・ドゥ・ラ・リヴィエールが政治社会の本質的秩序と呼んでいるもの」なのである[81]。

メルシエ・ドゥ・ラ・リヴィエールのこのような展開は，ケネーの次の1節にも明らかである。「不動産および動産の所有権は，それらの正当な所有者に確保されねばならない。なぜなら，所有権の安全は社会の経済的秩序の本質的な基礎だからである。」[82]ルソーやマブリおよびモレリを別にすれば，啓蒙期フラ

---

[77] 本稿では，メルシエ・ドゥ・ラ・リヴィエールの『政治社会の自然的本質的秩序』については，これを収録した（但し全部ではない）Eugêne Daire, *Collection des Principaux Economistes, Tome 2. Physiocrates*, Réimpression de Edition 1846. Osnabruck Otto Zeller, 1966. によった。以下，*Physiocrates*. と略記する。*Physiocrates*., p.634.

[78] *Physiocrates*., p.609.

[79][80] *Physiocrates*., p.613.

[81] Paul Janet, *Histoire de la Science Politique*, t. 2, 5éd., Paris, 1913, p.642.

[82] F. Quesnay, *Œuvres Economiques et Philosophiques*, publiée avec une introduction et des notes par Eugust Oncken, Réimpression de l'Edition Francfort 1888, Scientia Verg Aalen, 1965, p.33. 島津亮二・菱山泉訳『ケネー全集』第3巻（有斐閣, 2001年）5頁。

ンスの思想家たちの多くは，ロックの労働による所有権論を継承したケネーおよびその解説者であるメルシエ・ドゥ・ラ・リヴィエールと同様に「所有権」を最も神聖な自然権として考えていたと見てよいであろう。ディドロもまた基本的にはこの潮流に属する。

　次のような指摘はこの点を確認するものである。「ディドロがロックに負うているのは，ただ1つの点である。それは所有権の問題にかかわる。ロックは所有権を労働によって基礎づけ，この権利の擁護を立法の主要な目的としたが，ディドロも権力の侵害に対して私的所有権を擁護することを主張する」[83]（古賀英三郎）。「ただ1点に関して，ディドロはロックに対して特別に負っているものがあるように思われる。それは所有権の問題である。所有権を最初の占有権から生じさせる伝統的理論の他に，ディドロはロックの理論——ロックにとって所有権は労働を通じて取得される——に事実上道を譲っており，したがってロックのように，彼ディドロはこの権利の擁護が立法の主要な目的だと考えるのである」[84]（J．プルースト）。

　ディドロが「労働にもとづく所有権」というロックの所有権論，それを継承したケネーおよびメルシエ・ドゥ・ラ・リヴィエールの所有権論に共鳴し，『政治社会の自然的本質的秩序』を賞賛したのは，すでに見た善悪の判断基準としての自然法＝「一般意思」の何たるかをわきまえ得る理性的存在，すなわち，自己のアイデンティティーを示し得るような所有者の台頭の必要性を感じていたからである。そこには，主権者たるべき人民の旧体制からの解放という視点が明確に読み取れる。ディドロの晩年におけるロシアの農奴解放の提言は，その証であると言えよう。

　このように，ディドロの所有権論はフィジオクラートのそれと同一構造を成すものであり，ディドロはメルシエ・ドゥ・ラ・リヴィエールの『政治社会の自然的本質的秩序』によって，その政治的関心を喚起されることになる。この点につき，A．ストラニエル（Anthony Strugnell）は，次のように述べている。「いや増す専制的な統治の政治的破綻における怒りと欲求不満の増大してくる感情を彼が捨て去ったとき，彼は『政治社会の自然的本質的秩序』の中に，彼

---

(83)　古賀英三郎「ディドロの政治・経済思想」『ディドロ著作集』第3巻（法政大学出版局，1989年）348頁．

(84)　J. Proust, La contribution de Diderot à l'Encyclopédie et les théories du droit naturel, *Annales historiques de la Révolution française*, t. 35, 1963, pp.275-277.

自身が賞賛する諸原理の最初の完璧で説得力ある説明を見いだしたのである。」
「ディドロに対するラ・リヴィエールの影響の価値は，彼をしてその政治思想を一新させ，それらの思想の関係を認識させ，それらの思想を個々の多くの概念としてではなく，1個の統一的な体系として見させるほどのものであった。」[85]

3　フィジオクラート批判 ――「公共善」論

　ところで，ケネーやメルシエ・ドゥ・ラ・リヴィエールに代表されるフィジオクラートは，この所有権を神聖な自然権として位置づけ，この所有権に基礎づけられた自由こそ「産業の真の基礎」(le véritable élément de l'industrie) であるとして，そこから「穀物取引の自由」を導き出している。しかし，A. ストラニエルが言うように，「政府の干渉が所有権の侵害を構成するという原理に基づく穀物取引の自由 (the freedom of the corn trade) は，独占と投機および人間の生まれながらの多くの権利すなわち飢餓状態以上の生活をする権利の否定へと導く。」[86] このことは，1768年と1770年の間に展開された穀物取引に関する政策論争において基本的な論点になる。

　A. ストラニエルの研究によれば，この論争は，飢餓と物価高騰の原因であるとして有害な穀物取引を防止するために発せられた1669年8月31日の王宣 (the royal declaration) にまで遡る歴史を有しているのだが，この王宣に対する反対運動は1752年に始まった。その時の商務長官グルネー (J. C. Gournay, 1712-59) および「経済学派」＝重農学派の創設者ケネーは，その陳情書において「小麦取引に対して設定された障壁は，国王の臣民を小麦の耕作から方向転換させております」と指摘し，穀物取引の抑制策に対する反対運動は政府に影響を及ぼすことになる。この結果，1763年及び1764年の勅令によって穀物取引禁止が解除される。しかし，1764年の勅令は，1766年および1767年の収穫不良に際して独占業者の穀物備蓄をもたらすのみで，事態の悪化を防ぐことはできなかった。1770年の大飢饉による穀物不足は，この穀物取引の自由をめぐる問題を再燃させることになる[87]。

　この時点で「穀物取引の自由」政策に対する反抗の先頭に立ったのは，ディ

---

(85)　Anthony Strugnell, *Diderot's Politics, A Study of the Evolution of Diderot's Political Thought after the Encyclopédie*, Matinus Nijhoff／The Hague, 1973, p.99 e s.
(86)　*ibid.*, pp.125-126.
(87)　*ibid.*, pp.120-121.

ドロの友人でパリ駐在ナポリ王国大使であったアベ・ガリアニ（Abée Galiani, 1728-87）であった。ガリアニは『小麦に関する対話』（*Dialogues sur les blés*）という作品の出版をディドロに依頼し，ディドロはその出版に成功した。メルシエ・ドゥ・ラ・リヴィエールの『政治社会の自然的本質的秩序』に対する賞賛によってフィジオクラートに結びついていたディドロは，この問題をめぐって沈黙を守っていたが，1770年の『ガリアニ師讃』（*Appologie de l'Abbé Galiani*）において，「ガリアニ師の著作は天賦の才ある人の著作である」[88]と述べ，ガリアニの主張を弁護するに至る。

このようにして，ディドロとフィジオクラートとの決別が始まる。この点について古賀英三郎は次のように述べている。「1765年から1770年にかけての重農主義運動の高揚はディドロに影響を及ぼす。ディドロの重農主義への改宗は，1767年におけるメルシエ・ドゥ・ラ・リヴィエールとの出会いで決定的になる。ディドロは，彼の『政治社会の自然的本質的秩序』（1767年）を読んで絶賛した。しかしこの改宗も長く続かない。2つの影響が作用した。1つは友人グリムが重農主義の敵として，『文芸通信』誌上で，重農主義者の徒党精神，神学的用語，農業重視からくる非農業的なものへの軽視，合法的専制主義の正当化を批判していた。もう1つは，ナポリの人ガリアニ師の重農主義批判である。ガリアニは，1769年夏ショワズールにより追放されてナポリに帰るとき，『小麦取引に関する対話』の原稿をディドロに渡して，その出版をディドロに託した。同年12月末に同書は刊行されたが，それ以前の1768年11月にディドロは，ガリアニとの対話ですでに重農主義者がする小麦の輸出の自由という主張の非を納得させられていたのである。」[89]

また，A.ストラニエルはこの決別に関して次のように述べている。「ラ・リヴィエールは，ディドロが自らの政治思想を明晰なものにし体系化するのを助けたが，しかし彼はそれらの思想の抽象的で空想的な性格を強化した。ガリアニは，国民の経済生活や政治生活を支配している現実的条件についての研究から得られるであろう豊かな見返りをディドロに明示することによって，ディドロをこれらの知的制約から自由ならしめた。」[90]

---

(88) Diderot, *Œuvres Plitiques*, Edition de P.Vernière, Garnier Frère, 1963, p.72.『ディドロ著作集』第3巻 165頁。

(89) 古賀英三郎「ディドロの政治・経済思想」『ディドロ著作集』第3巻（法政大学出版局，1989年）353頁。

(90) A. Strugnell, *op.,cit*, p.121.

第 2 章　ブルジョアの憲法思想

　さて，ディドロとフィジオクラートの理論的決別の原因を，ディドロの『ガリアニ師賛』における所有権をめぐる議論に探ってみよう。ディドロは次のように述べている。

　「自由で無制限な輸出を救うために君はいきなり所有の不可侵の権利を持ち出しているのだが，この所有の不可侵の権利なるものは──私の意見を述べねばならないとすれば──不幸にしてうるわしい空語にすぎないのだ。現実的なものであれ見せかけのものであれ，公共的問題や一般的安寧が問題となっているときに，何らかの神聖な権利というものが存在するであろうか。」[91]

　「所有権は個人と個人との間では神聖である。もしそれが神聖でなければ，社会は解体すること必定である。社会に対する個人の所有権の場合は逆である。というのは，もしそれが何か神聖なものであったなら，この社会では偉大で有用なことは何ひとつなされないことになるからである。或る種の個人の所有は，普遍的な目的をたえず邪魔することによって，社会を破滅に導くであろう。なぜならば，或る種の個人の所有権は，社会の富裕や力，そして安全のための真実の手段をたえず妨害するからである。」[92]

　このように，ディドロはメルシエ・ドゥ・ラ・リヴィエールの『政治社会の自然的本質的秩序』における「労働による所有権」という所有権論の歴史的な意義を認めつつも[93]，ルソーが看破していたようにその私的所有権が反社会的・反公共的役割を演じることを認めることはできないのである。あえて言えば，ディドロの所有権論はルソーの所有権論と同様に，私的所有権を認めつつも，それを公共善（le bien commun）＝公共の福祉に従わせるという現代所有権論につながる構造を有していると言えよう。それはまた，ディドロの政治思想における原点＝原理論への回帰を意味するものでもある。

　「所有」に関するディドロの立場は以上の通りであるが，これと「自由」および「平等」との関係はどのように考えられているのであろうか。「自由」については，『法典編纂に際して代議員に宛てたロシア女帝の訓令に関する考察』(Observations sur L'Instruction de l'impératrice de Russie aux députés pour la confection des lois, 1774) において，ディドロは次のように述べている。

---

(91)　Diderot, Œuvres Politiques, Edition de P. Vernière, Garnière Frères, 1963, p. 118.『ディドロ著作集』第 3 巻（法政大学出版局，1989 年）176 頁。
(92)　『ディドロ著作集』第 3 巻（法政大学出版局，1989 年）177 頁。
(93)　Diderot, Œuvres Complètes, Tome XII, Edition de H.Dieckmann-J. Varloot, Hermann, 1989, p.484.

「私は，女帝の『訓令』のうちに，優れた法典編纂計画を見るが，その法典の安定性を保障する手段が見られない。……私は，国民全体（corps de la nation）の解放のためのいかなる入念な計画も見出さない。したがって，解放も自由もなければ，所有もない。所有がなければ，農業もない。農業がなければ，いかなる力，いかなる栄光，いかなる富裕，いかなる所有もない。」[94]

ここでは，ロシアにおける農奴解放・土地「所有」・「自由」の3者が統一的に提起されていることが分かる。

次に，「平等」に関してはどのように考えられているのであろうか。『エルヴェシウス反駁』（Refutation d'Helvétius, 1774）において，ディドロは次のように述べている。「富の配分は，それが各人の手腕と働きに応じたものなら，公正になされたと言うことができる。その結果としての不平等からは，なんらの困った事態も起こってこないであろう。逆にこの不平等こそは，金銭の影響力を失わせるとは言わないまでも減ずる手だてが見つかりさえすれば，むしろ社会一般の幸福の基礎となるものであろう。そしてこの手だてとしては，私の知る限り，国家のあらゆる顕職，あらゆる地位を競争試験にゆだねる以外にないのである。」[95]

このような「平等」観は，フィジオクラートのそれと基本的には同様である。例えば，ケネーは次のように考えている。自然状態においては，人間はその労働によってのみ必要とする物に対して自然権を有するにすぎないのだが，「肉体的・知的能力と，特に各人のその他の諸手段を考えてみるならば，なおそこには人間の自然権の享有に関して大きな不平等が見出されるであろう。この不平等は，その根源においては正義でもなければ不正義でもない。それは，自然の諸法則の結合から生ずるものである。」[96] したがって，各人はその能力を行使できるという権利においては平等であっても，肉体的，知的能力の差異に伴う生産力の不平等は否定しがたい自然法則であって，「財産と生活状態の不平等」は本質的に正当なものということになる[97]。

しかし，先に見たように，ディドロはフィジオクラートとは違ってこの所有権を野放しにするのではなく，「公共善」（le bien commun）の観点から制約す

---

(94) Diderot, Œuvres Politiques, Edition de P. Vernière, Garnier Frères, 1963, p.457
(95) ibid., p.474.『ディドロ著作集』第3巻（法政大学出版局, 1989年）212頁。
(96) F. Quesnay, Œuvres., p.368.
(97) cf. Henri Sée, L' Evolution de la pensée politiques en France au XVIII siecle, Réimpression de l'édition de Paris, 1925, GENEVE, 1978, p.206.

る必要があると考えているのである。ディドロの平等観は,『百科全書』の「人間（政治論）」(Homme 'Politique')の次の一節に明確に現れている。「純益が多く，その配分が平等なら，それだけ立派な行政が行われていることになる。純益が多くても，その配分が非常に不公平で，国民が2つの階級に分かれ，一方には富がありあまっているのに，もう一方が貧窮の内に死んでいったりするよりは，純益がそう多くなくても，配分が平等に行われた方がましかもしれない。」[98]

この点では，ディドロはルソーと同様の地平に立っていると言えよう。したがって，「自由」「所有」「平等」という基礎的観念をいかに関連づけて人権思想を構成しているかという点については，ディドロはフィジオクラートとルソーの中間的位置を占めていると言うことができる。

第3項　アンシロペディストの主権思想

1　主権思想の原点としての人民主権論

先に見たように，ディドロによれば自然法とは人間の行為に関する善悪の判断基準であり，それに従えば社会の普遍的秩序を確立することができる。それを捉え得るのは，共同体構成員の理性的意思としての「一般意思」である。この自然法観は,『百科全書』において彼が執筆した「政治的権威」(Autorité Politique, 1751)という項目[99]の論述を基礎づけるものとなっている。それを見てみよう。

「何人も，他人に命令する権利を自然から与えられたのではない。」確かに，父権(la puissance paternelle)は自然的権利のごときものではあるが，それは子供が自立の状態に達するやたちまち終了する。それゆえ，権力というものは，①それを簒奪した人の力および暴力，②人民の同意(le consentement)に基づくものである。ところが，暴力によって簒奪されて権力は，それに服従する人々の力に優っている限りでしか存続しない。これに対して，「人民の同意に由来する権力は，必然的にいくつかの条件を前提にしている。その条件が権力の行使を正当化し，それを社会的に有益なもの，国家に有利なものとする一方，

---

(98) Diderot, Œuvres Completes, Tome VII, Edition de John Lough et Jacques Proust, Hermann, 1976, pp.424-425.

(99) Diderot, Œuvres Complètes, Tome V, Edition de John Lough et Jacques Proust, Hermann, 1976, pp.537-544.

権力を固定し，限界内に抑制するのである。その理由は，人間は完全に，かつ無条件に自分の身を他人に与えてはならないし，またそうすることはできないからである。」したがって，「真の正当な権力（la vrai et légitime puissance）は，それゆえ必然的に限界を持つ。」「簡単に言えば王位・政府・公的権力は国民の総体（le corps de la nation）が所有者である財産であり，君主（les princes）はその用益権者（les usufrutiers），執行者（les ministres），保管者（les dépositaires）である。」したがって，「国家が君主に属するのではなく，君主が国家に属する」のである。それゆえ，国民がその所有者である政治的権威を委託するという服従契約（le contrat de soumission）の条件は国によって異なるとしても，「国民は自分で結んだ契約を，万難を排して維持する権利を持っている。いかなる権力であっても，この契約を変更することはできない。契約が履行されなくなれば，国民は誰とでも，自分の思いのままに，新しい契約を結ぶのは正当な権利だし，全く自由である。」

この論述の中核をなしているのは，明らかに人民主権論である。この人民主権論は先に見た自然法論とともに，ディドロの憲法思想の原点となっている。

この時点でのディドロを捉えて，古賀英三郎は次のように言う。「ディドロは，理論上は国民主権を認めながら，それに基づく君主制を説く」[100]。

しかし，H.セーは1925年の時点で次のように述べている。

「往々にしてディドロは啓蒙的専制主義の信奉者だと考えられてきた」が，「そのことを肯定することほど不正確なことはない」。「君主は合法的に絶対的な支配者たり得ない。というのは，君主がその臣民に対して行使する権力は，その臣民から得たものだから。したがって，『この（君主の）権力は自然法と国家の法（les lois de la nature et de l'Etat）によって制約される』。この諸原理にしたがって，ディドロは，政府は主権者の私的所有物であるという考えと闘うのである。すなわち，『世襲的な政府さえも個人の財産ではなく公共の財産であり，したがって，人民から奪うことはできないのであり，すべての財産は本質的に人民にのみ属するのである』。／これはまったく「社会契約」（Contrat Social）の理論である。ディドロは，ルソーからこの理論を借用したのであろうか。それを肯定することはできない。これらの思想が表明された『百科全書』のその項目は1751年に，つまり『社会契約論』の12年前に印刷されたの

---

(100) 古賀英三郎「ディドロの政治・経済思想」『ディドロ著作集』第3巻（法政大学出版局，1989年）345頁。

である。」[101]

　H.セーはディドロの契約論を「社会契約」の理論だと解しているが，正確にはそれは「服従契約」(le contrat de soumission) であり，ディドロ自身も le contrat de soumission という表現をしているのであるから，その限りではセーの解釈は正確ではない。しかし，ディドロを啓蒙的専制主義の信奉者だとする見方は不正確であるとのセーの指摘は，『百科全書』時代のディドロについても正当な指摘であろう。また，後述するように，この指摘の正当性は『百科全書』時代以降の『エカテリーナ2世との対談』(Entretiens avec Catherine II, 1773) や『エルヴェシウスの「人間論」の反駁』(Réfutation suivie de l'ouvrage d'Helvetius inutile l'Homme, 1773-1774) を見れば明らかである。この点では，ディドロの憲法思想の原点ともいうべき人民主権論は，『百科全書』時代とそれ以降においても，基本的には変わっていないと見ることができる。

　この「政治的権威」という論述をめぐって議論されてきた問題の1つは，ディドロが次のように述べていることから，彼が「抵抗権」を否認しているか否かという点である。

　「臣民に関しては，宗教，理性，および自然が彼らに課する第1の法は，彼ら自身が，その作った契約の条件を尊重すること，その政府の性質を決して見失わないこと，フランスにおいては，支配している家族が，男系によって存続しているかぎり，臣民から服従の義務とその主人を尊敬し恐れるのを，何者も免除しないと言うことを忘れぬこと，である。」「もし万一不正な野心に満ちた，乱暴な王を持つようなことが起こったとしても，唯一の救済方法はすなわち，彼らの服従によって王をなだめ，彼らの祈りによって神の同情をひくことのみによって不幸に処すること，である。なぜなら，かつて支配していた王に対し，また，どのような人物であれ，男子による王の子孫に対して制約された服従の結果として，ならびに，人々がもっていると信ずるすべての抵抗の動機は，充分に検討してみると念入りに色付けられた不忠実の口実に等しいとみられるがゆえに，この救済のみが合法的な唯一の救済であり，また不忠実な行いによってひとびとが君主を正しくしたことは決してなく，税金を廃止したこともなかったし，またすでに人々が嘆いていた不幸に惨めさの度を加えるだけであったからである。」

---

(101) H. Sée, *op.cit.*, pp.180-181.

この点につき，加賀英三郎は次のように述べている。

「『権威の依託』という『契約が履行されなくなれば，国民はだれとでも，自分の思うままに，新しい契約を結ぶのは正統の権利だし，まったく自由である』とされるから，国民の主権者に対する抵抗権を認めているかのようであるが，この文章の意味はそうではなく，王家の血統が絶えることを意味している。むしろ抵抗権は認められていない。」[102]

また，プルーストも，グロチウスの理論と対照させてディドロの「政治的権威」という項目を分析し，同項目においては，「ディドロは人民が主権者の権力に抵抗する権利を有していることを認めていない」と述べている[103]。

しかし，「政治的権威」という項目における一見「抵抗権」を否認しているかに見えるディドロの見解は，『百科全書』刊行にまつわる種々の政治的圧迫を考慮に入れた歴史的事実に関する認識を示すものであって，その時代的被制約性を無視して，ディドロが「抵抗権」を否認していると即断することには慎重であるべきである。あえて言えば，『百科全書』時代のディドロはその刊行実現に向けてかなりの政治的配慮をしているものと考えられる。この点については，平岡昇の次のような指摘に傾聴すべきではないだろうか。

「ルソーが人民の立場の理論の純粋性と徹底性を固守したのに対し，現実に専制政治の実態により深くかかわって一層慎重に行動することを余儀なくされたディドロは，政治の『現実』のくびきを一層強く身に感じ，一種の妥協の跡を理論のなかにもとどめていたのだと思われる。だから彼は，民衆の内なる人とされるルソーとは異質な人間ではなく，潜在的には，いつでも民衆のなかにはいれる人ではなかったかと思う。」[104]

したがって，『百科全書』時代のディドロの見解には，善悪の判断基準としての自然法という認識＝自然法論および人民主権論が，時代的被制約性のもとで，いわば伏流水のごとく流れているのであり，後述するように，『百科全書』刊行後の作品においては，この伏流水が全面的に現出することになるのだと解すべきであろう。

---

(102) 古賀英三郎「ディドロの政治・経済思想」『ディドロ著作集』第 3 巻 345 頁。
(103) J. Proust, *op. cit.*, pp.272-273.
(104) 平岡昇「政治思想家ディドロ」『思想』742 号（1984 年 10 月）184 頁。『ディドロ著作集』第 3 巻 30 頁。

2　立憲君主制と民主制

　ディドロが専制君主制を否定していることは,『百科全書』時代から変わっていない。また,『百科全書』時代のディドロがすでに「啓蒙的専制君主制」を否定的に考えていたことについては, すでに見た H.セーの指摘のとおりである。『百科全書』以降について見れば, 1773-74 年段階のディドロは, まず,『エカテリーナ2世との対談』において次のように述べている。

　「恣意的な統治はみな悪いものです。善良でしっかりした, 正しい開明的な支配者の恣意的な統治も例外ではありません。……／反対する権利は, 人間社会では譲渡しえない神聖な自然権だと思います。／専制君主はたとえ最良の人間でも, 好き勝手に統治することで大罪を犯しているのです。」「自由な国民に起こりうる最大の不幸の1つは, 正しい開明的な専制が2, 3代続くことでしょう。エリザベスのような主権者が三代も続いたら, イギリス人は知らずしらずに奴隷化し, その状態がいつまで続いたかわからないでしょう。」[105]

　次に,『エルヴェシウスの「人間論」の反駁』において次のように述べている。

　「プロイセン国王は, ベルリン・アカデミーでした講和の中で次のように言った。公正で人間的で有徳な君主のもとに行われる専制政治にまさるものはない, と。／エルヴェシウスよ, こともあろうに君が, こんな暴君の金言を賞讃まじりに引用するのか！ 公正で啓蒙された君主の専制政治など, よくないものにきまっている。……こういう君主は国民から, 考える権利, 欲したり欲しなかったりする権利, さらには, 君主がよいことを命じるときにもその意志にさからう権利, を奪ってしまう。しかし, この反対する権利 (cet droit d'opposition) というものは, どんなにばかげたものであっても, やはり神聖なものなのだ。」[106]

　以上のことから, ディドロが『百科全書』以降においても, 啓蒙的君主の統治をネガティヴに考えていることは明らかである。問題は, ディドロが究極の政治形態として立憲君主制 (制限君主制もしくは穏和君主制) を考えているのか, それとも民主制までをも考慮に入れているかという点である。確かに, ディド

---

(105)　Diderot, *Œuvres Politiques*, Edition de P. Vernière, Garnier Frères, 1963, pp.271-272.『ディドロ著作集』第3巻（法政大学出版局, 1989年）252 頁。

(106)　Diderot, *Œuvres Philosophiques*, Edition de P. Vernière, Garnier Frères, 1964, pp. 619-620.『ディドロ著作集』第2巻（法政大学出版局, 1980年）351-352 頁。

ロは『百科全書』時代には前者を前提として議論を組み立てており，その後も
その姿勢を崩していないように思われる。そのことは，1771年の大法官モー
プー（A.Maupeou, 1714-92）によるパリのパルルマン（高等法院）の追放事件に
関し，ディドロが『エカテリーナ2世との対談』において次のように述べて，
パルルマンの法令審査登録権（enregistrement）を王権の専制的支配に対する
歯止めとして位置づけていることからも明らかである。

「この登録の手続きは実に偉大で見事な神聖な掟で，本当の愛国者の手に預
けられていたら，それだけでよこしまな大臣の策動を全部くいとめられていた
はずですし，事実くいとめた例も時にはありました。」「登録には初め，原本が
なくなっても法律が真正の登録簿に保存されているという効用しかありません
でした。／ついでそれは，国王のどんな意志もそれなしには実行されない1つ
の条件になりました。たとえば，国王が臣民に税金をかけても，登録がすんで
いなければ，その税金を要求し取り立てた者はゆすり扱いされ，令状によって
逮捕され，おそらく死刑に処せられたでしょう。」[107]

また，1774年の『法典編纂に際して代議員に宛てたロシア女帝の訓令に関
する考察』において，次のように述べていることからも明らかである。

「人民の他には真の立法者は存在しない。人民以外に真の立法者はあり得な
い。人民が自らに押しつけられた法律に真面目に従うということは稀である。
人民は，もし自らがその法律の作者であるとすれば，自らの作品のごとくその
法律に愛着を感じ，遵守し，従い，擁護するであろう。」[108]

この『考察』は，立法作業に関するエカテリーナ2世の「訓令」に対するも
のであり，晩年のディドロの政治思想の並々ならぬ開陳である。この『考察』
に着目して，H.セーは1925年の段階で，ディドロの人民主権論をデモクラ
シーとの関連で次のように評価し，彼をデモクラットとして位置づけている。

「ディドロが人民主権論に忠実にとどまったということをわれわれは承知
している。」[109]「ディドロはエカテリーナが自由な諸制度すなわち一種の立憲制
度をロシアに樹立することを期待し，この制度を創設するよう絶えず彼女に促
している。」[110]「彼の全ての作品におけると同様に，1774年の訓令に関する

---

(107) Diderot, *Œuvres Politiques*, Edition de P. Vernière, Garnier Freres, p.234-235.『ディ
　　　ドロ著作集』第3巻（法政大学出版局，1989年）227頁。
(108) *ibid.*, p.344.
(109) H. Sée, *op.cit.*, pp.182-183.
(110) *ibid.*, pp.183-186.

『考察』において，ディドロはデモクラシーに賛成の立場を表明している。」[111]
「ディドロが善良で知性に恵まれた啓蒙的専制君主に満足しているというのは正しくない。彼とエカテリーナ2世との関係はそのように考えさせ得たが，しかし，今日では，……その関係についてより決定的な形で知られており，ディドロがその自由主義的思想を決して放棄しなかったということが知られている。」「『人間論』と題するエルヴェシウスの作品への反駁」において，彼はまた『正当で啓蒙的な君主の恣意的統治は常に悪である』と述べている。」「一言で言えば，彼ディドロは自由な諸制度を考慮にいれない啓蒙的君主を信用しないのである。」[112]「ディドロは心底デモクラットである。したがって，彼はすべての国家の，特にロシアの農奴制の廃止を欲しているのである。」[113]「彼の同時代の人々の大部分と同様に，ディドロはまさしく個人主義者である。彼は，あらゆる政治社会の目的は個人の幸福，人類の解放であると考えているのである。また彼は，この解放のための必要条件は人民主権もしくは自由な立憲制度であると確信しているのである。」[114]

　以上のことから，ディドロがどのような政治形態を究極のものとして考えていたのかということを断言することは困難である。しかし，これまで見てきたように，彼が恣意的な専制君主制を否定していること，啓蒙的君主の統治についても否定的に考えているということは確かである。問題はその延長線上に，民主制を視野に入れていたかどうかである。この点について，ヒントを与えてくれるのは，『エカテリーナ2世との対談』および『エルヴェシウス反駁』における次のような見解である。

　「万人の意志が協力しあって，個人の意志を阻みます。それこそ，民主政がほかのどんな種類の統治よりとりわけまさった点なのです。」[115]

　「共和政に関する前述の部分は，私にもまったく真実だと思われる。だが，民主政体は民衆の意思の一致を前提とし，意思の一致は，民衆がかなり狭い場所に集まることを前提にしているから，私には小さな共和国というものしか存在しえぬように思われる。だとすると，たといこういう社会のみが幸福な社会

---

(111)　*ibid.*, pp.187.
(112)　*ibid.*, pp.183-186.
(113)　*ibid.*, p.190.
(114)　*ibid.*, pp.195-196.
(115)　Diderot, *Œuvres Politiques*, Edition de P. Vernière, Garnier Frères, 1963, p.276.『ディドロ著作集』第3巻（「エカテリーナ二世との対談」）（法政大学出版局，1989年）255頁。

であるとしても，その社会の安全はつねに心もとないものとなるのではなかろうか。／私にはリキュルゴスの法律を非難する気など毛頭ない。ただ私は，その法律が大国や商業国を収めるのにむかない，と考えるだけである。」[116]

　この後者の一節は，エルヴェシウス（C. A. Hervétius, 1715-71）が自由な「市民」は自らの上位に「正義と法」（la justice et la loi）しか見出さず，自らが作成した法律にしか従わないとして民主制（le régime démocratique）を賞賛したのに対して述べたものである。それは，どちらかと言えば，ルソーが「人民が容易に集合でき，各市民が相互に容易に知ることができるような非常に小さな国家」を念頭において民主制を考えていたのに対し，民主制の国家は小さければ外国からの侵略によって破壊されるし，大きければ国内の悪徳によって破壊されるとしたモンテスキューの『法の精神』の見解を考慮に入れたものと考えられる[117]。

　したがって，ディドロは民主制を考慮に入れつつも，当面は，開明的君主が，実質的に立法権を委ねられた人民の代表団＝「委員会」（la commission））を介して統治するという政治形態＝立憲君主制を考えていたと言わねばならない。1925年の時点で，A. セーが，「要するに，彼の理想は，革命が樹立せんとするような国家であり，少なくともそれについては革命がその定義を与えるであろう」[118]と指摘していることは，「フランス革命が樹立せんとするような国家」が革命期のどの時期の政治形態を指しているのか必ずしも明確ではないが，正鵠を射ていると言えよう。

おわりに

　思想家は一定の時代的制約の下で，その思想を支える基本的理念とその実現可能性の間で苦悩する。私は，その典型例をディドロに見る。本章が冒頭に掲げた課題の解明はなおその途上にあると言わざるを得ない。「ディドロと民主制」についての考察は，なお残された課題である。そこで，ディドロが絶対王政末期という時代的制約の中で，樹立すべき当面の政治形態としての立憲君主制を前提としつつも，さらにその延長線上に君主制の打倒を展望していたとす

---

(116)　Diderot, Œuvres Politiques, Edition de P. Vernière. Garnier Frères, 1963, p.478『ディドロ著作集』第3巻（法政大学出版局，1989年）（「エルヴェシウス反駁」）214頁。

(117)　Diderot, Œuvres Politiques, Edition de P. Vernière, Garnier Frères, 1963, p.478『ディドロ著作集』第3巻（法政大学出版局，1989年）214頁。

(118)　H. Sée, op.cit., p.195.

第2章　ブルジョアの憲法思想

る中川久定『ディドロの「セネカ論」』の次の1節を借りることによって，本章の結びにかえたい。

「確かに，ディドロは第3身分を代表する議会が，君主の権力を制限する立憲君主制が，現実に実現可能なほとんどただひとつの合理的政体であると考え，君主がその方向に改革を進めるように啓蒙していくことこそが，『哲学者』の役目である，と主張し続けてきた。しかし，それと同時に，彼の心情のうちには，即刻君主制を打倒して自由を回復したいという激しい熱狂がひそかに燃え続けていたのである。」[119]

なお，このようなアンシクロペディストの憲法思想がどのような形で「革命期」に継承されていくかについては，第Ⅱ部第2章において検証することにする。

---

[119]　中川久定『ディドロの「セネカ論」』（岩波書店, 1980年）134頁。

第3章 「民衆」の憲法思想
——J.-J. Rousseau

はじめに

　一般的に言って，思想は，多かれ少なかれその思想家の生活環境に制約されたかたちであらわれる。とりわけ，その生い立ちと教育によって大きく左右される。もちろん，これはあくまでも最大公約数的に言っていることであって，思想がその主体の生活環境を超えて展開していくことがあることをいささかも否定するものではない。ルソー（J.-J. Rousseau, 1712-78）の場合，このことが最も端的なかたちで捉えうる思想家であるといってよい。先にみたモンテスキューは最後まで貴族的発想から脱することはできなかったし，ケネーは地主の利益を表現し，ディドロは産業家の立場を擁護しようとした。それに対して，ルソーの立場は，革命後に全面展開することになる資本主義の下で過酷な運命にみまわれる農民や小生産者＝小市民の利益を表現しようとするものであった。モンテスキュー，ケネーおよびディドロと同様に，ルソーも絶対王制末期の弊害をいち早く感じ取り，改革を主張している点で共通性を有している。しかし，いかなる立場でその改革の必要性を説くかによって，その主張内容には格段の違いがある。

　本章では，政治および法に関するルソーの主要な作品を取り上げて，彼の憲法思想を検討することにする。

◆ 第1節　ルソーの政治社会構想 ◆

第1項　政治・法思想の原点としての『学問芸術論』

　ルソーの思想家としてのデヴュー作は『学問芸術論』（*Discours sur les sciences et les arts,* 1750）であるが，この作品は後述するようにかれの全思想の要をなすものである。ディジョンのアカデミーの懸賞論文でグランプリを得たこの作品によって，無名の1青年は一躍その名を全ヨーロッパにとどろかせること

第3章　「民衆」の憲法思想

になった。ルソーは次のように述べている。「その時まで無名であった一作家が，雄弁ではあるが，パラドックスにみちた，わずか30ページの1論文を書いた。この論文は，著者の友人によって激賞された。カフェやサロンで，この論文について人々が，話し合うや，いずれもただちにこの小冊子をよみ，著者と知り合いになりたいと思った。ヨーロッパのカフェであるパリから，その名声は遠くまでこの書物と著者の名を運んだ。」[1]

　この論文の基本的な立場は，次の1節によくうかがえる。

　「人間の精神は，肉体と同じように，それ自身の欲求を持っています。肉体の欲求が社会の基礎であり，精神的欲求が社会の娯しみの基礎です。政府や諸法律が，人間集団の安全と幸福とに応じるのに対して，学問，文学，芸術は，政府や法律ほど専制的ではありませんが，おそらく一そう強力に，人間を縛っている鉄鎖を花環でかざり，人生の目的と思われる人間の生まれながらの自由の感情をおしころし，人間に隷属状態を好ませるようにし，いわゆる文化人を作りあげました。」[2]

　つまり，学問・芸術は「なに1つ徳をもたないのに，あらゆる徳があるかのようにみせかけ」るものにすぎない[3]。「芸術がわれわれのもったいぶった態度を作りあげ，飾った言葉で話すことをわれわれの感情に教えるまでは，われわれの習俗は粗野ではありましたが，自然なものでした」[4]と言うとき，さらには，「もはや真面目な友情も，本当の尊敬も，基礎の固い信頼もありません。あの画一的で不実なお上品さのおおいの下に，現代の知識のおかげであるあの誇らしげなみやびやかさの下に，疑惑，恐怖，冷淡，遠慮，憎悪，裏切り，といったものがつねに隠されています」[5]と言うとき，そこには，真実の人間としての「徳（vertu）」を持っていないのにあたかも持っているかのような空気を呈しているサロン談義への痛烈な批判が秘められている。それは，18世紀フランスの文芸批判であり，社会批判でもある。こうしてルソーは，学問と芸術の進歩が「魂（Ames）」を腐敗させるという法則が自然法則よりも正確であ

---

(1) 前川貞次郎訳『学問芸術論』（岩波文庫，第1刷，1968年）の前川貞次郎の「解説」227頁。
(2) J.-J. Rousseau, Œuvres complètes, t.3. Bibliothèque de la Pleiade, p.6-7. 前川貞次郎訳14頁。
(3) ibid., p.7. 訳15頁。
(4) ibid., p.8. 訳16頁。
(5) ibid., p.8-9. 訳17頁。

り，それが時間と空間を超えてなりたつことをエジプト，ギリシア，ローマ，中国などの古代史の諸事実によって実証する。「こうしてルソーは，人間が自然の幸福な無知の状態から抜け出でるために行った傲慢な努力（学問芸術の進歩）の天罰は，いつの時代にも，奢侈，習俗の頽廃，奴隷状態であったと結論する」[6]。これがこの論文の第1部である。

第2部では，「学問と芸術とが生まれたのは，われわれの悪のせいなのであって，もし，徳のおかげで生まれたのでしたら，われわれが，学問芸術の利益について疑うことは，もっとすくないことでしょう」[7]という問題意識にもとづいて，学問芸術の起源・目的・結果が考察される。「学問芸術が社会に与える第1の害悪は，無為，時間の浪費であり，第2の弊害は奢侈である。奢侈は国家の存続と両立しがたいことはいくたの歴史的事実が示しており，また奢侈の当然の結果として，習俗の堕落，趣味の腐敗が生まれる。さらに学問が進歩し，奢侈が広まるにつれて，真の勇気，道徳的資質の衰退が生まれる。」[8]。

このような結論を支えている基本的認識は，次の一節に見出すことができる。

「人びとが，習俗について反省すれば，かならず原始時代の単純な姿を思い出して，楽しむことでしょう。それは，自然の手だけによって飾られた美しい河岸であり，人びとが，たえずそれに眼をむけて，遠ざかるのを名残りおしく感ずる，美しい河岸です。」[9]

やがて『人間不平等起源論』において展開される自然状態への賛美は，すでにこの時点で十分に用意されていると言ってよい。さらに，ルソーが生涯にわたって自らを規律し，同情を禁ずることのできなかった農民や小市民への愛着は，次の1節にうかがえる。

「われわれは，物理学者，幾何学者，化学者，天文学者，詩人，音楽家，画家はもっていますが，もはや市民をもっていません。あるいは，まだ市民が残っているとしても，みすてられた田園にちらばっていて，貧乏でさげすまれて死んでゆきます。これが，われわれにパンを与え，われわれの子供に乳を与えてくれる人びとの陥っている状況であり，彼らが，われわれからうけとっている感情なのです。」[10]

（6）　前掲注（1）「解説」235頁。
（7）　J.-J. Rousseau, *op. cit.*, p.17. 訳31頁。
（8）　前掲注（1）「解説」235頁。
（9）　J.-J. Rousseau, *op. cit.*, p.22. 訳39-40頁。
（10）　*ibid.*, p.26. 訳46-47頁。

第3章 「民衆」の憲法思想

　これは，農民や小市民の感情であると同時に，ルソー自身の感情でもある。したがって，ルソーは，人間としての「有徳の市民」の台頭を願っている。さらに言えば，ルソーは彼らのみがこの「徳」の担い手であると考えている。その願いは，やがて『社会契約論』（*Du contrat social*, 1762）によって理論的に究明されるであろう。それでは，腐敗しきった学問と芸術に代わって，ルソーはいかなる学問芸術を期待したのであろうか。ルソーは言う。「おお，徳よ！素朴な魂の崇高な学問よ！お前を知るためには多くの苦労と道具とが必要なのだろうか。お前の原則はすべての人の心の中に刻みこまれていはしないのか。お前の掟を学ぶには，自分自身の中にかえり，情念を静めて自己の良心の声に耳をかたむけるだけでは十分ではないのか。ここにこそ真の哲学がある。」[11]

　ここに意識されているのは，アテネの哲人ソクラテスにほかならない。それは，「私の知っていることのすべては，私が何も知っていないと言うことである」という認識であり，「汝自身を知れ」という命題が「汝の良心の声に耳を傾けよ」という命題に置き換えられていることから明らかである。そのソクラテスは，言うまでもなく，腐敗せる社会への「抵抗者」としてのソクラテスであり，ルソーはそこに「有徳の市民」像を見出しているのである。かくして，『学問芸術論』は，ルソーの「庶民的な率直な道徳的感覚と，性格と教養よりするつよい理想主義によって，支配階級の頽廃と社会的不公正を敏感に暗示した文化の逆説的な否定と徳の熱烈な頌歌」[12]を示すものであると言えよう。「わたしは自分自身にいいきかせました。決して学問の悪口をいうのではない。徳，それをこそ，徳の高い人びとの前で弁護するのだ」[13]ということが，そのことを如実に物語っている。最近の研究が指摘するように，まさしく「『学問芸術論』は，出版後の反論者との論争を通じた思想の深化という，作品そのものの境界を超え出る動的なテキストの生成のプロセスが，質量ともに本体となる作品を凌駕している点で，ルソーというポレミカルな思想家の際立った特徴を示している」[14]と言えよう。

---

(11)　*ibid.*, p.30. 訳54頁。
(12)　本田喜代治・平岡昇訳『人間不平等起源論』（岩波文庫，第33刷,1968年）の平岡昇の「解説」186頁。
(13)　J.-J. Rousseau, *op. cit.*, p.5. 訳11-12頁。
(14)　井田尚「思想家ルソーの原点──『学問芸術論』と啓蒙の逆説」『思想』（岩波書店）1027号，2009年11月，148-149頁。

第2項 『人間不平等起源論』における自然状態・人間不平等の起源と歴史

ところで，この時点ではルソーはいまだモラリストとして止まっているが，その後の諸体験を通じて，「あらゆる事物は結局，政治によって左右されるということ，また，ひとがどうしようとしても，国民はその政府の性質によって限定される以外のものでは決してあり得ないということ」[15]に気づきはじめ，「人民は政治によってつくられる」[16]と告白することによって，政治の次元へ移行するに至る。ルソーの政治社会構想については，『社会契約論』(*Du contrat social*, 1762) を待たねばならないが，『学問芸術論』と『社会契約論』の媒介をなしているのが『人間不平等起源論』(*Discours sur l'origine et les fondements de l'inégalité parmi les hommes*, 1755) である。すでにみた『学問芸術論』に散見する自然状態への讃歌は，この論文において理論化される。

この論文も第1部と第2部に分かれているが，第1部では自然状態についての全面的な展開が見られ，第2部では社会状態の形成と人間不平等の起源およびその歴史が論じられている。

ルソーは本論文の「序」の冒頭で，「すべての人間の知識のなかでもっとも有用でありながらもっとも進んでいないものは，人間に関する知識であるように私には思われる」[17]と述べているが，ここでも「汝自身を知れ」というソクラテスが念頭におかれている。それゆえ，この論文の主題は「哲学の提供しうるもっとも興味深い問題の1つ」であり，「哲学者たちの解決しうるもっとも厄介な問題の1つ」[18]であるとされる。人間の間の不平等の起源を知るためには，人間そのものをまず知らなければならない。人間そのものを知るためには，「もはや存在せず，恐らくは存在したことがなく，多分これからも存在しそうにもない1つの状態」[19]，すなわち「自然状態」について正しい認識を持たねばならない。ルソーに至るまで，自然状態および自然法について多くの研究がなされてきたが，いずれも自然法の定義については不正確であり，不明瞭であった。ルソーによれば，それは「人間本性に関する……無知」に起因するも

---

(15)(16) 桑原武夫訳『告白(中)』（岩波文庫, 1965年）197-198 頁。
(17)(18) J.-J. Rousseau, *Œuvres Complètes*, t.3. p.122. 本田喜代志・平岡昇訳『人間不平等起源論』（岩波書店, 第73刷, 1996年）25 頁。
(19) *ibid.*, p.123. 訳 27。

のである[20]。したがって，自然法の観念を人間の本性＝「人間の自然」そのものの考察によって構成しなければならない。従来の自然法論は，自然状態のなかに社会状態を介在させているか，社会状態における人間の姿を自然状態・自然法によって正当化しようとしているからである。かくして，ルソーは次のように言う。

「そこで，人間をすでに出来上がった姿で見ることしかわれわれに教えてくれない学問上の書物はすべてすておいて，人間の魂の最初のもっとも単純なはたらきについて考察してみると，私はそこに理性に先だつ２つの原理が認められるように思う。その１つはわれわれの安寧とその自己保存について，熱烈な関心をわれわれにもたせるものであり，もう１つはあらゆる感性的存在，主としてわれわれの同胞が滅び，または苦しむのを見ることに，自然な嫌悪を起こさせるものである。」[21]

ルソーの見ているのは，というよりも想定しているのは，孤立して生活していて自己保の本能＝「自己愛」(l'amour de soi-même) に支配されている動物的な自然人にほかならない。この時点では，良心や理性は潜在的能力として止まっており表面化していない。しかし，ルソーによれば，人間は動物と違って「知性」を有する存在である。この知性ももともとは潜在的能力であるが，他者との接触を通じて「言葉」が生じ，これによって顕在化してくる。それとともに，「憐憫の情」(la pitié) も生じる。このように，ルソーは自らの想定した自然状態における人間の，良心や理性に先だつ感情として，「自己愛」と「憐憫の情」を捉えている。したがって，ルソーの自然状態論は，従来の自然状態論および自然法論における「理性」中心の論法とは基本的に異なっている。

さて，ルソーは人間の不平等を自然的もしくは肉体的不平等 (l'inégalité naturelle ou physique) と社会的もしくは政治的不平等 (l'inégalité sociale ou politique) の２つに分けて考えている[22]が，自己愛と憐憫の情のみによって支配された人間の自然状態においては，「不平等はほとんど感じられず，いわゆる肉体的自然的不平等は悪影響を生まない」と見ている。ルソーは言う。「ひとは自然的不平等の源泉は何であるかを尋ねることはできない。」なぜなら，その答えはこの「自然的不平等」という語の定義それ自体に示されているからであ

---

(20) *ibid.*, p.124. 訳28頁。
(21) *ibid.*, p.125-126. 訳30-31頁。
(22) *ibid.*, p.131. 訳36頁。

る。つまり、肉体的不平等そのものが自然的所産なのである。ルソーは続けて言う。「この2つの不平等の間に何か本質的なつながりがありはしないかと尋ねることはなおさらできない。」[23] なぜなら、体力や精神、知性や徳が必ずしも権勢や富に比例しているとは言えないからである。

かくして、この論文の主目的は次のようになる。

「それでは、この論文のなかで問題になるのは正確にいって何であるか。事物の進歩のなかで、暴力に継いで権利が起こり、自然が法に服従させられた時期を指し示すこと、それから、いかなる奇跡の連鎖によって、強者が弱者に奉仕し、人民が現実の幸福と引きかえに想像上の安息を購うことに決心したのかを説明することである。」[24]

つまり、社会的政治的不平等の起源および歴史と、その不平等を隠蔽し正当化しようとする根拠を明らかにすること、それが本論文の目的である。この問題設定に対して最も簡明に答え、ルソーの思想的立場を鮮明にしていると思われるのが、次のような第2部の冒頭の一節である。

「ある土地に囲いをして『これはおれのものだ』と宣言することを思いつき、それをそのまま信ずるほどおめでたい人々を見つけた最初の者が、政治社会[国家]の真の創立者であった。杭を引き抜きあるいは溝を埋めながら、『こんないかさま師の言うことなんか聞かないように気をつけろ。果実は万人のものであり、土地はだれのものでもないことを忘れるなら、それこそ君たちの身の破滅だ！』とその同胞たちにむかって叫んだ者がかりにあったとしたら、その人は、いかに多くの犯罪と戦争と殺人とを、またいかに多くの悲惨と恐怖とを人類に免れさせてやれたことであろう？」[25]

ここには土地所有が比喩的にあげられているが、かかる現象は突然現れたのではなく、すでにみた自然状態のゆるやかな進行の過程で現れてきたものである。要するに、ルソーは、社会的政治的不平等の起源を土地所有に典型的に見られる私有財産の発生に求めているのである。この私有財産の発生の結果、「一方においては競争と対抗意識と、他方では利害の対立と、つねに他を犠牲にして自分の利益を得ようというひそかな欲望。これら一切の悪が私有の最初の効果であり、生まれたばかりの不平等と切り離すことのできない結果なのである」[26]。

---

(23)(24) *ibid.*, p.133. 訳37頁。
(25) *ibid.*, p.164. 訳85頁。

こうして，私有から生じる不平等は止まることを知らぬがごとく進行する。かくして，「生まれたばかりの社会はこの上もなく恐ろしい戦争状態に席を譲った。堕落し，悲嘆にくれる人類は，もはや来た道へ引き帰すこともできず，不幸にしてみずから獲得したものをすてることもできず，自分の名誉となる諸能力を濫用することによってただ恥をかくことに努めるばかりで，みずから滅亡の前夜に臨んだ」[27]。

　私有財産の発生に伴う人類滅亡への悪循環を前にして，この悲惨な状態に対する反省が生まれる。とりわけ，富者の反省は一層深刻である。というのは，戦争状態においては，生命の危険は富者も貧者も共通であるとしても，財産については前者のみの恐怖となるからである。つまり，財産は一種の横領の積み重ねによって形成されたものであるから，力によってこれを奪われても文句のつけようがないからである。この点に関するルソーの次のような説明は巧みである。

　「単に巧知・術策だけによって富んだ者たちであっても，その私有をもっと立派な権限によって根拠づけることはほとんどできなかった。『この塀を建てたのはわたしだ，わたしは自分の労働によってこの地面を手に入れたのだ』と言ったところで何にもならなかった。『だれが君たちに境界をきめてくれたのか？』とひとは彼らに答えることができた。また，『われわれが君たちに押しつけたのでもない労働の支払いを，われわれを犠牲にして君たちが要求するというのはどういうわけだ？　無数の君たちの兄弟たちが，君たちにはありあまるほどあるものが足りないために死んだり，または苦しんだりしているということ，そして君たちが自分の分け前以上の一切のものを，共同の生活資料のなか取りだして，わがものとするためには，人類の明白で全員一致の同意が必要だということを君たちは知らないのか？』と。」[28]

　これに対して，何ら有効な弁明のできない富者は，しかし，ついに，「かつて人間の精神に入り込んだもののなかでもっとも深く考えぬかれた計画を思いついたのである」[29]。それは，横領が横領を生むという戦争状態に終止符を打つための口実に他ならない。つまり，戦争状態の恐ろしさをその隣人たちに説

---

(26)　*ibid.*, p.175. 訳102頁。
(27)　*ibid.*, p.176. 訳102頁。
(28)　*ibid.*, p.176-177. 訳104-105頁。
(29)　*ibid.*, p.177. 訳105頁。

くことによって，富者自身が自らの私有財産を確保する方向へと彼らを導くためのもっともらしい口実である。ルソーによれば，その口実は次のとおりである。

「彼は彼らにむかって言った。『弱い者たちを抑圧からまもり，野心家を抑え，そして各人に属するものの所有を各人に保証するために団結しよう。正義と平和の規則を設定しよう。それは，すべての者が従わなければならず，だれをも特別扱いをせず，そして強い者も弱い者も平等におたがいの義務に服させることによって，いわば運命の気紛れを償うような規則なのだ。要するに，われわれの力をわれわれの不利な方に向けないで，これを1つの最高権力に集中しよう，賢明な法に則ってわれわれを支配し，その結合体の全員を保護防衛し，共通の敵を斥け，われわれを永遠の和合の中に保持する権力に。』」[30]

このような富者の口実の真のねらいを知らず，「粗雑で煽てに乗りやすい人々をそそのかすためには，こんな弁舌に似たものすら要らないぐらいであった」。その結果についてルソーは言う。「だれもかれも自分の自由を確保するつもりになって，自分の鉄鎖へむかって駆けつけた。」[31]確かに，富者といえども自己の上に最高権力をもつことの弊害は否定できない。富者もそのことは十分認識していた。しかし，彼らは，「あたかも負傷者が身体の残りの部分を救うためにその腕を切らせるように，自分たちの自由の一部を他の部分の保存のために犠牲とすることを決心しなければならぬと考えた」[32]のである。

行きつくところまで行きついた社会的不平等を，不平等のままに，「法の下の平等」というフィクションで固定すること，ルソーはそこに法の起源と法の階級性を見抜いているのである。ルソーはそれについて，次のように説いている。

「社会および法律の起源はこのようなものであった。あるいはあったにちがいない。この社会と法律が弱者には新たなくびきを，富める者には新たな力を与え，自然の自由を永久に破壊してしまい，私有と不平等の法律を永久に固定し，巧妙な強奪をもって取り消すことのできない権利としてしまい，若干の野心家の利益のために，以後全人類を労働と隷属と貧困に屈服させたのである。」[33]

ここには，法による私有財産の保障という契機と，そのために絶対的権力

---

(30) *ibid.*, p.177. 訳 105-106 頁。
(31)(32)(33) *ibid.*, p.177-178. 訳 106 頁。

（最高権力）に服する契約を結ぶという二重の契機が秘められているが，後者の契約は統治者（君主）と被治者（臣民）との間に交わされる統治契約もしくは服従契約と呼ばれるものであり，後に展開される社会契約とは次元を異にするものである。すなわち，前者は君主と臣民間の上下関係にもとづく契約であって不平等な身分秩序を前提とするが，後者は平等な諸個人を前提とする水平的契約である。ルソーは両者の違いをすでに意識しており，そのことについて次のように述べている。

「あらゆる政府の基本的な性質についてまだなすべき探究には，いまは深入りしないで，私はただ，世の通念にしたがって，ここでは，政治体の設立を，人民と彼らが選んだ首長との間の1つの真の契約だとみなすだけに止めておこう。」[34]

この「政府の基本的な性質」についての探求に関しては『社会契約論』を待たねばならないが，ここでは，次の点に注意したい。すなわち，この服従契約によって合法的に成立した最高権力が恣意的・専制的になるに及んで，盲目的な服従が唯一の「徳」とされるような「人為的な人間の最後の段階」に至りつくことを，ルソーが指摘していることである。「この最後の段階」は，ルソーが現実にみているフランス絶対主義の社会にほかならないが，ルソーはすでにこの時点で，このフランス絶対主義の行方を次のように暗示している。

「これらのさまざまな変革のなかに不平等の進歩をたどるとき，われわれは法律と所有権との設立がその第1期であり，為政者の職の制定が第2期で，最後の第3期は合法的な権力から専制的権力への変遷であったことを見出すであろう。従って，富者と貧者との状態が第1の時期によって容認され，強者と弱者との状態が第2の時期によって容認され，そして第3の時期によっては主人と奴隷の状態が容認されるのであるが，この第3の時期が不平等の最後の段階であり，他のすべての時期が結局は帰着する限界であって，ついには新しい諸変革が政府をすっかり解体させるか，またはこれを合法的な制度に近づけるにいたるのである。」[35]

フランス革命はこの「新しい諸変革が政府をすっかり解体させる」例として現れたのである。ルソーはフランス革命に思想的武器を提供したと言われるが，単にそれのみでなく，すでにその革命を予見している点にも注意したい。すな

---

(34) *ibid.*, p.181. 訳117頁。
(35) *ibid.*, p.187. 訳121頁。

わち，ルソーは，7年戦争敗戦の惨禍，財政の無秩序，大臣間の争い，「人民と国家のあらゆる身分に行きわたった不満」，ポンパドゥール夫人の強情等，「現在の政治情勢から推すと政府がすっかり崩壊することもありうる」[36]と述べている。したがって，「ルソーは，社会的不平等の極限として，はるかなる無垢の自然状態からこの醜悪な専制主義社会までの人類の歴史を完成した」[37]と言われるのである。

　先にみたように『人間不平等起源論』においては，自然状態を無条件に礼賛しているかに思われる部分がないわけではない。この点をルソー批判者は厳しく指摘する。ヴォルテールの次のような批判がその典型である。

　「あなたがまたもや人類をやっつけられた書物を受け取りました。……人間社会の恐ろしさをあれほど力づよい色彩で描きだすことはできません。……われわれをけものに見せようとしてあれほど才気を用いた人はいまだかつてありません。あなたの作品を読むと，四つ足で歩きたくなります。」[38]

　言うまでもなく，このヴォルテールの批判はルソーの真意に反する。ルソーはこれに対して次のように述べている。

　「なんということだろう。社会を打ち壊し，私のものと君のもの［所有権］をなくしてしまい，森へ帰って熊といっしょに生活しなければならないだろうか。これは私の敵たちの流儀による結論だが，私は彼らにそういう結論をひき出す恥も残してやりたいが，同じくらいにその結論を予防したいのである。」[39]

　ここに言うところの「先手」が展開されるのが『社会契約論』にほかならない。かつて自然状態において有していた人間の自由や平等を，社会状態＝政治社会においていかにしたら回復保持することができるか。それが『社会契約論』のテーマである。

---

(36)　桑原武夫訳『告白（下）』121頁。
(37)　本田喜代治・平岡昇訳『人間不平等起源論』（岩波文庫，第73刷，1996年）の「解説」190頁。
(38)　同上（「ヴォルテールからの手紙」）190頁。
(39)　同上（「原注」）157頁。

◆ 第2節　『社会契約論』における政治社会構想と「一般意思」◆

第1項　人民主権論

　ルソーは『社会契約論』の第1編第1章冒頭において，次のように述べている。

　「人間は自由なものとして生まれた，しかもいたるところで鎖につながれている。自分が他人の主人であると思っているようなものも，実はその人々以上にドレイなのだ。どうしてこの変化が生じたのか？　わたしは知らない。何がそれを正当なものとしうるか？　わたしはこの問題は解きうると信ずる。」[40]

　この一節について，若干の説明をしておきたい。第1に，「人間は自由なものとして生まれた」ことについては，すでに『人間不平等起源論』における自然状態＝自己愛と憐憫の情しか持たない自由で平等な状態，すなわち，自然的・肉体的不平等はみられるが社会的不平等（道徳的・政治的不平等）の存在しない状態についての説明のなかに明らかである。

　第2に，「しかもいたるところで鎖につながれている」ことについては，『学問芸術論』および『人間不平等起源論』で展開されている。前者においては，学問と芸術という堕落の鎖につながれた人間のありさまが多くの歴史的事実にもとづいて説かれ，後者においては，私有財産の形成とそれを固定化する法律によって生じた社会的不平等という鎖に繋がれた人間のありさまが描かれている。

　第3に，「自分が他人の主人であると思っているようなものも，実はその人々以上にドレイなのだ」ということの意味については，すでに『人間不平等起源論』において，次のように説明されている。

　「以前には自由であり独立であった人間が，いまや，無数の新しい欲望のために……その同胞の主人となりながらも，ある意味ではその奴隷となっているのである。すなわち，富んでいれば同胞の労役を必要とし，貧しければその援助を必要とする。と同時に，中位の者でも同胞がいなくては到底やっていけない。そこで人間はたえずその同胞を自分の運命に関心をもたせるように，そし

---

(40)　J.-J. Rousseau, Œuvres Complètes, t,3. p.351. 桑原武夫・前川貞次郎訳『社会契約論』（岩波文庫，第53刷，1995年）15頁。

て，事実上または表面上，彼の利益のために働くことが自分たちの利益であると思わせるように努めなければならない。」[41]

つまり，他人の主人であると思っている者も所詮は私有財産の形成に伴う欲望に支配されており，自己の欲望を満そうとして他者の労働を必要とするのであり，その意味では，彼もまた不平等社会における人間疎外の状況から脱することはできないでいるのである。

第4に，どうしてこの変化が生じたのか？　わたしは知らない」と言うが，実はそうではなく，その原因についてはすでに『人間不平等起源論』において究明されている。

第5に，「何がそれを正当なものとしうるか？　わたしはこの問題は解きうると信じる」といっているが，その意味するところは，自然状態と社会状態（政治社会）のズレをいかにしたら「正当なものとしうるか」ということであり，結局のところ，社会状態のもとでの「確実な政治上の法則」とは何であるのか，つまり「市民の世界」（市民社会）における正当な政治原則の究明ということである。

さて，課題は設定された。いかに解いていくか。ルソーはグロティウス（H. Grotius, 1581-1645）の考え方を批判的に考察することから始めている。

「人民は，自分を王にあたえることができる，とグロチウスはいう。だから，グロチウスによれば，人民は，自分を王にあたえるまえに，まず人民であるわけだ。この贈与行為（人民が自らを王にあたえるという贈与行為）そのものが，市民としての行為なのだ。それは公衆の議決を前提としている。だから，人民が，それによって王をえらぶ行為をしらべる前に，人民が，それによって人民となる行為をしらべるのがよかろう。なぜなら，この行為は，必然的に他の（王をえらぶという）行為よりも先にあるものであって，これこそが社会の真の基礎なのだから。」[42]

先にみたように，ルソーは『人間不平等起源論』では，「政治社会の基本的な性質」に関する考察を将来の課題として残し，服従契約の考え方に止まっていた。この服従契約は統治者と人民との身分的上下関係を前提とするもので

---

(41)　J.-J. Rousseau, Œuvres Complètes, t.3. p.174-175. 本田喜代治・平岡昇訳『人間不平等起源論』（岩波文庫, 1996年）101頁。

(42)　J.-J. Rousseau, Œuvres Complètes, t.3. p.359. 桑原武夫・前川貞次郎訳『社会契約論』（岩波文庫, 1995年）28頁。

あって，絶対君主に対する諸公や貴族の特権擁護の理論にはなりえても，人民解放の武器とはなりえない。ディドロが，「神は公共の福祉と社会の維持のために，人間が自分たちの間に服従の秩序を立て，彼らがなかまのひとりに服従することを許されるのである」[43]のであり，「君主は臣民の上にふるう権威を，臣民自身から受けている。そしてこの権威は自然法と国法によって制約されている。……君主は臣民の選任と合意によってのみ，彼らの上に権力と権威をもつにすぎないのであるから，自分に権威をあたえた決議なり，契約なりを破壊するために，この権威をふるうことはできない……。そこで君主たるものは，国人の合意もえず，服従契約にしめされた選任を無視して，自己の権力と臣民を自由に処分することはできない」[44]と述べているように，啓蒙期における思想家の多くは，この服従契約の考え方から完全には脱却できず，政治社会（国家）の形成を主権者（君主）と人民（臣民）との間の契約でもって説明していた。この点をついたルソーの考察は，まさしく「政治哲学における革命」と言ってよいであろう。

　かくしてルソーは，君主と人民との間の服従契約に先行して社会契約が存在すると想定する。この社会契約はあくまでもフィクションであって，歴史的事実ではない。それは，人民の自由と国家権力の強制という二律背反を止揚するためのフィクションにほかならない。それでは，その社会契約の内容はいかなるものであるのか。ルソーは次のように述べている。

　「各構成員の身体と財産を，共同の力のすべてをあげて守り保護するような，結合の一形式を見出すこと。そうしてそれによって各人が，すべての人々と結びつきながら，しかも自分自身にしか服従せず，以前と同じように自由であること。」[45]

　「この諸条項は，正しく理解すれば，すべてが次のただ1つの条項に帰着する。すなわち，各構成員をそのすべての権利とともに，共同体の全体にたいして，全面的に譲渡することである。その理由は，第1に，各人は自分をすっかり与えるのだから，すべての人にとって条件は等しい。また，すべての人にとって条件が等しい以上，誰も他人の条件を重くすることに関心をもたないか

---

(43)(44)　D. Diderot, Œuvres Complètes, t. 7, Edition de John Lough et Jacques Proust, HERMANN p. 537 et s. 小場瀬卓三・平岡昇訳『ディドロ著作集』第3巻［政治・経済］（1989年，法政大学出版局）11頁以下参照。
(45)　J.-J. Rousseau, Œuvres Complètes, t.3. p.360. 桑原他訳・注(40)29頁。

らである。」[46]

「要するに，各人は自己をすべてのひとに与えて，しかも誰にも自己を与えない。そして，自分が譲り渡すのと同じ権利を受けとらないような，いかなる構成員も存在しないのだから，人は失うすべてのものと同じ価値のものを手に入れ，また所有しているものを保存するためのより多くの力を手に入れる。」[47]

「だから，もし社会契約から，その本質的でないものを取りのぞくと，それは次の言葉に帰着することがわかるだろう。『われわれの各々は，身体とすべての力を共同のものとして一般意志の最高の指導の下におく。そしてわれわれは各構成員を，全体の不可分の一部として，ひとまとめとして受けとるのだ。』」[48]

「このように，すべての人々の結合行為によって形成されるこの公的人格は，かつては都市国家（Cité）という名前をもっていたが，今では共和国（République）または政治体（Corps politique）という名前をもっている。それは，受動的には，構成員から国家（Etat）と呼ばれ，能動的には主権者（Souverain），同種のものと比べるときには国（Puissance）と呼ばれる。」[49]

このようなルソーの説明には不明瞭のところがみられないわけではないが，最高権力＝統治者（君主）と被治者（人民）との服従契約ではなく，それに先立つ人民相互の社会契約によって政治社会を説明しようとするものであり，その方法の斬新性は明らかである。このように，社会構成員としての人民の意思によって政治社会が形成されるとすれば，その政治社会の主体すなわち主権者は，その構成員としての人民そのものにほかならない。

第2項　「一般意思」

ここで注意を要するのは，ルソーの説明のなかに出てくる「一般意思」（la volonté générale）である。ルソーによれば，人民個々人は「特殊意思」（la volonté particulière）を有している。その特殊意思の単なる寄せ集めは「全体意思」（la volonté de tous）にすぎない。「全体意思」と一般意思の間には，大きな相違がある。すなわち，一般意思は，共通の利益（l'intérêt commun）だけをこころがける。全体意思は，私の利益（l'intérêt privé）をこころがける。それは

---

[46]　*ibid.*, p.360-361. 訳30頁。
[47]　*ibid.*, p.361. 訳30頁。
[48][49]　*ibid.*, p.361-362. 訳31頁。

特殊意思の総和にすぎない。「しかし、これらの特殊意志から、相殺しあう過不足分をのぞくと、相違の総和として、一般意志が残ることになる。」[50]

要するに、社会契約に際して、各人の私的利益を追い求める特殊意思を相互に議論を通じてたたかわせれば、その結果として共通の利益を希求する一般意思が生まれるというのである。特殊意思をたたかわせることなく集計するだけでは、所詮は富者もしくは貧者の利益を求める全体意思が結果するにすぎない。したがって、社会契約に際して特殊意思をたたかわせる場合には、徒党を組むようなことがあってはならない。そのようなことをすれば、特殊意思が相殺されることなく全体意思が結果することになる。したがって、ルソーの社会契約を貫いている人間像はあくまでも「自律した個人」である。

しかし、この点をめぐっては、なお疑問の余地がある。それは、各人が自律的におのれの特殊意思に忠実であるとすれば、果たして共通の利益をこころがけるような一般意思が導き出されであろうか、という疑問である。この疑問を解く鍵は、ルソーが『学問芸術論』においてすでに提起していた「ヴェルチュ（徳）」の観念である。『社会契約論』にいては、ルソーはこのヴェルチュに直接的に言及していないが、それは私的利益と公共的利益とを常に統一的に把握しうる人民の政治道徳的資質であると考えられる。したがって、社会契約を説明するにあたって、ルソーの論述の背後にはこの人民の政治道徳的資質としてのヴェルチュが要請されているのである。この点を押さえておかないと、ルソーの『社会契約論』を正しく理解することはできないであろう。「合法的あるいは人民的な政府、すなわち、人民の幸福を目的とする政府の……最も重要な格率は……一般意志に従うことである」[51]とルソーが述べるとき、そこに前提されているのは、このヴェルチュの観念である。このように考えれば、人民は一般意思を拒否することはできない。なぜなら、これを拒否すれば、人民はおのれの私的利益のみに駆り立てられることになり、政治社会を形成する以前の混乱状態に戻ってしまうことになるからである。

かくして、ルソーによれば、「この基本契約は、自然的平等（l'égalité naturelle）を破壊するのではなく、逆に、自然的に人間の間にありうる肉体的不平等のかわりに、道徳上および法律上の平等をおきかえるもの」であり、「また、

---

(50) ibid., p.371. 訳47頁。
(51) J.-J. Rousseau, Œuvres Complètes, t.3. 河野健二訳『政治経済論』（岩波文庫、1951年）18頁。

人間は体力や，精神については不平等ではありうるが，約束によって，また権利によってすべて平等になるということである」[52]。自由について言えば，人民はこの契約によって「自由であるように強制される」[53]ということである。

以上のことから，一般意思は政治社会の唯一最高の意思であるから，これを譲渡することも分割するともできない。したがって，いわゆる権力分立論は，主権と主権に従属する諸権限の混同にほかならない。ルソーにとっては立法権のみが主権の唯一の内容であって，執行権や司法権は主権者人民の「一般意思の表明としての法律」の適用行為に過ぎないのであり，これらの権限は主権の内容をなすものではなく，主権に従属する権限に過ぎない。したがって，「政府は主権者の公僕に過ぎない」[54]。さらに，「主権とは一般意思の行使」であるから「代表されえない」[55]。種々の理由から代議制をとるにしても，議員は「一般意思の代表者ではないし，代表たりえ」ず，「人民の使用人でしかない。彼らは，何ひとつとして決定的な取りきめをなしえない。人民がみずから承認したものでないような法律は，すべて無効であり，断じて法律ではない」[56]。したがって，「イギリスの人民は自由だと思っているが，それは大きなまちがいだ。彼らが自由なのは，議員を選挙する間だけのことで，議員が選ばれるやいなや，イギリス人はドレイとなり，無に帰してしまう」[57]。

このようにみてくると，ルソーの構想した政治社会は，人民主権原理にもとづく国家であるといえよう。直接民主制はその帰結ではあろうが，それが物理的に不可能な場合には，直接制的要素を内含した間接民主制ということになる。

第3項　人権思想

以上のようなルソーの政治社会構想を踏まえて，ここではルソーの人権思想，とりわけルソーにおいて自由・平等・所有の観念がどのように関連づけられているかをみてみよう。この点を考察するに際して，その素材となるのは『社会契約論』の次の一節である。

「社会契約によって人間が失うもの，それは彼の自然的自由と，彼の気をひき，しかも彼が手に入れることのできる一切についての無制限の権利（droit il-

---

(52)　J.-J. Rousseau, Œuvres Complètes, t.3. 365. 訳『社会契約論』41頁。
(53)　ibid., p.364. 訳35頁。
(54)　ibid., p.396. 訳84頁。
(55)(56)(57)　ibid., p.429-430. 訳133頁。

limité）であり，人間が獲得するもの，それは市民的自由（liberté civile）と，彼のもっている一切についての所有権（propriété）である。……以上のものの上にさらに……道徳的自由（liberté morale）をも……加えることができよう。」[58]

　ルソーは『人間不平等起源論』において，「生命や自由というような，自然の本質的な贈り物に関しては……各人が……これを放棄する権利があるかどうかは少なくとも疑わしい。……これを放棄することは，同時に自然と理性にさからうことになろう」と言い，また『社会契約論』の別の箇所で，「自分の自由の放棄，それは人間たる資格……を放棄すること」だとも述べていることから，上に引用した一節における「自然的自由」を失うという表現には矛盾が感じられるやもしれないが，仔細にみてみるとこれらの諸節は決して矛盾していない。というのは，右の「自然的自由」については，「個々人の力以外に制限をもたぬ自然的自由」という説明がなされており，それを「一般意志によって制約される市民的自由からはっきり区別することが必要」だと説かれているからである[59]。したがって，社会契約によって失うことになる「自然的自由」とは，いわばむき出しの力対力の自由，暴力によって奪われたものを暴力によって奪い返す自由にほかならない。人々がこのような「自然的自由」に執着しているかぎり，平穏な共同生活の維持が不可能となることは明らかである。したがって，この意味における「自然的自由」を失ったからといって，それは「自分の自由の放棄」もしくは「人間たる資格の放棄」にはならない。

　以上のことから，社会契約に際して失われる「自然的自由」とは，この語のあとに続いて用いられている「彼の気をひき，しかも彼が手に入れることのできる一切の無制限の権利」と同列のものと考えられる。この意味における「自然的自由」を失う代償として得られるのが，一般意思に基礎づけられた「市民的自由」である。それは換言すれば，社会契約における動物的自由の放棄と，その代償としての人間的自由の入手ということである。

　以上が社会契約をめぐるルソーの自由の観念であるが，平等の観念についてはどうであろうか。上に引用した一節には「平等」についての説明はみられない。しかし，それにかえて「所有権」という表現がみられる。すなわち，社会契約に際して，人々は「自然的自由」を放棄するかわりに「市民的自由」と

---

(58)　*ibid.*, p.365. 訳37頁。
(59)　*ibid.*, p.364-365. 訳36-37頁。

「所有権」を入手するとされている。ここで注意しなければならないのは、この「所有権」には厳格な制約条件が付されているということである。そもそも、ルソーは「所有権」を自然権としては考えていない。「1人の人または1国民が、広大な領土を独占して、全人類からこれをうばうなどということが、どうしてできるのだろうか？　それは、許すべからざる横領によるの他はない」[60]と述べているように、所有権は自然権としてではなく、いわば自然権としての生存を支える条件もしくは手段として位置づけられているにすぎない。したがって、ルソーの所有権の観念は、この観点から重大な制約条件を付されるのである。例えば、『政治経済論』(Economie politique, 1755) には、次のような1節がみられる。「政治において最も必要な、そして恐らく最も困難な事柄は、すべての人間に公平であり、とくに貧乏人を金持ちの圧制から保護するための厳格な潔白性ということにある。」「したがって、政府の最も重要な事業のひとつは、財産の極端な不平等を防止することにある。それは財宝を所有者から取り上げることによってではなく、それを蓄積するすべての手段を取除くことによって、また貧乏人のための救貧院を建てることによってではなく、市民が貧しくならないようにすることによってである。」[61] また『コルシカ憲法草案』(Projet de constitution de la Corse, 1765) では、私的所有は「可能なかぎりの最も狭い限界内に閉じこめること、すなわち、私的所有を押さえ、管理、抑制し、またそれを公共善に常に従わせるように1つの規準、規範、拘束を与えること」[62] が必要であると説かれている。

　このようにみてくると、ルソーのいう社会契約によって人々が取得する所有権は、平等の観念と緊密に結びついていることがわかる。したがって、社会契約をめぐる人々の得失関係をまとめれば次のようになる。すなわち、人々が失うもの、それは「無制限な権利」つまり他者の存在を無視して自己の利益のみを求めんとする「自然的自由」であり、人々が手に入れるもの、それは一般意思に基礎づけられた「市民的自由」と「所有権」すなわち「平等」ということになる。『社会契約論』の次の一節は、このことを明示するものといえよう。「すべての人々の最大の善は、あらゆる立法の体系の究極目的であるべきだが、それが正確には、何から成り立っているかをたずねるなら、われわれは、それ

---

　(60)　*ibid.*, p.366. 訳 39 頁。
　(61)　*ibid.*, p.258. 訳 35 頁。
　(62)　J.-J. Rousseau, *Œuvres Complètes*, t.3. p.937.

が2つの主要な目的、すなわち自由と平等とに帰することを見出すであろう。」[63]

　かくして、ルソーの社会契約にあっては、自由と平等の観念は所有権の制限という考え方を介して不可分なものとして位置づけられているのである。「社会権的人権」という考え方が、所有権を前提としながらも、その制限を必要条件とし、その上で経済的弱者の生存の確保すなわち実質的な社会的平等の実現を求めんとするものであるとすれば、ルソーの人権思想のうちに「社会権的人権」の考え方が秘められていることは明らかである。

　ところで、最後にいま1つ押さえておかねばならないのは、上にみた自由と平等の一体関係を政治社会において人々が自らのうちに体現しえたとき、そこに人々の「道徳的自由」も見出されることになるとルソーが考えている点である。すでにみたように、ルソーは社会契約をめぐる人々の得失関係について述べた一節の最後の部分で、社会契約によって人々が入手するもののうちに「道徳的自由」を加えてもよいと述べていた。つまり、ルソーにあっては、政治社会において人々が自由と平等との不可分関係を自らのうちに体現しえたとき、人々は道徳的にも自由の境地に位置しうるのであり、換言すれば、全人格的な意味において解放されるのだと考えられているのである。この意味において、ルソーの『社会契約論』は、政治社会における個人の自律性の確立という18世紀啓蒙思想の究極目標を徹底的に究めようとした作品であるということができる。

　これまで見てきたようなルソーの政治社会構想および社会権的人権思想は、革命期におけるロベスピエールの憲法思想に継承されることになる。

第4項　若干の検討

　ルソーの社会契約論およびそれを貫いている一般意志論をめぐっては、相反する評価が展開されてきた。すなわち、ルソーの社会契約論を全体主義的・絶対主義的であるとする評価と、逆に個人主義的・自由主義的であるとする評価である。前者の代表例として、ここではヴォーン（C. E. Vaughan）とデュギー（L. Duguit）の評価を引いてみよう。

　「彼（ルソー）は……個人主義のみならず、個人人格の不倶戴天の敵である。

---

(63)　J.-J. Rousseau, *Œuvres Complètes*, t.3. p.391. 桑原他訳・注(40) 77頁。

彼にとって，個人は共同体に完全に併呑され，その自由は国家主権の内に完全に消滅する。」（ヴォーン）[64]

「『社会契約論』は，自由主義的個人主義に満ちあふれかつ国家権力を制限する基本的義務を世界に宣言している人権宣言の対蹠に立つものである。ジャン・ジャック・ルソーは，ジャコバン的専制主義とシーザー的独裁の父である。」（デュギー）[65]

「ルソーの理論は，その出発点においては明らかに個人主義的なものであるが，それにもかかわらず最も完璧な絶対主義に帰着する。」（デュギー）[66]

ヴォーンやデュギーと異なり，ドゥラテ（R. Derathé）は次のように評価する。

「『社会契約論』第一編で問題となる《全面的譲渡》は，ヴォーンや多くの歴史家たちがそれに帰しているような絶対的な意味を持ち得ない。この譲渡は返還を伴うのであるから，それは，社会によって確立された秩序の中で，個人に対してその本質的な権利の行使を保障すべく設定された手段もしくは法的仮説でしかない。ルソーが考えているような社会契約は，究極的には，個人の利益に転換するとこころの補償の制度（système de compensations）である。」[67]

上のような諸評価を踏まえて，次にブリモ（Albert Brimo）の解釈について考えてみよう。ルソーの一般意志論を継承する1793年憲法は反自由主義的であるとするドゥサンシエール-フェランディエール（Andre Decencière-Ferrandière）[68]に対して，ブリモは，ルソーの社会契約論においても「自由主義者たちにとって本質的な点である少数者の権利尊重の原理は，より一層正確に提示されうる」[69]と主張する。その論拠の1つは，すでに見た「主権の限界について」と題する『社会契約論』第2編第4章の一節である。すなわち，社

---

(64) C. E. Vaughan, *The Political Writings of J.-J. Rousseau, 2vols*（1915）., Introduction. p. 58.

(65) L. Duguit, J.-J. Rousseau, Kant et Hegel, *Revue du droit public et la science politique en France et à étranger,* 1918, p.178.

(66) L. Duguit, *Traité de droit constitutionnel, t.2.* 3ed., Paris, 1927. p.202.

(67) R. Drathé, *Jean-Jacques Rousseau et la science politique de son temps,* 2ed., Paris, 1974, p. 348. 西嶋法友訳『ルソーとその時代の政治学』（1986年，九州大学出版会）325頁。

(68) André Decencière-Ferrandière, La constitution de 1793.（*Cahier du Centre d'Etudes de la Révolution française,* 1936）なお，これはドゥサンシエール-フェランディエールが「フランス革命センター」の要請を受けて行った講演録であり，その後彼の追悼論集（*Melanges A. Decencière-Ferrandière,* préface de M. G. Gidel, Paris, Edition A. Pedone, 1940. に収録されている。

会契約は社会の全構成員に対する「絶対的権限」＝一般意思に導かれた主権を「政治体」に与えるが，個々の構成員の生命と自由は本来的に独立のものであるとする，一見矛盾するやに見える１節である。

　この一節に着目したブリモは，「この一般意思は，今日われわれが理解しているような人民絶対主義すなわち《多数者》の無条件的意志ではない。それは，《共同善》の探求における唯一の意思であり，全ての人々の自由と平等を各人の自然権に調和させようとする集団的努力（un effort collectif）である」[70]と解釈する。ブリモのこの解釈は1946年時点のものであるが，それはその後の彼の著作においても変わっていない。

　ところで，私は，ルソーの社会契約論・一般意思論を考察する場合には，先に見た「主権の限界について」と題する第２編第４章を，「全面的譲渡」に関する第１編第６章との関連で捉え，さらにそれを総合するものとして第１編第８章を分析すべきであると考える。

　「この（社会契約の）諸条項は，正しく理解すれば，すべてが次の１つの条項に帰着する。すなわち，各構成員をそのすべての権利とともに，共同体の全体に対して，全面的に譲渡することである。」（第１編第６章）[71]

　「社会契約によって各人が失うもの，それは彼の自然的自由（la liberté naturelle）と彼の気を引き，しかも彼が手に入れることができる一切についての無制限の権利（le droit illimité）であり，人間が獲得するもの，それは市民的自由（la liberté civile）と，彼が持っているもの一切についての所有権（la propriété）である。」（第１編第８章）[72]

　すでに見たように，第２編第４章では，(1)社会の全構成員に対する「絶対的権限」＝一般意思に導かれた主権と，(2)個々の構成員の生命や自由が一見すると矛盾するかたちで説かれている。したがって，(1)(2)のいずれに力点を置くかによって解釈が異なってくるとしてもさほど不思議ではない。そこで，上にあげた第６章と第８章の２節に目を向けてみよう。確かに，「各構成員を

---

(69)　Albert Brimo, A propos de la constitution Montagnarde de 24 juin 1793 et deux conceptions de la démocratie, *Mélanges dédiés à M. le Professeur Joseph Magnol doyen honoraire, Faculté de Droit de Toulouse*, Librarie du Recueil Sirey, 1948, p.41.
(70)　A. Brimo, *Les grands courants de la philosophie du droit et de l'état*, 3ed., Paris, 1978, p.127.
(71)　J.-J. Rousseau, *Œuvres Complètes*, t.3, p.360. 桑原他訳・注(40)30頁。
(72)　*ibid.*, p.364. 訳36頁。

そのすべての権利とともに，共同体の全体に対して，全面的に譲渡する」とか「自然的自由」を失うといった表現は，第2編第4章の(1)の論点との関連からしても，反個人主義者・反自由主義者としてのルソーを彷彿させる。しかし，ルソーは別の箇所で，「自分の自由の放棄，それは人間たる資格……を放棄することである」[73]とも述べているのである。それは，第2編第4章と結びつくものである。したがって，検討すべき問題は，社会契約における「全面的譲渡」が文字通りの「個人の自由」の放棄と「全能的国家権力」の出現につながるものであるかどうかという点である。

　結論を先に言えば，決してそうではない。社会契約によって失われる「自然的自由」と「無制限の権利」については，ルソーが「自然的自由」を「個個人の力以外に制限をもたぬ自然的自由」と説明していることに注意しなければならない。つまり，この「自然的自由」と「無制限の権利」とは同一の意味で用いられているのである。換言すれば，社会契約によって失われる「自然的自由」と「無制限な権利」とは，「単なる欲望の衝動（に従うこと）」[74]にほかならない。ルソーが『人間不平等起源論』で説いているところの，欲望が欲望を生むといった所有欲やそれを充足するための無制限な実力行使を想起すればよい。これらを放棄することによって，人間ははじめて市民社会の構成員となるのであり，そこに「市民的自由」が生じるというのである。それは「各人が自然状態におけるような実力による支配を断念して，人民主権を前提とする法による支配に服すること」[75]を意味する。

　なお，そのこととの関連で見落としてならないのは，ルソーが，社会契約によって各人が失うものと手に入れるものとを論じた後で，その手に入れるものの内に「道徳的自由」をも加えてよいと述べている点である[76]。ルソーの『社会契約論』のテーマは，個人の自由と国家権力による強制の二律背反を止揚しうる政治・法原理の探求およびそれに基づく政治制度の構想にある。しかも，ルソーのルソーたる所以は，さらにその根底に据えられるべきものを見抜いている点にある。ルソーが説くところの，人民の一般意思を前提とした人民主権原理に基づく政治社会は，その構成員の不断の自己省察・自己規律を伴うこと

---

(73)　*ibid.*, p.356. 訳22頁。
(74)　*ibid.*, p.365. 訳37頁。
(75)　恒藤武二「近世フランス法思想」『法哲学講座』第3巻（東京大学出版会, 1961年）137頁。
(76)　J.-J. Rousseau, op.cit., p.365. 訳37頁。

によってしかその生命を保ち得ない。それゆえ，人民主権原理に基づく政治社会の構想は，その構成員の道徳的な自己立法の原理＝自律の原理の探求でもなければならい。ルソーにあっては，その原理の探求は「徳（vertu）」に求められている。すでに見たように，ルソーはそのデビュー作である『学問芸術論』の結びの部分で，「おお　徳（vertu）よ！……お前の掟を学ぶには，自分自身の中に帰り，情念を静めて自己の良心の声に耳を傾けるだけでは十分ではないのか。ここにこそ真の哲学がある」と述べているが，この一節はルソーの社会契約論や一般意思論の真髄であるといえよう。

　確かに，『社会契約論』においては，「徳（vertu）」をめぐる問題は，それ自体としては説かれていない。しかし，政治・法思想の領域で考えた場合，ルソーの説く「徳」は，個人と政治社会もしくは個人と国家権力の二律背反的関係がそれによって止揚されるべき究極的な政治道徳原理として捉えられているのである。換言すれば，それは，社会的存在としての人間の個人性と社会性を一体不可分なかたちで確保し得る価値原理である。ルソーにとって，「一般意思（la volonté générale）」は，個人の私的利益のみを求める「特殊意思（la volonté particulière）」でもなければ，その総和としての「全体意思（la volonté de tous）」でもない。それは，種々に対立する個人の私的利益を反映した「特殊意思」が「徳（vertu）」を介して止揚された指導的意思に他ならない。この意味において，ルソーの「徳」は，「特殊意思」を「一般意思」へと昇華させる究極的な政治道徳的資質を要請する価値原理としての機能を期待されているのである。

　このように考えれば，ルソーの『社会契約論』において考究されているのは，「ロックのような個人の権利と権力の必要性との調和ではなく，人間的連帯の名における個人と政府の融和」であり，「一般意思は，社会によって腐敗させられた人間の意思に対して道徳的価値を与え，人間を市民に変える」[77]ものであるというブリモの指摘は，ルソーの政治・法思想の本質をついていると言えよう。

　以上のことから，ルソーの社会契約論や一般意思論をもって，全体主義的・絶対主義的理論であるとするヴォーンやデュギーの見解，逆に，個人主義的・自由主義的理論であるとする見解は，いずれも一面的な見解だと言わざるを得

---

(77)　A. Brimo, *Les grands courants de la philosophie du droit et de l'état*, Paris, 1978, p.125.

ない。すでに考察したように，ルソーの社会契約論や一般意思論は，彼の「徳 (vertu)」の観点を根底に据えて理解しない限り一面的な理解に終始し，その全体像を捉えることはできないと言えよう。

おわりに

　以上，ルソーの政治・法思想について見てきたのであるが，それは様々な評価を受けながらも，基本的な発想はそのデビュー作である『学問芸術論』から，『人間不平等起源論』を介して，『社会契約論』に至るまで変わっていないというのが，本考察の結論である。すなわち，ルソーの一貫して主張したのは，「政治社会における人民の自律性」の提唱であると言えよう。

　すでに見たように，ルソーは『社会契約論』において，18世紀中期のイギリス人民について次のように指摘していた。「イギリスの人民は自由だと思っているが，それは大きなまちがいだ。彼らが自由なのは，議員を選挙する間だけのことで，議員が選ばれる也いなや，イギリス人はドレイとなり，無に帰してしまう」と指摘しているが，それから約2世紀半後の今日，世界は今なおこの指摘に応え得ているとは言えない。この意味において，「政治社会における人民の自律性」の確立というルソーの課題は，今日の私たちに対する課題であり続けていると言わねばならない。

　これまで見てきたようなルソーの憲法思想がどのような形で「革命期」のロベスピエールの憲法実践に継承されていくかについては，第Ⅱ部第3章において検証することにする。

第4章 コミュニストの憲法思想
——Morelly, Mably

◆ 第1節　モレリの憲法思想 ◆

　はじめに

　前述したように，フランス革命は「貴族の革命」に端を発し，「89年–91年体制」というブルジョア支配体制を確立せんとした「ブルジョアの革命」を経て，1792年8月10日の「民衆蜂起」に続くロベスピエールのジャコバン支配体制へと発展し，「テルミドールの反動」（1794年7月27日）と呼ばれる巻き返しによってブルジョア革命として終息しようとする。しかし，あらゆる革命形態を内含した典型的なブルジョア革命であるといわれるフランス革命が完全にブルジョアジーの掌中に収められるためには，「バブーフの陰謀」（la conspiration de Babeuf）と呼ばれるいまひとつの革命の試みを超えなければならない。「バブーフの陰謀」は自由と平等の統一的実現を目指した共産主義革命の試みであり，約10年に及ぶフランス革命における最後の革命である。それに対する評価をめぐっては種々の議論があり得ようが，次のように指摘される事実だけは否定できないであろう。

　「バブーフによる平等党の反乱計画は，ルソーやロベスピエールの小市民的限界をこえて，共産社会をつくりだそうとしたものであり，これまでの貧農的共同体思想とちがって，ブルジョア社会への明確な対決意識と，そのための組織論（秘密結社，軍隊工作，人民蜂起）をもっていた。（中略）ここではじめて，近代的な階級対立が力の問題として意識されたのである。新しい被支配階級を主体として，力によって資本主義社会をのりこえるという思想は，バブーフからイタリア人ブオナロッティーを経て，19世紀前半の社会主義のなかで有力な地位を占めるようになる。」[1]

（1）　高島善哉・水田洋・平田清明『社会思想史概論』（岩波書店，1962年）170頁。

「この陰謀事件は、ある意味では、フランス革命のドラマにおける1つのエピソードにすぎないかもしれない。(中略)しかし、その内包する問題性と後世への影響という点からみるならば、この事件は、10年間のフランス革命のなかで、きわめて重要な意義をもっている。何故ならば、これは、フランス革命の基本的原理の1つである『平等』を『財産と労働の共同体』(Communauté des biens et des travaux) という形で極度にまで追求したばかりでなく、その実現のための政権奪取を志向した最初の政治運動だからである。」[2]

第1項 「バブーフの陰謀」とモレリ

「陰謀」の首謀者バブーフ (François-Nöel Babeuf, 1760-97) にとって、モレリ (Morelly, 生没年不詳) とマブリ (Gabriel Bonnot de Mably, ou abée de Mably, 1709-85) はルソーと並んで導きの星であった。そのことについて、コーエ (R.-N.-C.Coë) は次のように述べている。

「1797年に『平等派の陰謀』(la conspiration des Egaux) という反逆が失敗したあと、バブーフがヴァンドームの高等法廷 (la Haute-Cour de Vendôme) に引き出されたとき、かれが援用しようとした最初の弁護路線は、かれの思想が新奇なものでもなければ革命的なものでもなく、その思想は、その背後に、ルソー、レナール、マブリおよび『自然の法典』の著者——人民の護民官バブーフ自身はその著者がディドロであると信じていたのだが、今日ではわれわれはそれがモレリであることを知っている——といった18世紀の最大の代表的な知識人たちの権威を伴っている、ということであった。マブリに対するバブーフの賞賛は、『人民的で、人間的で、感受性にとんだマブリ』というように際限のないものである。(中略)しかし、かれは、単にその裁判においてだけではなく、バブーヴィストの政策の理論的基礎の説明に当てられた『人民の護民官』(Le Tribun du Peuple) の共和4年フリメール4日の有名な号においても、その陰謀の主要な源泉と着想の源は『自然の法典』(Code de la Nature) であったと明確に宣言している。バブーフの固有の表現によれば、その著者は『まさしく最も決意の堅い人物、最も勇敢な人物であり、わたしはいつも(共産主義)制度の最も情熱的な闘士と呼んできた。』」[3]

（2）柴田三千雄『バブーフの陰謀』（岩波書店, 1968年）1頁。

（3）R.-N.-C.Coë, La théorie morellienne et la pratique babouviste, *Annales historiques de la Révolution française, t.30*, 1958, p.38.

第4章　コミュニストの憲法思想

　ドレアン（Edouard Dolléans）もまた，ヴァンドームの高等法廷におけるバブーフの弁護論を引用することによって，フランス革命当時ディドロの作品であると考えられていたモレリの『自然の法典』がバブーフにとってあたかも聖書のようなものであったことを論証している[4]。

　要するに，「平等主義者たちの試みは，政治に与れない社会階級が悲惨と不況を生み出す無政府状態にうんざりし，物質的反映の条件そのものとして，秩序の再興を渇望したときに生じた」[5]のであるが，かれらが目指したコミュニスムの政治社会の構想はすでにモレリによって描かれていたのである。

　『自然の法典』は，ルソーの『人間不平等起源論』と同じく1755年に出版されたが，匿名で出版されたために[6]，それが誰の作品であるかをめぐって多くの議論が交わされてきた。それらの議論の内容と経緯については，ドレアンの詳細な考察[7]に譲るが，今日ではそれは，著者名 M. M. ****** として出版された『君主論』(Le Prince; Les Délices des Coeurs, ou Traité des Qualité d'un grand Roi, et Système général d'un sage Gouvernement, 1751) および『浮島の遭難（バジリアード）』(Naufrage des Iles frottantes ou Basiliade du célèbre Pirpai, 1753) と同様モレリの作品あると考えられている[8]。

　ここでは，「バブーフの陰謀」の思想史的背景を考察する作業の手掛かりとして，『君主論』および『自然の法典』を主として取り上げ，モレリの憲法思想について検討してみよう。

第2項　『君主論』における憲法構想

　『君主論』はその副題が示すとおり，「偉大な国王の資質に関する概論および賢明な統治の一般体系」が主要な内容である。第1巻では「主権の本質と真の優越性について」(Sur la nature et les vrais avantages de la Puissance souveraine)

---

(4) Morelly, *Code de la Nature ou la véritable esprit de ses loix*, 1755, publiée avec Notice et Table analytique par Edouard Dolléans, 1910, Librairie Paul Guethner, Notice, p.vii.（以下，Morelly, *Code de la Nature.* と略記し，ドレアンのノートについては，Dolléans, *Notice.* と略記する。）

(5) E. Dolléans, *Notice.* p.vii.

(6) 『自然の法典』は匿名で，発行地は「どこでも」(PAR-TOUS)，発行者は「真の賢者の家にて」(CHEZ LE VRAI SAGE) と記されて発行された。

(7) E. Dolléans, *Notice.*, p. xviii et s., Cf. A. Lichtenberger, *Le Socialisme au xviii siècle*, Reimpression de l'édition de 1895, Biblio Verlag-Ausnabruk, 1970, p.104 et s., 野沢協訳『18世紀社会主義』（法政大学出版局，1981年）93頁以下参照。

というタイトルのもとで、「市民としての君主 (Le Prince citoyen)」（第 1 部）および「立法者および行政官としての君主 (Le Prince législateur et magistrat)」（第 2 部）について、君主テレメドーヌ (Télémedone) と寵臣フィロメナルク (Philoménarque) を中心とした合計 15 の対話が展開される。第 2 巻では「政治家としての君主 (Le Prince politique)」（第 3 部）というタイトルのもとで、君主がその著者である「政治格言集」(Recueil de Maximes politiques) が朗読され、さらに、「軍人としての君主 (Le Prince guerrier)」（第 4 部）について君主テレメドーヌと寵臣フィロメナルクを中心とした六つの対話が展開されている。ここでは、幾つかのテーマに限定してモレリの見解を検討してみよう。

1　主権の淵源と君主の権力

モレリによれば、人間はその需要もしくは快楽を充足するにはあまりにも弱い存在であって、多種の援助なしには生存できない。神は人間を「全体の補充部分」(la partie complétive d'un Tous) として創造したのであり、「人間は全く社会的な被造物」(une créature toute sociale) である。人間の社会的結合は、各

（8）　ただし、モレリなる人物が 1 人であったのかそれとも 2 人いたのかをめぐっては、永い間議論が交わされてきた。たとえば、リシュタンベルジェは、「『君主論』の著者はコルベールと啓蒙専制君主の支持者らしいが、『バジリアード』の著者はまったく正反対の原理に立っており」、このことから前者は父親であるモレリの、後者は息子のモレリの作品であると見ている (A. Lichtenberger, *op. cit.*, pp.106-107. 野沢前掲訳書、95-96 頁)。これに対して、このようなリシュタンベルジェの見解をも考慮にいれて検討した結果、ドレアンは、「リシュタンベルジェの論拠ははなはだ有力ではあるが絶対的なものとは思われない。（中略）たとえ、『君主論』の教訓と『バジリアード』の教訓との間に絶対的な矛盾が存在するとしても、18 世紀の 1 人の哲学者が相反する命題を説いて楽しんだということはあり得ないことではない。その当時の哲学者たちがカテリーヌ女帝やプロシア王といった最強の君主たちの友人であると同時に人民の友であったということ（中略）を想起してみなければならない」と述べ、『君主論』と『自然の法典』を媒介する作品として『浮島の遭難（バジリアード）』を位置づけて 1 人説を採っている (E. Dolléans, *Notice*, p.xxvi.)

私はこのドレアン説に依拠している。なお、この点について、野沢協訳『18 世紀の社会主義』の訳注では次のように解説されている。「リシュタンベルジェの「2 人モレリ」説は、1910 年に『自然の法典』を再刊したエドワール・ドレアンによって論駁されており、その後『自然の法典』を刊行したシナールも、最近のモレリ研究家も、みなモレリを 1 人としているが、もっとも新しいモレリ研究書を著したヴァグネルは、『バジリアード』の著者と、『自然の法典』、『君主』その他モレリの名で伝えられるほかのすべての本の著者とを別人とする。リシュタンベルジェとは違った形での「2 人モレリ」説に傾いている。」(501 頁)

宇津木正「モレリ『自然の法典』について」は、「1 人説が通説であり、Villegardelle, Dolléans, Volgune, Soboul 等である」と述べている。一橋論叢・49 巻 2 号・263 頁以下。

118

人は自らのために備えている「繊細にして精気に満ちた愛情」(tendre et vif sentiment d'affection) すなわち「自愛の感情」(l'amour-propre) によるものである。この「自愛」は，人間が「自然的境地」(situation naturelle) から外れるという若干のケースにおいては，継続的な利害対立によって，社会的調和の原理として機能するのではなく「混沌」(un cahos) をもたらすことがあるが，「知恵の女神」(la Sagesse divine) はその「自愛」の渇望を充足し得る恩恵 (les biens) を十分に与えてくれているのであり，すべての人間は「自然法」(le droit naturel) によってその恩恵に等しく与れることから，無益な競争をすることはない。「実際に，いかに途方もなく多数の人間がいようとも，生活の維持および快楽のために必要なものは，たっぷりと配分されている。われわれの自己存在への愛 (l'amour de notre Etre) が希求し渇望するこれらの対象物は，それらの欲求を充足するにははなはだ十分である。」[9]

この「自愛」は人びとを「幸福への愛」(l'amour de Bienêtre) という共通の目的に向かわせる「重力」(la Gravité) のごときものである。人間は，その目的に向って社会を形成するのである。「人間をしてその自然的境地に入らせるために，あるいは少なくともその境地に接近させるために，神は，人間がその固有の過ちを通じて，"自らに課した"諸法律に従い，自らがその創造者であり，保護者であり，主体である権力に服従するほかないことを分からせてくれるのである。」[10]「それゆえ，あらゆる社会制度の第1原因および求心力となるのは，この権力である。すなわち，この権力は，それ自体がその魂となっているこの大きな組織体の一般的かつ特殊的な運動を釣り合わせ，温和なものとして規律するのである。」[11]

したがって，主権 (la Puissance souveraine) は，その所在がいかなるものであろうとも，「共同の相互的な善のために結合した多くの人びとの意志に基づく権力」[12]である。君主は，社会との契約によってその権力を保持する社会の保護者である。「それゆえ，君主は，それらの契約を破棄しようとする何者に対しても義務を課し，あらゆる不正行為，あらゆる暴力からその団体の構成員を保護し，防衛し，最後に，その臣民を幸福にし得るあらゆる手段を探究する

---

(9) Morelly, *Le Prince Les Délices des coeur ou Traité d'un Grand Roi, et Sistème général d'un sage Gouvernement*, à Amsterdam, 1751, p.4. (以下，Norelly, *Le Prince.* と略記)
(10) *ibid.*, p.5.
(11) *ibid.*, pp.5–6.
(12) *ibid.*, p.2.

第Ⅰ部　啓蒙期の憲法思想

ことを約束するのである。／この契約の結果として，その社会のすべての構成員は大部分の自然権を君主の手中に放棄するのである。すなわち，すべての者は君主に託された権力に従い，その君主が命じることに服することに同意するのである。(中略)それゆえ，君主は自ら公共善のためになると考えるいかなる制度の制定も，いかなる変更も行う支配者となるのである。」[13]

　主権の淵源および君主の権力に関する以上のようなモレリの考察は，君主と人民との契約によって政治社会の起源を説明するという当時の服従契約もし統治契約に関する一般的な見解であって，特に注目すべきものはない。

2　最良の政治形態

　最良の政治形態をめぐる問題すなわち「恒常的で持続的な社会の安寧のためにはいかなる者の手中に主権を委ねるのが望ましいかという問題，したがっていかなる種類の統治が最も良いか，つまりそれがひとたび確立された形態をより長期にわたって安定的に保持する統治はいかなるものかを検証する問題」[14]についての，君主テレメドーヌと寵臣フィロメナルクとの対話をみてみよう。

　そこではフィロメナルクは共和主義者として，テレメドーヌは君主制の弁護者として設定されている。フィロメナルクによれば，主権が人民の手中にある政治形態としてのデモクラシーは，「人間にとって最も快適で最も相応しい政治形態」[15]である。しかし，テレメドーヌによれば，「人民が主人である多くの国家はあまり持続しないということを，経験は十分すぎるほど証明している。」[16]それは，多くの人民が同じような富，名誉，身分，地位を目指すことになると，個人の利益はやがて全体の利益にまさることになり，全体の均衡が破壊されるからである。この意味において，デモクラシーは一種の「アナキー」であって永く存続せず，最も富める者・最も強き者が最も弱き者から自由を奪うことになって，貴族制へと移行する。

　しかし，この貴族制においては，高位高官が権力の最大部分を簒奪し，やがて消滅する自由の空虚な影しか人民に残さない。かくして，その人民は絶対者の奴隷となるか，まだその手中に何らかの手段を有しているとしても，それら

---

(13)　*ibid.*, pp.7-8.
(14)　*ibid.*, p.10.
(15)　*ibid.*, pp.10-11.
(16)　*ibid.*, p.11.

120

の手段はその後その絶対者たちが主権の諸部分を奪い合うために利用され，人民は絶対者たちの権力争奪に飽きることになる。こうして，その絶対者たちは，「一定の条件の下でかれらのうちの1人にその権力を付託する」か，あるいは「最強の者がその強力な勢力でもってその権力を奪い，その権力をその子孫に伝承するようになる。」[17] その結果，貴族制は選挙に基づく君主制（une Monarchie élective）もしくは世襲による君主制（une Monarchie héléditaire）へと移行する。

このように説いた後，テレメドーヌは最良の政治形態がいかなるものであるかをフィロメナルクに問う。共和主義者として設定されているフィロメナルクは，上にみたようなテレメドーヌの結論を即座に受け入れるわけにはいかないので，最良の政治形態について次のような一般論を展開する。

「この幸いなる政治形態とは，すべての政治形態が知らず知らずのうちにそれに傾くような政治形態であり，常に同一のものとして存続し，したがって，そこにおいて臣民たちが諸変革の不幸な結果にさらされることがないような政治形態であり，人びとが幸福も不幸も平等に分かち合い，不幸がより軽微でより短い間しか続かないことによって，幸福をより持続的でより大きなものとするような政治形態であります。要するに，それは，そこにおいて人が主人に従属することがほとんどないがゆえに自由であるような政治形態のことであります。（中略）要するに，この種の政治形態のうちに，他の政治形態が有しているあらゆる欠陥が見られるとしても，それらの欠陥が少ない場合には，また，それらの欠陥が他の制度のうちにはなはだ多く存在するすべての欠陥によって相殺される場合には，その政治形態はかれらにとって望ましいものでありましょう。」[18]

「最良の政治形態」に関するこの一般論の平等主義と人民主権の発想は，後述する『自然の法典』におけるコミュニズムの政治社会構想との関係を考える場合に重要な意味を帯びてくるので注意を要する。しかし，フィロメナルクのこのような一般論に対して，テレメドーヌは，そこで展開されていることがらはすべて君主制に含まれているとして，選挙による君主制と世襲による君主制の比較的考察を行う。それによると，選挙による君主制は貴族制の多くの欠陥すなわち候補者の陰謀や策略を伴っているということ，さらに，その君主は，

(17) *ibid.*, p.13.
(18) *ibid.*, pp.14-15.

その父でもない前任者が行った善行に関心を示すことがほとんどないことから，王権の名誉に満足してすべてのことに無関心になるか煮えきらぬ言動しか行わなくなる。これに対して，世襲による君主制においては，王権の世襲者は幼年時代からその心構えができており，また，教育によってその欠陥を弱めるか和らげることができる[19]。

要するに，テレメドーヌにとって最良の政治形態とは世襲による君主制である。こうして，テレメドーヌとフィロメナルクの対話は，この世襲による君主制を前提として，「自ら語ったことに確信を持つ人間としての君主の資質，義務および権限につい」について（第1部），また，立法者にして行政官である君主がいかにして新たな政治体制を確立することができるかについての考察が展開される（第2部）。さらに，「公平と政治とを一致させ，王室の権威を揺ぎなきものにし，国内の紛争を予見・予防し，その恒久的で永遠的な統治に調和をもたらす方法」および「諸国の君主と講和するかもしくは交渉する方法」が検討され（第3部），最後に，さまざまな軍事技術に関する対話が展開される（第4部）。これらの考察はいずれも啓蒙的専制君主論の展開であって，コミュニスムの政治社会構想を展開した『自然の法典』とは何ら関係もないかのような印象を与えるかもしれない。

第3項 『自然の法典』における憲法思想

『自然の法典』は，第1部「政治と道徳の一般原理の欠陥」(Défauts de principes généraux de la Politique et de la Morale)，第2部「政治に特有な欠陥」(Défauts particuliers de la Politique)，第3部「世俗道徳に特有な欠陥」(Défauts particukiers de la Morale vulgaire)，第4部「自然の意図にかなった立法のモデル」(Modéle de législation conformé aux intentions de la Nature) という4部から構成されているが，ここでは，モレリがどのような人間観と政治制度構想をもってコミュニスムの政治社会を描いているかを検討してみよう。

1 発想の原点──人間観

ルソーがそうであったように，モレリもまた人間論の展開を考察の出発点としている。それは，既存の道徳学に対する批判として展開されている。それに

---

[19] *ibid.*, p.16.

第4章 コミュニストの憲法思想

よると，「ほとんどあらゆる国で，現代の道徳学が争うべからざる原理もしくは格言の名でもっていかに白々しい嘘を教えているかを考えると，それは異常であるとまでは言わないが，とにかく驚くべきことである。」そこでは「人間は生まれながらにして邪悪である」という命題が基調になっている。この命題が鵜呑みにされてきたがゆえに，「人間が荒みもしくは悪くなることがほとんど不可能になるような，あるいは少なくとも悪を最小限度にする状態を発見すること」ができなかったのである[20]。

モレリは人間の生得観念を否定する。人間は生来的には善でも悪でもない。自然の手から離れたときには，人間は「完全に無関心」(une indifférence totale) の状態に置かれていたのであり，この無関心から訣別する原動力は「欲求」(besoins) である。それは自己保存の欲求である。1人でいたのでは力弱く傷つきやすい人間は，互いに「求め合う気持ち」(attraction morale) に駆られる。この気持ちはさらに「慰めの感情」(attraction bienfaisante) と「理性の発達」(développement de la raison) を生み出す。そこから「社会性の精神」(esprit de sociabilité) 等が生じてくる。

ところで，このような人間に対して自然はどのように対応したのか。「自然は人類全体の能力をさまざまな割合でもってあらゆる種類の個人に分け与えたのだが，しかし，自然の恩恵を生み出す土地の所有権 (la propriété du champ producteur de ses dons) は，これを分割すべからざるものとして人類のすべての者に委ね，各人はその自然の施しを利用できるだけにとどめた」のである。したがって，世界は豊かな食卓であって，「誰ひとりとして専制的にその食卓の主人たる者はなく，主人だと主張する権利を持っていない。」[21]

以上のことから，モレリは一方では，人間の自己保存の欲求から社会性の精神を導いている点で個人主義的な世界観に立っているとしても，他方では，ルソーと同様，土地の私的所有権は自然法の命じるものではないとしている点で，土地の私的所有権を自然権として位置づけていた当時の多くの自然法論者とは異なった立場に立っていると言えよう。なお，モレリが，人間は自然の手から離れた時点では「無関心な状態」に置かれていたと考え，自己保存の欲求や「慰めの感情」を肯定する点で，「孤立せる状態としての自然状態」・「自己

---

(20) Morelly, *Code de la Nature*, pp.7-10. なお，訳出に際して大岩誠訳『自然の法典』(岩波文庫，1951年) 13-16頁を参照させていただいた。以下同じ。
(21) *ibid.*, pp.12-13.訳19-21頁。

愛」・「憐憫の情」といったルソーと共通の観念を有していたと考えられる。また，人間は1人でいたのでは力弱く傷つきやすい存在であるとして，「求め合う気持ち」を肯定する点では，モンテスキューと共通の観念を有していたとみることもできよう。

2 諸悪の根源としての私有財産制度

モレリによれば，この世における唯一の悪徳は貪欲（l'Avarice）であり，虚栄，うぬぼれ，傲慢，野望，嘘つき，偽善，非人情あるいは詭弁家たちが説く美徳等は，すべてこの貪欲に起因するものである。「ここで私の結論を思いきって言うと，ほとんど数学と同じくらい明白に論証されるように，平等にしろ不平等にしろ，総じて財産の配分，各人にその分け前を与えるあらゆる個人的な『所有権』というものは，どんな社会においてもホラチュウスのいうところの『最悪の素材である』のである。すべての政治的もしくは道徳的現象は，この有害な原因が生み出した結果である。」[22]ルソーがそうであるように，モレリもまた社会的諸悪の根源を私的所有権に求めているのである。

ところで，「少数の人びとだけを『虚栄』とか『幸福』とかいわれる永続的な安心の状態に定住させ，他の人びとには労苦をなめさせておこうとする抑圧の制度」[23]としての私有財産制度は，いかなるプロセスを経て形成されてきたのか。モレリによれば，人間社会は当初一家族若しくは数家族で構成され，「父権政治」（Gouvernement faterna）のもとで私有財産を認めることなくすべてを共有とし，家父長のもとで愛情と人情によって固く結ばれていた。具体例として，アメリカの少数民族やスキティア（古代ギリシア）の自治政治があげられている。しかし，第1に，家族数の増大に伴って「血縁の情」（affection de consanguinité）と「共同生活の精神」（l'esprit de communauté）が希薄になり，第2に，移住に際して各家族が荷物や食糧を運び出すことによって共同生活が破壊され，第3に，新しい定住地における諸々の困難労苦によって父権政治が弱体化する。もはや「血縁の情」や「共同生活の精神」は失われ，紛争が頻発する。人びとはこの紛争を通じて「暴力の支配」（état violent）に飽き，恐懼して法律に従うようになってくる。

ところが，「人定法は，社会性に関する最初の自然法を想起し，再びこれを

---

(22) *ibid.*, p.37.訳 64 頁。
(23) *ibid.*, p.32.訳 55 頁。

実施するためにのみ制定されねばならない」のに，立法者たちは「自然が生み出した最初の制度に復帰しそれを復活させる方法（共有制と共同生活の精神の復活──引用者）を考究するどころか，逆に事物も人間も現在あるがままにしておこうとした（私的所有の固定化──引用者）のである。」社会愛にひびが入った段階で，最初の立法者がその修復に努めさえすれば，その時点でこそ最大の優れた仕事が楽にできたはずである。ところが，立法者たちは，「人類全体に不可分なものとして属すべき財産を欲しいままに私有物としたのである。」[24]

以上のような考察に基づいて，モレリは，「私有財産を根こそぎにしないと何をやっても無駄である」[25]と結論する。すでに見たように，モンテスキューは，民主制の原理を「徳」に，貴族制の原理を「節制」に，君主制の原理を「名誉」に，専制制の原理を「恐怖」に求めているが，モレリによれば，「すべての国家は，あらゆる基礎のうちで一番崩れやすい私有財産制度と利害の打算の上に建てられている」[26]のであり，道徳もまたしかりである。したがって，政治的自由および道徳的自由を手に入れるためには，私有財産制度という脆い基礎自体に一撃を加えなければならない。

3 自然の意図にかなった政治社会構想

モレリは『自然の法典』第4部において「自然の意図にかなった立法のモデル」について考察し，コミュニズムの政治社会を建設するための法体系を構想する。その立法のモデルは，①神聖基本法（Loix fondamentales），②配分法もしくは経済法（Loix distributives ou économiques），③農地法（Loix agraires），④都市造営法（Loix édiles），⑤公安法（Loix de police），⑥奢侈取締法（Loix somptuaires），⑦政体法（Loix de la forme du gouvernement），⑧行政法（Loix de l'administration de gouvernement），⑨婚姻法（Loix conjugales），⑩教育法（Loix d'éducation），⑪研学法（Loix des études），⑫刑法（Loix pénales）という12の法律から構成されている。ここでは，この法体系を貫いているモレリの憲法思

---

[24] ibid., pp.34-37.訳58-65頁。このようなモレリの論理展開については，次のような指摘がみられる。「彼は，かんじんの私有財産制の導入の直接の原因を立法者の誤りに求めることによって，唯物論的な必然性の論理ではなく観念論的な偶然の論理を持ち込む。（中略）彼は，（中略）いうまでもなく18世紀フランス唯物論がついには脱しえなかった矛盾を免れることはできなかったといえるのである。」岩本勲「モレリの政治思想──『自然の法典』についての覚え書き」三重法経.No.27（1972年）67頁。

[25] ibid., p.48.訳84頁。

[26] ibid., p.49.訳85頁。

想について検討してみよう。

（1）生産手段の私的所有の否認

すでにみてきたように，モレリは，私的所有権を自然法の認めるものではないとしてこれを否定する。この考え方は神聖基本法に表明されている。この法律は「社会の悪徳とあらゆる悪を根絶する」ための3箇条からなる基本法として構想されているので，その全体を紹介しておこう。

Ⅰ　社会における何物も，日常必需品すなわち生活，嗜好もしくは日々の労働に当てられる物を除くほか，個人の財産として特別に所有することはできない。

Ⅱ　あらゆる市民は，公共の負担において衣食住と労働を供与される公人である。

Ⅲ　あらゆる市民は，その能力，才能および年齢に応じて公益に奉仕する義務を負う。

各人の義務は，この規定に基づいて，配分法によって定められる[27]。

モレリにとって私有財産は社会の諸悪の根源として捉えられていることから，教育法によれば，各種の長および元老院議員は，児童の思想のうちに「私有財産の観念」を生み出す危険のある誤りを矯正し，予防しなければならない[28]。

ここに明らかなように，すべての市民は生産手段の私的所有を禁じられ，能力，才能および年齢に応じて労働の義務を課せられ，公共の負担において衣食住を供与される公人（homme public）として位置づけられている。それはコミュニスムの政治社会における典型的な市民像に他ならない。この生産手段の私的所有の否認は，私的所有権を諸悪の根源として考えてきたことの当然の帰結であるが，それが自然の意図＝自然法にかなったものとして提示されている点は，当時の多くの自然法論者が生産手段の私的所有を自然法に根拠づけられた自然権として位置づけているのとは対照的である。

（2）集団主義的国家構想

生産手段の私的所有の否認を前提とするモレリの国家構想は，集団主義的性格を色濃く有している。たとえば，配分法もしくは経済法によれば，全国民は人口調査に基づいて，家族（Familles），部族（Tributs），市（Cités），州（Provinces）に属する。部族は同数の家族から，市は同数の部族から，州は同数の市

---

[27]　*ibid.*, pp.85-86.訳 150 頁。
[28]　*ibid.*, pp.101-102.訳 167-170 頁。

から構成される(29)。政体法によれば，各家長（Père de Famille）は50歳で市の元老院議員（Sénateur）となる。各部族長（Chef de Tribut）は所属の諸家族によって輪番制で選出され，任期は終身とする。部族長は輪番制で任期1年の市長（Chef de Cité）に就任する。各市は，部族長の中から輪番制で州長（Chef de Province）を選出する。各州は輪番制で終身の国家元首（Chef de l'Etat ou Chef de la Nation）を選出する。国家には，毎年度，各市の元老院議員の代表2名以上によって構成される国家最高元老院（Sénat suprême de la Nation）が設置され，その下に国家最高諮問委員会（Conseil suprême de la Nation）が置かれる(30)。

また，行政法によれば，国家最高元老院は各市の元老院の決議および法令が国法（Loix de l'Etat）に反していないかどうか，あるいは治安もしくは財政に関する処置が配分法やその他の法令に適合しているかどうかを審査する。この審査の結果，最高元老院は各市の法令の全部もしくは一部を認証しあるいは失効させる。したがって，各市の元老院は国家最高元老院に従属する。市長は国家元首の命を受け，各市の元老院の議決を執行する。国家元首は国家最高元老院の命を受け，国法の執行およびそれに関する決定の執行にあたる。国家元首は各職業団の監察部長となる。国家元首——州長——市長の上下関係のもと，それぞれの所轄区域に対して権限が行使される。国家元首，州長および市長は，所轄区域について，必要な場合には適当と思われる緊急措置を講じる権限を有する。この行政法の全条文は，神聖基本法と同様に侵すべからざるものであって，これを変更もしくは廃止しようとする者は処罰を受ける(31)。

このように，モレリは国家最高元老院を頂点として，その下に市元老院を構想し，それらの議決を執行すべき者として国家元首，市長を，さらにその下に部族長，家長および職業団長を位置づけているが，それらの首長のポストが輪番制もしくは交代制に基づくものとして構想されている点に注意を要する。この意味において，モレリの集団主義的国家構想は「小さな共同体の連邦制」（une fédération de petites communautés）(32)の構想であって，いわゆる独裁制を前提とするものではない。

---

(29) *ibid.*, pp.86-88.訳150-153頁。
(30) *ibid.*, pp.94-96.訳160-162頁。
(31) *ibid.*, pp.97-99.訳162-165頁。
(32) R.-N.-C.Coë, *op.cit.*, p.40.

(3) 禁欲主義と平等主義

マルクスおよびエンゲルスは『共産党宣言』において，18世紀のコミュニズムを「一般的禁欲主義と粗野な平等主義」と評しているが，モレリのコミュニズムも徹底した平等主義と禁欲主義の性格を伴っている。たとえば，奢侈取締法によれば，各職種における10歳ないし30歳未満の男女はその職種特有の衣服を着用しなければならず，自己の好みにあった衣服は30歳になるまでは着用できない。家族の食事についても贅沢が抑制される。各種の首長および家長はは贅沢を禁止し，元老院議員および各職業団長はこれに関する法律違反を厳重に取り締まるとともに，自ら倹約の模範となるよう努めなければならない(33)。

農地法によれば，各市は共有地としての土地を有して農業を行い，土地が不毛の市は工業生産を行う。身体障害者および疾病者を除く20歳から25歳までのすべての市民は農業に従事する義務を負う(34)。それゆえ，主要な産業は農業である。

配分法もしくは経済法によれば，すべての生産物は数量を調査し，市民の数もしくはそれを使用する者の数に応じて各市に配分されるが，耐久性のある物は公共配給所に集荷され，生活必需物資もしくは職業用資材は毎日もしくは特定の日にすべての市民に配給される。余剰物資は備蓄される。耐久性のない物は公設市場に集荷され配給される。嗜好品の貯蔵量がすべての市民の需要を満たすことができない場合には，その配給は全面的に禁止されるか，最小限の配給にとどめられる。一物といえども市民相互間において売買もしくは交換されてはならない(35)。

(4) 国家の責務としての教育および福祉

モレリの国家構想におけるもう1つの特徴は，教育および福祉に関する特別な配慮がなされている点である。教育法によれば，部族長は幼児に対する両親の教育について監督しなければならない。部族の子供が5歳に達したときは男女別の養育所において養育され，その衣食および初等教育は元老院の規定するところによる。父母の一定数の者は，部族長の監督のもと，交代で5日間養育所において幼児の看護に当たる。これらの父母は，何らの差別なく，幼児に対

---

(33) Morelly, *Code de la Nature*, p.94.訳 159 頁。
(34) *ibid.*, pp.88-89.訳 153-154 頁。
(35) *ibid.*, pp.86-88.訳 150-153 頁。

第 4 章　コミュニストの憲法思想

して訓戒もしくは軽微な懲戒を加え，不和放縦等の悪習を予防し，幼児の理性の発達に伴い，国法の遵守，両親や各種の職長および年長者に対する尊敬服従，朋友との親和友愛，美や善の根源としての神の観念を教育する。さらに，幼児に対してその年齢に応じた軽度の技能指導を行い，体位向上，労働準備のための適当な体育を行う。10歳に達した児童は養育所から工場に移り，職長および職業団長のもとに生活して教育を受けなければならない。15歳または16歳に達して婚姻適齢者となった者は，公共の教育施設から両親のもとに復帰し，定められた時間工場に出勤してその業務に従事し，農業に従事すべき年齢に達したときは，両親のもとからその施設に移る[36]。

　研学法によれば，体力よりも智力や洞察力を必要とする学術技芸に適した資質を有する者は，幼少時からそのための教育を受けることができるが，その場合でも，農業に従事する義務を免れることはできない。何びとも自然の本質の研究を目的とする理論科学（Sciences spéculatives）および社会的に有用な技芸の完成を目的とする経験科学（Sciences expérimentales）を研究するため，その智力および洞察力を伸ばすことができる[37]。

　また，都市造営法に基づいて，各市の外周部に医療施設および休養所が設置され，公安法に基づいて，病気の市民は医療施設において看護され，身体障害者および高齢者は休養所において宿泊し給食扶養される[38]。

　以上のことから，モレリが教育および福祉を国家の責務として位置づけていることは明らかである。ルソーもまた今日の憲法学でいう社会権的観点から国家の責務としての教育を捉えていたことは周知のところであるが，モレリはそのことを教育法という具体的な法律案において構想したのであって，その歴史的意義は過小評価されてはならない。同様に，疾病者，身体障害者および高齢者に対する福祉政策も，都市造営法および公安法において，社会権的観点から国家の責務として構想されていることは明らかである[39]。

---

(36)　*ibid.*, pp.101-104. 訳 167-170 頁。
(37)　*ibid.*, pp.104-106. 訳 171-173 頁。
(38)　*ibid.*, pp.89-91. 訳 154-156 頁。
(39)　この点について，コーエは次のように述べている。「モレリが，アベ・サンピエールによって描かれた方法に従い，第一級の政治思想家たちの間にあって，その国営施設とその医療的教育的役務および高齢者や身体障害者に対するその配慮を伴った「福祉国家」（Welfare State）に関するきちんと認識された一理論を主張しようとしていたのだとすれば，バブーヴィストたちは，実際のプロレタリア革命運動を鼓舞するた最初の人びとであった。」R.-N.-C.Coë, *op. cit.*, p.49.

なお，教育・福祉との関連で付言すれば，都市造営法において，公共の広場を中心として物資の公共配給所および公会堂——住宅地——機械工場——農場もしくは農業従事社の住宅，農産物加工場，穀物倉庫等——医療施設および休養所——刑務所および墓地を同心円的に設置するという都市計画が構想されていること，刑法において死刑が刑罰のなかに含まれていないことも，今日的観点からあらためて検討評価されてよいであろう。

第4項　2つの憲法思想の関係

これまで『君主論』および『自然の法典』におけるモレリの憲法思想をみてきたのであるが，前者は啓蒙的専制君主論であり後者はコミュニズムの政治社会構想である。この2つの憲法思想のあいだに何らかの関係がみられるであろうか。この点をめぐっては，『自然の法典』の出版以降，その著者が誰であるかということとの関係で多くの議論を呼んできた。実は，この問題について考える場合には，『浮島の遭難（バジリアード）』という作品を考慮に入れなければならない。モレリは『自然の法典』の第1部「政治と道徳の一般原理の欠陥」について考察するにあたり，次のように述べている。

「私はこの考察において，単純明白であるにもかかわらずほとんど常に忘却されているかもしくは偏見の闇に包まれている真理を分析して詳述してみよう。（中略）理性の悲しむべき状態の常として理性を覆っている眼帯を引きちぎり，その理性の眼を人類の真の利益に向かわせるためには，多くの努力をし，多くの策略を用いなければならない。それが『バジリアード』の目的である。この詩のテーマとその展開について一言触れたあと，私はその道徳体系をここに赤裸々に提供することにする。」[40]

要するに，『浮島の遭難（バジリアード）』という詩の目的は，理性でもって自然法の命じる人類の真の利益を捉え，それを実現し得るような政治社会を展望することである。さらに，これに続けてモレリは，「バジリアードの方法と目的に関する一般的な考察」と題して次のように述べている。

「この（『バジリアード』という詩の）作者もかれら有名人と同様に，人類に貢献したいという栄誉を熱望し，かれらの上を行こうと努力しているようである。この境地に達しようとして，かれはほとんど前人未踏の道をとり，そのための

---

(40)　Morelly, *Code de la Nature*, p.5. 訳7頁。

第4章　コミュニストの憲法思想

新しい手法を採らざるを得なかった。かれはモデルをひとつも持っていなかった。どこにそれを求めるべきか。いままで誰もそれを求めなかったところにこそ求めるべきであった。/詩人は誰でも，国人の習俗，宗教，栄光に関する歴史もしくは物語の筆遣いのうちにそのテーマを限定して満足しているものである。ところが，(『バジリアード』の作者である) M ****** 氏 (原文伏せ字) はこのような限定をまったく設けず，人類全体にとって真に利益となるものだけを自らに課している。とはいうものの，かれにとっても(詩の)主役は必要であったが，その主役は素朴な自然の条理にかなった法に従って人びとを統治する能力を有しておればよく，他の主役のように見当違いの讃辞を与えられ，迎合のあまりこの上もなく空々しい肩書を捧げられたりする連中に似る必要はまったくないのである。(中略)/その目的は，真の主役が自然の教えによって育て上げられた人物そのものであることを明示し，この称賛すべき立法者(自然)の声をかれに聞こえぬようにしているあらゆる不幸な偏見を根こそぎにしてしまうことにある。この威厳のある主題によってこそこの詩の主な題名が生まれ，浮島の遭難という風刺的な表現のもとに，理性の眼を眩まされた軽薄な大部分の人びとが背負わされる運命が明示されるのである。」[41]

　リシュタンベルジェ (A. Lichtenberger) が簡潔にその内容を紹介しているように，『浮島の遭難(バジリアード)』という作品は，14編の詩をもってモレリが描いた理想社会，すなわち上の引用文中にみられるような賢明な君主によって自然の条理に基づいて統治され，労働の喜びと共同の幸福が実現される政治社会の物語である[42]。『自然の法典』は，この『浮島の遭難(バジリアード)』で描かれた理想社会を，『君主論』において「最良の政治形態」としてその一端が披瀝されていたデモクラシーの観点から再構成して実現するために，「自然の意図にかなった立法のモデル」を提示した作品ということになる。このように考えれば，『君主論』と『自然の法典』は，啓蒙的専制君主論とコミュニズムの政治社会論という一見異質の憲法思想を展開しているように見えながら，それら2つの憲法思想は，『浮島の遭難(バジリアード)』という作品を介して，密接不可分な関係にあることが理解されるのである。この意味において，「『バジリアード』の共産主義的君主制は，『君主論』の啓蒙的専制主義と『自然の法典』の平等の共和制との間の自然な過渡的段階をなすものではなかろう

---

(41)　*ibid.*, pp.5-7.訳8-11頁。
(42)　A.Lichtenberger, *op.cit.*, pp.106-113.訳95-101頁。

か」[43]というドレアン（E. Dolleans）の指摘は傾聴に値する。

おわりに

『自然の法典』におけるコミュニズムの政治社会構想は，私的所有権を自然権として位置づけるフランス啓蒙期の思想状況の中では異色の構想である。しかし，『君主論』においてその一端が示されていたデモクラシー＝平等主義を前提とし，そこにおける啓蒙的専制君主を「人民」に置き換えることによって，君主主権から人民主権へと主権原理を転換すれば，『自然の法典』におけるコミュニズムの政治社会構想はモレリの思想的営為のあり得べき帰結として理解することができる。確かに，『自然の法典』におけるモレリの憲法思想のユートピア的性格は指摘するまでもない。しかし，1792年8月10日の民衆蜂起によって一時的に革命情勢を左右し得る存在として浮上したとはいえ，「テルミドールの反動」以降，「総裁政府」のもとで生存の危機を余儀なくされた「民衆」にとって，「財産と労働の共有」（Communauté des biens et des travaux）思想以外に依拠すべきものははたしてあり得たであろうか。このような理解に立てば，自然の恩恵に対する平等の権利（第1条），社会の目的としての共同の幸福（第2条），労働の義務（第3条），労働と共有の平等（第4条），土地および工業の生産物の独占の禁止（第6条），富者も貧者もいない平等社会（第7条），教育を受ける権利の平等（第9条）等を掲げた1796年3月30日の『バブーフの教義の概要』（Analyse de la Doctrine de Bbeuf）[44]に基づいて，「財産と労働の共有」の実現とそのための政権奪取を目指した政治運動である「バブーフの陰謀」にとって，『君主論』から『浮島の遭難（バジリアード）』を介して『自然の法典』に結実したモレリのコミュニズムの憲法思想がその導きの星になり得たことは明らかである。

---

(43) Dolléans, *Notice*, p.xxvi.
(44) Bouonarroti, *La conspiration pour l'égalité dite de Babeuf, t.2,* Edition Sociale, 1969, p. 99 et s.

第 4 章　コミュニストの憲法思想

◆ 第 2 節　マブリの憲法思想 ◆

はじめに

　第Ⅱ部で考察するように，さまざまな革命形態を実践しつつ 10 年余にわたって展開され，最終的にはブルジョア革命として終息するフランス革命は，アンシャン・レジームおよびその政治的表現としての絶対王制に代わる種々の政治社会構想を実験にかけていく。革命初期におけるその諸実験は，1789 年の「人および市民の権利宣言」として結実する。同宣言は，一方において「人間は自由かつ権利において平等なものとして生まれ，かつ生存する」（第 1 条）ことを確認したうえで，自然権として自由・安全・所有および圧制への抵抗権を掲げ（第 2 条），他方において「主権の淵源は本質的に国民に存する」（第 3 条）と謳っている。さらに，同宣言は「諸権利の保障が確保されず，権力の分立が定められていない社会は，憲法を持つものではない」（第 16 条）として，近代憲法の基本原理を宣言している。すなわち，同宣言における近代憲法の基本原理は，人権保障原理とそれを前提とした「国民主権」（souveraineté nationale）原理にもとづく権力分立制にほかならない。
　私はこれまで，啓蒙期のフランス憲法思想とフランス革命の革命諸形態との間には不可分な対応関係が見られるとの観点から，以下のような仮説のもとで 18 世紀フランス憲法思想を考察してきた。すなわち，フランス革命の解釈をめぐって 1960 年代以降今日に至るまで展開されている論争[45]についてはフランス革命史学にひとまず譲るとして，伝統的なフランス革命史研究に依拠して要約すれば，10 年余にわたって展開されるフランス革命は，①貴族の反抗（1787-89），②ブルジョアの革命（1789-92），③サン・キュロットの革命（1792-94），④共産主義革命への展望と挫折＝「バブーフの陰謀（La Conspiration de Babeuf）」（1795-96）という一連の革命形態を経て，ナポレオンの支配下でブルジョア革命として終息する。このような革命の連続性を可能にした原因としては多様なものを上げることができるが，私はその 1 つとして，それを支え得る憲法思想の諸潮流がすでに啓蒙期に形成されていたという点に注目してきた。
　このようなフランス革命における革命諸形態の連続性の観点から啓蒙期フラ

133

第Ⅰ部　啓蒙期の憲法思想

ンスの憲法思想を概観した場合，①モンテスキューに代表される貴族の憲法思想，②ケネーに代表されるフィジオクラート（重農学派）およびディドロに代表されるアンシクロペディスト（百科全書派）のブルジョア的憲法思想，③ルソーに代表される「民衆」の憲法思想，④コミュニズムの憲法思想，の4つの潮流に整理することができる。ただし，啓蒙期の憲法思想の諸潮流とフランス

---

(45)　J．ジョーレス，A．マティエ，G．ルフェーブル，A．ソブール等の経済史中心の伝統的なフランス革命解釈に対して，1960年代以降F．フュレおよびD．リシェによって修正論が提起され，論争が展開されたことは周知のところである。この論争はフランス革命の階級的性格をめぐるものであるだけに，経済学，社会学，歴史学，政治学等の諸領域の研究者を巻き込んで展開され，多くの研究成果を生んでいるが，フランス憲法史および憲法思想史研究にとっても看過することはできない。この論争の端緒となったのは，1789年8月10日以降の革命情勢＝ジャコバン独裁を1つのブロック（un bloc）としてのブルジョワ革命のなかで捉える伝統的解釈に対して，それを革命からの逸脱として捉えるフュレ（F. Furet）およびリシェ（D. Richet）の解釈が提示されたことである。
　フュレおよびリシェは大著『大革命』において，次のように述べている。
　「1792年8月10日以降，大革命は，18世紀の知性と富（l'intelligence et la richesse）によって提示された本道からはずれた戦争とパリ民衆の熱狂の圧力によって押し流されてしまった。」F.Furet et D.Richet, La Révolution, t.1. Réalités Hachette, 1965, p.358.
　要するに，彼らは，1792年8月10日以降の革命情勢をフランス革命の本道からのデラパージュ（dérapage＝横滑り）として捉えるのである。
　これに対して，A．ソブールの解釈を継承するC．マゾーリックは，次のように述べている。
　「結局のところ，人民の苦難の道程におけるブルジョワ革命のデラパージュというこの問題のすべては，民衆の関与をどう考えるべきかということに帰着する。フュレ氏やリシェ氏にとっては，その関与は何ら必要ないものであった。反革命の脅威は何ら重大なものではなかった。」Claude Mazauric, Réflexions sur une nouvelle conception de la révolution française, Annales historiques de la révolution française, Juillet-Septembre 1967, p.346.
　要するに，フュレおよびリシェが1792年8月10日以降の革命の共和主義的高揚をデラパージュ現象とみるのに対して，マゾーリックは革命の重要なモメントとして捉えているのである。
　わが国の代表的なフランス革命史研究者の遅塚忠躬は，このことについて次のように述べている。
　「修正派の議論は，フランス革命の全体を首尾一貫して説明する体系性を備えておりませんので，今日までのところ，ルフェーブルの所説にとって代わるものではありえないのです。」遅塚忠躬「フランス革命史学の現状と展望」深瀬忠一・樋口陽一，吉田克己編『人権宣言と日本』（勁草書房，1990年）43頁。
　このように，フュレおよびリシェの「デラパージュ」現象論はフランス革命における民衆の共和主義的高揚というダイナミズムを矮小化するものであり，このような矮小化によっては，フランス革命期の憲法史および憲法思想史を十分に説明することはできないように思われる。なお，辻村みよ子『フランス革命の憲法原理——近代憲法とジャコバン主義』（日本評論社，1989年）参照。

第4章　コミュニストの憲法思想

革命の革命諸形態との対応関係を過度に図式化して考えることは避けねばならない。というのは，啓蒙期の憲法思想の諸潮流にしろフランス革命の革命諸形態にしろ，それぞれの輪郭はある程度明確であるとしても，そこにはなおさまざまな思想傾向の混在が看取され，ときには1人の思想家もしくは1つの革命形態のうちに必ずしも一貫していない思想内容が含まれていることがあるからである。

ここで取り上げるのは，上記4つの思想潮流のうち，フランス革命の最後の革命形態＝「バブーフの陰謀」（la conspiration de Babeuf）に対してモレリ（Morelly, 生没年不詳）やルソー（J.-J. Rousseau, 1712-78）とともに大きな影響を与えたとされる[46]コミュニズムの憲法思想の形成者の1人マブリ（Gabriel Bonnot de Mably, ou abée de Mably, 1709-85）である。

マブリの思想に関するわが国の研究の多くは経済・社会思想史の観点からのもので，上に見たような憲法思想史の観点からのものは少ない。確かに，マブリの思想にはイデアリストとしての側面が強烈であり，特に「バブーフの陰謀」に強い影響を与えていることから，多くの研究が彼のユートピア＝空想的共産主義思想に重点を置いてきたことは理解できる。しかし，マブリの思想は，レアリストとしての側面を有していることも否定できない。このレアリストとしての側面は，特に憲法思想史の観点から見たとき，決して軽視することのできない重要性を有している。というのは，イデアリストとしての側面がフランス革命の最後の革命形態＝「バブーフの陰謀」に影響を与えているとすれば，レアリストとしての側面はフランス革命の初期-中期段階における種々の統治形態の構想とその実現に大きな影響を与えているからである。

---

(46)　ドレアン（Edouard Dolléans）は次のように述べている。「ヴァンドームの法廷（la Cour de Vendôme）におけるその一般弁論において，バブーフは，平等主義者たちの謀叛（la conjuration des Egaux）を正当化せんとして，マブリやルソーと並べて，また彼らに先んじてしばしば引用しているディドロ（注・モレリの『自然の法典』は当時はディドロの作品として考えられており，バブーフもまたそのように考えていた）の権威に庇護を求めている。」Morelly, *Code de la Natrure ou le véritable esprit de ses lois*, 1775 publié avec Notice et Table analytique par Edouard Dolléans, 1910, Paris, Liblaire Geuthner, p.vi.

また，コーエ（R.-N.-C.Coë）は次のように述べている。「マブリに対するバブーフの賞賛は，《人民的で，人間的で，感受性にとんだマブリ》というように際限なきものである。しかも，彼は［一般弁論］において，共産主義の一般原理の支柱として『経済哲学者たちに提示された疑問』の著者（マブリ）を一度ならず引用している。」R.-N.-C.Coë, *La théorie morellienne et la pratique babouviste*, *Annales historiques de la révolution française*, t.30, 1958, p.38.

マブリの思想については，それがコミュニズムを軸に展開されていることから，歴史的に評価が別れる。また，憲法思想の領域で彼の思想が紹介されることは極めて少ないことから，ここでは紙幅の許すかぎりマブリ自身をして語らしめることにあえて配慮した。なお，私が主として考察の対象としたのは，『マブリ全集』(Collections complète des œuvres, 15 tomes, publiée par Guillaume Arnoux, Réimpression de l'édition de Paris 1794-1975, 1977, Scientia Verlag Aalen)[47] に収録されている『市民の権利および義務』(Des droits et des devoirs du citoyen, 1758)，『政治社会の自然的本質的秩序に関して経済哲学者に対して提示された疑問』(Doutes proposés aux philosophes économistes sur l'ordre naturel et essentiel des sociétés politiques, 1768) および『立法について　別名　法律の諸原理』(De la législation ou principes des lois, 1776) であるが，ここではそれぞれ『権利』(Droits)，『疑問』(Doutes)，『立法論』(Législation) と略記し，ローマ数字は全集の巻数，数字はページを示すものとする。

第1項　発想の原点

1　自然権としての平等と自由

「恵み深き自然は，われわれを平等なものとして運命付けた」(Doutes, XI)「人間は，完全に平等なものとして，したがって相互に権利を持たないものとして，また完全に自由なものとして，自然の手から離れた」(Doutes, XI, 266-267)「自然は人間を平等なものとして運命づけている」(Législation, IX, 44)「自然の手から離れることによって，われわれは最も完璧な平等の状態に置かれたということを誰が否定できるであろうか。自然は人間に，同一の器官 (organes)，同一の欲求 (besoins)，同一の理性 (raisons) を与えなかったであろうか。自然が大地にちりばめた財産は，共同のものとして人間に属するものではないのか」(Législation, IX, 52) と述べているように，マブリの思想はこの「自然権としての平等」観を原点として成り立っている。

他方，「私は，人間は完全に平等なものとして，したがって相互に権利を有

---

(47)　縫田青二「啓蒙期の一僧侶──マブリについて」(一橋論叢25巻4号) は，『マブリ全集』に収録されている多くの作品に関するコンパクトな紹介をし，1951年の段階で，「この版が最も完備されている」と評価している。なお，マブリの思想全体についての研究書として，Brigitte Coste, Mably: Pour une utopie de bon sens, Libraire C. Klincksiec, Paris, 1975.を挙げることができる。この書は1975年までのマブリ研究を踏まえて簡潔にまとめられているほか，マブリに関する文献が紹介されていて有益である。

することなく，また完全に自由なものとして自然の手から生じたのだと考える。……すべては彼ら各人に属したのであり，すべてのひとは普遍的君主制（la monarchie universelle）への権利を有した一種の君主だったのである。」(*Droits* XI, 266)「平等の感情はわれわれの尊厳の感情に他ならない。人びとはその感情が弱体化するに任せることによって奴隷となるのであり，したがって，人びとはその感情を活気づかせることによって自由になるのである」(*Législation*, XI, 54) と述べているように，マブリが自然権としての「平等」と「自由」の観念を不可分なものとして捉えていることは明らかである。

しかし，マブリは，「もしすべての人間が同程度に同一の資質 (qualités)，同一の性向 (inclinaisons)，同一の能力 (forces)，同一の才能 (talens) を有していたとすれば，彼らはさほど簡単には親しくならなかったであろう。また，各人は自分が占めるべき地位に身を置けるような状態には置かれなかったであろう」(*Législation*, IX, 62) と述べているように，資質，性向，才能は，自然が付与した「異なった恩恵」(dons différens) であることを認めている。

ただし，「自然は，それらの才能が人びとの生活状態において大きな違いを生みだすことができるに十分なほど不平等に，それらの才能を与えているのではない」(*Législation*, IX, 58-59)。「自然はわれわれにその恩恵を不平等に配分しているということを，私は否定するものではない。しかし，それは，われわれが人びとの財産のなかに見ているような恐るべき差別に相当するような不均衡を決して伴うものではない」(*Législation*, IX, 61)。というのは，「人びとの最初の状態においては，平等な教育がすべての人びとにおいてほとんど同様の才能を発達させた」(*Législation*, IX, 59) からである。

このようなマブリの見解を「粗野な平等主義」[48]と評することは易い。しかし，力点に強弱の差はあるものの，18世紀のフィロゾーフの多くが自然状態をこのような「平等主義」の観点から捉えていることは事実である。そこには，「平等主義」の観点から現実の不平等を浮き彫りにしようとする配慮が払われていると見てよいであろう。たとえば，ルソーの自然状態は，「もはや存在せず，恐らくは存在したことがなく，多分これからも存在しそうにもない」[49]

---

(48) マルクス，エンゲルス・塩田庄兵衛訳『共産党宣言』（角川文庫，1959年）74頁。
(49) J.-J. Rousseau, Discours sur l'origine de l'inégalité parmi les hommes, *Œuvres complètes, t.3*, Bibliothèque de la Pléiade, p.00. 本田喜代治・平岡昇訳『人間不平等起源論』（岩波文庫，1972年）25頁。

仮説として設定されているのである。

なお，マブリが器官，欲求，理性の同一性と資質，性向，能力，才能の異質性を分けて論じていることはあまり注目されることはないが，この点は注目してよい。というのは，どちらかと言えば前者（器官，欲求，理性）は個人としての人間存在にとって内在的なものであるのに対して，後者（資質，性向，能力，才能）は個人の社会的存在性に関わる側面を多分に有しているからである。このように考えれば，マブリにとって「自然の意図による何らかの不平等」は人びとの内在的平等を否定するものではないというコスト（S. Coste）の指摘[50]は理解できるところである。もっとも，器官はともかく，欲求や理性は人間の社会的存在性と不可分なものではないかという批判があるかもしれない。しかし，マブリが，社会的時流に見合った欲求を肯定するものでもなければ，それに迎合して生きることを理性的であるとは考えていないことだけは言っておかねばならない。

2　政治社会の目的

マブリによれば，自然状態から「自然的社会」（société naturelle）を経て政治社会へ移行することによって重大な変化が生じる。すなわち，「人間は市民になったのであり，その市民は，もはや何らかの規範に従うことによってしか，またそれらの規範の何らかの修正によってしかその幸福を求めることができないということを，その同胞とともに考えるようになったのである。……自らの権利を尊重してもらおうと思えば，他者の権利を尊重せざるを得なくなって，市民は疑いもなく，自分が人間として有していた無限の権能に厳格な制約を課したのである。しかし，これらの契約（conventions）は生まれたばかりの社会の基礎を強固にするためには十分なものではなかった。したがって，もし諸法律が執行されなければその新たな構築物は流失してしまうに違いなかった。それゆえ，行政官（magistrats）が創設され，その者の手に市民は自らの独立性を委ねなければならなかったのである。この時以降，人間はもはや無冠の帝王（un roi détrôné）になったのである。……したがって，この新たな状況におけるその新たな諸義務を判断するためには，人間はその同胞とともに行った契約を知り，とりわけ政府を構成する諸法律を検討する必要があったのである。特

---

[50]　B. Coste, *op.cit.*, p.108.

別の注意に値するのは，公的秩序に対する市民のこの新たな関係である」（*Droits*, XI, 266-267）。

　マブリがここで述べている「契約」は，政治社会の成立を説明するための道具としてのいわゆる社会契約と考えてよい。このような意味での社会契約は，ホッブス，ロック以来18世紀のフィロゾーフに共通するものであるが，厳密に言えばその多くは「服従契約」もしくは「統治契約」という君主と人民との上下関係を前提とするものである。人民相互の水平的関係を前提とした社会契約の概念は1人ルソーのみが提起したものである。マブリは当時の一般的傾向に従った「社会契約」の考え方を採用しているが，「契約理論の純粋に思弁的な側面は，実のところマブリにはまったく関心がなかった」[51]と言われるように，これについての説明は希薄である。ルソーとマブリに対する後世の評価を二分する根拠の1つはこの点にある。

　ところで，政治社会の目的は「人間が自然に由来する自由な手によって有する諸権利を，すべての人間に対して保持させることにある」（*Législation*, IX, 379）と述べているように，マブリにとっての最大の関心は社会的政治的平等である。『道徳の諸原理』（*Principes de morale*, 1784）において，マブリは次のように言う。人びとは理解していないが，「神はわれわれにかくも不平等にその恩恵を配分されたのだが，それは何よりもわれわれを結びつけ，社会がそれなしでは済ませることができないような一層高尚で一層単純な義務を充足するのにわれわれを相応しいものにするためであった」（X, 374-375）。

　ここに明らかなように，マブリは人間の社会的存在性（sociabilité）＝社会的相互依存性を冷静に捉えている。この観点からすれば，マブリにとって，神でもある自然が付与した「異なった恩恵」は，むしろ人間のこの社会的存在性にとってプラスに作用すべきものとして肯定されねばならない。この点では，自然的肉体的不平等と道徳的社会的不平等を区別した上で，前者は人間にとって何らの悪影響も及ぼさないと考えたルソーと同様の考えに立っていると言えよう。この意味において，不平等の起源は神や自然にではなく人間それ自身に帰せられるのであって，その不平等は，後述するように，私有財産に起因する貪欲と野心（l'avarice et l'ambition）によってしか正当化されないのである。

---

(51)　B. Coste, *op.cit.*, p.111.

3 諸悪の根源としての土地所有

マブリによれば,「土地所有権（propriétés foncières）の確立と生活状態の不平等（l'inégalité des conditions）は……自然状態を変化させ, いわば諸感情を煽り立て私的利益を増大させてきた」(Doutes, XI, 208)。「人びとに無益で有害な事物の魔力（vertus biens des choses inutiles et pernicieuses）を偏愛させてきたのは, もっぱら財産の不平等である。……平等な状態においては, 権力の濫用を予防し, 法律を揺るぎなきものにすることほど容易なことはない。……平等はあらゆる善行を生みだすに違いない。というのは, その平等は人びとを結びつけ, かれらの魂を高め, 人びとを善意と友愛の相互感情へと向かわせるからである。私は, そのことから, 不平等は人びとを堕落させ, 人びとを辱め, 人びとのあいだに分裂と憎悪の種を蒔くものであるがゆえに, すべての悪習を生みだすのだと結論するのである」(Législation, IX, 45-46)。すべての悪徳の鎖の「最初の環は, 財産の不平等に結びついている」(Législation, IX, p. 48)。

かくして, マブリはモレリと同様に[52],「財産の所有権（la propriété des biens）が社会を支配してきたような状況においては, 何をやっても無駄である」(Législation, IX, 306) と断言する。

しかし, ルソーが『人間不平等起源論』(Discours sur l'origine et les fondements de l'inégalité parmi les hommes, 1775) を後世に残しているのに比べれば, 不平等の起源と歴史に関するマブリの考察はモレリと同様極めて希薄である。私には, この違いも思想家としてのマブリとルソーの後世における評価の分岐点をなすものであると思われる。両者とも考察の素材を古代に求めている点では共通するが, この点に関する思想家としてのオリジナリティーの点ではルソーに軍配を上げざるをえない。つまり, マブリの場合, 古代に求めた考察の素材が思想家としての創造性の世界において十分には消化されていない。後述するように, マブリがイデアリストとレアリストの両極を彷徨せざるを得なかった理由はこの点にある。あえて図式化して言えば, モレリをイデアリストの極に置くとすれば, ルソーはレアリストの極に置かねばならず, マブリはその両極を彷徨していると見ることができる[53]。

---

(52) 「私有財産を根こそぎにしないと何をしても無駄である。」Morelly, op.cit., 48. なお, 拙稿「モレリの憲法思想」同志社法学第238号, 1994参照。

(53) ルソーを自然法論者ではなく実証主義者として捉えるものとして, 恒藤武二「ルソーの社会契約説と『一般意思』の理論」——桑原武夫編『ルソー研究』（岩波書店, 1968年）127頁以下参照。

第2項　ユートピア——空想的共産主義

1　所有権論批判と「財産共有の社会」

マブリのユートピア＝空想的共産主義が私的所有権の問題を軸に展開されていることは言うまでもない。私的所有に関するマブリの見解は，フィジオクラートのメルシエ・ドゥ・ラ・リヴィエール（Mercier de la Rrivière）の『政治社会の自然的本質的秩序』（*L'ordre naturel et essentiel des sociétés politiques*, 1767）に対する批判として書かれた『疑問』において展開されている[54]。彼は次のように述べている。

「私は，あなたの言う自然的秩序は自然に反するものだと思う。私は，土地の所有権が確立されるのを見て以来，財産の不平等を目の当たりにしている。これらの財産の不平等から種々の対立する利害，富に由来するすべての悪徳，貧困に由来するすべての悪徳，精神の痴呆状態，市民の習俗の腐敗，明証（l'évidence）を永久に窒息させるようなすべての偏見と感情が結果してくるに違いないのだが，それにもかかわらず，われわれの哲学者たち（フィジオクラート）はその明証に最後の期待をかけているのである。すべての歴史を繙いてみるがよい。そうすればあなたは，すべての人民がこの財産の不平等に苛まれてきたことが分かるであろう。」（*Doutes*, XI, 10-11）

「われわれが不幸にも土地の所有，異なった生活状態を想像するようになって以来，貪欲，野心，虚栄，妬みおよび嫉妬がわれわれの心のなかに住み着くようになったに違いなく，その結果，われわれの心を苦しめ，諸国の政府の心を奪ってその諸国を専制化せしめたに違いないのである。財産共有の社会（la communauté des biens）を確立してみるがよい。生活状態の平等を打ち立て，この二重の基礎の上に人びとの幸福を確立するのに，これ以上容易なことは何もないであろう」（*Doutes*, XI, 18）。「リュクルゴスのように財産の共有制を確立するか，あるいはローマのように（平民に有利な）農地配分法（lois agraires）に救いを求めるべきではないか。」（*Doutes*, XI, 18）

言うまでもなく，マブリの理想とする平等社会は「財産共有の社会」（la communauté des biens）である。それでは，マブリの構想する「財産共有の社会」はいかなるものか。彼は1768年の『疑問』（*Doutes*）において，次のよう

---

[54]　高橋誠「マブリーのメルシエ・ドゥ・ラ・リヴィエール批判をめぐって」法学新報89巻3・4号33頁以下参照。

に述べている。

　そこでは「われわれの狩り，われわれの漁，われわれが採取した果実，そのすべてはわれわれの内で共有となるだろう。私の探索に運命が幸運を与えない場合には，他の人びとが私の生活の糧を供給してくれるであろう。また，彼らの労働が無益であるような場合には，今度は，私が彼らの不運を慰めるであろうし，私は自分が集めた果実もしくは自分が獲得した物を彼らと分け合うであろう。……私が社会に生活することによって見いだす主要な利益の1つは，私は社会のために働くことに同意しているのであるから，社会は私の生存に十分に配慮すること，すなわち，社会は財産を共有にすることによって，もしくは公共の所有領地を各市民に配分することによってその任務を負うということを要求する権利を，私が有しているということである。それこそが，最も公平な世界のことがらである」(*Doutes*, XI, 32-33)。

　また，1758年に書かれたとされている『権利』(*Droits*) において，対話者スタノップ卿（Lord Stanhope）に対し，無人島（ile déserte）に国家を建設してそこに「新たな人間」（hommes nouveaux）を住まわせる計画を説き，それを「愚考」と批判されながらも，次のように展開している。

　「私はあなたに，私の愚考の1つに関する打ち明け話をさせてくださるようお願いする。その空が晴朗で，その水が健康によく，すべての者が平等で，すべての者が富んでいて，すべての者が貧困で，すべての者が自由で，すべての者が兄弟であって，われわれの最初の法律は自分に固有の物を何ら持たないということであるような国家を建設しに行く気にさせるような何らかの無人島の説明を，私はこれまで何らかの旅行記のなかに読んだことはない。われわれは，公共の倉庫（magasins publics）のなかにわれわれの労働の成果を持ち込むであろう。これこそまさに国家の宝であり，各人の財産である。毎年，家長たちは各個人の生活必需品として必要な物を配分し，その共同体が必要とする労務を各人に割り当て，その国家の善良な習俗を持続させる任務を負った管理人（économes）を選出する」(*Droits*, XI, 383)。

　このような構想の一端は，1776年に出版された『立法論』(*Législation*) においても次のように述べられている。

　「市民はさまざまな身分に分けられる。すなわち，その最下層の身分は土地を耕作することを運命づけられており，他の身分はそれなしには社会が済ませることのできないような粗野な技芸（arts grissiers）の労働に従事する。私は

至る所に公共の倉庫を見いだすが，そこにはその国の富が貯蔵されている。行政官（les magistrats）は，習俗を維持し，各家族にその必要とする物を配分すること以外の任務を持たない」(*Legislation*, IX, 75-76)。

また，マブリは，アメリカもしくはアフリカの未開族を例にとって次のように言う。「この社会は，部族長と最下層の家長の間にいかなる差別も認めない。かれは，勇敢であることの一層の証明を与えた場合にしか部族長ではない。したがって，かれは，自らが凌がれるようになれば部族長を辞めることになる」。さらに，インドもしくは南米の未開族を例にとって次のように言う。「かれらの妻たちは共同で土地を耕し，種をまき，収穫する。その夫たちは，その部落において獲物を分けることを法律によって決して義務づけられてはいないが，分けなかったとすれば相互に不名誉なものと見なされる。相互歓待の掟（L'hospitalité）はかれらにとっては重要であり，自分たちがすべての物を欠かんとしていることを考えることなく，かれらは自らが有しているすべての物を通行人に惜しみなく与えるのである」(*Doutes*, IX, 103)。さらに，フロリダを例にとって言う。「トウモロコシの種を蒔くいくつかの部族は，その収穫物を公共の倉庫に入れ，各家族は必要とする穀物をその倉庫から規律をもって決して欲張ることなく取るとも言われている。財産の共有を確立するために何と結構な態度であろうか」(*Doutes*, IX, 104)。

2　ユートピアに向けての諸法律

しかし，「かれは，コミュニズムが実際にどのように確立されるかということを示していない」[55]と言われるように，コミュニズム社会へのマブリの具体的展望は明らかにされていない。ただし，その片鱗は一部示されてはいる。「もはや平等が存在せず，市民が土地を分有し，財産の共有がもはや確立され得ない場合には……立法者は，向かい風がその航路からやむを得ず方向転換させる水先案内人を模倣しなければならない。その水先案内人はその向かい風の激しさに身を委ねることなく，回り道をして，できるかぎり順風を受けるような方法でその航路を定めるのである。所有権が生じさせた感情は，海上における風と同様である。決してその風にぶつからないように進むことだ」(*Législation*, IX, 108)。マブリは社会的現実を冷静に見ている。「それゆえ，立法者はあ

---

(55) Henri Sée, La Doctrine Politique et Sociale de Mably, *Annales historiques de la Révolution française*, t.1, 1924, p.146.

からさまな力と戦うのではなく策略と技巧を用いなければならない。この原理から私が引き出す最初の結論は，所有権がひとたび確立された国家においては，その所有権を，秩序，平和および公共の安全の基礎として見なさねばならないということである」(*Législation*, Ⅸ, 109)。

ここには，「財産共有の社会」(la communauté des biens) を展望するイデアリストとしてのマブリと，所有権がすでに確立されている18世紀の社会的現実を目の当たりにしたレアリストとしてのマブリという二面性が如実に示されている[56]。

したがって，所有権に由来する貪欲と野心（l'avarice et l'ambition）の感情を抑制することが必要となる。そのためにマブリが『立法論』において提唱する法律の第1は，奢侈禁止法（lois somptuaires）である。この「奢侈禁止法は，家具調度品，住居，テーブル，召使，衣服といったすべてのものに及ぶべきである。もしあなたがその一部でも怠るなら，すべてに及ぶであろう悪習に門戸を開くことになるであろう。……古代の人びとによってかくも奨励されたこれらの奢侈禁止法が，いかなる精神の錯乱によって，現代の人びとによってかくも軽蔑されるのかということが私にはまったく分からない。」(*Legislation*, Ⅸ, 135-136)。

第2は，商業とフィナンス（旧体制下で官職を得るために国王に支払う権利金）を排除する法律（lois qui doivent proscrire le commerce et la finance）である。「商業の精神は貪欲によってしか引き起こされないのであるから，本質的にあらゆる善良な統治の精神に反する。……商業は，古代の人びとがそれを非難したのと同様の悪徳を今日でも有しており，また永遠に有している……」(Ⅸ, 136)。

第3は，相続秩序を規律する法律（lois qui règlent l'ordre des successions）である。「商業やフィナンスを排除し，われわれの欲望を減少させ，温和な習俗を奨励すべき諸法律のあとで，それらの法律と同様に，相続秩序を規律する法律が必要である。この点に関して，ローマ人の初期の諸法律は賞賛に値するものであった」(Ⅸ, 139-140)。リュクルゴスの法律に身を委ねていたスパルタは，以前はその用益権者でしかなかった土地の一部の所有者になった市民が，その土地を譲渡し，売り渡し，思いのままにそれを与えることができるようになってから，最も究極的な腐敗に陥ったという歴史的事実にも学ぶべきである

---

[56] この二面性を考慮に入れた考察として，岩本勲「マブリの政治思想」三重法経No.35（1976年）参照。

（Ⅸ, 142）。したがって，「良く統治された国家」であるためには，立法者は財産の売却および譲渡に関する諸手続を定めねばならない。また，財産の一層の平等を維持するために，立法者は遺言の普及を認めるべきではない。法律は，臨終の床にある者の財産について定めるべきであり，いかなる相続人もいないとすれば，その財産は，被相続人が住んでいた土地の貧困な家族の間で平等に分配されるべきである（Ⅸ, 143-144）。

第4は，農地均分法（lois agraires）である。「もしあなたが農地均分法に訴えなければ，あなたは決して（野心と貪欲という）これらの活発で支配的な感情を抑制しないであろう」（Ⅸ, 144）。「農地均分法の助けなしには，あなたは市民を結び付け，統治のすべての分野に均衡を維持し，不公平な法律がもたらされないようにするために必要な何らかの平等を首尾よく維持することは決してできないであろう。」（Ⅸ, p.145）「野心もしくは貪欲といった2つの感情は永遠の結束を有してきたのであり，一方を切り離せば他方を助長することになるというように相互に支え合っているのであるから，それらを別個に抑止しても無駄である」（*Legislation*, Ⅸ, 174）。ローマの歴史に照らせば，「あなたは，貪欲が農地均分法を軽蔑するようになるや，野心は公的自由を破滅させる恐れがあるということが分かるであろう」（Ⅸ, 176）。

このような構想はモレリ（Morelly）の『自然の法典』（*La Code de la nature*, 1755）において展開されているコミュニズムの政治社会構想に比較してみれば，具体性の乏しいものである。それゆえに，このような「財産共有の社会」を実現しようとして，バブーフを中心とする「平等派」は，フランス革命最後の段階で，いわば手さぐりでこの展望を切り開くべく蜂起しようとして挫折することになる[57]。したがって，「マブリの社会思想はかれの政治思想ほどには興味ないものであるということにも注意しておく必要がある。ただ，社会に関するかれの批判には注目すべきものがある。しかし，コミュニスムが実際にどのように確立されるかということを，かれは正確には示していない。事実，この点に関しては，かれは将来に対してよりも過去に目を向けている」[58]（アンリ・セー）とか，かれの社会主義は「幸福の哲学と功利主義的道徳学に立脚し，古

---

[57] cf. Buonarroti, *La conspiration pour l'égalité dite de Babeuf*, Edition Sociale, 1957. 柴田三千雄『バブーフの陰謀』（岩波書店, 1968年），豊田堯『バブーフとその時代』（創文社, 1958年）参照。

[58] H. Sée, *op.cit.*, p.147-148.

第Ⅰ部　啓蒙期の憲法思想

代に対する誤解の上に成り立った1つの道徳理論なのである」[59]（リシュタンヴェルジェ）といった評価が下されることになるのである。

　しかし，「財産共有の社会」構想のユートピア的性格とその実現に向けての展望の欠如をもってマブリの思想を一刀両断的に判断することは，慎重さに欠けるものと言わざるを得ない。「財産共有の社会」構想におけるイデアリストとしてのマブリの思想は，レアリストとしてのマブリの思想とコインの両面をなしているからである。マブリは，18世紀の社会的現実において「財産共有の社会」構想をただちに実現可能であるなどと考えるほどオプティミストではない。マブリは，『立法論』において，「スウェーデンの哲学者」をして「イギリスの紳士」に次のように語らせている。「しかし，そのこと（理想国の建設）はプラトンに任せておきましょう。富豪の紳士よ，私がプラトンの共和国以上に完璧な共和国を創設しようと考えているなどと心配しないで頂きたい。そのような建造物を打ち立てるには，建築資材が欠けているのです。」（*Legislation*, Ⅸ, 97）また，『疑問』において，次のように述べている。「いかなる人力といえども，今日平等を確立しようとすれば，回避したいと思われているような無秩序以上に大きな無秩序を引き起こさずにはおかないであろう。」（*Doutes*, Ⅺ, 12）

　要するにマブリは，自らの構想を実現するためにはなお多くの条件が欠如していることを十分に承知しているのである。したがって，次のようなB．コストの評価に注目したい。

　「マブリの功績は，ユートピアと政治的現実主義とを決して混同しなかったことである。……彼の考えでは，所有権は共同体的理想と悲惨の廃絶の間の一種の中間状態であるように思われる。所有は，生活水準の向上，より少ない悪習を表徴しているのである。それにしても，マブリはそのことについて，すなわち，彼のユートピアとの関係においては恐らく取り消すことのできない退歩について，いかなる甘い考えも持っていないのである。」[60]

　このコストの評価は，イデアリスムとレアリスムの両極を彷徨する思想家としてのマブリという私の評価とは違って，マブリの思想が両面性を有すること

---

(59) André Lichtenberger, *Le socialisme au XVIII siècle*, Réimpression de l'édition de 1895, Biblio Verlag-Ausnabruc, 1970, p.104, 野沢協訳『18世紀社会主義』（法政大学出版局，1981年）210頁。
(60) B. Coste, *op.cit.*, p.129-130.

を認めながらも，なおレアリストの側面にウエイトを置いている。

第3項　憲法思想

1　人権思想

　マブリの人権思想は，その全著作を通じて，まとまった形で展開されているわけではない。そこで，ここではかれの諸著作に散見する人権思想を，特にフランス革命との関係を考慮に入れて抽出し，概観することにする。

（1）所　有　権

　マブリは『権利』において，「私的所有は自然状態においては完全に確立されている」として，「人間はその当時，自分が建てた小屋や自分が栽培した果実をその固有の財産と見なす権利を有するということを誰も否定することはできない」（Drois, XI, 379）と述べているが，その場合の所有権は生活必需品に対する私的所有権であって，いわゆる生産手段の私的所有権ではない。後者については，『疑問』において次のように述べて，その自然権性を明確に否定している。

　「私は，あなたが身体の所有（la propriété personnelle），動産の所有（la propriétémobilière），土地の所有（la propriété foncière）と呼んでいるもの，換言すれば，私の身体の所有，私の自己保存に必要な事物に対して有する権利，私の耕作地の所有が，何ゆえに『そのいかなる部分も切り離されることのできない単一体を形成するものでしかないものと見なされねばならないように，全体として一体化された3種の所有権』であり得るのかを理解しがたいのである。お願いだから，いかなる理由でもって人間は，社会に結合することによって，土地の所有権を確立しなかったならばその身体の所有を失うことになるのか教えていただきたい。」（Doutes, XI, p.4-5）

　「われわれの著者（メルシエ・ドゥ・ラ・リヴィエール）は，『身体の所有は人間における自然的権利すなわちすべての生き物に対して必然的に付与された権利，その生存にとって本質的な権利であり，したがって，人間はその権利を不正なしには奪われないのである』と，非常にみごとに説いている。私はこの理論を非常によく理解するものである。そして，彼が動産の所有権と呼んでいるもの（それは，その生存に備える権利に他ならないのだが）は必然的に身体の所有に基づくものであって，同様に神聖な権利であるということを彼が示してくれる場合には，私はいかなる困難にも阻まれることはない。しかし，私が同じように

推測できないこと，それは，人びとが身体の所有および動産の所有を認めるからといって，彼らがいかにして『これら2つの所有のうちに生じる土地の所有の正当性と必然性を当然のこととして感知し理解するに至る』のかということである。私は私の身体の主人である。私は私の生存に備える権利を有している。それゆえ，私が土地の所有権を有することは正当にして必然的なことである。少なくとも，この土地の所有権が私にとって生存するための唯一にして不可分な手段でない限りにおいて，私はこの議論は論法にかなっているとは思えないのである。」(*Doutes*, XI, p.30-31)

しかし，この生産手段の所有権がすでに確立してしまっている現実にあっては，それを全面的に否定することはできない。したがって，先に見たように，奢侈禁止法，相続法，農地均分法等によってそれをできるだけ制限することを考えざるを得ない。この点では，マブリはルソーと共通している。ルソーも土地の私的所有権を自然権とは考えないが，これを直ちに否定することはできないとして，「共同善」(biens commun) の観点から厳しく制限することを提唱している。ルソーのこの考えは革命期のロベスピエール (M. Robespierre, 1758-94) に受け継がれ，1793年の彼の人権宣言草案において具体化されることになる。また，「ロベスピエールは，公安委員会を代表して彼の報告書を書くに当たって，宗教的道徳的思想と共和主義的原理の関係および国民祭典に関して，マブリを参照した」[61]と指摘されているように，ロベスピエールに対するマブリの直接的な影響も明らかである。

(2) 圧制への抵抗権

マブリは『権利』において，次のように述べている。市民が行政官たちに服するように，行政官たちが法律に服するような良く秩序だった共和国においては，「有害な争い」(querelles pernicieuses) は決して生じない。「しかし，これらの幸福な共和国は世界には稀である。その感情によって常に専制もしくは隷属に向かう傾向を有している人間は，不正にして馬鹿げた法律を制定するほどに悪意に満ちているか愚かな存在であるので，その災禍に対して不服従以外のいかなる救済手段が適用されるであろうか。その不服従から何らかの混乱が生じるであろう。しかし，どうしてそれを恐れる必要があろう。この混乱は，それ自体，人は秩序を愛し秩序を築かんとするものであるということの証明であ

---

(61) E.N.Whitfield, *Gabriel Bonnot de Mably*, London, 1930, p.28. なお，拙稿「ルソー，ロベスピエールと1793年6月24日の憲法」金沢大学教養部論集人文科学篇26−2号参照。

る。これとは反対に，盲目的な服従は，自失した市民は善にも悪にも無関心であるということの証明である」(*Droits*, Ⅺ, 366)。したがって，法律に基づいてしか行使し得ない権力を濫用して，その臣民に圧制を加えようとする専制君主が存する場合には，「有徳の市民は正義の名において内乱を行うことができる」(Ⅺ, 333)。「革命か隷属かを選択せよ。その中間はあり得ない」(Ⅺ, 438)。

この「圧制への抵抗権」(droit de résistance à l'oppression) は，マブリがフランス革命に影響を与えたものの1つである。1789年の人権宣言は，その第2条において，この権利を「自由」「安全」「所有」と並ぶ自然権として位置づけることになる。このことに関しては，アンリ・セーとともに，「反乱による圧制への抵抗権は，革命的な教義となった。かくして，この権利の正当性をマブリ以上に良く明示した者は誰もいない」と言わねばならない[62]。

このように，マブリは圧制への抵抗権を説くとともに，「フランスにおいて全身分会議 (Etasgénéraux) を確立するための方策」(Ⅺ, 422) についても考察していることから，フランス革命の初期段階に直接的な影響を与えていることは明らかである。

(3) 犯罪と刑罰 (刑事手続に関する権利)

マブリが犯罪と刑罰について考える前提は，「公共善 (bien public) は，行政官および市民がかれらの法律に対して有している愛情から生じてくる」(*Législation*, Ⅸ, 323) という見解である。法律は限りなく温和で人間的なものでなければならないのであり，厳格な刑罰 (chatimens sévères) は，立法者の無知と過酷さを示す以外の何ものでもない。「あまりにも厳しい法律は，あまりにも軟弱な法律が……善に達しないのと同様に決して悪を妨げない」(*Législation*, Ⅸ, 325)。刑罰は肉体よりも精神を打つものでなければならない。立法者は犯罪を罰する方法よりも犯罪を予防する方法に専念すべきである (*Législation*, Ⅸ, 325-326)。

このような前提のもとに，マブリは「訴追を受けた者は無罪として推定しなければならない」(*Législation*, Ⅸ, 344) として，無罪推定の原則を提示している。また，現行犯で逮捕された場合以外の拘禁を禁じるとの観点から予防拘禁 (la prison préventive) の慣行に反対するとともに，「拷問は，その主人が人間として認めていない奴隷のためにしか考えられてこなかった」ものであるから―

---

[62] H. Sée, *op.cit.*, p.145.

層無分別なものであるとして、拷問による自白の強要（l'extorsion d'aveux sous la torture）を否定する。さらに、「裁判抜きの処罰も、定められた手続なしの裁判もあってはならない」（Législation, Ⅸ, 347）として、正当な手続にもとづく裁判の必要性を説いている。さらに、コストが言うように、マブリは被告人を何よりも市民として捉えることによってその「更生する権利」（le droit de réhabilitation）を強調していることから、『犯罪と刑罰』において「穏健な刑罰」（chatiment doux）を推奨しているベッカリーア（Cesare Beccaria, 1738-94）と同様の見解に立っていると見ることができる[63]。

しかし、死刑の問題についてはマブリは厳格な姿勢を崩してはいない。マブリは『立法論』において、一方では、「イギリスの紳士（Milord）」に死刑制度を否定する見解を述べさせているが、他方では、「スウェーデンの哲学者」に次のように語らせている。

「もし人びとが……財産共有の社会に生きていたならば、かれらの賢明で分別深く、努めるまでもなく穏やかな感情は……（刑罰の）厳格さによって抑制される必要は恐らくなかったであろう。……しかし、すべての基本的な刑罰を排除しないように気をつけねばならない。もしわれわれの堕落した心が最大の不節制に至るならば、もし政治がわれわれ（の悪習）を正さんがためにそのすべての源泉を汲み尽そうとしても無駄である場合には、……諸法律は最も強力な歯止めをそれらの悪習に対置すべきではないだろうか。……自然状態においては、私の生命を奪おうとする者を殺す権利を私は有していたのである。したがって、社会に入ることによって、私はこの権利を司法官に委ねたのである。その司法官はどうしてその権利を用いないでおれようか。……諸法律は往々にして死刑を宣告しなければならない。……謀殺者、毒殺者および暗殺者が存在するようになるや否や、立法者によってかれらに死刑が宣告されるのでなければ、殺人に対する諸法律は無益である」（Législation, Ⅸ, 335-336）。

したがって、マブリが謀殺、毒殺および暗殺に対する死刑を肯定していることは明らかである。

（4）無神論・理神論と政教分離

マブリは、無神論（athéisme）や理神論（déisme）に対して極めて厳しい態度をとっている。『立法論』において、彼は「スウェーデンの哲学者」をして

---

[63]　B. Coste, *op.cit.*, p.95-96.

次のように語らせている。

「自分たちを監視し，その考えを読み取り，その心の深みに下りていくような常に意欲的な審判者を自分たちの側に有しているのだということを，人びとに分からせることができるのは宗教だけである」(Ⅸ, 387-388)。「それゆえ私は，キケロがその法律論において，神はすべての事物の支配者であり，その摂理はすべてを支配し，その摂理はわれわれのすべての源泉であり，神々はわれわれすべての行動に関する正確な報告書を手にしているということを市民は承知していると述べているということを，あなたに言いたいのである。それこそは，すべての法律に関する最も重要で最も必要な第1規範である」(*Legislation*, Ⅸ, 388-389)。「神なしには，われわれは永遠の不確実性のなかを漂うであろう。神なしには，われわれは絶えず社会の不安定な構築物が崩れるのを見るであろう。……私が抱くすべての感情は，いずれも私をかの最高存在 (Etre suprême) へと呼び寄せる声なのである。神は人間を結びつける紐帯なのだと私は考える」(Ⅸ, 417)。したがって，「日頃無神論者 (athées) であると言われているこれらの哲学者は今日ではあまりにも一般的な存在になっており，彼らは最高存在もしくは神の存在をを否定することによって，すべてのものが原動因であると考えている」(Ⅸ, 389)。「このような哲学者は，必然的に日常生活のなかに偽善者と極悪人……を作りだすことになる」(Ⅸ, 391-392)。

したがって，「法律は，神をも恐れぬような行動によって宗教を公に侮辱する無神論者 (l'impie) や，言説によって宗教を冒涜し堕落させる理神論者 (le déiste) を罰すべきである」(Ⅸ, 434) というのがマブリの結論である[64]。

ただしマブリは，「真の哲学は宗教の真の精神と同様に稀である」(Ⅸ, 444) から，宗教が迷信に，哲学が神の冒涜に陥らないようにするためには，「立法者は，この世においてわれわれを幸福にすることだけに止まることによって，聖職者をしてあの世のことだけにしか専念しないようにさせなければならない。したがって，そこには精神的な事柄と現世的な事柄とを常に分離した形で維持するような根本法がなければならない」(Ⅸ, 451) と述べている。したがって，宗教をめぐるマブリの展開の結論は「政教分離」によって宗教と哲学の融合 (l'union entre la religion et la philosophie) を維持することにある。

---

(64) cf.H.Sée, *op.cit.*, p.146-147.

（5）国家の責務としての教育

マブリは『立法論』において，「スウェーデンの哲学者」をして，「教育が公共的で一般的でない限り，共和国は決して優れた市民を作らないであろう」（Ⅸ, 371）と語らせ，公教育の重要性を説いている。そのためには，子供たちに相互に親切であるような習慣を身につけさせ，その子供たちと社会が将来必要とするであろう社会的資質に関心を抱かねばならない（*Législation*, Ⅸ, p. 358-360）。

反抗期にある青年には，法律は「親たちのあまりにも寛大な愛情」を警戒し，この第2段階における親たちの苦労を取り除かねばならない（Ⅸ, 358-360）。ただし，反抗期の青年にあまりにも厳格な多くの法律を対置することは，かれらを暴動へと駆り立てる危険性があることに注意しなければならない（Ⅸ, 361）。若者たちに秩序，規律，労働および節制の重要性を認識させた古代の体育教育（Ⅸ, 361-362）や，魂を高邁にする男性的で勇気に満ちあふれた音楽教育（Ⅸ, 365-366）が参考にされるべきである。したがって，「古代の最も賢明な立法者たちとともに，若者がその体質を強化し，身体を弱体化する逸楽や贅沢品を避けることによって魂を高邁にするようなすべてのことを培うこと」（Ⅸ, 373-374）が公共教育の場としての学校に求められる。

次に，国家は男性だけで構成されているのではないから，女性の教育にも配慮しなければならない。しかし，マブリは「スウェーデンの哲学者」をして，女性の教育は「若き女性を慎ましさおよび労働への愛へと育むこと」を目指すべきであって，「彼女らが家族の賢母たるべき栄誉以外の栄誉を決して望むことがないように」道徳教育を施すべきであると語らせているように（Ⅸ, 375-376），彼の女性教育観はいわゆる良妻賢母型教育観であると言えよう。

マブリによれば，「これらの学校教育の基礎は完全な道徳もしくは規律の認識であり，その理性に従うことによってしか幸福になり得ない理性的存在は，この規律によって導かれなければならない」（Ⅸ, 379）。したがって，立法者は立法に際し，「汝がして欲しくないことを決して他者に行ってはならない」という真理から出発すべきであり（Ⅸ, 378），「その道徳，分別，勇気および正義と祖国への愛によって最も優れた人民の学習に，子供たちを熱中させる」べきである（Ⅸ, 380）。「教育に関する法律は，子供たちのあいだに完璧な平等を打ち立てねばならない。子供たちをして，その平等を愛することに慣らさせねばならない。自然は貴族や平民，金持ちや貧乏人を決して造らなかったというこ

とを彼らがよく納得し，彼らが若い時期に彼らの個人的な資質によってしか評価したり考えたりしないという習慣を身につけたならば，もしかれらがその後デモクラシーのもとで生きたとしても，彼らは貴族の身分や平民の身分を作ることをもはや夢想だにしなくなることは確かである」(Ⅸ, 383)。

以上のように，マブリは，個人の「自律」のための「自然権」の観点からではなく，国家の責務の観点から教育を位置づけている。しかし，この観点は，人権史における「社会権」につながるものであると言えよう。「労働」についても同様である。女性の教育の重要性を説くと同時にデモクラシーを前提とする平等社会の実現を展望した教育観であることから，その歴史的意義は決して過小評価されるべきではない。

(6) 選挙権

これまで見てきたことからマブリがデモクラシーを展望していることは明らかであるが，しかし当時のフィロゾーフの多くがそうであったように，彼の思想には人民蔑視観が見られる。この人民蔑視観が如実に出てくるのは，選挙に関する彼の見解である。マブリは『道徳と政治の関係に関するフォシオンの対話』(*Entretien de Phocion sur le rapport de la morale avec la politique*, 1763) において，次のように述べている。

「政治は，相続財産を有する人びとにしか国家統治を認めるべきではない。彼らのみが祖国を持っているのである。」(Ⅹ, 124)「職人は，彼らを雇っている富者から受ける賃金によってのみ生活するのであり，したがって，その労働は必然的に彼らの魂を堕落させるに違いない。それゆえ，立法者は……主権の寄託と管理を富者に委ねるよう配慮しなければならない。」(Ⅹ, 120-123)

また，『権利』においても，「現代のわれわれの国家には，財産がなく，その労働によってしか生活せず，いわばいかなる社会にも属していないような多くの人びとがいる」(Ⅺ, 315) と述べ，さらに『アメリカ合衆国の政府と諸法律に関する考察』(*Observation sur le gouvernement et les lois des Etats-Unis d'Amerique*, 1784) においても，「無知や下劣で低級な思想を自らに余儀なくさせる欲求と仕事によって堕落した民衆は，熟考によって賢明な統治の諸原理にまで高められる方法も時間も有していない」(Ⅷ, 351-352.)「かくして私は，その (アメリカの) 統治が，その腕しか財産として持たず，公共の行政を乱すことしかできないこれらの人びとを，その統治から遠ざけていることを喜んでいる」(Ⅷ, p.388) とまで断言している。

このような下層人民に対する蔑視観は，フランス革命期のシエース（Sieyès, 1748-1836）の1789年の人権宣言草案における「能動的市民」（citoyen actif）と「受動的市民」（citoyen passif）の差別およびその差別を前提とした1791年憲法における選挙制度につながるものである[65]。

要するに，マブリの選挙権論は，「選挙を選抜の手続きとして……また，選挙資格を権利としてではなく公務（une fonction）として考える選挙公務論だとみてよいであろう。コストはこの点に着目して，「ルソーおよびその弟子たちとは反対に，彼はすべての人間が国家の政治に参加する時効にかからない権利を有しているとは考えていない。……事実，彼は，土地所有者にしか政治的権利を認めていないのであり，そのことは，別の面では擁護される共産主義的で平等主義的な彼の理論に明らかに反するものである。彼は，祖国への愛は祖国との実質的な結びつきなしには存在しないということ，また，土地財産の所有は本物の愛着の唯一の保障であるということを確信することによって，この（選挙権の）限定を正当化している」と述べたあと，「われわれはフランスにとって初期の革命家たちによって考案された代議制の一般的概念が，ルソーよりもマブリにその着想を負っていることに気づくであろう」と結論している[66]。

なお付言すれば，マブリは『立法論』において次のように述べていることから，いわゆる命令的委任（mandat impératif）の制度を考慮に入れていると見てよいであろう[67]。

「その委任者に決して依存することのない議員は，自分が自らに固有の権利を有していると考え，委任者の利益を裏切ることができるであろう。したがって，議員は委任者たちの命令（instructions）によってオーソライズされている限りでしか，何らかの要求を行うことができないようにしなければならない。この方法は，市民と立法権を一層緊密に結びつけるであろう。この方法は，その議員たちをその義務につなぎ止め，信用が生み出され，その結果諸法律は一層遵守されるようになるであろう。」（Ⅸ, 296）

---

(65) 1789年の人権宣言について，深瀬忠一「1789年人権宣言研究序説」(1)(2)(3)北大法学論集14巻3・4号，15巻1号，18巻3号，稲本洋之助「1789年の『人および市民の権利の宣言』──その市民革命における位置づけ」東大社研編『基本的人権3』（東京大学出版会, 1998年），拙稿「18世紀フランス憲法思想の一潮流──ケネー，シェイエス，1789年人権宣言」金沢大学教養部論集人文科学篇24－1号，1986参照。

(66) B. Coste, *op.cit.*, p.89-90.
(67) B. Coste, *op.cit.*, p.88.

このような選挙権論および命令的委任論は，フランス革命期において多くの議論を呼ぶようになる。この意味においても，マブリがフランス革命に直接的な影響を与えていることは否定できない[68]。

2 政治社会構想
（1）専制主義批判と権力分立論

専制主義（despotisme）に対するマブリの批判が本格的に展開されているのは，『疑問』においてである。それは，フィジオクラートの論客メルシエ・ドゥ・ラ・リヴィエールの『政治社会の自然的本質的秩序』において説かれている「合法的専制主義」（despotisme légal）に対する批判として展開されている。

すでに見たように，この合法的専制主義はケネー（F. Quesnay, 1694-1774）によって提唱されたものである。ケネーは『自然権』（*Le droit naturel*, 1767）において次のように説いている。

「法律および後見的権力（autorité tutélaire）が所有権と自由とを保障しないような場合には，有益な政府も社会も存在せず，ただ政府の見かけをした独裁と無政府状態が存在するにすぎない」[69]。これとは逆に，人びとが実定法と後見的権力の保護のもとにある場合には，かれらの所有者としての実力は発揮され，自然権は拡張されるのである[70]。

したがって，「主権は単一で，社会のすべての個人に対し，また私的利益（intérêts particuliers）を求めんとするすべての企てに対して優越的であるべきである。……統治における権力均衡の制度（Le système des contreforces）は強者間の不和と弱者の抑圧しかもたらさない致命的な見解である。社会が種々の市民の身分に別れていて，その一部の者が他の者に対して主権を行使することは，国民の一般的利益を破壊し，市民の種々の階級の間に私的利益をめぐる紛争をもたらす。」[71]

また，『シナの専制主義』（*Despotisme de la Chine*, 1767）においても次のよう

---

[68] フランス革命期の選挙権論および命令的委任論については，辻村みよ子『「権利」としての選挙権』（勁草書房，1989年），『フランス革命の憲法原理』（日本評論社，1989年）参照。

[69] François Quesnay, *Œuvres Economie et Philosophiques,* publiée avec une introduction et des notes par Auguste Oncken, Réimpression de l'Edition Francfort 1888 (Scientia Verlag Aalen),p.347, 島津亮二・菱山泉訳『ケネー全集』第3巻76頁。

[70] *ibid.,* p.373, 訳75頁。

[71] *ibid.,* p.329-331, 訳第3巻3-4頁。

に述べている。「この権力はその決定とその行動において単一で不可分なものでなければならないし，ただ１人で行政権を有し，全ての市民をして法律を遵守せしめ，万人に対する万人の権利，強者に対する弱者の権利を保障し，不正な企ておよび王国の内外の敵の簒奪と抑圧を予見し抑制する力を有した１人の首長に結合されなければならない。」[72]

　このように，ケネーは唯一絶対の主権者＝君主の権力に匹敵する他の権力の存在を認めない。３権力の抑制と均衡という意味での権力分立論は，ケネーの否定するところである。

　このような師の教えを展開したのが上記のメルシエ・ドゥ・ラ・リヴィエールである。メルシエ・ドゥ・ラ・リヴィエールによれば，この「後見的権力」は世襲的な「単一の主権者」に委ねなければならず，その公権力は分割することはできない[73]。またメルシエによれば，立法権は「すでに神自身によって作られている法を公示すること，そしてそれらの法に，主権者が唯一の把持者である強制力の公印を押すことに限られる。」[74]この立法権を前提として，先に見た「すべての市民をして法律を遵守せしめ，万人に対する万人の権利，強者に対する弱者の権利を保障し，不正な企ておよび王国の内外の敵の簒奪と抑圧を予見し抑制する力」としての執行権が捉えられているのである。

　マブリは，このような合法的専制主義への批判の前提として，立法権と執行権の分離問題を考察している。彼は次のように言う。「もし立法権が執行権から分離されたり区別されたりできないとすれば，あなた方は合法的専制主義を確立せんとして，自分たちで無益にも多くの苦労をされているのだということを考えていただきたい。……『執行権すなわち物理的力を自由に処理する権限は，常に必然的に立法権である』というのは真実ではない」(XI, 137)。「もし分離されるべき２つの権力が同一人の手中に混合されていたとするならば……あるいは，もし法律を制定する権利が，その法律に服従させるのに必要な力を委ねられている行政官に必然的に属していたとするならば，はなはだしい無秩序と極度の圧制が生じることになるということを考えていただきたい」(XI, 139)。「それはともかく，市民は行政官に従わねばならないということ，そし

---

(72)　ibid., p.638-639，勝谷在登訳『シナ論』155-156頁．

(73)　Eugène Daire, *Collection des principaux Economistes, Tome 2, Phisiocrates;Quesnay, Dupont de Nemours, Mercier de la Rivière, L'Abbé Baudeau, Le Trosne*, Réimpression de l'Edition 1846, OSNABRÜK OTTO ZELLER 1966, p.624.

(74)　ibid., p.628.

て行政官は立法権に従わねばならず，その法律を犯した場合には罰せられ，自らが行った違法行為の埋め合わせをしなければならないということが定められるや否や，立法権と執行権は同時に分離して存続するであろう。私には，そのことは火を見るように明らかである。執行権は立法権の機関であり執行者であろう。そこでは，それらの権限ははなはだ明示的で，区別され，分離されているのである。かくして，もしその社会がその秩序を存続させるために何らかの手段を慎重に取ったならば，その秩序は難なく存続するであろう」(XI, 141)。「もし同一の人物が立法者にして執行者であるとすれば，やがてその人物は法律を作る全権限を与えられることになるであろうということ，また，その人物はその命令を発することを便利で快適なものと見なすであろうということは，確かなことではないであろうか」(XI, 153)。

また，『ポーランドの政府と諸法律について』(*Du gouvernement et les lois de la Pologne*, 1771) においても，「すべての立法者は，執行権は永遠に立法権の敵であったし，敵であるだろうというこの原理から出発すべきである」(Ⅷ, 50) と述べている。

立法権と執行権の分離を説くマブリの前提は，それらの権力を保持する者の感情についての見解である。彼は『疑問』において，次のように説いている。民主制を考えるにしろ，人間の諸感情は単純な市民を惑わせるように行政官も惑わせ，策略，術策，武力，暴力，誘惑，買収といった手段が次々と用いられるようになり，「もし人民がそれらのできごとに注意を払わないとすれば，人民は結局のところその立法権を奪われ，行政官の首長 (la souverain de ses magistrats) は人民の主人となるであろう」(XI, 143)。この民主制を変質させる人間の感情は，貴族制をも変質させて寡頭制に至らしめ，やがてはその寡頭制内部で分裂を引き起こして最後には君主制に帰着するのである。「これこそが感情の永遠の歩みなのである」(XI, 143-144)。

したがって，「立法権を効果的に保護し，執行権の企てと略奪から立法権を擁護する」ためには，その国家 (la république) に対して陰謀を巡らせても成功の見込みがないことを行政官に分からせるべく，第1に，行政官職を相互に依存させるようなさまざまな部門を設置すること，第2に，行政官職の任期を短縮することが必要である (XI, 150-151)。マブリは，ケネーやメルシエ・ドゥ・ラ・リヴィエールの説く合法的専制主義は結局のところ「恣意的専制主義」(despotisme arbitraire) に帰着すると見ているのである (XI, 153)。

第Ⅰ部　啓蒙期の憲法思想

　今少し付言すれば，後見的権力の把持者である君主は自然法についての明確な認識を有すべきであるとするフィジオクラートの主張に対し，マブリは「シナの専制主義」を例にとって次のように批判する。

　「私は，立法権は自然法の明確な認識を有している人びとにしか与えられ得ないということについてはまさしくあなた方と一致している。しかし，シナにおいては王権は世襲的であり，その世襲は社会の自然的本質的秩序に属しているとあなた方が主張している以上，何故に，自然法の認識を有し，またその帝国における種々の欲求に対してその正当な適用をなし得るような哲学者が主権者として，幸運にも常にあなた方に与えられるということが確かなのであろうか。……それゆえ，あなた方の制度の，そしてあなた方が社会の自然的秩序と呼んでいるものの必然的結果として，あなた方は往々にして立法権が属し得ない人物に立法権を委ねざるを得ないということがお分かりであろう」(XI, 176-177)。「シナにおいて偶然にしか良好でなかった統治，もしくは他の人民のあいだで生み出されている悪徳を偶然にも生み出さなかったような統治を，社会の自然的で必然的な秩序として提示しないように気をつけねばならない」(XI, 111)。

　以上のことから，マブリとモンテスキューの「権力分立論」を同一視することには慎重にならねばならないが，少なくとも専制主義批判という点では両者は同一地平に立っていると見てよいであろう[75]。

（2）人 民 主 権

　マブリが絶対王制に代わる政治社会を構想するとき，その前提となるのは自己の尊厳性への誇り，貪欲や野心に心を奪われることのない節制，祖国への愛と勇気を有し，「公共善」に貢献しようとする心構えができているいわば理念型としての人民である。これを前提として，マブリは『権利』において次のように述べている。

　「君主制や貴族制の内に，正当で理性的な法律を期待することは馬鹿げたことである。反対に，人民が立法権を自らの手中にするや否や，その人民はたちまち最も賢明で最も有益な法律を有することになるであろうということは確かなことである。そのような法律にしか従おうとしないほどに自らの尊厳性に非

---

[75] モンテスキューの憲法思想について，拙稿「モンテスキューの憲法思想とパルルマン」金沢大学教養部論集人文科学篇31－1，23-49頁 1993，「アンシャン・レジーム末期におけるパルルマンの憲法思想」金沢大学教養部論集人文科学篇30－2，59-89頁 1993。

常に誇りを持っている共和主義者は，当然のことながら，真っ正直で，正当で，高邁にして勇敢な魂を有しているのである。」(XI, 372)

また，『アメリカ合衆国の政府と諸法律に関する考察』(*Observations sur le gouvernement et des lois des Etat-Unis d'Amerique*) において，次のように述べてアメリカ合衆国を賞賛する。「あなた方は，そのすべての憲法において自然の諸原理に回帰したのである。あなた方は，全ての政治的権威はその起源を人民から引き出すということ，人民だけが法律を作り，その誤りが感取されるかもしくはもっと良いものに使用しようと切望するや否や，それらの法律を廃止し，修正する不可譲の権利を有しているということを，確かな公理として確立したのである。」(VIII, 342-343)

アンリ・セーは，「彼(マブリ)はモンテスキューの定義そのものに従い，デモクラシーということによって，人民によって実行される統治を考えている」[76]と述べているが，この人民もまた理念型としての人民である。この理念型としての人民による統治＝人民主権 (souveraineté populaire) がマブリの構想する統治形態基本原理である。

しかし，先に見てきたように現実の人民はこのような理念型には程遠いことをマブリは冷静に見抜いている。『歴史研究』(*De l'étude de l'histoire*, 1778) において，彼は，「この人民―君主 (peuple-prince)」は「規律 (règles) と理性 (lumières) を欠いているので，偏見と感情によってしか作動しない。……この人民-君主は気まぐれで無分別でしかないであろう。この人民-君主は幸福ではない。というのは，この人民-君主は極端に走るからである」(XII, 94) と述べている。

したがって，『立法論』において次のように言う。「私は以上のことから，人民は，自らがその固有の立法者である限りでしかその法律を信用しないものであると結論する。しかし，私がその立法権を大衆に委ねようとしているなどと心配しないでもらいたい。ギリシアの歴史は，民主制がいかに気まぐれで，不安定で，専制的なものであるかということを，私に非常によく教えてくれた。……したがって，その最高の権力は，自らを代表するために各身分が選んだ人びとに委ねるべきである。」(IX, 294)

こうしてマブリは，直接制を否定して間接制を考える。「共和国のすべての

---

(76) H. Sée, *op.cit.*, p.139.

市民が集会する場合には，その国家はもはや制御が効かなくなるであろう」（Ⅸ, 294）。「デモクラシーにおいては，放恣と自由の混同の危険性に常にさらされている市民は，自分たちの法律によって非常に重い軛を背負わされるのではないかと恐れ，自分たちの司法官をその感情の僕としか見なさない」（*De l'étude de l'histoire*, Ⅻ, 94）からである。

（3）最良の統治形態

マブリは理念型としての人民と現実の人民との狭間で自問し，『フォシオンの対話』において次のように述べている。

「最良の統治形態は君主制か，貴族制かそれとも民主制かと問うこと，それは，君主，元老院議員もしくは民衆の感情のうちどれがより大きな悪習を生み出し得るのか，あるいは，生みだすことが少なくてすむかを問うことである。混合政体（gounernement mixte）が他の政体よりも優れているかどうかを問うことは，それらの諸感情が法律と同様に賢明で，正当で，温和であるかどうかを問うことである。」（X, 74, note）

こうして一方では，「最良の政治形態は民主制を基礎とするものである」（Doutes, Ⅺ, 158）と言い，他方では，「私は民主制を愛するものではない。私は人民がどれほどまでの錯覚と誤謬に陥っているかを承知している」（Doutes, Ⅺ, 173）と語る。

マブリの行き着くところはいかなる政治形態か。この判断はさほど容易ではない。ここでは，次のようなアンリ・セーの見解に注目したい。

「マブリは，特に執行権を弱めること，そして国民に直接的に由来するに違いない立法権を強化することに専念しているのである。たとえマブリが君主制をなお存続させる必要性を考えているとしても，かれの立憲君主制の理想は非常に共和制に近づいているのであり，彼はそれを正当にも《共和主義的君主制》（monarchie républicaine）と呼ぶことができたのである。モンテスキューの権力分立の体系やルソーの人民による直接制の理論から同時に区別される彼の体系は，大革命期の人びとの精神に非常に直接的な影響を及ぼしたように思われる。1789年の多くの陳情書は，マブリにならって，執行権と立法権の関係を解釈している。執行権に対する不信の感情は次第に明瞭となり，大革命が近づくにつれて，1789年のパンフレットに見られるようなものとなる。『われわれの災禍は，臣民の不服従に由来するものではなく，政府が臣民を服従させた権力の濫用に由来するものである』とマブリが宣言する場合，かれは，新たな

思想を支持するすべての人びとの意見である世論しか表明していないのである。」[77]

　要するにセーは，マブリの考える最良の政治形態を「共和主義的君主制」に見ているのである。しかし，マブリが考察の素材の多くを古代にとり，アメリカ，アフリカ，インド等の未開族を例に引きながら「新たな人間」による無人島での理想国家建設を説いていることからすれば，例えその理想国家の統治形態が具体的に明示されていないとしても，彼にとっての最高の統治形態は「能力に応じた労働と必要に応じた生産物の配分」（le travail selon les capacités et la répartion des produits selon les besoins）を可能とする人民主権原理に基づく国家であると言わねばならない。

おわりに

　これまでの考察から，マブリがイデアリストの極に身を置いていることは明らかである。バブーフをはじめとする「平等派」は，このイデアリストとしてのマブリを導きの星としたことは否定できないであろう。しかし，そのマブリはデモクラシーをめぐる人民の成熟度を冷徹に見抜くことによって，身を翻してレアリストの極に移らざるを得なくなっていることも否定できない。初期‐中期におけるフランス革命の革命家たちは，このレアリストとしてのマブリに学んでいるのである。

　以上のことから，イデアリストの極とレアリストの極を彷徨する思想家マブリというのが本稿の現時点での結論である。

　古今東西を問わず，世紀末にはユートピアが希求される。マブリのユートピアは，普遍的な政治道徳的原理としてのヴェルチュ（vertu）もしくはボン・サンス（bon sens）を有する市民＝有徳の市民を前提とするものであるだけに，ポスト・モダンの思想状況においては冷笑の対象とされるかもしれない。しかし，いかなる政治社会を考えるにせよ，その究極的な目標が「人間の尊厳」の確立にあることは否定できない。この意味において，マブリのユートピアは，「人間の尊厳」を求め続ける人びとの魂を幾世紀にもわたって捉えて離さないであろう。マブリを考察の対象としたものではないが，「人間の尊厳」を魂の糧としつつ，「いわゆる『理性の解体』というポスト・モダン状況において

---

(77)　H. Sée, *op.cit.*, p.144.

……考えるとき，その具体的ユートピアは時代遅れの啓蒙の自己欺瞞ということになるであろうか」と問うて，「人はその顔を長靴で踏みつけられてはならないという人間の尊厳が存することは疑問の余地はない」と答え，「そうだとすれば，事あらためて『哲学的問い』の自己根拠づけは不可能で無意味であるとして哲学の終焉を語り，人間のあるべき生き方の共通の規範を普遍哲学的に根拠づけるのも徒労であるというのは，『哲学的問い』に本来含まれている自己言及のパラドキシカルな構造に耐えられない現代人の精神の衰弱（full stomach and empty soul すなわち満腹の胃袋，空っぽの魂）以外のなにものでもないように思われる」[78]との指摘に傾聴すべきである。マブリのユートピアは，決して「時代遅れの啓蒙の自己欺瞞」ではない。

　これまで見てきたモレリやマブリのコミュニストの憲法思想がどのような形で「革命期」のバブーフの憲法実践に継承されていくかについては，第Ⅱ部第4章において検証することにする。

---

(78) 駒城鎮一『ポスト・モダンと法文化』（ミネルヴァ書房, 1990年）237-238頁。

第Ⅱ部
革命期の憲法思想とその実践

第1章
アンシャン・レジーム末期における
パルルマンの憲法思想とその実践

はじめに

　第Ⅰ部で設定した仮説を検証するために，第Ⅱ部では，第Ⅰ部で見てきた啓蒙期の憲法思想の諸潮流が革命期にどのように継承され実践されていくのかを検討してみよう。その際，啓蒙期の憲法思想と革命期の憲法思想の対応関係の直接的媒体は何であったのかという点が問題になる。啓蒙期の憲法思想の諸潮流が無媒介に突如として革命期に実践されるとは考えられないからである。

　この問題をめぐって本書が着目するのは，パルルマン（Parlement・高等法院）の存在である。パルルマンは1787年から89年にかけて「革命の序曲」を演じたとされながら，その憲法思想についての研究はわが国では極めて手薄になっている。その理由としては種々のものが考えられるが，パルルマンが貴族の牙城としてフランス革命を準備しながらも，1789年の革命によって完全に葬り去られていったことから，89年以降の革命の本格的展開期の憲法思想に考察が集中してきたことに主要な原因があると考えられる。さらに，アンシャン・レジーム末期の王権に対するパルルマンの抵抗は，モンテスキューの憲法思想と同様，絶対王政下での貴族の「権威失墜の歴史」を総括し，失地回復をはかろうとするものであり，その意味では歴史の軸を後方に回転させようとするものであると見られてきたことから，89年以降の革命諸形態を通じて実践される憲法思想との関係でネガティヴに評価されてきたということも考えられる。

　しかし，後述するように，18世紀後半から革命の勃発に至るまでのパルルマンの抵抗はこの当時の種々の憲法思想に支えられており，パルルマンが啓蒙期の憲法思想の実践者としての役割を果たしていたことも否めない事実である。啓蒙期の憲法思想がフランス革命に思想的武器を提供したことは周知の事実であるが，それは無媒介に行われたわけではない。この媒介をなすものとして，寛容論に基づくヴォルテール（Voltaile, 1694-1774）の活動，ミラボー（Comte de Mirabeau, 1749-91）の活動，ディドロによる百科全書の出版，フィジオク

ラートの改革運動等を上げることもできるが、王権との緊張関係の強さおよび王権に対する公的機関としての影響力の大きさという点から見た場合、パルルマンの抵抗が最も大きな意義を有しているように思われる。「パルルマンの主要な革命的意義は、旧体制の改革を妨害したというよりも、むしろその諸建白を通して専制主義、愛国主義、国民の諸権利（national rights）および根本法といった諸概念でもって世論を教導したということにあった」[1]といわれる所以である。

以上のことを踏まえて、本章ではアンシャン・レジーム末期のパリのパルルマンの憲法思想とその実践を、主として *Remontrances du Parlement de Paris au XVIII siècle, t.I（1715-53), 1888, t,II（1755-68), 1895, t.III（1768-88), 1898*, publiees par Jules Flammermont, Paris, Imprimerie Nationale. を資料とし、François Olivier-Martin, *Les Parlements contre l'absolutisme traditionnel au XVIII siècle, 1949-50*, Paris, Edition Loysel（1988). をその資料分析の手がかりとして検討し、その歴史的意義について考察するものである。

◆ 第1節　パルルマンの歴史と権限 ◆

第1項　パルルマンの起源と発展

考察の前提として、ここではパルルマンの歴史と権限について外観する[2]。

中世封建社会における封建領主中の最大領主としての王の使命は、王国と教会を防衛すること、臣民（sujets）の間に均衡と平和を維持することにあった。王はこの使命を達成するために、王会（Curia regis）における「賢人衆」（prud'hommes）の助言を必要とする。王の顧問役としての「賢人衆」は王の統治活動に絶えず参画するが、近代的な権力分立制度は存在しないから、彼らの職分は必ずしも明確ではない。しかし、歴史の進展とともに諸々の集団とその職分とりわけ王会の司法的職分が識別されるようになってくる。王の使命達成は

（1）　Samuel F. Scott and Barry Rothaus ed., *Historical Dictionary of the French Révolution, 1789-99*, Greenwood Press, 1985, vol.1, p.749.

（2）　この概観は、François Olivier-Martin, *Histoire du droit français*（以下、*Histoiore*. と略記), Oomat Montshrestein, 1948（Edition du CNRS., 1989). 塙浩訳『フランス法制史概説』（創文社、1988年)、野田良之『フランス法概論（上）』（有斐閣、1954年）および山口俊夫『概説フランス法（上)』（東京大学出版会, 1978年）にもとづいている。

第 1 章　アンシャン・レジーム末期におけるパルルマンの憲法思想とその実践

「正しき裁きによって」（par droite justice）行われなければならず、その意味において王の最も重要な職分は司法にあるからである。当初、王会は聖職者と俗人からなる宮廷の高官によって構成され、王の司会のもとで重要な政治問題について裁きを行うが、王は王会の助言を求めたあとでなければ如何なる企画も決定できない、というのが王の統治の原理である。この原理のもとで、王会は、王および王太子の婚姻、教会関係の重大事件、封建諸公の鎮撫、王国内の平和維持、外国君主との同盟・宣戦・休戦・講和等について評議する。王会の評議は全員一致を要せず、大多数で決せられるが、王はこの決定に拘束されるわけではない。最終的決定を下すのはあくまでも王の権限である。この意味では、王会は王の諮問機関にすぎない[3]。

ところで、12世紀以降の商業活動の発展は自然経済から貨幣経済への転換を促し、封建諸領主もこの貨幣経済にとりこまれ、13世紀には自然経済に基づく領主経済が根本的に解体する。自然経済から貨幣経済への転換過程は封建諸領主の政治力の動揺と衰退をもたらす一方、この転換過程を領主中の最大領主として鳥瞰し得る王は、貨幣経済を通じて形成されてきた商業資本（前期的資本）に着目し、これに特権を付与することによって一層強力に育成しつつ中央集権的統治体制の確立へと向かうことになる。商業資本にとって必要なのは安定した統治であり、王権にとって必要なのは封建諸領主の政治力を吸収して中央集権的統治体制を確立することである。こうして、封建諸領主の政治力はその基盤を掘り崩されていく。すなわち、自然経済から貨幣経済への転換過程に十分な対応をなし得ない封建諸領主の領地は王の直轄地に併合されていかざるを得ない。したがって、領主裁判権も直轄地の裁判官に牛耳られることによって中央集権的な裁判機構に吸収されていくことになる。このような経済変動を反映して、13世紀後半に多くの事件が王会に持ち込まれるようになると、その効果的な処理のために王会は機能分化を余儀なくされ、訴訟機能を担う専門機関が形成されるようになる。それがパルルマンの起源としてのクール・ドゥ・パルマン（Cour de Parlement）である。つまり、パルルマンは「王会より出でて全く別個の司法機関」となるのである[4]。

フランス絶対王政は封建王政（Monarchie féodale）にはじまり制限王政（Monarchie tempére）を経て確立されたと言われるが[5]、パルルマンの起源とその

（3）　Olivier-Martin, *Histoire.*, pp.217-224. 塙・前掲訳書 328-336 頁。
（4）　野田・前掲書 233 頁。

発展はこの過程に対応するものである。こうして，パルルマンの評定官（conseillers）＝司法官はルイ11世（Louis XI, 在位1461-83）のもとで1467年に終身的身分保障を認められ，それ以降パルルマンは王権との関係において次第に独立性を伴った司法機関へと脱皮していくのである。このようなパルルマンの起源について，ガクソット（Pierre Gaxotte 1895-1982）は次のように述べている。「13世紀になっても，会談を意味するパルルマンという術語は，相変わらず曖昧な言葉であった。裁判に適用された場合，この術語は，前もって予審された訴訟事件が討議される《王会》の特別法廷を意味している。しかしフィリップ尊厳王の治世下に早くも，あまりに訴訟事件が多いので，無資格者を締め出して専門の委員を任命するのが必要になったほどである。聖王ルイの治世下に，この委員会は規則正しくその機能を果たしている。その委員会は『評定官』あるいは『司法官』と呼ばれる100人の裁判官を含んでいて，彼らの1人の主宰の下に討議を行う。……『パルルマンは，不安定で毎年名簿が更新される初代の制度から，常任かつ終身の委員会の制度に移る。』すなわち，《王会》の裁判上の職分を全部引き受ける終審裁判所となるのである。」[6]

このように司法機関となったパルルマンは，王自らが臨席し，王会の意見を徴して裁判を行う場合のほかは，王の委任を受けて裁判を行った。パルルマンの所在地はパリであったが[7]，王の直轄地の拡大に伴って裁判管轄も拡大していったことから地方のパルルマン（Parlements de province）も設置されるようになり，アンシャン・レジーム末期には12の地方のパルルマンが存在した[8]。司法機関としてのパルルマンは，王に留保されている裁判（justice retenue）や特別裁判所＝会計検査院（Chambre des Comptes）・租税院（Cours des Aides）・造幣院（Cours des Monnais）の管轄に属する事件は別として，それ以外のすべての民事・刑事・行政事の管轄権を有していた。パルルマンの判決に

（5）同上301頁。
（6）Pierre Gaxotte, *Histoire des Français,* Flammarion, 1972, p.247. 林田・下野訳『フランス人の歴史Ⅰ』（みすず書房，1972年）222頁。
（7）「パルルマンは，シテ島の王宮のなかに設置されていて，布令と王令が保管される記録保存所を持っている。」P. Gaxotte, *op.cit.,* p.247. 林田・下野・前掲訳書Ⅰ, 222頁。
（8）地方のパルルマンとその所在地は次のとおりである（野田・前掲書406頁参照）。ラングドク（トゥルウズ），ノルマンディ（ルーアン），プロヴァンス（エクス），ブルターニュ（レンヌ），ブルゴーニュ（ディジョン），ギュイエンヌ（ボルドー），ドフィネ（グルノーブル），ナヴァル（ポー），トロワ・ゼヴェシュ（メス），フランシュ・コンテ（ブザンソン），フランドル（ドゥエ），ロレーヌ（ナンシー）。

対しては，王室顧問会議への上告のほかは控訴されないものとされていた[9]。

第2項　パルルマンの権限

上にみたように，パルルマンは王会より分化した司法機関としての起源を有しているが，司法的権限のほかに立法的・行政的・政治的権限をも有していたことを看過してはならない。本章の考察対象であるパルルマンの憲法思想は，どちらかと言えば，これらの立法的・行政的・政治的権限を行使する過程で形成されてきたといってよい。ジャン・ボーダンの『国家論』(Les six livres de la République, 1576) によるまでもなく，絶対王政に君臨する国王は，主権者として立法・行政・司法の全権力の最終的保持者であり，国王の政治的権限は勅令＝公開状 (lettre patente) を介して行使される。

ところが，国王がこの勅令という公文書の形式において諸決定を執行する場合，それらの諸決定を執行諸機関に直接通達する前に，パルルマン（場合によっては会計検査院等の特別裁判所）はその勅令を送付され，パルルマンの適否の審査と登録を経ないとその勅令は効力を有しないという慣行が14世紀以降確立されてきた[10]。つまり，パルルマンは公開の法廷を開いて国王の勅令を朗読し，その適否について審査した上で，「これを特別の登録簿に登録し，実際家の縦覧を許し，且つその写しを下級裁判所に通達した。従って本来登録簿は公開状の交付の形式に外ならず，今日でいえば官報に掲載することに該当するわけである」[11]。本章では，この慣行に基づく権限をパルルマンの法令（勅令）審査登録権 (enregistrement) と呼ぶことにする。

この法令審査登録権と不可分な関係にあるのがパルルマンの建白権 (remontrance) である。すなわち，国王の勅令＝公開状が送付された場合，パルルマンはその適否について審査するのであるが，その場合その勅令＝公開状に対する建白書を国王に提出することができ，それに対する国王の回答があるまでその登録が延期され，したがってその執行が延期されるという慣行である。オリヴィエ・マルタンは，この慣行について次のように述べている。「国王はこれらの公開状の登録に関して自らの高等諸法院 (ses cours) の建白を早くから認め

---

(9) Olivier-Martin, Histoire., pp.537-538. 塙・前掲訳書412-3頁。
(10) Olivier-Martin, Les parlements contre l'absolutisme traditionnel au XVIII siècle （以下 Les parlements. と略記), 1949-50, Paris, Edition Loysel (1988), p.9.
(11) 野田・前掲書415頁。なお，勅令登録手続の詳細については，Cf. Olivier-Martin, Histoire., pp.541-542. 塙・前掲訳書806-7頁。

てきたのであり，公開状の登録は彼（国王）の回答があるまでは停止されることを認めてきたのである。……国王はそれらの建白を受けいれてきた。というのは，彼（国王）は，そこに，自らの絶対主義を緩和するあの諮問の精神（cet esprit de conseil）の新たな適用を確かに見出したからである。」[12]

さらに，国王がパルルマンの建白をパルルマンの意に叶ったかたちで解釈しない場合には反復建白（itératives remontrances）が発せられるという慣行も形成されるようになった。パルルマンはこれによって勅令の登録を遅らせることができたのである。したがって，国王は登録命令書（les jussions）を増発しなければならなかった。パルルマンが意地になって抵抗する場合には，国王は「権力による登録」（l'enregistrement d'autorité）に訴えねばならなかった。すなわち，パリの場合には，国王自身が王国の最高貴族の代表者たちであるフランス同輩衆（Pairs de France）[13]および王室顧問会議（Conseil du roi）のメンバーを伴ってパルルマンの法廷に赴き，親臨法廷（lit de justice）を開き，勅令を朗読させて助言を聴取し，最終的に国王が採決（arrêt）を宣言したのである。会計検査院，租税院，造幣院等の特別裁判所に対しては，国王は血族の王公の一人に国家顧問官（conseillers d'Etat）をつけて使者として命令を伝達させた。地方の場合には，地方総督（le gouverneur de la province）もしくは司法長官（le commandant en chef）を使者として命令を伝達させた。「これらの権力による種々の登録は，『絶対的な権力行為』（actes d'autorité absolue）と考えられ，国王は極限においてしかそれに訴えはしなかった。しかし，その有効性は争われなかった」[14]。

---

(12) Olivier-Martin, *Les Parlements.*, p.10.
(13) 同輩衆（Pairs）とは，封主の法廷において12名の同輩の封臣によってしか裁かれない（同輩衆による裁判の原則 le principe du jugement par les pairs）という封建制度上の特権を有する封臣のことであり，このような特権を有する国王の直臣たる12名の王族や大貴族に与えられた称号が「フランス同輩衆」（Pairs de France）である。オリヴィエ・マルタンによれば，「フランス同輩衆は，12名の構成員から成る。その中の6名は聖職者，他の6名は俗人である。即ち，ランスの大司教とランおよびラーングルの両司教，この3名は公である。ボヴェ，ノワイヨン，シャロン－シュル－マルヌの各司教，彼らは伯である。ノルマンディ，ブルゴニュ，ギュイエンヌの各公，およびフランドゥル，シャンパニュ，トゥルーズの各伯，以上の12名である。12という数は，使徒の数であるが，多分ロランの歌で通俗化したシャルルマニュの12名の同輩に由来するものであろう。聖職者と俗人，公と伯，との均衡は，固より，後に調整されて仕上ったものである。ともかく，フランスの12名の同輩衆は，王国の最高貴族層を代表したものであって，13世紀初頭以来，王会に独自の相貌を与えたのである。」Olivier-Martin, *Histoire.*, p.228. 塙・前掲訳書341頁。

170

第1章　アンシャン・レジーム末期におけるパルルマンの憲法思想とその実践

　法令審査登録権と建白権を盾にとったパルルマンの活動については，一般に次のように言われている。「パルルマンは最高法院として司法的に営んだ機能よりも王権に対する強力な政治的反対勢力として演じた役割の方がはるかに歴史的には有名である。……パルルマンは16世紀において実質的に王国の立法に実際上の影響を与えていた。しかるに17・18世紀に至るやパルルマンの勢力はさらに強化せられ，王権との争いは激しくなった。その原因の1つは官職世襲の結果パルルマンの地位が強化されそこに職能団体的意識を生じしめたこと，その2つは王権の危機の時代すなわち宗教戦争をめぐり新旧両派の対立によって国内の騒擾著しかった時代や，摂政のおかれた時代には王権がむしろパルルマンをその頼りとし，その結果パルルマンが公然と政治に介入する道を開いたからである。」[15]

　その代表例はフロンドの乱の出発点となるパルルマンの反抗である。すなわち，ルイ14世（Louis XIV, 1638-1715）即位当時（1643年），政権を牛耳っていたのは摂政母后アンヌ・ドートリシュ（Anne d'Autriche, 1601-66）と宰相マザラン（Jules Mazzarin, 1602-61）であったが，この摂政制の構成に関して重要な役割を演じたパルルマンはその勢力を増強し，1648年には連合決議（arrêt d'Union）によって会計検査院・租税院と連合して，官職に関する財政上の措置を講じようとした王令の登録を拒否するという反抗に出た。これは高等法院のフロンド（Fronde parlementaire, 1648-49）と呼ばれ，大領主のフロンド（Fronde des grands seigneurs, 1649-53）とともに，王権に対する貴族勢力の組織的反抗であるが，その敗北はブルボン絶対王政の確立を準備するものであった。

　フロンドの乱の鎮圧後，親臨法廷で登録された1653年10月22日の王宣（la déclaration）は，国事について検討することおよび財政問題に指示を与えることをパルルマンに禁じた。さらに，摂政期を終えてルイ14世の親政に移る1661年7月8日の王室顧問会議の決定（Arrêt du Conseil）は，王令（ordonnances）とともに王室顧問会議の決定にも従うべきことをパルルマンに厳命した。また，幼少期の経験に学んだルイ14世は，1668年に，パリのパルルマンの記録から，1648年から1652年までの政治問題に言及している部分を削除させた。また，1667年の民事王令（ordonnance civile）はパルルマンの建白の慣行を規制した。それによれば，建白は勅令＝公開状の登録に際しては認められるが，

---

(14) Olivier-Martin, *Les parlements.*, pp.10-11.
(15) 野田・前掲書416頁。

それは勅令が送付されてから8日以内（王不在のときには6週間以内）に国王に提出されねばならない。勅令が国王臨席の会議（séance royale）で登録された場合には、直ちに執行されねばならない。これらの規制は、1673年2月24日の勅令によって拡大された。すなわち、一般的法律（lois générales）に関する勅令は直ちに登録されねばならず、パルルマンは1667年の民事王令の定める期限内に建白を送付することができるにすぎない。こうしてパルルマンにおける法令審査登録権は全く機械的な形式となり、すべての権限は国王だけに集中することになった[16]。モンテスキューが『ペルシア人の手紙』（Lettres persanes, 1721）においてルイ14世の統治を東洋風の専制政治だと批判し、絶対王政確立の歴史を「パルルマンの権威失墜の歴史」であると嘆いているのはこのような状況を指してのことである。

　ルイ14世の死去によって事態は一変する。摂政フィリップ・ドルレアン（Philippe d'Orléans, 1674-1723）はルイ15世の摂政に関するルイ14世の遺言を変更するに際して、パルルマンの協力を必要とした。そのために、1715年9月15日の王令は、幼少の国王の臨席する親臨会議で登録されたものであるが、いかなる制限も付さずに、登録に先立つパルルマンの事前建白という旧来の権限の復活を容認した。「この王令の規定にもとづいて、18世紀を通じて高等諸法院（les cours souveraines）がわがものとすることになる活動と闘争の本質的手段が設定された。次第に拡大されてきた建白において、高等諸法院は君主制の国家構造（la constitution de la monarchie）に関する自らの見解を表明し、自らのやり方でもってその国家構造を解釈するようになった。高等諸法院は単に自らの登録に付されるべき法律の場合だけでなく、あらゆる種類の状況に関しても、それらの建白をさし向けるであろう。」[17]

---

(16)　Olivier-Martin, *Les parlements.*, pp.11-12.
(17)　*ibid.*, p.13.

◆ 第2節　パルルマンの憲法思想とその実践 ◆

第1項　考察の前提

本節はルイ 14 世没後を便宜的にアンシャン・レジーム末期として捉え，パリのパルルマンが発した建白を主要な素材としてその憲法思想（人権論と主権論）を考察しようとするものであるが，その前提としていくつかの点についてあらかじめ検討しておきたい。

1　法律の保管者としてのパルルマン

まずはじめに，パルルマンが自らを「法律の保管者」（dépositaires des lois）として位置づけていたことについてみておきたい。1751 年 8 月 16 日，パリのパルルマンの院長は君主制の賢明な運営につき次のように述べている。「そこではすべての権力の源泉である君主は，自らのもとに……法律の保管（dépôt des lois）とその法律の執行を維持する任務を負った第 2 の権力機関（puissances secondaires）を確立することによって，自制する（se lier lui-même）ことを認めねばなりません。」[18] また，1753 年 4 月 9 日の「秘蹟の拒否に関する大建白」は，次のように述べることによって，法律の保管者としてのパルルマンが国王の権力と臣民の信頼を結び付けるものであると主張している。「陛下，君主制は裁判（l'administration de la justice）における不変の秩序を保持することによってしか存続しないのであります。この裁判は，その（不変の）秩序により，陛下のすべての臣民にとって迅速かつ容易なものとなることによって，王権が高みにあるために臣民の関心からあまりにもかけ離れている陛下のかかる尊厳を，その臣民に偲ばせると同時に関心あるものとするのであります。その場合には，人民は，君主がいわば人民の中に降り立ち，その結果，弱者の擁護者・被圧制者の庇護者・貧民の保護者となるのを見るのであります。陛下，このような幸いな結果は，本質的に旧来の王室の管理（économie ancienne）に結び付いているのと同様に中間的諸権力のかかる漸増を伴った君主制にも結びついているのであります。それらの中間的諸権力は，その由来する君主に依存し，

---

(18) Jules Frammermont, *Remontrances du Parlement de Paris au XVIII siècle*.（以下 *Remontrances*. と略記），t.1, p.467.

臣民の間に配置されることによって，国家の全ての部分のつながりを形成し，陛下の権威を容易に維持し，人民の忠誠を監視するものであります。それらの中間的諸権力は，人民の要求に対して継続的な注意をはらうことを通じてその心を人民に開け放つのであります。すなわち，それらの中間的諸権力は，神聖な保管所（dépôts sacrés）であり，そこにおいて陛下の至高の権威と臣民の信頼は緊密に結びつくのであります。また，それらの中間的諸権力は，正義と法律の保護を君主から人民へと降下させ，人民の尊敬・服従・愛着を人民から君主へと上昇させるという交流を，王権と人民の間に確立するのに必要な身分（degrés）なのであります。」[19]

このように，パルルマンは君主制における「法律の保管者」＝国王と臣民の媒介者として自らを位置づけているのであるが，その具体的根拠をいま少し見てみよう。その１つは，国王および王室顧問会議は法律に関する詳細にして膨大な議論に専念することは不可能であるということである。たとえば，1764年１月18日の「トゥルーズのパルルマンとフィッツ・ジェームズ公の対立に関する建白」において，パルルマンは，民事に関する統治権の行使は詳細事にまでわたり，往々にして主権者（国王）の権限と人民の権利を対立させたりするので，国王の仕事量の多さと公平の観点から，国王に代わって臣民に対する裁判を行い，法律を保管する任務を負った１身分が必要になったのだと指摘した上で，さらに次のように述べている。「彼ら（法律を保管する任務を負った一身分）にこの保管を委ねることによって，一方では，君主はその権利と諸法律を遵守せしめるために，その権威を彼らに与え，他方では，君主は人民の合法的諸権利の保持を監視する義務を彼らに与えたのであります。この二面性のもとで，評定官たちは国王とその臣民とを代表する（représenter）のであります。」[20]

その２つは，君主の意思は往々にして側近たちの奸計（les surprises）に陥るようなことが起こりうるので，この奸計を見抜く機関が必要だという点である。この意味において，パルルマンは，決して無謬ではあり得ない国王権力が奸計に陥ることのないように監視するための組織体として自らを位置づけているのである[21]。

---

(19) ibid., p.568.
(20) Jules Frammermont, *Remontrances.*, *t.2*, p.430.
(21) Olivier-Martin, *Les Parlements.*, p.34.

第1章　アンシャン・レジーム末期におけるパルルマンの憲法思想とその実践

このような考え方は，18世紀後半以降パリのパルルマンを通じて普及していく。しかし，「法律の保管者」としてのパルルマンという位置づけは，パルルマンの独創によるものではなく，すでにモンテスキューの『法の精神』(1748)第1部第2編第4章において次のように提示されているものである。

「君主国においては中間的諸身分が存在するだけでは十分ではない。さらに法律の保管所が必要である。この保管所は，法律が作られたとき，それを告げ知らせ，法律が忘れられるとき，それを想い出させるところの政治団体の中にのみ存しうる。貴族身分に生来のものである無知やその不注意，国家的統治に対するその軽蔑のために，ある団体すなわち法律をその埋められているほこりの中からたえず引き出してくる団体の存在が必要になる。君公顧問会議は適当な保管所ではない。それはその性質上，執行する君公の一時的な意思の保管所であって，基本的法律の保管所ではない。君主の顧問会議はたえず変り，決して常設的ではなく，多人数でもありえないであろう。それは人民の信頼をかなり高度にもっているわけでは決してない。したがって，それは困難な時期にあって，人民を開明することも，また人民を服従へと立ち戻らせることもなしえない。」[22]

2　国王の上位にある法律

次に，パルルマンが「法律の保管所」として自らを位置づけるに際して，その法律がいかなる性格のものとして考えられているかについて見ておきたい。君主制の原理の1つは，国王が王国の根本法（lois fondamentales du royaume）を遵守しなければならないという点にある。根本法は国王の法律ではなく，王国の法律だからである[23]。したがって，国王はこの根本法に反して自ら固有の

---

(22) Montesquieu, Œuvres complètes（Bibliothèque de la Pléiade），t.2, p.249. 野田・稲本他訳『法の精神(上)』（岩波文庫，1989年）30頁。

(23) 「『王国の根本法』(lois fondamentales du royaume) とは，王位継承と王領不分割に関する不文の憲法とも言うべき王国慣習法であり，具体的には，①王位の年長男子世襲制，②男系親相続の原則，③国王に対する能力推定の原則（未成年ないし無能力者は，摂政(régence)の補佐によって統治する。なお，国王成年は14世紀には14歳に引き下げられた），④王位正統性の原則（国王個人は，王位継承の諸原則を，みずからの意思によって変えるとはできず，継承者の欠陥による空位の場合は，国民(全身分会議)の指名による），⑤王領の不可譲渡性と非時効性の原則，⑥国王によるカトリシズムの信奉，などを主たる内容としていた。」山口俊夫『概説フランス法(上)』（東京大学出版会，1978年）40頁。

175

法律をつくることはできないし，根本法の枠内で法律を制定したからには，それを廃止しないかぎりそれに従わなければならない。この意味において，法律は国王の上位に存する。オリヴィエ・マルタンによれば，ルイ14世はこの原理を言明し，ルイ15世も1764年2月25日の公開状において，「賢明にも制定された法律および形式を遵守することによって統治する」旨宣言している。また，ルイ16世も1774年11月の勅令において，「朕の意図は，王国において賢明にも制定された形式と法律に従い，理性と顧問会議の精神を通して常に統治することにある」と宣言している[24]。

他方，パリのパルルマンは1753年1月25日に22箇条からなる建白の主題草案を採択し，その第1条において，「君主の主権，一様に全てのその臣民に及ぶその権威，人民の服従および人民の合法的自由は，全ての君主制の本質をなすものであり，法律を維持することによってしか存続できないものであります」[25]と宣言している。また，1751年8月16日には，パリのパルルマンの院長は国王に対して次のように進言している。「法律を遵守することは，王国を強固にするものであります。そこから，そのもとでわれわれが生きる喜びを得るような統治形態すなわち君主制のかかる賢明な管理組織（cette sage économie）が生じてくるのであります。」[26]

したがって，1718年6月27日の「貨幣の改鋳および量目低下問題に関する建白」において，パリのパルルマンが，「国王陛下の意思がパルルマンにおける登録と公示——そのあとその管轄下のバイイ裁判所およびセネシャル裁判所（bailliages et sénéchaussées）に送付される——という通常の方法でもってその全ての人民に伝達されるということは，単に陛下の全ての臣民の利益だけでなく，陛下御自身の利益でもあります」[27]と述べ，同年8月29日の「複数の評定官の更迭および逮捕に関する建白」において，「われわれは提起された諸問題に関して全く自由に審議するためにしか，またわれわれの良心（nos conscience）のおもむくところにしたがってわれわれの見解を述べるためにしか，陛下のいかなる官吏となる栄誉も有しておりません」[28]とまで主張した背景には，上にみたような「国王の上位にある法律」（Les lois au-dessus du roi）という法律の位

---

(24) Olivier-Martin, *Les Parlements.*, p.28.
(25) Jules Flammermont, *Remontrances.*, t.1, p.513.
(26) *ibid.*, p.467.
(27) *ibid.*, p.78.
(28) *ibid.*, p.117.

第1章　アンシャン・レジーム末期におけるパルルマンの憲法思想とその実践

置づけを前提にしてのことであったのである。オリヴィエ・マルタンによれば，1750年以降，パルルマンは登録に先立って法律に対する自由な審理（vérification libre）を要求するようになった。それは従来の君主制の基本構造に対する重大な修正であった。そのために，パルルマンが用いた命題は，すでにみたように，①パルルマンは法律の保管者であり，君主の度を失した一時的な意思に対して法律の支配を確保しなければならないということ，②この法律は国王の上に位置するということである。これらの2点は主としてモンテスキューの憲法思想に負うものであるが，後述するように，この2点を前提として，パルルマンは「国民を代表し，国民の諸権利を擁護する」とまで主張するようになるのである[29]。

第2項　人権論

フランス革命期の種々の人権宣言もしくは人権宣言諸草案をみた場合，そこで規定されている種々の人権の基礎的概念として，自由（liberté）・平等（égalité）・所有（propriété）の3者が位置づけられていることが分かる。これらの3つの概念は近代人権体系の中核をなすものであり，この3者をどのように関連づけて人権論を展開しているかによって，啓蒙期および革命期の人権思想の諸潮流を整理することさえ可能である。以下においては，アンシャン・レジーム末期のパルルマンが，これら3つの基礎的概念をめぐってどのような人権思想を展開しているかについて検討する。

1　自　由

自由の観念について，パルルマンは必ずしも独自の哲学的考察に基づいてこれを擁護しているわけではなく，啓蒙期の自然法思想において展開されてきたものを独自の実践的観点から利用していると見てよいであろう。自由の観念について哲学的・根源的な考察を加えた上でこれを擁護しようとしたのであれば，人身の自由のみでなく，思想の自由・信教の自由・表現の自由等についても擁護論が展開されてしかるべきである。しかし，パルルマンは，「良心の自由および信仰の自由に対して単によそよそしかっただけでなく，敵対さえしてきた」とか，「今日往々にして表現の自由と呼ばれるもの……にはなおさら関心

---

(29)　Olivier-Martin, *Les Parlements.*, pp.27-28.

を示さなかった」と言われるように[30]、例えばヴォルテールの『哲学辞典』(*le Dictionnaire philosophique*, 1764) および『天真爛漫』(*l'Ingénu*, 1767) 等の出版物に対して極めて厳しい態度をとっている。パルルマンが表現の自由を弾圧したことは周知のところである。その意味において、自由に関するパルルマンの論陣は恣意的であるといって過言ではないであろう。

パルルマンが自由についての論陣をはるのは、パルルマンの評定官 (conseillers) が国王の封印状 (lettre de cachet) によって弾圧を受ける場合である。封印状とは、個人の召喚、逮捕、監禁、投獄、追放のために国王によって発せられる封印された書状のことであるが、実質的には勅令を伴っていない王室顧問会議の決定と考えてよく、18世紀にはあらゆる種類の通達事項を含む国王の命令 (ordres) もしくは特別命令 (ordres particuliers) とも呼ばれた。オリヴィエ-マルタンによれば、「封印状をめぐる問題は、それゆえ、一般的には公開状 (勅令) を伴っていない王室顧問会議の決定をめぐる問題」として設定されてきたのである[31]。この特別命令は極めて多岐にわたって利用された。例えば、プロテスタントやジャンセニストはこれによって逮捕されたし、狂人、放蕩者、名門の素行の悪い子弟[32]、不敬語 (incartades) を使用した文人等がこれによって監禁された。また、国事犯や国王の意に反する立場の者を処罰するという政治目的にも利用された[33]。

18世紀には、パルルマンは、封印状に含まれているとされる国王の意思を承認することを拒否し、正式の公開状 (勅令) を要求した。以下、オリヴィエ-マルタンの考察をも参照して、この封印状に対してパリのパルルマンが提示した建白のなかにその自由の擁護論を探ってみよう。

① ギュイエンヌのパルルマン (所在地はボルドー) は、同パルルマンの3名の評定官が封印状によって追放された事件[34]につき、1756年6月16日の建白趣意書において、「評定官からその権限を奪うこれらの命令 (封印状) は諸王令 (ordonnances) に反し、安全や合法的自由に反するものである」[35]ことを国

---

(30) *ibid.*, p.65.
(31) *ibid.*, p.66.
(32) ミラボー (Comte de Mirabeau, 1749-91) がその父 (Marquis de Mirabeau, 1715-89) の要求に基づいてヴァンセンヌに幽閉されたのはこの封印状によってであり、この封印状を告発した作品が彼の『封印状と国家の牢獄について』(*Des lettres de cachet et des prisons d'Etat*, 1783) である。
(33) Olivier-Martin, *Les Parlements.*, pp.67-68.

第1章 アンシャン・レジーム末期におけるパルルマンの憲法思想とその実践

王が考慮するよう要請している。

　オリヴィエ-マルタンによれば，そこに表示されている「安全」(la sûreté)という用語はモンテスキューに由来するものであり，「自由（la liberté）という用語と結びついて世人に迎えられるようになる[36]。

　② ノルマンディのパルルマンは，大評定院問題（l'affaire du Grand Conseil）に関する1756年6月26日の建白において，評定官の「人身不可侵の原則」(dogme de l'inviolabilité）を宣言している。オリヴィエ・マルタンによれば，それは，「高等諸法院のいかなる官吏も，その職務権限の行使において，封印状もしくはその他の方法によって妨害されたり脅かされたりすることはありえない」という原則である。この原則は，14世紀のフィリップ6世以降認められ，1648年10月22日のルイ14世の王令において宣言されたものである[37]。

　③ パリのパルルマンは1756年8月22日の「ボルドーとルーアンのパルルマンによってとられた措置に関する建白」において，特別命令によって評定官が弾圧を受けたことにつき，次のように慨嘆し，特別命令は法律に反するものであると抗議している。「いかなる市民が評定官職に就くことを決心しうるでありましょうか。そこでは奴隷しか求められないというのに。いかなる人間が名誉ある人間だというのでありましょうか。その義務を果たすことによって不名誉しか自らに招かないというのに。いかなる人間が善良だというのでしょうか。その良心の光明に従うことが犯罪だというのに。いかなる人間が法律に精通しているというのでしょうか。特別命令以外にはもはや法律は存在しないというのに。」[38]

　④ 1759年1月21日にブザンソンの22名の評定官が遠隔地へ追放された事件をめぐって開かれた同年2月16日のパリのパルルマンの全院会議（l'Assemblée des Chambres）において，メンバーの1人は次のように発言している。「諸法律は犯罪訴追のための諸規定を設けてきたのであり，それらの諸規定は市民の共通の安全装置である。人々が自由であるところの君主制において，そ

---

(34) 1752年以降，ギュイエンヌのパルルマンは，土地台帳（Terrier）の作成によってひきおこされる訴訟事件につき，国王がボルドー財務局（Bureau des finances de Bordeaux）に最終的権限を賦与したことに抗議した。この土地台帳問題（l'affaire dite du Terrier）および大評定院問題（l'affaire du Grand Conseil）に発する事件。
(35) Jules Flammermont, *Remontrance.*, t.2, p.133.
(36) Olivier-Martin, *Les Parlements.*, p.74.
(37) *ibid.*, p.74.
(38) Jules Flammermont, *Remontrances.*, t.2, p.141.

れらの諸規定が侵犯されるとすれば，それらの諸規定はもはや空虚な名目でしかなくなるであろう。いかなる事前の予告もなしに，また弁解できるような状態におかれることもなく，その家族，その祖国から1人の市民を奪うこれらの過酷な命令ほど君主制の本質をなしている法律に反するものは何もない。」「市民の自由は法律の保護のもとに存するものである。」[39]この発言を受けて承認された3月13日の同パルルマンの建白草案第2条は次の通りである。「国民（la nation）およびすべての賢明な政府の権利によって，諸法律は，絶対的権力の根拠のないあいまいな告訴および違法な訴追方法から全ての市民を保護する。……その容疑について知り，その容疑に関して弁解する自然的権利（droit naturel）を被告人から奪うこれらの残酷な奸計（ces coups accablants）は，往々にして容疑者よりも無実の者を襲うのである。」[40]

　ここでは「国民の権利」（droit de la nation）とか「自然的権利」（droit naturel）といった表現がみられることに注意したい。つまり，パルルマンは国民の自然的権利という「一般的原理」（le principe générale）を提起することによって，この原理を歴史的な王令と結びつけ，評定官に関してこれを特別適用しようとしているのである。1759年4月4日のパリのパルルマンの「ブザンソンのパルルマンの状態に関する建白」の次の1節は，その具体例と言えよう。「王国の諸王令によれば，評定官は，その権限行使において封印状その他のものによって妨害されたり脅かされたりされえないし，死亡，自発的辞任，あるいは権限ある裁判官によってあらかじめ裁判され，法律の定めるところに従いかつ裁判用語に従って宣告された汚職によるほかは，その権限行使を失うことはあり得ないのであります。」[41]

　この建白に対して王権側が反論した。それは4月8日の大法官ラモワニヨン（Chancelier Lamoignon）によってもたらされた。彼は君主制の原理について次のように説いている。「その王国において唯一の立法者である国王は，常に，法律の遵守をその権威の最も堅固な基礎と見なすであろう。高度の配慮もしくは国家理性（raison d'Etat）によって［国王の官吏はそれらの（配慮や理由の）判定者たりえない］陛下がその御一身に備わっている最高の権力を行政手段（voies d'administration）……を通じて行使する場合には，それはその原理を侵

---

(39)　*ibid*., pp.173-174.
(40)　*ibid*., p.177.
(41)　*ibid*., pp.180-181.

第1章　アンシャン・レジーム末期におけるパルルマンの憲法思想とその実践

害しようとしてではない。陛下はそれらの行政手段を，公共善および家門の善がそれを必要とする場合に備えて留保ししているのである。」「国王は……臣民の幸福と公的秩序のいくばくかの改革がそれを必要とする場合に，それらの評定官職を廃止することは問題にされるべきではないとお考えである。」[42]

　このラモワニヨンによる高圧的な国王の意思の説明によってパルルマンは譲歩し，7月22日の反復建白[43]において，国王の立法権の完全性だけでなく「行政手段による最高権力の行使」すなわち封印状による最高権力の行使をも承認せざるを得なかった[44]。

　⑤ しかし，パルルマンは完全に屈伏したわけではない。パリのパルルマンは追放されていたブザンソンのパルルマンの評定官の復帰命令（le rappel）を執拗に求め，1760年7月12日の建白において次のように述べている。「もしこれらの評定官が有罪であったとしても，諸法律はなお，彼らが証明する事実でもって，とられた措置に抗議するものであります。その理由は明らかであります。法律だけが犯罪に対して公平であると同時に迅速な刑罰を科すことができるのであり，単なる特別命令は，見せしめとしての有益な方法でもってしても，また秩序と公共の安寧を再建するのに適した方法でもってしても，それらの犯罪を摘発することも調書をとることも処罰することもできないのであります。」[45]

　国王とパルルマンの力関係は微妙である。パリのパルルマンは，国民全体にかかわる問題は同輩衆の法廷（la Cour des pairs）において審理されねばならないとの観点から，同輩衆を招集することを決定する。しかし，同輩衆は国王の怒りを恐れて，この招集に応じることを控える。結局，1761年，国王は追放されていた評定官たちを復帰させる[46]。これによって，パルルマンはその主導権を再び確保する。

　⑥ 1764年3月4日，パリのパルルマンは，その敵対者であるパリの大司教ドゥ・ボーモン（de Beaumont）［彼は不敬表現（incartade）の科で追放されていた］のために国王に建白するという予想外の行動に出た。「パリの大司教の司教教書および秘蹟の種々の拒否に関する建白」において，国王の権力的措置は

---
(42) ibid., pp.185-186.
(43) ibid., pp.193-202.
(44) Olivier-Martin, *Les Parlements*., pp.84-85.
(45) Jules Frammermont, *Remontrances*., t.2, p.212.
(46) ibid., pp.213-221.

「それ自体において不可侵な権利（droits inviolables en eux-mêmes）を侵害するものであることを指摘し[47]，パルルマンはパリの大司教のためにも，「全ての市民とりわけ全ての被告人が国家の法律にとってと同様自然法によって有している諸権利の一般的要求を行わねばなりません」[48]と述べている。この自然法への言及は，さらに次のように敷衍されている。すなわち，国王はその絶対的権力によって市民の財産や収入の所有権（le droit de propriété）を奪ってはならないという原理は，「自然的自由（la liberté naturelle）すなわちあらゆる存在の最も貴重なもの……の所有」についても適用可能である。全ての被告人は「自然法」（la loi naturelle）によって，その訴追理由を知らされる権利を有している。この原理は「自然権」（le droit naturel）にもとづくものであるから不変であり，パリの大司教が陛下の絶対的な権力的措置によってその「自然的自由」を奪われるとすれば，その措置は自然法の原理を侵害するものである[49]。「全ての市民は，その自由の合法的活用と同様，その財産および身分の保持（la propriété de sa fortune et de son Etat）に関して自然権を有している[50]。

ここでは，自然権，自然法，自然的自由，市民の権利等の表現が見られるが，オリヴィエ-マルタンによれば，それは当時の哲学的雰囲気および自然法学派の理論家たちの慣用語法を反映するものであった[51]。

⑦ 以上のようなパルルマンの原理は，1772年の『フランス公法の公理』（Maximes du droit public français）にまとめ上げられている。この作品は，パリのパルルマンの3人のメンバーすなわちメイ（l'abbé Mey），モルトレ（Maultret）およびオーブリ（Aubry）の共編である。「その作品は18世紀の最後の4半世紀の司法界に大きな影響を与えた」と言われている[52]。いま，その内容に関するオリヴィエ-マルタンの要約を紹介すれば次の通りである。「国王は人民のためにつくられたのであって，人民が国王のためにつくられたわけではない。専制的統治は自然法・神の法および統治の真の目的に反するものである。自然状態に生活していた人民は確かに多くの暴力にさらされていたが，しかし彼らは彼らの人身の自由と彼らの財産の所有権を有していた。彼らが私的な暴

---

(47) ibid., pp.444-445.
(48) ibid., pp.472-473.
(49) ibid., p.474.
(50) ibid., p.483.
(51) Olivier-Martin, *Les Parlements.*, p.88.
(52) ibid., p.92.

力を回避せんとして社会を形成したとき,彼らは確かにその利益の一部を放棄したが,しかし,それはそうすることが社会の形成に不可欠であるという限りにおいてである。彼らは君主の思いのままになるまで自己放棄するほど分別を奪われていたわけではない。それゆえ彼らは,自由な者として,また所有者として存続しているのである。」「フランス王国は専制国家ではなく君主国である。したがって,絶対的権力を恣意的権力から区別しなければならない。」「君主制の特徴の1つは,臣民がその君主制において自由であり,所有者であるということである。」「フランス人の自由の第一の帰結は所有権である。」「第2の帰結はその行為とその人身の主人であるということである。封印状による恣意的な追放はこの自由に反する。」「君主の権力は人民の自由を無効にするものではない。国家理由でもって特別命令を擁護することは,マキアヴェリスムをとりいれることである。」[53]

　以上の論点について説明すべきことはほとんどない。それは当時の自然法思想の要約であるといってよい。要するにパルルマンは,封印状から評定官の人身の自由を擁護するためには,歴史的な諸王令に依拠するだけでは不十分であることを認識し,当時普及しつつあった自然法思想を取り込むことによってその理論武装を一層強固にしたのである。

2　所　有

　絶対王政の理論的根拠となったボーダンの『国家論』においても,国王がその臣民の所有権を侵害してはならないことは基本原理の1つとして掲げられており,諸国王は機会あるごとにその原理を表明してきた。したがって,「公共善」が必要とする場合,相当な補償(indemnité raisonnable)とひきかえにしか所有権を制限することは許されかなった。1303年のフィリップ・ル・ベル(Philippe le Bell, 1268-1314)の王令は,すでにこのような公的収用について定めていたと言われている[54]。

　ここでは,18世紀フランスにおける所有権をめぐる4つの問題を取り上げ,パルルマンの見解をみてみよう。

　① 農奴解放(l'affranchissement des serfs)をめぐる問題
　1779年8月の王宣は,王領内での農奴を無償で解放した。しかし,国王が

---

(53)　*ibid.*, pp.92-94.
(54)　*ibid.*, p.96.

恩赦権 (droit de grace) によって領主の農奴 (serfs d'un seigneur) を解放することができるかということについては世論は否定的であり, ルイ 15 世は上の王宣においてもこの世論を認めざるをえなかった。つまり, 国王は自らの農奴は解放したが, 領主の所有権 (droit de propriété) を尊重することによって, 領主たちの農奴を解放するよう勧告するにとどまったのである。それは, 封土における主従関係の秩序を乱したのでは臣下の真の尊敬を受けることはできないとの判断にもとづいて, 所有権の侵害を控えた結果である[55]。したがって,「若干数の領主所属農奴は, 革命勃発時にも存続していた」[56]のである。後述するように, パルルマンはこの時点においてすでに近代的な所有権観念を展開しているにもかかわらず, 農奴についてはこれを領主の所有の対象として捉えている。

② 鉱山 (mines) の開発をめぐる問題

「王は, はるか昔から, ローマ皇帝に倣って, 鉱山経営の独占権を持っていた。王は, 鉱山を通常は専門家に譲与し, この者は王に収益の 10 分の 1 を納付するのが常であった」[57]。したがって, 国王は鉱山の開発を命じ, 許可する権利を常に有していた。1744 年 1 月 14 日の王室顧問会議の決定 (l'Arrêt du Conseil) は無秩序な鉱山開発に対して干渉したが, その決定は土地所有権を奪うものではなかった。したがって, 1771 年 5 月 12 日の王室顧問会議の決定によれば, 所有者は治安規律に従うかぎりその鉱山を開発することができ, 所有者によって鉱山が開発されない場合にかぎり, 国家は補償を前提としてその鉱山を開発することができたにすぎない[58]。

オリヴィエ-マルタンによれば, 上の①②に見たような諸原理および慣行は, パルルマンの認めるところであり, パルルマンに批判の口実を与えなかった。

③ インド会社の清算 (la Liquidation de la Compagnie des Indes) をめぐる問題

1769 年 8 月 13 日の王室顧問会議は, 7 年戦争によって苦境に陥ったインド会社の清算を決定したが, その決定はインド会社の株主の権利を十分に尊重し

---

(55) *ibid.*, pp.96-97. なお, オリヴィエ・マルタンは, この王宣について次のように述べている。「見事な序文をもってはじまる 1779 年 8 月王宣では, 王領内に存続している稀少な農奴を無償で解放し, 王国全土において追及権を廃止し, 領主衆に彼らの農奴を解放するよう促す。王は, それ以上のことは, 領主衆の財産権を害することなしには為しえないと考える。」Olivier-Martin, *Histoire.*, p.365. 塙・前掲訳書 953 頁。

(56) Olivier-Martin, *Histoire.*, p.635. 塙・前掲訳書 953 頁。

(57) Olivier-Martin, *Histoire.*, p.583. 塙・前掲訳書 871-872 頁。

(58) Olivier-Martin, *Les Parlements.*, p.97.

第1章　アンシャン・レジーム末期におけるパルルマンの憲法思想とその実践

ていないとして，パルルマンは9月3日，「インド会社の特権の停止に関する進言」によって次のように干渉した。「陛下，陛下のパルルマンは陛下に対し，市民の存在の一部（partie de l'existence du citoyen）をなしている所有権を侵害する全ての行為に対して抗議しなければなりません。その所有権が直接的措置（une disposition directe）によって侵害されるにせよ，有害な故意の沈黙（une réticence affectée）によって脅かされるにせよ，陛下のパルルマンの抗議はそれでもやはり強力で活発なものとなるに違いありません。市民は，もしその所有権が絶対権力の行為によって覆され，もしくは変質されうるとすれば，もはや法律そのものの保護のもとでくつろぐことはできないでありましょう」[59]。この一件は，王室顧問会議の決定は株主の所有権をいささかも制限するものではないと国王が応えることによって落着したが，パルルマンが「市民の存在の一部」としての所有権という近代的観念を提起している点に注意したい。そこにはロックやケネーの所有権論の影響を看取することができよう。

④　課税をめぐる問題

オリヴィエ-マルタンによれば，「実際には……国王はの国家の需要を充たすべく予定された租税を臣民に要求するかぎりでしか，その臣民の所有権を制約しなかった」[60]。しかし，後述するように，アンシャン・レジーム末期には王室財政の危機が深刻化することによって，国王の課税権濫用の傾向が顕著となり，「国王が思いのままに課税を定めたので，市民の所有権は国王が間接的に自由処理できる状態に置かれてしまった」[61]。オリヴィエ-マルタンはその課税権濫用の根拠として，すでにルイ14世が次のように宣言していることを挙げている。「国王は絶対的な領主であり，世俗のものであれ教会のものであれ，全ての財産を，賢明な管理者として，すなわち国家の需要に応じて利用するために，それらの財産を完全かつ自由に処理する権限を当然のこととして有している。」[62] さらに，国王は時効によって（par prescription）課税権を取得するに至ったという時効取得論も見られたが，パルルマンに対しては説得力をもちえなかった。というのも，国王たちは時効によって権利を取得する意思を有していたわけではないし，また人民の側には自由が欠如していたからである。つまり，「単なる沈黙は時効取得を正当化することはありえない」というわけで

(59)　Jules Flammermont, *Remontrances.*, t.3,. 73.
(60)　Olivier-Martin, *Les Parlements.*, pp.97-98.
(61)(62)　*ibid.*, p.98.

ある[63]。

　ところで，パルルマンはルイ15世の過剰課税（les excès fiscaux）を批判するに際し，当初から臣民の自然権としての所有権という思想を根拠としたのではない。すなわち，パルルマンは，新たな課税を合法的なものにするためには諸身分の同意が必要であるという旧来の王国の身分規定（l'ancien statut des états）を根拠としたのである。しかし，パルルマンは，より強固に理論武装するためには，課税に対する国民の同意＝全身分会議（Etats généraux）の同意という旧来の思想と「市民の存在の一部としての所有権」＝自然権としての所有権という近代的な人権思想を結びつける必要があった。オリヴィエ・マルタンによれば，「所有権と全身分会議の同意の必要性との間に確立された紐帯」[64]は，先に見た『フランス公法の公理』によってもたらされたものである。そこでは「フランス人の自由の第一の帰結は財産の所有権すなわち人間社会のはじめから各人が保持してきた貴重な自然権である」と考えられている[65]。さらに，そこでは，全身分会議の召集の準備が具体的な課題として捉えられている。これにより，課税をめぐって，「市民の存在の一部としての所有権」・＝自然権という思想と全身分会議召集という具体的課題とが結びつけられたのである。この結合によって，パルルマンはフランス革命の序曲ともいうべき「貴族の反抗」を試みるであろう。

3　平　等

　これまでみてきたように，自由や所有といった近代的人権の基礎的観念については，パルルマンは伝統的な君主制の原理と啓蒙期の自然法思想に依拠していると言ってよいであろう。それではもう1つの基礎的観念である平等についてはどうであろうか。結論を先取りして言えば，パルルマンはきわめて消極的もしくは否定的な態度をとっていると言わざるをえない。パルルマンは，アンシャン・レジームの身分制度と諸特権を頑として維持しようとする。

　たとえば，1776年3月2日〜4日の「賦役（les corvées）を廃止する勅令に関する建白」において，パリのパルルマンは次のように述べている。「正義の第1規範（La Première règle de la justice）は各人に属するものを各人に保障することであります。それは自然法，国際法（droits des gens）および市民的統治

---

(63)　*ibid.*, p.99.
(64)(65)　*ibid.*, p.98.

186

第1章　アンシャン・レジーム末期におけるパルルマンの憲法思想とその実践

(gouvernement civil) の規範であり，単に所有権を維持することだけでなく，人身に結びついている権利および出生と身分に由来する権利を保持することからも成り立っている規範であります。」[66]「この法と公正の規範（cette règle de droit et d'équité）からすれば，正しく秩序立った君主制において，人々の間に義務の平等をうちたて，これらの必要な（身分の）区別を破壊するような全ての制度はやがて絶対的な平等の不可避的な帰結としての混乱を導き，市民社会の転覆を生み出すでありましょう。」[67] さらに，身分制度に言及した1節で次のように述べている。「フランスの君主制は，その国家構造からして（par sa constitution），区別され分離された複数の身分から構成されています。身分（conditions）と位格（personnes）に関するこの区別は，国民（la Nation）の起源に由来するものであります。すなわち，それは国民の習俗（moeurs）から生じたものであります。それは君主を臣民に結びつける貴重な鎖であります。『もし人々の身分が区別されなかったならば，そこには無秩序と混乱しか存在しないであろう。われわれは身分の平等のもとで生きることはできない。必然的に一方が命令し，他方が服従しなければならない。君主 (les souverains seigneurs) はその命令を大貴族 (grands) に，大貴族は中貴族 (médiocres) に，中貴族は小貴族 (petits) に，小貴族は人民 (peuple) に伝達することによって，その国家の全ての人々に命令を発するのである』と，わが国の最も良識ある著作家の1人は言っています。これらの種々の身分によって構成された集合体 (l'assemblage) において，陛下の王国の全ての人間は陛下に服し，全ての者が国家の需要に協力（納税）しなければならないのであります。」[68]

以上のことから明らかなように，パルルマンは1788年から89年にかけて，王権に対する抵抗によってそれまで第3身分の中に保持してきたその全ての人気を犠牲にすることになるのである[69]。

パルルマンは身分制を頑として維持しようとしたことによって，平等の観念については否定的な態度をとったのであり，このことによって1789年以降の革命情勢によって完全に葬り去られていくのである。なお，平等の観念は1789年の人権宣言においても「権利における平等」という次元にとどめられ，

---

(66)　Jules Flammermont, *Remontrances.*, t.3, p.278.
(67)　*ibid.*, p.279.
(68)　*ibid.*, p.287.
(69)　Olivier-Martin, *Les Parlements.*, p.100.

実質的平等への視点は設定されていない。

以上のような自由・所有・平等の観念へのパルルマンの対応を，ここでは次のようにまとめておきたい。自由については，パルルマンの評定官の「人身の自由」を封印状から擁護することを主要な目的とし，その目的達成の手段として人民一般の自然権としての人身の自由にも論及することによって，王権に対して強固な抵抗を展開したのであり，所有については，国王による課税に対して，身分制にもとづく特権を維持するために，全身分会議の同意の必要性という旧来の思想と「市民の存在の一部としての所有権」＝自然権としての所有権という近代的思想を結合することによって，王権との対抗関係を形成したのであるが，平等については，身分制の動揺もしくは崩壊を恐れて，これに対して極めて否定的な姿勢をとり続けたのである。

第3項　主権論

1789年の人権宣言が「主権の淵源は本質的に国民に存する」（第3条）として国民主権原理を宣言していることは，周知のところである。このこととの関連で言えば，オリヴィエ-マルタンが言うように，アンシャン・レジーム末期を通じてパルルマンは「あらゆる主権の淵源は国民に存するとまで主張するには至っていない」[70]。しかし，すでにみたように，ルイ14世没後，勅令に対する審査登録権と建白権を回復させたパルルマンは，「国民と国王を対立するものではないけれども分離された2つの存在とすることによって，また，国王に対する国民の代表であることを次第に明確に自認することによって」[71]，国民主権原理の基礎づくりをしていったと考えることができる。そのために用いられたのは，国王と国民との間の契約という契約論であり，いま1つは課税については国民の同意が必要であるが，国民の意思は「国民の代表」としてのパルルマンを通じて表明されるという国民代表論である。

1　統治契約論と国民代表論

オリヴィエ-マルタンによれば，1730年代に入って，パルルマンの評定官たちは旧来の伝統的な表現である「国王の臣民（sujets）」もしくは「国王の人民（peuple）」にかえて「国民（nation）」という表現を用いるようになったため，

---

(70)　*ibid.*, p.140.
(71)　*ibid.*, p.38.

第1章　アンシャン・レジーム末期におけるパルルマンの憲法思想とその実践

1730年10月30日の王室顧問会議の決定は，このような表現を用いた報告書を無効とすることによってパルルマンの活動をを抑制しようとした。しかし，その「国民」という表現は，1752年に至って再び用いられてパルルマンの用語法の中に定着し，次第に王権に対する挑戦的語調をおびるようになる[72]。

さらに，パルルマンは，権力の正当性を説くにあたって，国王と国民を結びつける統治契約の観念を用いることによって，法律を統治者（国王）と被治者（国民）の契約として把握するようになる[73]。たとえば，パリのパルルマンの1753年4月9日の「秘蹟の拒否に関する大建白」は，ルイ14世の命令によって印刷に付された『イスパニア君主制における諸身分に対する女王の権利概説』（Traité des droits de la Reine sur divers états de la monarchie d'Espagne, 1 part, édition de 1667）という作品から次のような一節を引用している。「国家の基本法は，君主を統治する者とし，人民を服従する者とする一種の契約（une espèce de contrat）……すなわち，そこにおいて君主も人民もともに相互に助け合うために位置づけられている厳粛な取り決め（engagement）によって，君主とその子孫を一方とし，臣民とその子孫を他方とする両者の間の相互的で恒久的な絆をなすものである。」[74] オリヴィエ-マルタンによれば，地方のパルルマンも同様の契約論を展開している[75]。

もちろん，王権はこれを黙認していたわけではない。王室顧問会議は，「国王が誓約されたのは国民に対してではなく，まさしく神のみに対してであり，国王がその責めを負うのは神のみに対してである」ことを強調し，パルルマンの契約論を厳しく非難している[76]。

このような非難に対し，パルルマンは国王と国民を概念上分離し，自らを「国民」の代表者であると主張することによって，勅令に対する「自由な審査」を正当化しようとするのである。すなわち，法律の正当性を根拠づけるものは「国民」の同意であり，その同意はパルルマンを通じて表明されるというのである。たとえば，1760年5月10日のノルマンディーのパルルマンは，税に関する勅令（les édits fiscaux）に対して提出された建白において，「承認されると

---

(72)(73)　ibid., p.39.
(74)　Jules Flammermont, *Remontrances.*, t.1, p.522. なお，この大建白は1753年5月24日にパリで販売され，直ちに全フランスおよび全ヨーロッパで普及し，大成功をおさめた。*ibid.*, p.669.
(75)　Olivier-Martin, *Les Parlements.*, pp.39-40.
(76)　*ibid.*, pp.40-41.

いうことが法律の本質であります。承認する権利は国民の権利であります」とし，パルルマンは国王の勅令を審査することによって国民にとってかわりうるとまで述べている[77]。また，1764年1月12日の建白において，ブルターニュのパルルマンは「法律に対して補完物を与える陛下のパルルマンが代表するのは国民の同意であります」と述べている[78]。一般的に言って，地方のパルルマンはパリのパルルマン以上に「国民の代表」ということを強調しているように思われる。

　以上のことから明らかなように，パルルマンは18世紀を通じて，「国王の臣民」もしくは「国王の人民」といった伝統的表現にかえて「国民」という表現を用いるようになる。そのことは，パルルマンがこの「国民」という表現を用いることによって，国王の身体と一体化された「臣民」もしくは「人民」という伝統的な観念と決別しようとしていることを示している。こうして，パルルマンは国王と国民を概念上別個のものとして位置づけたのである。これによって，両者の間における統治契約という観念が成立可能となり，この契約こそが国王権力の正当性を根拠づけるものだという論理が導き出されたのである。こうして，パルルマンは契約当事者の一方である「国民」の意思を代表する機関として自らを主張するに至ったのである。

2　課税に対する国民の同意

　上にみたパルルマンの統治契約論と国民代表論は，王権の課税政策への対応をめぐって具体化されることになる。オリヴィエ-マルタンによれば，13世紀に確立された3身分の地位は，国王に対して租税を支払うべきいかなる義務をも含んでいなかった。したがって，課税については各身分の明示もしくは黙示の同意が前提となっていた。この意味では，「国王はゆっくりと承認されてきた規範を通じて，あるいは人民のあきらめにもとづく慣習を通じて，後になってからしか課税権を享受してこなかった」のである[79]。ただし，身分の同意という原理は，聖職者（clergé）[80]と，租税に関して自治権をもつエタ地方（pays d'Etat）[81]の間では，常に生きつづけた。聖職者団体は課税に対するこの同意権を根拠にして，全身分会議（Etats généraux）の召集を要求するようになる

---

(77)　*ibid.*, p.42.
(78)　*ibid.*, p.43.
(79)　*ibid.*, p.54.

第1章　アンシャン・レジーム末期におけるパルルマンの憲法思想とその実践

であろう。

　国王の側でも，この点は考慮されていた。すなわち，国王は聖職者やエタ地方だけでなく，多くの地方的特殊性を尊重するという条件つきで課税権を有しているのだということを疑ってはこなかったのである。したがって，タイユ（taille）[82]やカピタシオン（capitation）[83]といった人頭税は王室顧問会議の決定（タイユ配分表 brevet de la taille・カピタシオン課税目録 roles des diverses capitations）にもとづいて毎年徴収され，10分の1税（dixième）[84]，20分の1税（vingtième），50分の1税（cinquantième）といった新税は，勅令によって創設され，全ての勅令がそうであるように，パルルマンの審査登録に付された。1648年7月13日の勅令は，適法に承認された勅令によってしか新たな課税は行わないことを認めている。しかし，それはフロンドの乱を通じて忘れられていった[85]。

---

(80)　「パリにおいては，聖職者団体は最後の説得手段を保持しているとひそかに言われた。すなわち，国王の恣意を免れるために，聖職者団体は国民の全身分会議（Etats généraux de la Nation）を要求するであろう。聖職者団体は，他の2つの身分が失ってしまっていた課税に同意する特権を保持していた。聖職者団体は自らのために，そして"国民の他の諸団体と身分のために"，国王は国民の関与なしに租税を要求することはできないと主張するであろう。」ibid., p.55.

(81)　17・18世紀のペイ・デタは，フランドル，アルトワ，ブルターニュ，ナヴァール，ベアルンおよび若干のその他のピレネ小地方，ラングドク，コルメ，ブルゴーニュである。これらはいずれも王国の周辺諸州である。Olivier-martin, Histoire., p.392. 塙・前掲訳書589頁。野田・前掲書341頁。

　　王は，ペイ・デタにおいては，「地方全身分会議の予めの同意がなければ，課税を徴しえない。かつて一般的であった原理は，若干の地方の警戒のお蔭で……特権の名目で生き残ったのであって，これは，聖職身分が自身でそれを守りえたのと同様である。王はそれを，甚だ一般的には尊重した。しかし，3身分会議は，王がそれに『自発的贈与』の形で要求していた分担金を気持ちの上からは拒絶しえないでいた。」Olivier-Martin, Histoire., p.398. 塙・前掲訳書595頁。

(82)　本来は各領主が徴収した人頭税であるが，後になって国王が徴収するようになった代表的な直接税。

(83)　1659年，戦時特別税として創設された人頭税であるが，恒常化されて革命期まで存続する。

(84)　1710年，イスパニア王位継承戦争の戦時特別税（所得の10分の1）として創設された。同戦争の終了により廃止されたが，1725～28年までは50分の1税として，また1749年には20分の1税として復活し，固定された。「この（10分の1）税は所得の全体に課せられるのではなく，不動産所得，勤労所得，営業所得という風に特定所得に対して課せられるもので……この税に対しては特権階級の側から猛烈な反対があった。聖職は……ほとんど完全にこの税を免れ，貴族は所得をごまかして事実上これを免れ，また，ペイ・デタも有利な地位を得た。」野田・前掲書385頁。

(85)　Olivier-Martin, Les Parlements., p.56.

第Ⅱ部　革命期の憲法思想とその実践

　ルイ14世没後，その権限を回復したパリのパルルマンは，土地生産物に対する現物での50分の1税を創設するという勅令を親臨法廷において登録した（1725年6月8日）が，1741年に，近々の戦費を見込んで所得に対する10分の1税を創設（復活）するという勅令が送付されたとき，その登録を延期し，9月6日に建白を行った。そこでは，全国的な洪水，教会への寄進（aunômes），物価高騰による人民の苦悩，国王の倹約の必要性および同税存続期間の不明確性等が強調されている[86]。これに対して国王は，同税を戦勝後直ちに廃止すると応え，同勅令は登録された。戦争が終わるとこの10分の1税の廃止と，戦時の借財返済を目的とした20分の1税の創設に関する勅令が送付される。パルルマンは最終的にはこれを登録することになるが，1749年5月18日，「減債基金の創設，20分の1税を創設する勅令および新たな借款に関する建白」を提出し，10分の1税が半減されるとしても新たな20分の1税が増額され，「撤回不能の租税」（un tribut irrévocable）になる恐れがあることを指摘している[87]。

　地方のパルルマンもパリのパルルマンに倣うことになる。すなわち，オリヴィエ-マルタンによれば，1759年にルーアンのパルルマンは，課税については1655年以降開催されてこなかった地方の全身分会議を召集する必要があることを主張し，この会議を「国民議会」（Assemblée de la Nation）とまで表現している[88]。さらに，1760年5月10日の同パルルマンの建白は，課税を「承認する権利は国民の権利であります」と述べて，地方の全身分会議の召集を要求している[89]。

　パリのパルルマンは，1759年9月4日，「第3回の20分の1税を命じる王宣および種々の税新設の勅令に関する建白」において，最も富裕な市民階級がこの課税から護られているのに対し，土地所有者（les propriétaires des fondes）はこの課税によって押しつぶされようとしていること，土地生産物への課税は耕作者を落胆させ，彼らの離村と農村の荒廃をもたらすものであること，したがって倹約による収支改善が必要であることに言及している[90]が，その語調は控え目である。しかし，同年9月18日の同パルルマンの「全国土地上納金

---

(86)　Jules Flammermont, *Remontrances.*, *t.1*, pp.211-219.
(87)　*ibid.*, p.379 et s.
(88)　Olivier-Martin, *Les Parlements.*, p.57.
(89)　*ibid.*, p.58.
(90)　Jules Flammermont, *Remontrances.*, *t.2*, pp.229-231.

192

第1章 アンシャン・レジーム末期におけるパルルマンの憲法思想とその実践

(la subvention générale) および種々の財政勅令に関する建白」は，親臨法廷の脅威に留意しつつも，パルルマンが勅令の登録を拒否するのはもっぱら公平と公益のためであり，また，パルルマンが自らの職務に関する諸権利に固執するのは，それらの権利の保全が国家と臣民の安全の唯一の担保だからであるとして，租税問題においては自らが国民の諸権利の保証人であることを強調している[91]。

このようにして，パルルマンの戦術は，課税に対する一般的不満の表明から全身分会議の召集要求へと転換されていくのである。そのことは，1787年以降の革命情勢において決定的な意味を帯びるようになる。その具体的な例証として，ここでは，1787年8月6日の印紙税に関する王令と土地上納金に関する勅令の登録のために開かれた親臨法廷で，パリのパルルマンの院長が国王に対して行った発言の諸節を引いてみよう。

「国民（la Nation）の利益と不可分な陛下の真の利益は，その全ての審議において陛下のパルルマンを導いてきた唯一のモチーフであります。一方では，パルルマンは陛下の側に位置し，尊敬と服従の絆によって陛下に結びつけられており，……他方では，パルルマンは陛下の臣民の側に立ち，陛下のパルルマンは臣民のために絶えず陛下の正義に訴えねばならないのであります。」[92]

「フランス君主制の憲法原理は，課税はそれを負担しなければならない人々によって同意されるとういことであります。陛下，陛下の国家の始原的諸法律（lois primitives)，その権威を確保し，服従を保障する諸法律に起因するこの原理を変更するとは，慈悲深き国王の御心に委ねられてはいないのであります。」[93]

「塩税（la Gabelle）以上に破滅的な印紙税（le Timble）は，陛下が判断し命じられたものでありますが，それは陛下の全臣民の胸中に一般的な落胆をまきおこしております。」[94]

「土地上納金の名目で提起された課税も，同様の反道徳的性格を有しております。」[95]

「陛下，陛下のパルルマンはかくも過酷な課税に賛成することはできません。

---

(91) *ibid.*, p.255.
(92) Jules Flammermont, *Remontrances.*, *t.3*, p.681.
(93) *ibid.*, p.682.
(94)(95) *ibid.*, p.683.

パルルマンは，陛下の権威の維持のために，陛下の統治の栄光のために，陛下の財政再建のために，全身分会議の召集に同意して下さるよう陛下に懇願すべく，最も厳しい嘆願書を再発することしかできないのであります。全身分会議だけが陛下の国家の苦悩を検討することができるのであり，財政の各分野において実施される必要のある是正，改良，削減に関する行政の全分野について有益な助言を陛下に進言できるのであります。」[96]

「もし，陛下のパルルマンの要望，嘆願および進言にもかかわらず，陛下がなおその絶対的権力を行使しなければならないとお考えになるならば，陛下のパルルマンはそのあらゆる情熱を発揮し，それらの課税に反対の声を上げざるをえないでありましょう。」[97]

以上のような建白の主張の前提となっているのは，すでに見てきたように，課税に対する国民の同意および国民の意思を代表するパルルマンという観念にほかならない。このような観念を根拠とした全身分会議の召集というパルルマンの主張は，国民主権原理につながる側面を有していることは否定できない。しかし，そのパルルマンが，1789年の人権宣言第3条のごとく，「主権の淵源は本質的に国民に存する」とまで断言するに至っていないということも看過してはならない。全身分会議の召集というパルルマンの要求は，人民を巻き込んだ形で王権との緊張関係を形成しようとする戦術の域を必ずしも出てはいない。その戦術の背後にあるのは，特権身分としての貴族の利害である。それが証拠に，パルルマンは，全身分会議召集後の同会議の開催形式をめぐり，身分別の会議という旧慣習に固執することによって第3身分（tiers état）と対立し，国民の権利の擁護者という仮面を放棄し，自らの特権維持という本質をさらけだすに至るのである。しかし，この時点では，もはや第3身分は国民の権利の擁護者としてのパルルマンを必要としない。彼らは，旧体制下の特権維持というパルルマンの本質を見抜き，これと正面から対峙し，さらにこれを乗り越えていくことになるのである。

おわりに

以上，アンシャン・レジーム末期とりわけルイ14世没後におけるパルルマンの憲法思想を，近代憲法の人権原理および国民主権原理につながっていく諸

---

(96)(97) *ibid.*, p.684.

第1章　アンシャン・レジーム末期におけるパルルマンの憲法思想とその実践

論点についてみてきた。この時期において形成されたパルルマンの憲法思想は，1787年以降の「貴族の反抗」期において全面的に展開されることになる。周知のごとく，1787年以降の政治情勢は，王室財政の危機打開のための課税政策を直接の契機として生じたものである。ここでは，先に見たパリのパルルマン院長の発言と前後するが，この情勢下において展開されている憲法思想を，1787年7月15日のパリのパルルマンの反復建白（7月26日に国王に提出）を一例にとってみよう。その論調を要約すれば，次の通りである。

　フランス国民（le Français）が国王に支払う租税は，国民が国家に対してのみ負っている上納金（subvention）であり，公的事項（la chose publique）に使用されないものは常に納税者に帰着する。全ての租税は必要に見合ったものでなければならず，それに尽きるものでなければならない。全ての租税は，公共の安寧と個人の平穏を維持するためのそれぞれの「市民」の負担分である。「人権」によって基礎づけられ，「理性によって確認された原理」によれば，人民は，国家の歳出がその可能な使途に使いはたされた場合にしか，その租税負担分を増額されるべきではない。あらゆる新たな課税に関しては，「事前に集結した国民」（la Nation assemblée préalablement）＝「国民議会」を開催すべきである。国王はこの国民議会（ses assemblées nationales）を再興することによって，シャルルマーニュ（Charlemagne, 742-814）やシャルル5世（Charles V, 1337-80）の栄光の足跡をたどることになるであろう[98]。

　この建白の中には，これまで見られなかった「人権（droit de l'homme）」という観念が登場してきているほか，「理性によって確認された原理」（le principe confirmé par la raison）とか「市民」（citoyen）という表現もみられる。さらに，「全身分会議」（Etats généraux）にかえて「国民議会」（assemblées nationales）という表現がなされている。これらの諸表現は，1789年以降の本格的な革命情勢において実質化され，全面的に展開されることになる。オリヴィエ・マルタンによれば，「人権という公式は，その当時まではフランス人の思考様式には存在しなかった1つの抽象概念」であり，ラ・ファイエットに酔心していたパルルマンの「アメリカ過激派」（la faction américaine）の影響の結果である[99]。しかし，思想・信教および表現の自由を別にすれば，啓蒙期の自然法思想の影響を受けて人身の自由や所有権の観念を実践に移していった経緯から

---

(98)　Jules Flammermont, *Remontrances.*, t.3, pp.671-675.
(99)　Olivier-Martin, *Les Parlements.*, p.119.

195

考えると、それらの観念を包摂する人権という観念の輪郭も、実質的にはパルルマンによって具体化されてきたものであるといってよいであろう。また、全身分会議の召集要求は、すでにみたように、「課税に対する国民の同意」および「国民の意思を代表するパルルマン」という観念を前提とするものである。以上のことから、近代憲法の人権原理と国民主権原理につながる論点はパルルマンによって準備され、一体化されていたとみてよいであろう。

しかし、パルルマンの人権論において、思想・信教および表現の自由に関する思想構築がみられないということ、平等の観念が否定的にしか捉えられていないということ、国民主権原理につながる論点も、結局のところ旧来の身分別の会議形式における全身分会議の開催というところに収斂し、それを第3身分が主張し実践したような開かれた国民議会という次元で再構成するという視点をもちえなかったことは、パルルマンが歴史の軸を前向きに回転させる存在ではありえなかったことの当然の帰結であった。このように、啓蒙期の自然法思想の影響を受けつつ、王権との間に緊張関係を形成することによってフランス革命を実質的に準備するという歴史的役割、すなわち啓蒙期の種々の憲法思想を1789年以降の諸革命形態につなげる媒介者としての役割を演じたパルルマンは、その革命によって葬り去られていくのである。

第2章
ブルジョアの憲法思想とその実践
―― Siéyès

はじめに

　前章で述べたように，フランス革命は「貴族の反抗」によって開始されるが，その段階において連帯関係にあった貴族と第3身分＝ブルジョアジーは，1789年の全身分会議（Etats généraux）の開会をめぐって対立関係に入る。というのは，もともと両者の連帯関係は，王権の専制に抗するという一点のみで形成されたものであって，その連帯関係の背後には異質の利害関係が存するからである。マチエ（Albert Mathiez）の表現を借りて言えば，「まもなくアリストクラットと呼ばれるであろう貴族たちは，王国の改革を，封建制の慣習への回帰という形でしか理解しなかった」のに対し，ブルジョワジーは「わるい過去の遺物の急進的な廃棄を欲した」のであり，その要求の内容は，「身分上，裁判上および租税上の平等，基本的な自由，代議政治」などであった[1]。

　この対立関係は全身分会議の開催形式をめぐって具体化し，多くの曲折が現れる。しかし，第3身分は国民議会（Assemblée nationale）の成立を宣言し，憲法制定に至るまでは情勢に応じていかなる場所でも会議を行い，決して解散しないという「テニス・コートの誓い」（le serment de jeu de paume）を明らかにする。これを契機として特権身分内部に亀裂が生じ，下級の聖職者や自由主義的貴族の国民議会への合流現象が現れる。こうして，7月7日，憲法制定国民議会（Assemblée nationale constituante）が宣言される。

◆ 第1節　憲法制定国民議会 ◆

　ところで，全身分会議に対しては，すでに憲法および人権宣言を求める陳情書（cahiers）が各地から提出されており[2]，国民議会は憲法起草作業に取りか

（1）　Albert Mathiez, La Révolution française, t.3, Edition Denoël, 1985, p.65. ねづまさし・市原豊太訳『フランス革命（上）』（岩波文庫，1958年）（ただし，この訳は1922年の Armand Colin 版による）69頁．

第Ⅱ部　革命期の憲法思想とその実践

かる。憲法問題調整委員会（La comité chargé de la distribution des matières sur l'objet de la constitution）＝ 30 人委員会が設置され，憲法制定に関する基本方針が議論される。ムニエ（J. Mounier）はこの委員会を代表して憲法制定作業に関する基本方針の報告書（Le rapport de comité chargé de préparer le travail de la constitution）を議会で朗読しているが，その内容は概ね次のとおりである。

1　憲法とは何か

「憲法は統治（gouvernement）の確定的で恒常的な形態」もしくは「その統治を構成する種々の権力の権限および義務の表明」である。「統治方法が明白に表明された人民の意思に由来していない場合には，憲法は存在しない。」「われわれは憲法を有していない。なぜなら，全ての権力が混同され，いかなる限界も画されていないからである。」それゆえ，「国王の権威の確立は，疑いもなく，憲法を創るだけでは十分ではない。というのは，その権威がいかなる限界も伴わないとすれば，それは必ずや恣意的なものとなるからである。」「それゆ

（2）　たとえば，「パリ市第3身分の請願書」（*Cahier du tiers-états de la ville de Paris*）は，「憲法」「財政」「農業・商業・裁判」「宗教・聖職者・教育・施療院・習俗」「立法」「パリ市における特殊問題」に関する詳細なものであるが，その前半部には次のような「権利宣言」（Déclaration des droits）が置かれている。
　「あらゆる政治社会において，あらゆる人間は権利において平等である。／国民の権利は次の原理に基づいて確立され，宣言される。／あらゆる権力は国民に由来し，国民の幸福のためにしか行使され得ない。／一般意思（la volonté générale）は法律となる。公権力はその執行を保障する。／国民だけが国への献納金（le subside）を認可することができる。すなわち，国民はその額を決定し，その期間を限定し，その割当をなし，その使途を指定し，その報告を求め，その公表を要求する権利を有する。／法律は各市民にその財産の所有とその身体の安全とを保障するためにしか存在しない。／あらゆる所有は不可侵である。いかなる市民も合法的な審判によってしか逮捕されないし，罰せられもしない。／いかなる市民も，また軍人も，審判なしに免職され得ない。／あらゆる市民は全ての雇用，所有，尊厳を認められるべき権利を有する。／各人の自然的・市民的・宗教的自由，その人身の安全，法律以外の権威からの絶対的独立は，それらのものが公共の秩序を乱さぬかぎり，そして他者の権利を侵害しないかぎり，その意見，その言論，その表現，その行動に関するいかなる訴追をも排除する。／国民の権利の宣言の結果，われわれの代表者たちは，人身的隷属状態の無償廃止，所有者への保障を伴った物質的隷属状態の廃止，強制された兵役，全ての法外な手数料の廃止，郵便物における検閲の廃止，全ての排他的な特権の廃止……を，明白に要求するであろう。／これらの原理に続いて，出版の自由は著者がその草稿に署名し，印刷者がその草稿に応諾し，相手が出版後のことに責任を負うという条件のもとで，認められねばならない。／これらの自然的・市民的かつ政治的な権利の宣言は，全身分会議において決定され，フランス国民の憲章およびフランス政治の基礎となるであろう。」*Archives Parlementaires, 1 série, t.v*, pp.281-282.

え，君主の諸権利と国民の諸権利を明確に規定する憲法は，国王にとってもわが国民にとっても有益であろう。」[3]

2 社会の目的と憲法・人権宣言

「あらゆる社会の目的は全ての人々の幸福（le bonheur général）であるので，この目的から遠ざかっているもしくはその目的に反する統治は，本質的に邪悪である。憲法が善良なものであるためには，その憲法は人間の諸権利に基づかねばならないし，それらの諸権利を明白に保護しなければならない。……それゆえ，憲法を準備するためには，自然的正義が全ての個人に認めている諸権利を認識しなければならないし，あらゆる社会の基礎を構成すべき諸原理を想起しなければならない。……現代の大多数の理論家は，これらの諸原理の声明を権利宣言と呼んでいる。」「委員会は，われわれの憲法の目的を想起させるために，人権宣言を憲法に先行させること，しかもそれを憲法前文の形で憲法諸条文のまえに置き，分離しないことが適切であると考えた。」「全ての社会において人々が享受すべき諸権利の宣言のあと，真に君主制を構成する諸原理について，そして次にフランス人民の諸権利について審議される。」[4]

このような基本方針に基づいて憲法案を起草すべく，7月14日，憲法委員会（la comité de constitution）[5]が設置され，同委員会の委託を受けてシエース（Emmanuel Joseph Siéyès）[6]，シャンピオン・ドゥ・シセ（Champion de Cicé），クレルモン・トネール（le comte de Clermont-Tonnerre）およびムニエが草案を提出する。ここではシエースの人権宣言草案を素材として，彼の憲法思想を見てみよう。

◆ 第2節　シエースの人権宣言草案 ◆

「シエースの精神はフランス革命の精神そのものである」[7]といわれるように，

（3）　*Archives Parlementaires, 1 série, t.VIII*, p.214.
（4）　*ibid.*, p.216.
（5）　別名「8人委員会」——構成員は，Mounier, de Talleyrand-Périgord, l'abbé Sieyès, le comte de Clermont-Tonnerre, le comte de Lally-Tollendal, Champion de Cicé, Chapelier, Bergasse である。ibid., p.322.
（6）　Siéyès は，わが国ではシェイエスと表記されてきているが，浦田一郎『シエースの憲法思想』（勁草書房, 1987年）によれば，シエースと表記するのが正しいと指摘されており，本書でもこれに従った。

彼は国民議会の指導者として革命の舞台に登場し，1789年の人権宣言に多大の影響を与える[8]。すでに見たごとく，国民議会の成立は第3身分の優位性を示すものであった。第3身分は，当初，王権との関係において貴族階級と連帯関係にあったが，次第にその独立性を明確にしていく。しかし，それと同時に，その第3身分の内に種々の利害対立が生じてきていることも看過すべきではない。というのは，一口に第3身分といっても，それを構成するのは，ブルジョアジー，プチ・ブルジョアジー，農民，都市労働者等多様であり，二分化して言えば，第三身分はその内部に「第4身分」と呼ばれる社会の底辺層を含んでおり，革命の進展に伴って両者の利害対立が顕在化してくるからである。

このような状況下でシエースは『第3身分とは何か』(Qu'est ce que le tiers-états? 1789) を発表し，第三身分を革命へと駆り立てる。シエースによれば，国民が存続し繁栄するために必要なものは，個人的労働 (travaux particuliers) および公職 (fonctions publiques) である。その個人的労働とは，農耕，工業，商人と問屋 (les marchands et les négocians)，学問的労働，自由業，家内労働 (services domestiques) であり，公職とは，軍事職 (l'Epée)，司法職 (la Robe)，聖職 (l'Eglise) および行政職 (l'Administration) であるが，シエースはこれらの労働の圧倒的部分を第3身分が担っていることを指摘し，次のように言う。「したがって，第3身分は，全国民を形成するのに必要な全てのものを自らの内に持っていないと誰が言えるであろうか。第3身分は強力で頑健な人間であるが，その一本の腕はまだ鎖につながれている。特権身分が除去されれば国民はより小さな何ものかではなく，より大きな何ものかになる。だから，第3身分とは何か。すべてである。しかし，束縛され抑圧されたすべてである。特権身分がなければ，第3身分は何ものになるであろうか。すべてである。しかも自由で生気あふれたすべてである。この身分がなくては何事もうまくゆかない。他の身分がなければ万事が限りなく一層うまくゆく。」[9]こうして，シエースは「第3身分は国民全体である」[10]と宣言する。

---

(7) Paul Bastid, Siéyès et sa pensée, 1970. Hachette, p.616.
(8) 深瀬忠一「1789年人権宣言研究序説」(1) (2) (3)・北大法学論集14巻3・4号，15巻1号，18巻3号．稲本洋之助「1789年の『人および市民の権利の宣言』——その市民革命における位置づけ」東大社研編『基本的人権3』(東京大学出版会，1998年) 87頁以下参照。
(9) Emmanuel Sieyès, Qu'est ce que le Tiers état ?, Edition critique avec introduction et des notes par Roberto Zapperie, Libraire Droz-Geneve, p.124. 大岩誠『第三階級とは何か』(岩波文庫，1950年)，26頁。ただし，訳文は若干変更させていただいた。以下同じ。

しかし,「国民全体である」とした第3身分の内には種々の利害対立が存在する。シエースはこの利害対立を冷徹なまでに見抜いている。第3身分の内のいかなる階層に身を置くべきか。それがシエースの基本的問題となる。彼の立場は，その人権宣言草案＝「人および市民の権利の承認および理論的説明」（Reconnaissance et exposition raisonnée des droits de l'homme et du citoyen, 1789.7.20-21）[11]に示されている。この宣言草案は理論的体系的な前文と32箇条から成り立っている。以下，そこに見られる彼の憲法思想を考察してみよう。

　一言でいえば，彼の憲法思想とりわけ人権思想は，自由・平等・所有という基本的人権の基礎的観念の把握の仕方に特色を有し，典型的なブルジョア的性格を示している。

　まず，所有に関する説明から見てみよう[12]。シエースによれば，人間はその本性上欲求（besoins）に服するが，それと同時にそれを充足する手段（moyens）をも有する。人間の目的は福利（le bien-être）であり，その道徳的および肉体的能力（facultés morales et physiques）はその目的達成の手段である。人間はいかにしてこの手段を自然に対して行使するのか。それは労働（travail）を通じてである。人間は自らの労働によって自らを害するものを避け，防止し，自然と闘いさえする。人間はその労働によって無限に進歩し，自然のあらゆる力をしだいに自らの欲求に服せしめる[13]。ところで，人間はその身体の所有者である（homme est propriétaire de sa personne）が，その「身体の所有」（la propriété de sa personne）は諸権利のうち第一義的なものである。この始原的権利から「行動の所有」と「労働の所有」（la propriété des actions et celle du travail）が生じる。というのは，労働は各人の諸能力の有効な利用に他ならないからである。外的対象物の所有もしくは「物的所有」（la propriété réelle）は，この「行動の所有」と「労働の所有」の帰結であるから，それはとりもなおさず「身体の所有の拡大されたもの」に他ならない。人間は誰にも属さない対象物を，それを変形して自己の利用に供せんとする労働を通じて自らのものとするのであり，その対象物は自己の排他的な所有物（propriété exclusive）となるのである。社会はこれに対して一般的協約（une convention générale）を通じて

---

(10)　*ibid.*, p.121. 訳23頁。
(11)　*Archives Parlementaires, 1 série, t. VIII*, pp.256-261.
(12)　浦田一郎「シェイエスの人権論——労働による所有論を中心に」一橋論叢78巻6号20頁以下参照。
(13)　*Archives Parlementaires, t. VIII*, p.256.

第Ⅱ部　革命期の憲法思想とその実践

一種の法的承認（consécration légale）を与え，言葉の完全な意味での所有権とするのである。土地所有（Les propriété territoriales）は物的所有のうちで最も重要な部分である[14]。

このようなシエースの所有権論がすでに見てきたロックやケネー等のそれと同一の論理構造をなすものであることについては，あらためて説明するまでもない。

次に，自由に関するシエースの見解を見てみよう。シエースは言う。「その身体の所有権の行使およびその物的所有権の利用において何ら心配しなくてもよいという保障を有している者こそが自由である。」[15] この自由のコロラリーとして居住，移転，思想，言論，著作，出版，労働，生産，保存，輸送，交換，消費等の諸権利が掲げられているが，結局のところ，シエースの自由の観念は，所有権の保障の帰結として位置づけられているのである。それは，すでに見てきたように，フィジオクラートが捉えていた所有権と自由との関係に他ならない。

上に見たように，シエースは「身体の所有」を第一義的な自然権として位置づけ，そこから「行動の所有」と「労働の所有」を導き出し，それらの効果として「物的所有」（そのうち最も重要なのは「土地所有」である）を考え，これら一連の所有を保障されることが「自由」であるとするのである。かくして，「市民の自由，所有および安全は，一切の侵害に対し優越する社会的保障のもとに置かれねばならない」[16] というシエースの人権宣言草案第9条の規定は，上の論理の当然の帰結であるといえよう。

それでは，人権のいま1つの基礎的観念である平等についてはどのように考えられているのであろうか。シエースは次のように言う。各人が身体の所有者であることは先に見たところであるが，その身体には欲求充足のための諸手段が備わっている。しかも，「人々の間に手段をめぐる不平等が存することは真実である。」[17] 人間には知能（intelligence），労働（travail），生産（produit），消費（consommation）もしくは享有（juissance）の不平等が存する。それは自然のなせる結果である。しかし，このような不平等が存するとはいえ，各人はそ

---

[14]　*ibid.*, pp.257-258.
[15]　*ibid.*, p.258.
[16]　*ibid.*, 260.
[17][18]　*ibid.*, p.257.

の自然的能力を自由に行使しうるという「権利の平等」を有するものと考えねばならない。「権利の不平等はありえない。」[18]「人間はその手段すなわち富，精神，力等において平等ではないとしても，そのことは人間がすべて権利において平等ではないということにはならない。法律の前では全ての人間は他者と同価値である。法律はいかなる差別もなく全ての人間を保護する。」(第16条)[19]

　このように，シエースの人権思想においては，人間の欲求充足の手段の不平等を前提とした自由の観念が，所有権の保障ということを背景として前面に押し出され，平等の観念は社会的な実質的平等を志向するものとしてではなく，「権利における平等」もしくは「法律上の平等」を志向するものとして位置づけられているのである[20]。所有権の保障と自由の観念の不可分的関係の強調，平等観念の形式化・希薄化，それがシエースの人権思想の核心である。したがって，「自らの欲求を充足するのに無力であるようなすべての市民は，その同胞の援助を受ける権利 (droit aux secours de ses concitoyens) を有する」(第25条)[21]とはいえ，この規定は今日言うところの「権利としての福祉」を目指したものではなく，慈恵的救済の次元に留まるものであると言えよう[22]。

　このように見てくると，「シエースは長い間彼らの理論，たとえばケネー，メルシエ・ドゥ・ラ・リヴィエール，ミラボー侯爵，アベ・ボードー等の理論を研究した」[23]と言われるように，彼の人権思想はすでに見てきたフィジオクラートの人権思想にほぼ対応しているといって大過ないであろう。否，それはシエースの人権論とフィジオクラートの人権論の論理構造の類似性から言いうるだけでなく，革命期の代表的な人物ミラボー (le comte de Mirabeau, 1749-91) が国民議会での演説において，次のように明確に指摘していることからも明らかである。「彼（シエース）はその宣言において，全ての政治社会の根本原理を設定している。（中略）全てはかくも高貴な，かくも自由な，かくも実り豊かなこの原理のうちにある。その原理は，私の父とその友人であったケネー氏が

---

(19)　*ibid.*, p.261.
(20)　浦田一郎・前掲論文は，シエースにあっては「所有の限界が何ら論じられず，実際上無限蓄積が正当化される」と述べている。21頁。
(21)　*Archives Parlementaires, 1 série, t. Ⅷ* p.261.
(22)　浦田一郎・前掲論文は，この点につき次のように述べている。「したがって救済を受ける権利を考えるにしても，それは例外の場合ということになるのではないであろうか。」31頁。
(23)　Paul Bastid, *op.cit.*, p.310.

30年前に確立したものであり,シエース氏はおそらく誰よりも巧みにそれを表明したのである。人間の全ての権利,全ての義務はその原理に由来する。」[24]

しかし,それは言うまでもなく第3身分のうちのブルジョアジーの立場を表明するものである。すなわち,シエースは『第3身分とは何か』において,「第3身分は共同の秩序に属する市民の総体と解すべきである」[25]として,第3身分を一体として革命の前面に押し出しはしたものの,すでにその時点で同身分内部に生じつつある階級対立を自覚しつつあり,上の「共同の秩序」をいかに形成すべきかということが彼の次の課題となったのである。彼の提起した「能動的市民」（citoyen actif）と「受動的市民」（citoyen passif）の区別は,この課題に応えようとしたものに他ならない。シエースは言う。「全ての住民は受動的市民の権利（身体の安全・所有権・自由等＝引用者）を有すべきである。……しかし,全ての人が公権力の形成において重要な役割を演じる権利を有しているのではない。すなわち,全てが能動的市民であるわけではない。」[26]婦人,子供,外国人および「公的施設（l'établissement public）の維持に何らの貢献もしない人々」は公的事項（chose publique）に影響を及ぼす能動的市民ではない。「全ての人々は社会の利益を享受することができる。しかし,公的施設に貢献する者だけが大きな社会的企画の真の株主（les vrais actionnaires）としてある。彼らのみが能動的市民,社会の真の構成員である。」[27]したがって,シエースが「政治的権利（droits politiques）の平等は根本的な原理である」[28]と述べているとしても,それは「能動的市民」を前提としてのことであるといわねばならない。

このように能動的市民と受動的市民の区別は,シエースの主権論の変化に対応するものである。シエースは『第3身分とは何か』においては,不完全であるとはいえ,ルソーを髣髴させる人民主権論,普通選挙論および強制委任論を提示しているが,その後,それらの諸理論における民衆的要素を骨抜きして,観念的・抽象的存在としての「国民」を前提としたブルジョア支配のための国民主権論への移行を明確にしていくのである[29]。

上に見てきたようなシエースの憲法思想は,一方では絶対王政の封建的拘束からの第3身分の解放を目指しながら,他方では第3身分内部におけるブル

---

(24) *Archives Parlementaires, 1 série, t. VIII,* p.453.
(25) Emmanuel Sieyès, *op.cit.*, p.128. 訳31頁。
(26)(27)(28) *Archives Parlementaires, 1 série, t. VIII,* p.259.

ジョアジーに対する「第4身分」の実質的従属をもたらさんとするものであったと言えよう[30]。それは，すでに見てきたケネー等フィジオクラートの憲法思想の延長線上に位置するものであった。

◆ 第3節　1789年人権宣言の憲法思想 ◆

　憲法委員会の委託を受けて，ムニエ，シエース，シャンピオン・ドゥ・シセ，クレルモン・トネールが人権宣言草案を提出したことについてはすでに見た。これらの諸草案をまとめるために新たに5人委員会（Comité des cinq）――委員はデムーニエ（Desmeuniers），ラングルの司教（l'éveque de Langres），トロンシュ（Tronchet），ミラボー（le comte de Mirabeau），レードン（Rhédon）である――が設置される（8月13日）[31]が，人権宣言に反対する意見もあって容易にまとまらず，最後にミラボーの指導のもとでまとめられた委員会案が「社会における人間の権利の宣言案」（Projet de déclaration des droits de l'homme en société）[32]である。ところが，この委員会案は議会において否決され（8月19日），議会内の諸党派の調整のなかから提示されるのが第6部会（le Sixième Bureau）案＝「人および市民の権利の宣言案」（Projet de déclaration des droits de l'homme et du citoyen）[33]であり，これが人権宣言条項別討議案として採択される。もっとも，人権宣言の確定条項となるのは同案の一部にすぎず，「89年権利宣言は，1のモザイクにほかならず，1個の論理的かる思想的体系性をも

---

(29) 杉原泰雄『国民主権の研究』（岩波書店，1971年）182頁以下参照。なお，浦田一郎「1789年におけるシェイエスの主権論」一橋研究23号は，次のように述べている。「革命前には特権身分を倒すために，革命への民衆の動員を可能にする主権論を必要としたが，革命後には民衆に対する優位を確保するために，民衆の政治参加の拒否を可能にする主権論を要求した。シェイエスはその要求に的確に対応した理論家であり，成果であった。」15頁。

(30) ただし，このような評価の前提として，革命初期におけるシエースが教会の特権を擁護していること，そしてその擁護の理論が全ての特権身分の経済的利益の擁護にもつながるものであり，その意味で「彼は，絶対王政下の経済的利益を，特権としてではなく，所有権としてとらえなおそうとしているのである」ということ，「革命初期において（シエースの――引用者）所有権は，『法律革命』の観念の中核として，アンシャン・レジーム下の経済的利益と近代的な権利を結ぶ働きをする」ということを押さえておかねばならない。浦田一郎「革命初期シェイエスの憲法思想」一橋論叢73巻2号23頁，29頁。

(31) Archives Parlementaires, 1 série, t.VIII, p.434.
(32) ibid., pp.438-439.
(33) ibid., pp.431-432.

ちうる直接の根拠は何も見いだされない」[34]との評価がある。

なるほど，1789年の人権宣言には憲法思想の多くの潮流が交錯したかたちで影響を与えており，全体的に見て，一貫した「論理的かつ思想的体系性」を有しているかといえば，疑問符を打たざるを得ない。しかし，これまで見てきた憲法思想の諸潮流のうちいずれの潮流が比較的明確な輪郭を残しているかは，ある程度把握できるように思われる。この点に焦点を当てて，以下，人権宣言の内容について見てみよう[35]。

第1に，宣言は，「人は自由かつ権利において平等なものとして出生し，かつ生存する（Les hommes naissent et demeurent libres et égaux en droit.）。社会的差別は，共同の利益のみに基づいたものでなければならない。」（第1条）と規定し，基本的人権の基礎的観念である自由・平等を表明する。「自由とは，他者を害しない全てのことをなし得ることにある」のであり，「したがって，各人の自然権の行使は，社会の他の構成員にこれらの同種の権利の享有を確保すること以外の限界を持たない」（第4条）。平等については，「権利において」という条件が付されていることに注意したい。つまり，宣言における平等は「権利における平等」であって，社会的・実質的な平等を志向するものではない。このことは，ミラボーによって報告された5人委員会案から国民議会の第六部会案を経てこの確定条項に至る過程で，自由と平等の観念の捉え方がどのように変わってきたかを見ても明らかである。5人委員会案では「すべての人間は平等かつ自由なものとして生まれる（Tous les hommes naissent égaux et libres.）（第1条）[36]と規定されているのに対し，第6部会案では「社会は手段の不平等のかわりに権利の平等を維持する必要によって形成される（La société s'est formée par le besoin de maintenir l'égalité des droits au millieu de l'inégalité des moyens.）」（第6条）[37]として，「権利の平等」がクローズ・アップされ，確定条項に見られる「自由かつ権利において平等」という規定に落ち着くのである。

以上のプロセスは，基本的人権の基礎的観念である自由と平等について，国民議会の多数派が自らのイデオロギー＝ブルジョア・イデオロギーを貫徹する

---

(34) 稲本洋之助・前掲論文・99頁。
(35) 89年人権宣言および91年憲法の内容については，cf. Léon Duguit et Henry Monnier, *Les constitutions et les principales lois politiques de la France depuis 1789*, Paris, 1925. Maurice Duverger, *Constitutions et documents politiques*, P.U.F.,1974.
(36) *Archives Parlementaires, 1 série, t.VIII,* p.438.
(37) *ibid.,* p.432.

第2章　ブルジョアの憲法思想とその実践

ためにいかに慎重な配慮をしたかを示している。さらに，そのイデオロギーは，後述するロベスピエールの人権宣言草案（1793年）が政治社会の目的を自然権の維持にあるとした上で，その自然権の主要なものを「生存権」に求め（第2条），それが「人間の肉体的・精神的能力の差異がいかなるものであろうとも，すべての人間に平等に属する」（第3条）と規定していること[38]，およびバブーヴィストの人権思想における社会的・実質的平等の強調[39]との比較において一層明瞭となる。

　第2に，宣言は，自然権として「自由，所有，安全および圧制への抵抗」（第2条）を掲げ，これらの自然権を保全することが政治的結合（association politique）の目的であるとする。自然権のなかに平等が含まれていないのは，第1条において「権利において平等」という考え方がとられたことの当然の帰結である。自由に関しては，精神の自由と人身の自由があげられている。精神の自由には，「思想」および「意見の自由な伝達」（第11条）のほか，「宗教上の意見の表明」およびその他の表現の自由も認められている。しかし，それらは「法律によって定められた公共の秩序を乱すものでないかぎり」（第10条）という条件つまり濫用禁止（第11条）という条件が付されている。人身の自由に関しては，刑罰の平等（第6条），法定手続（第7条），刑罰必要最低限の原則（第8条），無罪の推定および過度の強制措置の禁止の原則（第9条）が掲げられている。

　第3に，宣言は，所有権を自然権として位置づけた第2条のほかに，第17条においても「1つの神聖で不可侵な権利」としてあらためて規定している点に注目しなければならない。このような所有権に関する二重の規定は，国民議会の多数派の基本的な階級的立場を示すものであり，この時期の革命がブルジョア革命として展開されていることを明示するものと言えよう。

　上に見てきた3点を要約すれば，①「権利における平等」という考え方にもとづく実質的平等の排除，②平等の観念に対する自由の観念の優位性，③自然権としての所有権の強調，ということになろうが，これらの点は，これまでに見てきたケネーやシエースの人権思想の潮流に属するものといえよう。

---

(38)　*Œuvres de Maximilien Robespierre*, t.IX, P.U.F., p.464.
(39)　Jacques Godechot, *Les institutions de la France sous la Révolution et l'Empire*, 2éd., P.U.F., 1968, p.76. 桑原武夫編『フランス革命の研究』150頁。辻村みよ子「フランス革命期の選挙権論——主権論との交錯」一橋論叢78巻6号54頁以下参照。

第Ⅱ部　革命期の憲法思想とその実践

　以上が基本的人権に関する注目点であるとすれば，主権および統治機構に関する注目点として次のものが上げられよう。第1に，宣言は，「あらゆる主権の淵源は，本質的に国民に属する。いかなる団体，いかなる個人といえども，明白に国民に由来しない権力を行使することはできない」（第3条）と規定し，国民主権原理を表明する。第2に，これとの関係で，宣言は，「法律は一般意思（la volonté générale）の表明である。すべての市民は，自らまたはその代表者を通じてその形成に協力する権利を有する」（第6条）と規定している。しかし，「あらゆる主権の淵源は，本質的に国民に存する」といい「法律は一般意思の表明である」というも，これらの表現は国民が政治社会の実質的主体であることを意味するものではない。この89年人権宣言がその前文として置かれている91年憲法を見れば，上の「国民主権」論および「一般意思」論の虚構性が明らかである。すなわち，91年憲法ではシエースの言う「能動的市民」と「受動的市民」の区別に基づいて，前者にのみ「選挙権」が認められる構造になっている。能動的市民たる条件は，「少なくとも3日の労働の価値に等しい直接税を支払い，その領収書を提示すること」（91年憲法第2編第1章第2条）にあるが，この条件のために当時のフランス人の成年男子（女子は除かれ，25歳以上の男子とされている）2,700万のうち能動的市民は430万と推定されている。さらに，この能動的市民は第1次選挙集会において100人に1人の割で選挙人を指名する仕組みになっている——選挙人になる資格は能動的市民になる資格よりも厳しく（10日の労働賃金に相当する直接税），被選挙人資格は銀1マール（50フラン）を要する——ことから，実際の選挙人は4万ないし5万と推定されている[39]。

　このことは何を意味するのか。A．ソブールの説明を借りれば，「1789年の革命は，第3身分の少数派であるブルジョワジーによって指導されたものであるが，危機に際しては，都市や農村の広汎な人民すなわち往々にして《第4身分》と呼ばれた人々によって支持され，援助された。民衆との同盟のおかげで，ブルジョワジーは，自分たちに実質的な権力を与える一つの憲法を，王権に対して強制した。」[40]しかし，この実質的な権力を事実上掌握したブルジョワジーは，新たな政治社会を構想するにあたり，自らの支配を貫徹すべく，89年人権宣言および91年憲法おいて《第4身分》を政治の舞台から全面的に排除し

（40）　Albert Soboul, *La Révolution Française,* Edition Sociale, p.135.

たのである。

　こうして，89年人権宣言は，最後に，ブルジョア憲法の骨子を次のように表明する。「権利の保障が確保されず，権力の分立が定められていない社会は，憲法をもつものではない」(第16条)。すでに見てきたブルジョア的人権論と《第4身分》を排除した主権論および選挙制度論を前提とした上での人権保障，そしてそれを可能ならしめるための権力分立制という近代ブルジョア憲法の2本の柱が確認された意味は大きい。これまで見てきたケネー，シエースの人権思想は，ブルジョア支配のための権力分立制とセットされて人権宣言に定着したのである。

おわりに

　1789年の革命は，旧体制に対する批判的諸勢力の連合の上に遂行されたものであり，89年人権宣言はその記念碑である。しかし，旧体制に対する批判的諸勢力が対立する諸利害を有していたように，89年人権宣言もまたそれらの諸利害を反映した憲法思想の諸潮流から影響を受けた。本章では，そのうちケネーおよびシエースの潮流に着目し，特に彼らの憲法思想とりわけ人権思想において，人権の基礎的観念である自由・平等・所有の3観念がいかなる関連において捉えられているかを中心に考察した。そこでは，「身体の所有」——「労働の所有」——「物的所有」というプロセスとして所有権の観念が説明され，そのような所有権が保障された状態こそが人々の「自由」として捉えられていた。しかし，そこでは「身体の所有」自体が自然の付与した能力の差異を前提として捉えられている以上，その帰結としての「物的所有」が不平等なものであったとしても，それは「自然法(則)の結合」の結果として，正義・不正義の問題の領域外へと放置されることになる。したがって，平等観念が問題とされることはあっても，それは，各人が自然によって付与された諸能力を労働を通じて発揮できる「権利において平等」という次元にとどまるのであって，社会的・実質的平等への志向性を伴ってはいない。そのことは，すでに指摘したケネーの自然権思想に秘められた一種の循環論の当然の帰結でもある。すなわち，ケネーは農業を前提とした富の再生産過程を「人類にとって明らかに最も有利な自然的秩序」として位置づけ，それをオーソライズするものとして自然法を捉えているのである。いずれの自然法論も何らかのイデオロギーの法的別名にすぎないとまで極論するするつもりはないが，少なくともケネーの自然法

論についてはそのことは言えそうである。すなわち，ケネーの自然法論は，一方では，上の「人類にとって明らかに最も有利な自然的秩序」を支えるものとして「所有権」と「自由」を位置づけ，他方では，各人の能力が自然によって差異あるものとして付与され，それが労働を通じて行使される以上，その結果がいかなるものであろうとも「人類にとって明らかに最も有利な自然的秩序」を構成するものだということになる。このような意味において，ケネーの自然法は彼の提示した経済秩序をオーソライズするイデオロギーとして機能しているのである。

　シエースにおける自由・平等・所有権の関連づけ方も，基本的にはケネーのそれと異なっていない。ただ，シエースの場合には，革命渦中で明らかとなった階級利害の対立が十分に意識されていることから，「自らの欲求を充足するのに無力であるようなすべての市民は，その同胞の援助を受ける権利を有する」というような規定を人権宣言草案中に見出すことができる。しかし，このような規定を直ちに，今日の憲法学で言うところの社会権として捉えることはできない。というのは，自由権との対比で捉えられる社会権は，上に見た人権の3つの基礎的観念のうち，所有権の制限を前提としてはじめて成立する概念だからである。したがって，所有権の絶対性を前提としたケネーの人権論からは，慈恵的救済という考え方は出てくることはあっても社会権の発想は出てこない。

　1789年の人権宣言も自由・平等・所有権という3つの基礎的観念の上に成り立ってはいるが，すでに見たように，自由と所有権観念の強調，平等観念の後退という構図をとっている点で，ケネーおよびシエースの人権思想の延長線上に位置づけられる。ただ，「所有権は神聖不可侵な権利であって，何人も，適法に確認された公の必要が明白にそれを要求する場合においてでなければ，また，正当な事前の補償という条件のもとでなければ，それを奪われない」という第17条に着目して，89年人権宣言でも所有権の制限が考えられているではないか，という反論があるかもしれない。しかし，この第17条における所有権制限への視覚から結果として何が出てくるかは明らかである。というのは，同条においては，所有権制限の条件の1つとして，「適法に確認された公の必要」が掲げられているが，所有権を制限すべしというこの「公の必要」を確認するのが誰であるかは明らかだからである。能動的市民と受動的市民の区別を想起すればよい。政治の舞台における主演者は，能動的市民の選挙によって登

場するブルジョワジーにほかならない。したがって，第17条にいう所有権の制限は，中小生産者もしくは労働者の所有権制限としてしか機能しないであろうことは明らかである。

　要するに，自由および所有権観念の強調，平等観念の後退，これがケネー──シエース──89年人権宣言へとつながる憲法思想，とりわけ人権思想の潮流の動向を決していると言えよう。

第3章
「民衆」の憲法思想とその実践
── Robespierre

はじめに

　すでに見たように，フランス革命は1789年の人権宣言と1791年の憲法＝「89年－91年体制」によって，旧体制に終止符を打った。しかし，この体制は革命の終息を意味するものではなく，新たな革命を予告するものであった。なぜなら，この体制は旧体制に代わるブルジョワジーの支配を確立せんとするものであって，革命に立ち上がった圧倒的多数の民衆を政治の舞台から締め出したからである。

　A.ソブールは，この体制について次のように述べている。「その目的は，敗北した貴族制と王制の反抗と民衆解放のあらゆる企画に対して，勝利したブルジョワジーの平和な治世を確保することにほかならなかった。」[1]「それ（91年憲法）は，一方では自由主義的な憲法として，旧体制と専制の廃墟の上に国民の主権を打ち立て，他方ではブルジョワ的な憲法として，もてる階級の支配を確保している。」[2]

　このように，この体制のブルジョワ的性格はあきらかであるが，さらに，その性格は組合とストライキを禁止した1791年6月14日のル・シャプリエ法 (Loi le Chapelier；「同一の身分および職業の労働者および職人の集会に関するデクレ」(Décret relative aux assemblées d'ouvriers et artisants de même état et profession)[3]）にも明らかである。

　しかし，もともと旧体制に対する革命はその下に呻吟していた全階級の解放を志向するものであった以上，ブルジョワジーの階級的欲求の充足のみで終息

（1）　A. Soboul, *La Révolution française,* 6 mille, 1983, Edition Sociale, 小場瀬卓三・渡辺淳訳『フランス革命（上）』（岩波新書，1966年）132-133頁。
（2）　同訳書133頁。
（3）　1791年3月に国民議会の決定によってギルドは廃止になったが，その後労働者再編が起こるとによって労働者組織が形成され，賃上げのためのストライキ等も発生するようになった。ル・シャプリエ法はこのような労働者の動きを抑制するための法律として，1864年まで労働者を拘束することになる。

し得るものではない。「1789年-91年体制」によってはその階級的欲求を充足できない貧農、手工業者、商店主等は、パリのサン・キュロットもしくはアンラージェ（enragés）運動に見られるように、この体制の枠を越えようとする。1792年8月10日の人民蜂起は、「まさしく第2の革命であり、普通選挙を基礎としたデモクラチックな民衆共和国」[4]を予告するものである。

さらに、看過してはならないのは、フランス国内におけるこのような革命情勢と同時に、フランス革命を危機の目で見つめていた旧体制のヨーロッパ諸国の存在である。特にオーストリアのレオポルト2世（Leopord II, 1747-92）およびプロイセンのフードリッヒ・ヴィルヘルム2世（Friedrich Wilhelm II, 1744-97）、は、列国君主が共同してフランス革命勢力に対処すべきことを確認したピルニッツ宣言（Pillnitz, 1791.8.27）を発した。ここにおいて、「89年-91年体制」は、国内における農民・労働者の革命的エネルギーとヨーロッパ諸国の旧体制維持を志向する反革命的エネルギーの両面攻撃を受けることになる。

ロベスピエールが革命の舞台に登場してくるのは、このような背景においてである。「受動的市民、手工業者や商店主は、ロベスピエールと山岳党員たちに導かれ、輝かしい政治の舞台に登場した。」[5]

ところで、1792年段階の状況を考える場合、革命のエネルギーの主体であったサン・キュロット（sans-culottes）の勢力をどのように位置づけるかという問題を検討しておかねばならない。リューデ（Georges Rudé）は、サン・キュロットの構成を「首都の作業場の親方、手工業者、賃金労働者、商店主、小商人」に見出している[6]。また、柴田三千雄は、「サン・キュロットの社会的構成から見ると、当時《細民》（memu people）とよばれた社会層は、独立の手工業者・小商人を主体とし、その下層には初期プロレタリア（職人・徒弟・工場労働者）を、その上層には数人の労働者を雇用する小経営者（親方・商人）を含む広範な層から成っていた」[7]と述べている。

この構成から窺えるように、サン・キュロット運動を階級意識に目覚めた階級闘争と考えることはできない。したがって、「フランス革命期のパリ民衆は……資本・賃労働の階層分化をしておらず、全般的にまだ小ブルジョワ的世界

---

(4) A. Soboul, *op. cit.*, pp.244-5. 前掲訳書188頁。
(5) A. Soboul, *op.: cit.*, p.244. 前掲訳書188頁。
(6) G. リューデ著、前川貞次郎訳『フランス革命と群衆』（ミネルヴァ書房, 1996年）251頁。
(7) 柴田三千雄『バブーフの陰謀』（岩波書店, 1968年）29頁。

を構成」しており，「このことが，また，彼らを同一世界に属するという連帯意識で結びつけていたのである」[8]。しかし，そうは言うものの，サン・キュロット運動は何の組織形態も伴わない全くの自然発生的運動であったわけではない。彼らは当初，「人民協会」(Société populaire)——その代表はコルドリエ・クラブ (Club des Cordeliers) = 「人権協会」(Société des Droits de l' Homme)——，「セクション協会」(Société séctionnaire) といった組織の下で活動していたのである。とりわけ，「1792年8月に若干のセクションで設置され，93年3月21日の法令で正式に各セクションに設立された『革命委員会』(Comité révolutionnaire) は，セクション内の最急進分子によって構成され，サン・キュロット運動の推進部となった。」[9] このような運動を通じて，ジャック・ルー (Jacques Roux)，ジャン・ヴァルレ (Jean Varlet) を指導者とする「過激派」(Enragés) や「エベール派」(Hébertistes) が形成されている。

彼らはいかなる政治的理念を抱いていたのであろうか。一口で言えば，それは平等主義 (l'égalitarisme) である。たとえば，1793年9月2日のサン・キュロット・セクションの議会への請願書では，「所有」を「肉体的要求（生存の維持＝引用者）の範囲」でしか認めず，「何人も一定の鍬で耕すに必要な土地以上に広大な部分を借りえず……1つの作業場，1つの店しか有しえない」とされている[10]。具体的な政治課題としては，最高価格令，食糧徴発，累進課税，金融業の取締り，教育無償化があげられる[11]。このような政治理念実現のために，彼らはルソーの政治思想を受け継ぎ，人民主権原理に基づく政治参加を要求する。

「民衆の革命」を支える主要勢力はこのようなサン・キュロットであるが，彼らはそれ独自で政治的な指導的役割を果たしたわけではない。「民衆の革命」の政治的指導は，このサン・キュロット運動に依拠したブルジョワ議会であるが，特に注目されるのは1793年以降ジロンド派 (Girondins) にかわって台頭し，94年の「テルミドールの反動」(réaction thermidorienne) まで指導力を発揮した山岳派 (Montagnards) およびその指導者としてのロベスピエールにほかならない。以下においては，「革命の上昇線」ともいうべき1792年以降にお

---

(8) 柴田・前掲書34頁。
(9) 柴田・前掲書36頁。
(10) A. Soboul, *Les sans-culottes parisiens,* p.469
(11) 柴田・前掲書43頁。

いて,「89年-91年体制」に代わるロベスピエールの憲法構想について見てみよう。

◆ 第1節　人権思想 ◆

第1項　平等の理念と生存権

　ロベスピエールの人権思想の特徴は所有権の制限を前提とした自由・平等理念の統一的実現という点にあるが,ここでは彼の人権宣言草案(*Projet complet de déclaration des droits de l'homme et du citoyen*, 1793.4.24)[12]を中心にしてそのことを検証してみよう。草案をみて注目される第1点は,それが平等理念実現のための生存権中心の体系をなしていることである。次のような規定が見られる。
　「すべての政治社会の目的は,人間の自然的で時効にかからない権利の維持およびすべての人々の才能の発揮にある。」(第1条)「主要な人権とは,人間の生存の維持に備える権利と自由である。」(第2条)「これらの権利は……肉体的および精神的な能力の差異がいかなるものであろうとも,すべての人間に平等に属する。」(第3条)しかし,これだけでは今日の憲法学でいうところの社会権としての生存権を提起したものとは言えない。次の規定が重要である。
　「社会は,その全構成員の生存に対し,彼らに仕事を保障することにより,あるいは労働不能の状態にある者に対しては生存の手段を確保することによって,その生存に備える義務を負う。」(第11条)
　ここでは,生存権保障が,後述する所有権の制限とともに,国家社会の義務として考えられているのである。したがって,「貧しさに対する必要な援助は,貧乏人に対する金持ちの負債である」(第12条)という規定を単なる慈恵的な公的救済の次元に止まるものと解すべきではない。なぜなら,当時の公的救済の発想は,すでに見たシエースの人権思想に典型的に示されているように,所有権の絶対性に基づく全面的な自由競争の原理を前提としているのに比べ,ロベスピエールの公的救済を含む生存権中心の人権体系は,所有権の制限を国家政策の基本的課題としているからである。

---

(12)　*Archieves parlementaires, 1 série, t.63,* pp.197-200.

第2項　所有権の制限

　それゆえ，注目すべき第2点は，所有権の制限である。「所有権は……他人の権利を尊重する義務によって制限される。」（第8条）他人の「安全，自由，生存ならびに……同胞の所有権を侵すことはできない。」（第9条）この原則に反するすべての取引は，「本質的に違法かつ不道徳である。」（第10条）

　このように，ロベスピエールの草案は，所有権を認めつつもそれを厳しく制限することによって，つまり経済的強者の巨大な所有権およびそれに基づく経済活動の自由を制限することによって，経済的弱者の生存を確保することを構想しているのである。このような構想がルソーの政治思想・法思想に負うものであることは改めて言うまでもない。それは，ロベスピエールの1793年9月29日の「最高価格法」（Maximum général, 1793. 9. 29）に代表される経済統制政策として具体化される。このような生存権構想は，1792年12月12日の「食糧について」（Sur les subsistances, 1792. 12. 12.）という彼の演説の中で次のように表明されている。「社会の最初の目的は何か。それは人間の譲り渡すことのできない諸権利を保持することにある。これらの権利の第1のものは何か。それは生存の権利である。第1の社会法（La première loi sociale）は，それゆえ社会の全構成員に生存の手段を保障する法である。他のすべての法はこの法に服する。所有権はこの法を強固にするためにしか設定されなかったし，もしくは保障されなかった。人々が所有権を有するのは，何よりも生きんがためである。」[13]

　さらに，所有権制限の視点は，国民公会における1793年4月24日の次のような報告に明らかである。「金だけしか尊敬しない罪深き魂（âmes de boue）の持ち主よ。私は……諸君の宝蔵に触れようとは決して思わない。……財産の極端な不均衡が多くの悪徳と犯罪の原因であるとを世の人々に教えるためには，おそらく革命は必要でなかったであろう。……諸君の人権宣言は……自由をば人間の第1の財産，人間が自然から得る最も神聖な権利と規定しながら，諸君は正当にも，自由はその限界として他人の権利を持つと述べた。どうして諸君は，この原則をば1つの社会制度である所有権に適用しなかったのか。……諸君は所有権の行使に対して最も大きな自由を保障するために多くの規定を置い

---

(13) *Œuvres de M. Robespierre, t.9,* publiés sous la direction de M. Bouloiseau, G. Lefevre, A. Soboul, 1958, P.U.F. p.112.

た。……まるで諸君の宣言は人間のためにではなくして，金持ちのために，買占人のために，相場師のために，また暴君のために作られたかのようである。」[14]しかし，ロベスピエールはこの報告において，「われわれはそれにもかかわらず，財産の平等がやはり1つの空想にすぎないと確信せざるをえない」と述べているように，私有財産制自体を否定しているわけではない。拠って立つ階級的基盤が受動的市民，手工業者や商店主であったことから，ロベスピエールの所有権論は，「所有権を否定せず制限するという小ブルジョワ的平等主義」[15]の次元に止まらざるを得なかったのである。この次元を超えるには共産主義者バブーヴィスト（Babouvistes）の登場をまたねばならない。以上のことから，ロベスピエールの人権思想は所有権の制限に基づく生存権保障を前提として自由・平等理念の統一的実現を志向している点で，啓蒙期のルソーの人権思想を継承するものであると言えよう。

　なお，ロベスピエールの草案においては，「教育を受ける権利」（第13条）のほか，「圧制への抵抗は人および市民の他の権利の帰結」である（第25条）として，抵抗権が全ての人権の究極的保障手段として位置づけられている点にも留意したい。このような抵抗権の重視は，後述する人民主権とも関連するが，「人民は善良であり，役人は腐敗しやすいものだと仮定しないすべての制度は悪しき制度である」（第29条）という政治道徳的認識に基づくものであるといえよう。

◆ 第2節　主権思想および統治機構論 ◆

第1項　国民主権論と人民主権論

　すでに見たように1789年のフランス人権宣言は，「主権の淵源は本質的に国民（la Nation）に存する」（第3条）として国民主権（la souveraineté nationale）の原理を表明し，さらに，「法律は一般意思（la volonté générale）の表明である。全ての市民は，自分自身でまたはその代表者を通じて法律の作成に協力することができる」（第6条）と規定する。しかし，この宣言と一体化される91年憲法では直接民主制への道が閉ざされただけではなく，議会制の前提としての選

---

(14)　*Archieves parlementaires, 1 série, t.3*, 63, p.197.
(15)　前掲注(7)491頁。

挙権も，すでに見たように，シエースによる「能動的市民」と「受動的市民」の区別に基づいて，前者のみに認められる仕組みになっていた。

このように，「89年－91年体制」を支える国民主権原理は，一方では絶対王制を支えてきた君主主権原理を超克するという歴史的意義を有しつつも，他方ではブルジョワ支配を貫徹するために社会の底辺層＝「受動的市民」を政治の舞台から排除するという政治的機能を期待されていたのである。ロベスピエールの人民主権（la souveraineté populaire）論は，このような国民主権原理との緊張関係の中から形成されたものである。

ロベスピエールはルソーの政治思想・法思想を継承して人民主権論を展開するが，その前提にあるのは人民に対する愛着と信頼である。1793年5月10日の「代表制について」（*Sur le gouvernement représentatif*, 1793. 5. 10）という演説においては，その愛着と信頼は次のように表明されている。「人民は善良である。その代表者たちは腐敗しやすい。政府の悪徳と専制に対する予防策は，人民の徳（la vertu）と人民の主権（la souveraineté du peuple）の中に探らねばならない。」[16] ジャン・ポプラン（Jean Poperen）によってロベスピエールの「デモクラシーの概念の根底に位置するもの」[17] として評価されるこのような人民への愛着と信頼を基礎とする彼の人権宣言草案には，次のような規定が見られる。「人民は主権者である。政府は人民の作品，人民の所有物であり，公務員は人民の使用人である。」（第15条）この規定は，次のような政府変更権および命令的委任制度（mandat impératif）と不可分に結びついている。「人民は思いのままにその政府を変更し，自らの代表者の委任を解くことができる。」（第16条）さらに，先の「代表制について」という演説では，「人民によって指名されたすべての公務員は，規定されるであろう手続にしたがい，人民によって解任され得る」[18] として公務員罷免権が提起されており，しかもそれが人民の時効にかからない権利（le droit imprescriptible）として位置づけられている。この権利はどのように行使されるのか。ロベスピエールによれば，立法府や行政府のメンバーもしくは閣僚は，その任期満了時に委託者の厳格な審判に付され

---

(16) *Œuvres de Maximilien Robespierre, t.3,* avec une notice historique, des notes et des commentaires par Laponneraye, précédées de considérations générales par Armand Carrel, 1840, New York, p.369.

(17) *Robespierre Textes choisis, t.2,* préface, commentaires et notes explicatives par Jean Poperen, 1973, Edition Sociale, p.146.

(18) *Œuvres de Maximilien Robespierre, t.3,* 1840, New York, p.378.

る。「人民は彼らが信託を得ているか失ったかだけを宣告するであろう。」[19]

このように，ロベスピエールの人民主権論は，それをより実質的なものとするための命令的委任論もしくは公務員罷免論と結びついている点に特徴を有していると言えよう。

第2項　立法権優位の統治機構論

このような命令的委任制度もしくは公務員罷免制度は，言うまでもなく立法権や行政権の濫用から人民の自由と権利を擁護しようとする目的から出たものである。ロベスピエールによれば，特に行政権の濫用から公的自由（la liberté publique）を擁護するためには，行政権を正当な限界内にとどめなければならない。その具体策は，①行政機関のメンバーの任期を短期にすること，②同時に複数の任務を委ねないこと，③権力を分割すること，④立法と行政を厳格に分離すること，⑤行政機関を国務の性質に応じて区分すること，である[20]。

人民の自由や権利の擁護のための行政権の制限という発想は，法律を人民の一般意思の表明であるとする一般意思論に基づくものであり，行政権に対する立法権の優位性を導き出す。ロベスピエールによれば，立法権は行政権に優位する。行政機関はそれゆえ国務管理について立法府に報告する。行政機関のメンバーに背任行為があった場合には，立法府は人民裁判所（un tribunal populaire）に告発する。この人民裁判所の唯一の任務は，公務員の背任行為を裁くことにある。なお，立法府の議員は議会内での発言につき責任を問われないが，収賄もしくは背任行為については人民裁判所に告発される。普通の軽罪（délits ordinaires）は普通裁判所（tribunaux ordinaires）の管轄である[21]。

以上，ロベスピエールの人民主権論およびそれと不可分な関係にある命令的委任論もしくは公務員罷免論，立法権優位論を見てきたが，これらの考え方が山岳党憲法およびその人権宣言（Acte constitutionnel du 24 juin 1793 et Déclaration des droits de l'homme et du citoyen）に必ずしも全面的に継承されたわけではない。そのことについては後述する。

---

(19)　*ibid.*, p.379.
(20)　*ibid.*, p.371.
(21)　*ibid.*, p.378.

第3項　選挙制度論

次に、ロベスピエールの選挙制度論に目を向けてみよう。「89年－91年体制」における選挙制度がブルジョワ支配のための制度であり、これによってサン・キュロットが政治の舞台から排除されたことについてはすでに見たとおりである。これに対してロベスピエールは「銀1マールのデクレを廃止する必要性について」(*Sur la nécessité de révoquer le décret sur le marc d'argent*, 1791) という演説において、89年人権宣言に依拠しつつ、①法律は一般意思の表明ではないのか、②人は権利において平等ではないのか、③人はすべての公務に就くことができるのではないのか、④国民は主権者ではないのか、と問い、次のように説いている。「フランスに生まれ居住する全ての人間は、フランス国民と呼ばれる政治社会の構成員である。すなわち、フランスの人民である。彼らは事物の本性と万民法 (droit des gens) の第一義的な原理によってそうなのである。この資格に結びつけられる諸権利は、各人が有する財産にも、課せられる税金にも依拠しない。なぜなら、われわれを市民にするのは決して税金ではないからである。市民の資格は、ただその能力に応じて国家の共同の支出 (la dépense commune de l'Etat) に貢献することだけを余儀なくする。」[22] このような考え方が1793年の山岳党憲法の普通選挙制度（但し男子のみ）に受け継がれていることは確かである。同憲法は人民主権原理を掲げた（同憲法の人権宣言第25条）ほか、主権者人民を、フランスに生まれ居住する21歳以上の男子および一定の要件を充足する外国人として（憲法第4条、第7条）、直接普通選挙制度を定めている（憲法第8条）からである。

しかし、普通選挙制度は命令的委任制度もしくは公務員罷免制度と接合されたときに、はじめて厳格な意味での人民主権原理を実現し得ると考えられる。その意味では、93年の山岳党憲法の普通選挙制度は、先に見たロベスピエールの命令的委任論もしくは公務員罷免論の骨抜きの上に成り立っていると言わざるを得ない。つまり、山岳党憲法は、一方で普通選挙制度を通じて民衆に政治参加の道を開くことによって民衆の革命的エネルギーを吸収し、他方で命令的委任制度もしくは公務員罷免制度を否定することによって民衆の実質的参加を排除するという政治的構造を有していたのである。「革命政府体制内におけ

---

(22) *Œuvres de Maximilien Robespierre*, t.1, 1840, New York, p.161.

るロベスピエール派の位置は，普通考えられているほど強固でも安定したものでもなかった」[23]と言わざるを得ない。

◆ 第3節　ルソー，ロベスピエールと1793年憲法 ◆

第1項　1793年憲法の憲法史上の評価をめぐる問題

　1793年6月24日の山岳党憲法＝モンタニャール憲法（以下，93年憲法と略記）は，革命をめぐる内外情勢下にあって施行されることはなかったにせよ，「人民の人民による人民のための政治」というデモクラシーの観点からすれば，フランス憲法史上特筆に値する。そのことは，革命末期以降の多くの政治的動乱期において，同憲法が必ずといってよいほど想起されてきたという歴史的事実によって証明される。1796年のいわゆる「バブーフの陰謀」，1848年の2月革命，1871年のパリ・コンミューン，1875年憲法＝第3共和制憲法下での人民の政治行動，1956年の第4共和制憲法制定をめぐる政治状況等，いずれをとってみても93年憲法が不死鳥のごとく蘇っている。

　しかし，フランス憲法史および憲法思想史上における93年憲法の意義については，いまだ共通理解が得られているとは言いがたい。それゆえ，93年憲法については，フランス革命の全体構造との関係で，同憲法の人民主権原理や社会権原理をフランス憲法史上にどのように位置づけるべきかという問題をめぐって，日本でも憲法史学・憲法思想史学の観点から精力的な検討が続けられている[24]。93年憲法の憲法史上の評価はフランス革命の全体構造を踏まえてなされるべきことは言うまでもないが，そのような作業は筆者の力量をはるか

---

(23)　柴田三千雄『バブーフの陰謀』（岩波書店，1968年）60頁。
(24)　杉原泰雄『国民主権の研究』（岩波書店，1971年）『人民主権の史的展開』（岩波書店，1978年）『国民主権の史的展開』（岩波書店，1985年），樋口陽一『近代立憲主義と現代国家』（勁草書房，1973年），樋口謹一「フランス革命憲法における主権思想」同志社法学45号1頁以下，「フランス革命憲法における半直接民主政」同志社法学55号1頁以下，高野真澄「フランス憲法における代表民主制の展開」尾道短大研究紀要15集1頁以下，「ジロンド・ジャコバン憲法における人民主権実現の構想」尾道短大研究紀要16集33頁以下，「同再論」奈良教育大紀要（人文社会科学）19巻1号111頁以下，柳春生「フランス大革命の憲法における人民主権の問題（1）（2）」法政研究（九州大学）34巻5・6号23頁以下，同40巻1号113頁以下，辻村みよ子『フランス革命の憲法原理――近代憲法とジャコバン主義』（日本評論社，1989年）等参照。

に超えている。

　したがって，ここではその前提として，先に見てきたルソーやジャコバン派の指導者ロベスピエールの人民主権原理に基づく統治機構構想および社会権構想が，「ジャコバン憲法」とも言われる同憲法にストレートに継承されているか否かに焦点を当てた憲法思想史的考察に限定せざるを得ない。この考察の素材として，ここでは同憲法に対する次の2つの評価を取り上げる。1つは，ファシズムの危険性が顕在化し，第3共和制が危機に瀕した状況下におけるアンドレ・ドゥサンシエール・フェランディエール（André Decenciere-Ferrandière）の1936年時点での評価[25]であり，今1つは，戦後の1946年4月19日に議会において採択されはしたものの，5月5日のレファレンダムにおいて否認された憲法案に関連づけて展開されているアルベール・ブリモ（Alret Brimo）の1948年時点での評価である[26]。この2つの評価は，わが国では紹介されていないけれども，93年憲法の憲法史上の意義を考える場合，今日でも見落とすことのできない論点を含んだ先駆的業績であると言える[27]。

　したがって，はじめにそれらの概要を紹介し，そのあと本書の課題に引き寄せて若干の検討をしてみたい（なお，紹介部分の項目と脚注は，内容の整理と補充のために筆者が付したものであり，[　]内の数字は原文のページを示す）。

第2項　1793年憲法に対するドゥサンシエール・フェランディエールの評価

　ドゥサンシエール・フェランディエールは，93年憲法がフランスのかつて有してきた憲法のうちで「唯一の優れた憲法」（la seul bonne Constitution）である

---

(25) André Decencière-Ferrandière, La Constitution de 1793.（*Cahier du Centre d'Etudes de la Révolution française*, 1936.）なお，これはドゥサンシエール・フェランディエールが「フランス革命センター」の要請を受けて行った講演であり，その後彼の追悼論集 *Melanges A. Decencière-Ferandiere*, préface de M.G. Gidel, Paris, Edition de A. Pedone, 1940. に再録されている。本書ではこの追悼論集を用いた。

(26) Albert Brimo, A propos de la Constitution Montagnarde de 24 juin 1793 et deux conceptions de la démocratie——*Meranges dédies a M. le Professeur Joseph Magnol, doyen de la Faculte de Droit de Toulouse*, Librarie du Recueil Sirey. 1948.

(27)「公法学者たちに関して言えば，その大部分の者は，1789年の人権宣言および1791年憲法に対してしか眼を向けない。大革命期の他の憲法とりわけ1793年憲法は，彼らによって背後に追いやられている。」とドゥサンシエール・フェランディエールが指摘しているように，彼のこの講演の時点までは，93年憲法はフランスの憲法研究者たちによっても本格的な検討がなされていない。A. Decencière-Ferandière, *op. cit.*, pp.47-48.

第 3 章 「民衆」の憲法思想とその実践

との断定でもってその講演をはじめている[47]。彼によれば，このような断定は多くの研究者の驚きと憤慨を惹起するであろうが，1793年当時の人々からすれば極めて当然のことである。同憲法に先立つ1791年憲法の反民主主義的性格はロベスピエールによって告発されたが[28]，要するに91年憲法は，ブルジョワジーが自らの利益のために人民による革命の成果を利用することを狙いとしていたからである。かくして人民は91年憲法を破産させ，さらに93年5月31日～6月2日の政変により，「金持ちだけが十分な余暇を有することによって国事に専念することができるような政治生活のあり方を市民に要求する」ジロンド派の「自由圧殺の憲法構想」（un plan de Constitution《liberticide》）を打倒したのである[48][29]。93年憲法はあまりにも急いで議論され採択されたとは言え，その準備はジャコバン・クラブでの議論によってなされていた[49]。同憲法は施行されなかったとはいえ，それを生み出す力は常に生きつづけており，国家の改革が問われる時期には，同憲法は現実性を帯びてくるのである[50]。

---

(28) すでに見たように，91年憲法の選挙制度は「能動的市民」と「受動的市民」の区別に基づき，前者にのみ選挙権が認められる構造になっている。当時のフランス成年男子（25歳以上）700万のうち「能動的市民」は430万と推定され，しかもこの「能動的市民」が第一次選挙集会において100人に1人の割で選挙人を指名することから，実際の選挙人は4万ないし5万と推定される。Cf. Jacqus Godechot, *Les institutions de la France sous la Révolution et l'Enpire*, 2 éd., P.U.F., 1968, p.76. 辻村みよ子「フランス革命期の選挙権論——主権論との交錯」一橋論叢78巻6号54頁以下参照。

なお，第1次選挙集会での選挙人たる資格は「能動的市民」たる資格よりも厳しく，被選挙人資格は銀1マール（50フラン）を要することから，ロベスピエールは「銀1マールのデクレを廃止する必要性について」（*Sur la necéssité de révoquer le decret sur le marc d'argent*, 1791）という演説において89年人権宣言に依拠しつつ，①法律は一般意思の表明ではないのか，②人は権利において平等ではないのか，③人はすべて公務に就くことができるのではないのか，④国民は主権者ではないのか，と問い，次のように説いている。「フランスに居住する全ての人間は，フランス国民と呼ばれる政治社会の構成員である。すなわちフランス市民である。彼らは事物の本性と万民法（droits des gens）の第一義的な諸原理によってそうなのである。この資格に結びつけられる諸権利は，各人が有する財産にも，課せられる税金にも依拠しない。なぜなら，われわれを市民にするのは決して税金ではないからである。市民の資格は，ただその能力に応じて国家の共同の支出（la dépensé commune de l'Etat）に貢献することだけを余儀なくする。」（*Œuvres de Maximilien Robespierre, par Raponneraye, t.1*, New York, p.161）

(29) ジロンド派の憲法構想について，辻村みよ子「フランス1793年憲法とジャコバン主義——『フランス憲法とジャコバン主義』研究(3)(4)」成城法学20・22号参照。

223

第Ⅱ部　革命期の憲法思想とその実践

1　民主主義的性格

　ドゥサンシエール・フェランディエールの93年憲法に対する評価は，フランス憲法史上における「唯一の優れた憲法」という点にあるが，その具体的な内容は，同憲法が「民主主義的であると同時に反自由主義的であり，反議会主義的である」ということである[51]。民主主義的であるという評価の根拠は，同憲法が採用している普通選挙制である（第4条）[30]。さらに同憲法は，普通選挙制を効果的なものにするための諸方策をも講じている。普通選挙制は，ややもすればボナパルティスムに転化する危険性を有しているからである。93年憲法はこの危険性を考慮に入れて，「主権を簒奪するあらゆる個人は，自由人によって直ちに処刑されねばならない」（同憲法の人権宣言第27条）と規定する。しかも同憲法は，権力を「非人格化」（dépersonalise）せんとする配慮を示している。すなわち，行政権を県の選挙集会（les Assemblées électorales de Département）によって準備されたリストに基づき，立法府によって選出される24名からなる執行評議会（Conseil exéctif）に委ねることによって立法府に従属させ，立法府もまた人民に従属させている[52][31]。

　しかし，ドゥサンシエール・フェランディエールによれば，民主主義が独裁制に転化する危険性と同時に考えておかねばならないのは，寡頭制（une ologarchie de minorités）への転化の危険性である。この危険性は，第3共和制下の戦局と議員定数の不均衡に基づく投票価値の不平等によって現に顕在化している[53]。93年憲法はこの危険性を認識していたがゆえに，第22条と第23条によって全ての市民の投票価値の平等（l'égalité de la valeur du vote）を実現しようとしている。すなわち，原理的には人口40000人に対して議員は1人であり（第22条），人口39000から41000人を擁する「第1次集会の連合体」（la

---

(30)　93年憲法の条文については，*Archieves Parlementaires de 1787 a 1860, 1 série, 1787 a 1799., t.67*, pp.143-150. および Léon Duguit et Henry Monnier, *Les constitution ns et Les principales lois politiques de la France depuis 1789*, 4 éd., Paris, 19 25, pp.66-78. による。以下，同じ。

　　第4条　次の者は，フランス市民権の行使を認められる。／フランスで生まれ居住する21歳以上のすべての男性。／1年前からフランスに居住し，そこでその仕事により生計を立てるか，所有権を取得するか，フランス人と結婚するか，子供を養子にするか，老人を扶養する21歳以上の外国人男性。／立法府によって，人類に功績があったと判断されるすべての外国人男性。

(31)　第62条　24人で構成される執行評議会が設置される。第63条　各県の選挙集会は，1人の候補者を任命する。立法府は，全国名簿にもとづき，執行評議会の構成員を選任する。

réunion d'assemblées primaires）によって直接的に選出される（第23条）。このように，93年憲法は単に普通選挙制を採用しているだけでなく，それが独裁制もしくは寡頭制に転化することのないよう予防策を講じており，ドゥサンシエール・フェランディエールはこの点に同憲法の民主主義的性格を見ているのである[53-54]。

2 反自由主義的性格

　ドゥサンシエール・フェランディエールによれば，93年憲法は，人民の一般意思（la volonté générale）が独裁制もしくは寡頭制に帰着することなく，真に効果的なものとなり得るように諸方策を講じたのであるが，そのことから同憲法の反自由主義的・反議会主義的性格が出てくる[54]。ここでは，彼の言う「反自由主義的性格」について見てみよう。自由主義的統治観が，「弱い政府が最良の政府」という語に示されていることについては多言を要しない。換言すれば，自由主義者にとっての公法の根本問題は，統治者を制約することによって市民の「公的自由」（libertés publiques）をいかに確保するかという点にある。したがって，国家が市民の問題（les affaires des citoyens）にできるだけ介入しないということが自由主義者にとっての「公共善」（le bien public）なのである。国家は，秩序を維持するという限られた役割をはみ出してはならない[54]。

　ところが，93年憲法は，法律を人民の一般意思の表明として位置づけるがゆえに，国家行為が法律に基づいてなされる限り，それをア・プリオリに制約しようとはしない。そこには，ルソーに学んだジャコバンたちの「民主主義の徳性」（la vertu de la démocratie）に対する信頼，すなわち一般意思に基づいて立法者が決定することは正当で有益なものと見なされるという推定がはたらいている [55]。それゆえ，同憲法においては，一般意思の形成に参加する平等の権利こそが最重要の自由（＝単数の自由《Liberté au singulier》）を意味するのであり，他の諸々の自由（les libertés au pluriel）はこれによって条件づけられる。平等・自由・安全および所有権に関する同憲法の人権宣言のすべての規定[32]は，一般意思の表明としての法律に従属するものであるという意味に解さ

---

(32)　93年人権宣言第１条　社会の目的は，共同の幸福である。／政府は，人々にかれらの自然的で時効にかからない諸権利の享有を保障するために設けられる。第２条　これらの権利は，平等，自由，安全，所有である。　第３条　すべての人間は，本来的に平等であり，かつ法の下に平等である。

第Ⅱ部　革命期の憲法思想とその実践

れねばならない [55]。このように,「公的自由」の範囲と内容の決定は人民の意思に委ねられることになることから, 同憲法では, 諸権利の社会的保障 (La garantie sociale des droits) は「国民主権」原理に求められているのである (人権宣言第23条)[33]。したがって, 人民の諸権利が侵害される場合には, 蜂起 (l'insurrection) は「最も神聖な権利であり, 最も不可欠な義務」となるのである (人権宣言第35条)[34]。

このように, ドゥサンシエール・フェランディエールは, 普通選挙制＝人民の政治参加への平等の権利――一般意思の表明としての法律の遵守――圧制に対する抵抗, という図式において93年憲法の統治原理を捉えているのである。したがって, 同憲法では, 国家行為が一般意思の表明としての法律に基づいてなされる限り, その国家行為をア・プリオリに制限しようなどとは考えられておらず, その点が自由主義的統治観とは異なるというのである。

さらにドゥサンシエール・フェランディエールは, 93年憲法が権力分立原理を排斥している点にも同憲法の反自由主義的性格が現れているとする [56]。権力分立に関しては,「権力が権力を抑制する」というモンテスキューの理論が想起される。それは「諸個人の自由の保護についての苦心」の現れであるという点で, 自由主義的精神の表明と考えることができる。ところが, ドゥサンシエール・フェランディエールによれば, ジャコバンたちの唯一の気遣いは, 法律の中に人民の一般意思をいかにしたら全面的に表明できるかという点にあるのであって, 権力分立に同調するいかなる理由も彼らは見出していない。彼らは権力分立原理にかえて「諸権限のイエラルシー」(la hiérarchie des fonctions) という考え方を提起する [56]。すなわち, 行政官 (les agents administratifs) は執行評議会 (le Conseil exéctif) に従属し, 執行評議会は立法府 (le corps législatif) に従属し, 立法府は普通選挙を通じて人民に従属する。裁判官も人民によって選ばれ[35], しかも法律に服さねばならないことから人民に従属する。ドゥサンシエール・フェランディエールは, このような「諸権限のイエラルシー」の構想を自由主義的統治観とは異質なものであると捉えているのである。

---

(33)　人権宣言第23条「社会的保障は, 各人にその権利の享有と保持を確保するための, すべての者の行為の内にある。この保障は, 国民主権に基礎を置く。」

(34)　人権宣言第35条「政府が人民の諸権利を侵害するときには, 蜂起が, 人民および人民の各部分にとって最も神聖な権利であり, 最も不可欠な義務である。」

(35)　第59条「(民事裁判所の) 治安判事と公的仲裁人は, 毎年選挙される。／第100条 (刑事裁判所の) 構成員は, 毎年選挙集会によって任命される。」

3　反議会主義的性格

　ドゥサンシエール・フェランディエールによれば，93年憲法は民主主義への専心＝一般意思の優越性を確保せんとする配慮から，反議会主義的性格を伴っている[58]。それは，ロベスピエールを介して，一般意思は代表されないというルソーの思想を継承した結果である。たしかに，同憲法には「代表者」（Représentants）という表現が見られるが，それは単なる便法に過ぎない。そこには，「代表者」の意思は「代表される者」の意思と完全に同一ではあり得ず，人民は自ら選んだ議会を疑わざる得ないという前提がある。この反議会主義的性格は，同憲法における「人民による人民の直接政の諸制度」の中に表明されており，そのことが同憲法の最も注目すべき特色であり本質的な効能なのである[58]。

　ドゥサンシエール・フェランディエールは，具体的なものとして，同憲法の規定する「市民による法律の直接的採択」の制度を挙げる。それによれば，立法府が人民に意思表示する場合には法律によらねばならず，それらの法律は人民投票に付される[36]。但し，同憲法はあらゆる問題について人民投票を求めているわけではない。そのようなことになれば，「苦労に値しない問題」で市民を悩ませ，結局のところ，国事に専念し得るだけの余暇を有している富者の手に権力を委ねることになるからである。それゆえ，同憲法は人民投票に付すべき法律の対象となる事項と単なる議会のデクレ（Décret）による事項とを区別している[37]。しかし，重要なのは前者であり，ダントン（Georges Jacques Danton, 1759-94）の演説によってその中に含められることになった「宣戦布告」などは注目に値する[38]。ドゥサンシエール・フェランディエールによれば，同憲法のこのような制度は，人民投票の優越性への配慮とそれによって必要以上に市民を害することがないようにとの配慮とを調和させたものである[59]。次に，ドゥサンシエール・フェランディエールは，憲法改正に関する「人民発案」（l'initiative populaire）に着目する。93年憲法は，過半数の県で，各県の第1次集会の10分の1が憲法改正を要求する場合には，立法府は国民公会（Convention Nationale）の必要があるか否かを知るために共和国のすべての第1次集会

---

(36)　第53条「立法府は，法律案を提案し，デクレを発する。」／第58条「法律案は印刷され，提案された法律という名称でもってすべての市町村に送付される。」／第59条「提案された法律の発送40日後に，過半数の県において，正規に構成された各県の第一次集会の10分の1が異議申立をしない場合には，法律案は承認され，法律となる。」／第60条「異議の申立がある場合には，立法府は第一次集会を招集する。」

を招集する義務があると規定している[39]。しかし，ドゥサンシエール・フェランディエールは，「人民発案制」の危険性を指摘する。なぜなら，レファレンダム（人民投票制）は人民による権力の行使そのものであるとしても，プレビシット（人民発案）はボナパルト的もしくはシーザー的独裁制へと移行する危険性を有しているからである。特に，完全に成熟していない人民においては，レファレンダムはプレビシットに方向転換する危険性を否定できない。ドイツはその一例である。しかし，93年憲法はこの危険性に対して，「権力の非人格化」（la dépersonalisation du pouvoir）という方策を講じているのであり，これはドイツ・ワイマール憲法のなし得なかったことである。

なお，ドゥサンシエール・フェランディエールは，93年憲法の反議会主義的性格を示すものとして，その他，人民の抵抗権に関する規定（人権宣言第33条～第35条），1院制，議員任期の1年という短さ（第40条），人民の受任者および代理人の犯罪に対する処罰規定（第31条）等を挙げている[58～59]。

この講演を結ぶにあたり，ドゥサンシエール・フェランディエールは，次のように述べている。93年憲法の最大の教訓は，民主主義は議会主義ではないということ，民主主義は容易に反議会主義的なものにもなるのであり，さらに民主主義に必要な補完物を人々が拒否する場合には，独裁制へも導かれるということを明示している点にある。第3共和制下のフランスの政治的現実は，民主主義とは無縁のものとなっている。それは，フランス人民の多数派の優越性を保障していない。不平等な選挙制度＝「金の貴族制」(une aristocratie de

---

(37) 第54条「次のものに関する立法府の行為は，法律という一般的名称のもとに包含される。／民事および刑事に関する法律／共和国の通常の収入および支出の一般管理／国有財産／貨幣の純分，重量，刻印および名称／租税の性質，総額および徴収／宣戦布告／フランス領土の全ての新たな一般的区分／公教育／偉人の記憶に対する公的名誉。」

第55条「次のものに関する立法府の行為は，デクレという特別の名称で示される。／陸軍および海軍の毎年の設置／フランス領土上の外国軍隊通過の許可若しくは禁止／共和国の港内への外国海軍の導入／安全と一般的安寧の処置／公的救済と公共土木事業の毎年のおよび臨時的の配分／全種類の貨幣の鋳造命令／不慮の支出および臨時の支出／一行政府，1市町村，ある種の公共土木事業に対する地方的かつ特別の処置／領土防衛／条約批准／軍隊の総司令官の任免／執行評議会構成員，公務員の責任の追及／共和国の一般的安全に対する陰謀の被疑者の訴追／フランス領土の部分的区分における全ての変更／国家賠償。」

(38) *Archieves Parlementaires, 1 série, t.66*, p.545 et s.

(39) 第115条「過半数の県で正規に構成された，各県の第1次集会の10分の1が，憲法の改正もしくは憲法の若干の条文の修正を要求する場合には，立法府は，国民公会の必要があるか否かを知るために，共和国の全ての第1次集会を招集する義務がある。」

l'argent）を生み出している。フランス人民は93年憲法の原理に学んでいるが，第三共和制は民主主義の神髄である直接政の諸制度を欠いている。レファレンダムの不在は安全弁の不在を意味し，すべては爆発しそうな気配である。直接政への渇望はプレビシットによって癒されるかもしれないということが懸念される。大部分のファシストは，自らの何たるかを知らないデモクラットである。ファシズムのこの危機の中で，フランス人民を圧迫している病根にとどめをさすためには，「96年」に立ち戻らなければならない[62][40]。

第3項　1793年憲法に対するブリモの評価

　第二次世界大戦後の社会党，共産党を中心とする勢力は，1946年4月19日，議会において憲法案を採択するが，それは5月5日のレファレンダムによって否認される[41]。ブリモによれば，この議会における採択を導いてきた議論で注目されるのは，フランス憲法史のうちにマルクス主義的概念の先例を探らんとするマルクス主義諸政党の意図である[37]。彼らは，国家と法に関するマルクス主義的概念の先例を93年憲法に求めようとしたのだが，そこには次のような2つの命題が前提されている。すなわち，それは第1に，93年憲法は反自由主義的であり，したがって社会主義的であるということ，第2に，93年憲法は統治者と被治者の最大限の同一性（l'identification maxima des gouvernants et des gouvernés）を保障しているがゆえに，マルクス主義的民主主義の理想に合致するということ，である。しかし，ブリモによれば，このような命題は

---

(40)　1796年のいわゆる「バブーフの陰謀」（La conspiration de Babeuf）を想起されたい。バブーフらによって設立された「公安秘密総裁政府」（Directoire secret de salut public）に関してブオナロッティは次のように述べている。「全ての者は，真の市民の唯一の神聖な目的として労働と享有の平等（l'égalité des travaux et des juissances）を考えていた。そして，その点にのみ反乱の正当理由を見出していた。」1793年憲法に対する彼らの評価について言えば，彼らは，所有権に関する同憲法人権宣言の諸条文の内に明確な欠陥を認めていた。しかし，「これらの欠陥にもかかわらず，秘密総裁政府は，次の2つの理由でもって，共和主義者たちがこの憲法に捧げてきた尊敬を維持することを決議した。その1つは，この憲法が国民に受け入れられてきたほとんど満場一致の承認であり，他の1つは，法律について審議するという，それ自体神聖である人民の権利である。」Buonarroti, *La conspiration pour l'égalité de Babeuf, t.1*, p.99 et s., 1957.

　このように，1796年におけるバブーヴィストの政治目標の一つに93年憲法の復活が掲げられており，しかもそれは当時の人々の要求にもそうものであった。ドゥサンシエール・フェランディエールは，このことに因んで「96年に戻ろう」と言うのである。

(41)　cf. Georges Berlia, Le projet de Constituion Française du 19 avril 1946. *Revue du droit public et de la science politique en France et a l'étranger, t.62*, pp.209-250.

93年憲法の主要な諸規定に反するものである。同憲法は，マルクス主義者たちの命題を肯定するものであると考えてはならない。たとえ同憲法が統治者と被治者の最大限の同一性を実現するものであるとしても，その同一性はマルクス主義者たちの考えるものとは異なっている[38]。

以上のことを論証するための手がかりとして，ブリモは先に見たドゥサンシエール・フェランディエールの講演録に着目し，次のように述べている。「はなはだニュアンスに富んだ……1論文において故ドゥサンシエール・フェランディエール教授は，この憲法が……民主主義的であると同時に反自由主義的かつ反議会主義的であるということを明示しようと努めておられる。3点からなるその論証について，まず第1に留意さるべきは反自由主義的という術語であり，この術語からこの憲法が社会主義的であると結論するに至るには……急いでほんの一飛びするだけでよかったのである。」[37-38] こうしてブリモは93年憲法に関するドゥサンシエール・フェランディエールの論点に対して批判的検討を加える。

1　1793年憲法は反自由主義的憲法か

自由主義原理にとって，公法の根本問題は，統治者を制約することによって人民の「公的自由」を確保することにある。人民はその諸権利の一部を国家に譲渡するが，それは，そうすることが全ての人々の権利の保護と保持のために必要だという限りでのことである。したがって，国家はその限界を超えて諸個人の権利を侵害することはできず，政治的少数者の諸権利をも尊重しなければならない[39]。ブリモによれば，このような自由主義の原理＝「1789年の理想」に対して，ドゥサンシエール・フェランディエールは93年憲法の理想を対置し，自らの命題の支柱としてルソーおよびロベスピエールの憲法思想とその帰結としての同憲法の人権宣言を援用する。ルソーが人民主権論・一般意思論を説いたことは事実である。しかし，そのことは，ドゥサンシエール・フェランディエールがいうように，国家行為が法律を通じてなされる限りその行為をア・プリオリに制限すべきでないということを意味するであろうか。これがブリモの反論である[40]。この反論の論拠として，ブリモはルソーの社会契約論・一般意思論を次のように分析する。

ブリモによれば，ルソーの哲学が自由主義者たちの哲学と異なるのは自然権の内容やその超合法性（la superlégalité des droits naturels）に関してではなく，

第3章 「民衆」の憲法思想とその実践

その実証的源泉（leur source positive）に関してである。「自然権の実証的基礎は，18世紀の哲学者たちにとっては，それらの権利の価値と内容を明確に認識し，それ自体として正義の理想についての意識を持つことが充分可能な人間理性の内に存する」[40]。したがって，理性的個人の総体である政治社会は，それ自体として「自然権の道程」（le chemin des droits naturels）を見出すのであって，その自然権を導くべく国家が関与する必要はない。これに対し，ルソーは自然権に関する主意主義的理論（la théorie volontaliste des droits naturels）を対置する。ルソーにとって個人は自己の利益の実現という目的しか求めない。「したがって，国家は一般的利益（l'intérêt général）の追求，諸々の自然権の実現において個人にとってかわるのであって，そこから社会契約の必然性，一般意思の優越性の主張が生じてくるのである。」[41]

しかし，ルソーの社会契約論・一般意思論をこのように解するからといって，ブリモは，そこにおける一般意思の優越性＝国家の優越性から「人民絶対主義」（l'absolu populaire）が導き出されるというのではないと考える。ブリモによれば，この一般意思は多数者の無条件的意思ではなく，「公共善」（le bien commun）の探究にににおける唯一の意思であり，全ての人々の自由と平等を各人の自然権に調和させようとする集団的努力（un effort collectif）である[41]。その根拠として，ブリモは，「主権の限界について」と題する『社会契約論』第2編第4章の次の1節を引く。

「自然が，そのすべての手足に対する絶対的な力を各人に与えているように，社会契約は，そのすべての構成員に対する絶対的権限を政治体に与えるのであって……この権限こそが一般意思に導かれて《主権》という名称を有するのである。

しかし，われわれは，この公的人格のほかに，それを構成している私人たちのことを考えなければならない。後者の生命と自由とは，本来，前者とは独立のものである。それゆえ，市民たちと主権者とのそれぞれの諸権利を区別し，また市民たちが臣民として果たさねばならない義務を，人間として享受すべき自然権から充分に区別する必要がある。」[42]。

それゆえ，ブリモによれば，ルソーの政治哲学においても，個人の独立性は明らかであって，彼の一般意思論から「人民絶対主義」を導き出すことはでき

---

(42) J.-J. Rousseau, Œuvres Complètes, t.3, Bibliothèque de la Pléiade, pp.372-373. 桑原武夫・前川貞次郎訳『社会契約論』（岩波文庫，1954年）49頁。

ない。ルソーにあっても，「自由主義者たちにとって本質的な点である少数者の権利尊重の原理は，より一層正確に提示され得るのである。」[41]「自然権の諸原理の探究，少数者の権利尊重といったとは，ルソーにとっては民主主義的国家の目的であるのだが，それこそ自由主義的国家の理想ではないだろうか。」[42] 93 年憲法はこのようなルソーの政治哲学を継承するものであって，「同憲法のイデオロギー的基礎は，ルソーの社会契約論の内にしか見出すことはできない。」[42] それは，ロベスピエールを介して同憲法に結実したのである[42-43]。したがって，同憲法の人権宣言第 35 条所定の他の人権の帰結としての抵抗権は，「少数者に対する原理的保障」として考えねばならない。「殆どの自由主義者たちは，かくも幸いな，かくも堅固な公式が (93 年憲法に) あるにもかかわらず，少数者の権利を想起してこなかったのである。」[44] 要するに，93 年憲法においても国家権力に対する個人の人権擁護とりわけ少数者の権利保障という自由主義的原理は明確に読み取れる，というのがブリモの見解である。

なお，これに関連して問題となるのは，同憲法における教育を受ける権利，労働権，救済を受ける権利といった社会権 (droits sociaux) の評価である。それは，同憲法が社会主義的なものであるか否かという評価にも係わるものである。ブリモによれば，1789 年の人々にとって社会権は国家の「単純な義務」(un simple devoir) であったのに対して，1793 年の人々にとっては国家の「実定的義務」(une obligation positive) であるという認識方法の相違がある [41]。しかし，93 年憲法の人権宣言の起草者たちは，その時点で，社会権が新たなものと思われたがゆえにこれを強力に想起したのである。その意味では，93 年憲法の人権宣言は，ただ，1789 年人権宣言の諸欠陥を補充したにすぎない[45]。したがって，93 年憲法を，そこにおける社会権規定に着目して，社会主義的憲法であると見なすことは到底できない。

さらに，ブリモによれば，93 年憲法の社会主義的傾向の根拠としてロベスピエールの人権宣言草案が援用されるが，同草案における「法律による所有権制限」の規定は「巧妙な政治的術策」(une habile manoevre politique) によるものである。ロベスピエールは，ジロンド派の憲法案に対する人民の信用を失墜させんがために政治的術策として「左翼主義」(le gauchisme) を取ったにすぎない。それが証拠に 6 月 2 日以降ジロンド派の勢力が衰えるや否や，モンタニャールは「土地均分政策」(l'agrarisme) を放棄したのである[43]。かくして，

93年憲法の人権宣言第16条は，所有権制限の観点を離れて，「所有権は，自己の財産，収入，労働と産業の成果を，任意に享受しかつ処分し得るところの全ての市民に属する権利である」と規定したのである。そこにはロベスピエールの人権宣言草案の何らの影響も見出せない[45-46]。「1793年の人々は，富める者，貧困な人民からの搾取者に敵対的ではあったが，彼らは社会主義のシンパ（socialisants）ではなかったのである。」[46]

2　1793年憲法における権力分立原理の否定

ブリモによれば，93年憲法が「権力分立」（la séparation des pouvoirs）を否定したことは事実であるが，同憲法の起草者たちは自由主義者と同様にその必要性を経験してきているのである。したがって，彼らは，「権力分立」を，それと同価値を有している「権限の分割」（une division des fonctions）にとってかえたのである[46]。たとえば，ロベスピエールは「権力分立」をドグマであると考え，「権力の分割」（la division des pouvoirs）を提起している。しかし，ブリモによれば，このロベスピエールの立場を理解するためには，「権力分立」に関する自由主義的概念には2つの異なる思想が含まれていることを考えてみなければならない。すなわち，第1に，立法権と行政権とは異なった政治的起源を有すべきであり，さもなければ「人民議会の独裁」（la dictature de l'assemblée populaire）に帰着するということ，第2に，諸権力のうちには，担当業務の技術的分割（la division technique des tâches）の観念に対する「権限の分割」が存すべきであるということ，である[47]。ロベスピエールは「人民は善良である」として人民に信頼を寄せ，人民主権原理を重視することから，民主制においては異なった起源を有する2つの権力を容認することはできない。したがって，彼は，上に見たような自由主義的「権力分立」思想の第1点を厳しく批判するが，そのことは第2点の思想を一層神聖化することになっている[47-48]。

ブリモによれば，ロベスピエールは「敵対する諸権力」（les pouvoirs ennemis）という古典的な自由主義の「権力分立」の公式に対して，分化され階層

---

(43)　なお，ブリモは，農地法を提案する者あるいは土地，商業，産業に関する所有権の破壊に関する法律を提案する者に死刑を科すという3月18日のルヴァシュール議員（Levasseur）提案のデクレが国民公会において満場一致で採択されていることにも触れている。このデクレについては，*Archieves parlementaires, 1 séries, t.60*, p.292.

化された複数の権限を有する単一の権力という考え方を提起する[48]。そのイエラルシーを図式化すれば，それ自体で権力である客観法（le droit objectif）――唯一の政治権力である人民の権力（le pouvoirs populaire）――立法権――行政権ということになる。ブリモは，ロベスピエールを介して93年憲法の権力構造をこのように解して，次のように述べている。「民主主義とは，《人民の，人民のための，人民による政治》(le gouvernement du peuple, pour le peuple, par le peuple) である。政治的自由を保障せんがために，自由主義者たちは人民の自由という術語を強調するが，1793年の人々は人民の政府という術語を強調する。」[48]このような考え方は，多数者の独裁へと議会を導き，少数者に対する圧制を招く危険性があるが，そのことは93年の人々にはいささかも考えられなかった。なぜなら，「彼らの制度は一般意思に対する信用証書であり，それは全能の存在に対する宗教的信条である！」からである[48]。ブリモによれば，そのことは彼らの事業を歴史的なパースペクティヴにおいて捉えれば明らかである[48]。すなわち，彼らは，幾世紀にもわたって人民を苦しめてきた絶対君主制の後で，「人民専制」（la tyrannie du peuple）やある階級による他の階級への圧政があるなどとは考えてもみない。彼らにとっては，階級闘争ではなく，さほど多くはない特権階級と人民との闘いをこそ云々する必要があったのである。したがって，彼らの誤りは許容されるべきものであり，大いに寛大視されるべきものである。「人民は，自由，平等，権利に飢えていたのである。その人民がそれらの諸権利を侵害するなどと，どうして考えられよう。政治的には，人民はそれらのもの（自由・平等・権利）によってしか存在し得ないのだから。」[49]

　このような考察に基づき，ブリモは，「権力分立」にかわる「権力分割」という93年憲法の概念は，神秘的であるとはいえ時宜にかなっていたのであり，そこになお自由主義的立場を認めることができるとするのである[50]。

3　1793年憲法における統治者と被治者の同一性

　ブリモによれば，民主主義の理想は統治者と被治者の最大限の同一性を実現することにあるが，これについては2つの選択が問われる。すなわち，被治者のための同一性の実現なのか，それとも統治者のための同一性の実現なのか，という選択である。前者のために憲法が考えられるとすれば，選挙人の主権，直接政もしくは半直接政（le gouvernement direct ou semi-direct）に帰着する。

それはジャコバン的国家観である。逆に，後者の場合には，選出された者の独裁＝現代国家においては強力に組織された政党の独裁に帰着する。それはマルクス主義的国家観である[50]。

ところで，93年憲法はブリモにとっても民主主義的憲法であるが，彼によれば，同憲法は次の2つの根本思想に基づくものである。すなわち，①一般意思は代表されないという思想，②立法権は権限（le pouvoir）ではなく機能（une fonction）であるという思想，これである[51]。一般意思は代表されないということから，93年憲法においては，議員（représentant）としての資格を有さず，人権宣言と憲法の範囲内でしか行動し得ない「人民の使用人」（les commis du peuple）でしかない[52]。ルソーおよびロベスピエールに負うこのような一般意思論は，同時に，一般意思は不可分であり，時効にかからず，譲渡されないという思想をも伴っている。それゆえ，93年憲法は，一般意思は不可分であるということから2院制を，時効にかからぬものであるということから立法府任期1年制をとっているのである。また，一般意思は譲渡されないということから，同憲法は一般意思を尊重させるための制度として政府を位置づけているのである[51]。ブリモは，その根拠として93年5月10日の国民公会におけるロベスピエールの演説の次の1節を引く。「政府は一般意思を尊重させるために制度化されるものであるが，しかし統治者たちは私的意思を有しており，しかもあらゆる意思は支配することを求める。もし統治者たちがその備えている権力をそのように用いるならば，その政府は自由を脅かすものでしかない。」それゆえ，「あらゆる憲法の第1目的は，政府それ自体に対して，政治的および私的な自由を擁護することでなければならない[51]。」[(44)]

ブリモによれば，このような一般意思への政府の従属は，行政権に対する同憲法の不信を意味するものであるが，同様のことは立法権についても言える。なぜなら，選ばれた者の意思が一般意思と完全に一致するということはあり得ないからである。したがって，同憲法においては，立法権は権限ではなく機能にすぎないのである。すなわち，統治はできるかぎり直接政であるべきだが，現実の不都合を避けるために，立法機能のうちに特別の1機関（議会）が設けられる。「フランスの統治形態は，人民が自らなし得ない全てのことにおいてしか代表制ではない」[(45)]ということである。議員は人民の承認を仰ぐために法

---

(44) *Archieves parlementaires, 1 série, t.64*, p.429.

律を発案しなければならないことから本来的に受任者（mandataire）であって，デクレに関してしか代表者ではない。しかも，同憲法第55条に列挙されているデクレの事項はさほど重要なものではなく，今日いうところの「日常的行政事項」(mésures d'administration courante) にすぎない。憲法改正に関する発案権も人民に委ねられている[52]。要するに，議員は主権者人民の受任者であって代表者ではなく，この意味で立法権は権限ではなく機能にすぎない。93年憲法における統治者と被治者の同一性という民主主義の原理は，被治者のための同一性の実現を志向するものである。

　以上が，93年憲法に対するブリモの分析である。しかし，彼の論文はこの分析を目的とするものではない。この分析に基づいて，1946年の憲法案を批判的に検討することである。しかし，それは本書の目的に直接関わるものではないので縮約する。ブリモによれば，1946年の憲法案は93年憲法とは対照的であり，両者の間には大きな相違がある。「この憲法（案）は1つの目的しか持っていない。それは国家と民衆に対する諸政党の安逸な地位を保障すること，換言すれば，統治者のため，選ばれた者のために，統治者と被治者の最大限の同一性を実現することである。」[54]そのことは，同憲法（案）の3つの規定を見るだけで明らかである。①議会の任期5年。②極度に制限された直接民主制——レファレンダムは憲法改正に関してしか行われず，しかも人民はその発案権を有しておらず，端役を演じるにすぎない。それは諸政党のプレビシットに等しい。③政党中心の選挙制——政党が候補者指名に関する独断的権限を有するのであり，選挙人は政党によってその地位を奪われている[54-55]。以上のことから，ブリモは次のようにまとめている。「1793年の制度には，人民に対する絶対的信頼がある。それゆえ，人民の意思は代表されないのである。1946年の憲法（案）においては，人民に対する何らかの不信がある。あたかも人民が固有の理性的意思を有することができないか，自らの利益の判断者ではあり得ないかのようである。人民の意思は代表されないというルソーの公式とは何とかけ離れていることか！」[55]

（45）　1793年6月10に公安委員会を代表して「フランス人民の憲法案」を提案したエロー・ドウ・セシェル（Hérault de Séchelles）の一般報告書中の言葉。*Archieves parlementaires, 1 série, t.66,* p.258.

第4項　若干の検討

　93年憲法に対するドゥサンシエール・フェランディエールとブリモの評価を踏まえて，ここではそれらに関連する若干の検討を加えてみる。すでに見たように，両者は93年憲法の思想的背景をルソーに求め，同憲法をフランス憲法史上における「民主主義的憲法」と評価する点では共通している。しかし，ドゥサンシエール・フェランディエールがルソーの一般意思論との関連で同憲法の反自由主義的性格を導き出し，1789年の人権宣言や91年憲法の自由主義的な政治体制とは異質のものとして93年憲法を捉えるのに対し，ブリモはルソーの一般意思論においても少数者の権利擁護の観点が十分に読み取れるとし，したがってルソーの思想を継承した93年憲法は「89年－91年体制」を貫いている自由主義的原理を否定するものではなく，それを継承するものであると考える。したがって，両者の評価の分岐点は，ルソーの一般意思論をどのように解するかという点にある。この点がここでの第1の検討課題である。

　次に，この検討を踏まえ，93年憲法が「89年－91年体制」の延長線上に位置づけられるのか，それとも両者は異質の憲法原理に基づくものであるのかという点が検討されなければならない。

　最後に，ドゥサンシエール・フェランディエールは93年憲法をロベスピエールの憲法思想を介して捉えるのに対して，ブリモは93年憲法の制定過程におけるロベスピエールの憲法思想の影響を認めつつも，それを「巧妙な政治的術策」に基づく「左翼主義」として解するが，同憲法とロベスピエールとの関係をどのように考えるべきであるのかが検討されねばならない。

1　ルソーの一般意思論

　すでに見たことであるが，ドゥサンシエール・フェランディエールによれば，93年憲法は人民の一般意思が独裁制もしくは寡頭制に陥ることなく，あらゆる重要な問題に影響力を及ぼし効果的なものとなるように必要な方策を講じたのであり，そこから同憲法の反自由主義的性格が出てくる。「1793年の人々は民主主義の徳性をはなはだ信頼しており……彼らは疑いもなく，国家行為が法律を通じてなされる限りそれをア・プリオリに制限しようなどとは考えなかった。法律を通じてということは，つまり一般意思に合致してということであり，それが保護するにせよ罰するにせよ，全ての者にとって同一であるという規則

を通じてということである。」[46]したがって、「1793年人権宣言第4条が、法律は、社会にとって正当かつ有益なことしか命じることはできないし、また、法律は、社会にとって有害なことしか禁止できない、と付言しているからといって、立法者に課せられた限界を……そこに見出すべきではない。むしろ、そこには立法者の決定する全てのことは正当で有益なものと見なされるという推定の確立をこそ見出すべきである。」[47]

　ドゥサンシエール・フェランディエールは、この部分ではルソーを直接引用しているわけではないが、上の一般意思論がルソーのそれに負うものであると彼が理解していることは、その講演全体から見ても明らかである。ここで検討すべき問題は、①93年憲法の制定者たちが、「国家行為が法律を通じてなされる限り、それをア・プリオリに制限しようなどとは考えなかった」のかどうか、②そのような考え方がルソーの一般意思論に読み取れるかどうか、である。

　まず、①について考えてみよう。93年憲法においては、議会の提案する法律案は人民の承認に付されることから、人民の意思に反するような法律を通じて国家行為がなされるという恐れは、少なくとも理論上はあり得ない。しかし、同憲法第54条が立法府の法律に係る事項9点を列挙しているとはいえ、第55条はそれ以外の多くの事項を立法府のデクレ事項としていることを看過すべきではない。すなわち、全ての国家行為が立法府によって提案され人民の承認に付された法律を通じて展開されるわけではないのである。また、同憲法が一般意思を重視していることは否定できないとしても、人民の一般意思と立法府の意思が常に一致するといった楽観論で貫かれているわけではない。それはドゥサンシエール・フェランディエール自身も指摘しているところでもある。たとえば、93年人権宣言第9条が、「法律は、支配者の圧政に対し、公的自由および私的自由を保護しなければならない」と規定していることにつき、彼は次のように述べている。「人民自身は圧政者たり得ないのであるから、同規定は、人民の代表者たちの圧政に係るものでしかあり得ないと解しなければならない。同様のことは、第23条で規定されている《他の人権の帰結》としての圧政への抵抗についても言える。」[48]そうだとすれば、93年憲法は、「国家行為が法律を通じてなされる限り、それをア・プリオリに制限しようなどとは考えなかっ

---

(46) A. Decencière-Ferrandière, *op. cit.*, p.54.
(47) *ibid.*, pp.54-55.
(48) *ibid.*, p.55.

た」というドゥサンシエール・フェラッディエールの評価は、それ自体の内に矛盾を含んでおり、「ア・プリオリに」という表現を考慮するにしても、同憲法が反自由主義的であるということの論拠としては十分とは言えないであろう。

次に、93年憲法を反自由主義的であるとする論拠をルソーの一般意思論に読み取れるかどうかという②の問題について考えてみよう。ルソーの一般意思論へのブリモの論及（それはドゥサンシエール・フェランディエールに対する批判にもなっている）は、このこととの関連で注目される。周知のごとく、ルソーの社会契約論およびそれを貫いている一般意思論をめぐっては、相反する評価が展開されてきた。すなわち、ルソーの社会契約論を全体主義的・絶対主義的であるとする評価と、逆に個人主義的・自由主義的であるとする評価である。前者の代表例として、ここではヴォーン（C. E. Vaughan）とデュギー（L. Duguit）の評価を引いてみよう。

「彼（ルソー）は……個人主義のみならず、個人人格の不倶戴天の敵である。彼にとって、個人は共同体に内に完全に併合され、その自由は国家主権の内に全面的に消滅する。」[49]（ヴォーン）

「『社会契約論』は、自由主義的個人主義に満ちあふれかつ国家権力を制限する基本的義務を世界に宣言している人権宣言の対蹠に立つものである。ジャン・ジャック・ルソーは、ジャコバン的専制主義とシーザー的独裁の父である。」[50]（デュギー）

「ルソーの理論は、その出発点においては明らかに個人主義的なものであるが、それにもかかわらず最も完璧な絶対主義に帰着する。」[51]（デュギー）

ヴォーンやデュギーと異なり、ドゥラテ（R. Derathé）は次のように評価する。

「『社会契約論』第1編で問題となる《全面的譲渡》は、ヴォーンや多くの歴史家たちがそれに帰しているような絶対的意味を持ち得ない。この譲渡は返還を伴うのであるから、それは、社会によって確立された秩序の中で、個人に対してその本質的な権利の行使を保障すべく設定された手段もしくは法的仮説でしかない。ルソーが考えているような社会契約は、究極的には、個人の利益に

---

(49) C.E. Vaughn, *The Political Writings of J.-J. Rousseau*, 2 vols, 1915, Introduction, p.58.
(50) L. Duguit, J.-J. Rousseau, Kant et Hegel, *Revue du droit public et de la science politique en France et à l'étranger*, 1918, p.178.
(51) L. Duguit, *Traité de droit constitutionnel*, t.1, 3 éd., Paris, 1927, p.202.

転換するところの補償の制度（système de compensations）である。」[52]

　上のような諸評価を踏まえて，次にブリモのルソー解釈について考えてみよう。すでに見たように，ルソーの一般意思論を継承する93年憲法は反自由主義的であるとするドゥサンシエール・フェランディエールに対して，ブリモは，ルソーの社会契約論においても，「自由主義者たちにとって本質的な点である少数者の権利尊重の原理は，より一層正確に提示され得る」[53]と主張する。その論拠の１つは，すでに見た「主権の限界について」と題する『社会契約論』第２編第４章の１節である。すなわち，社会契約は社会の全構成員に対する「絶対的権限」＝一般意思に導かれた主権を「政治体」に与えるが，個々の構成員の生命と自由は本来的に独立のものであるとする一見矛盾するかに見える１節である。この１節に着目したブリモは，「この一般意思は，今日われわれが理解しているような人民絶対主義すなわち《多数者》の無条件的意思ではない。それは《共同善》の探究における唯一の意思であり，全ての人々の自由と平等を各人の自然権に調和させようとする集団的努力（un effort collectif）である」[54]と解釈する。ブリモのこの解釈は1946年時点でのものであるが，それはその後の彼の著書においても変わっていない[55]。

　ところで，私は，ルソーの社会契約論・一般意思論を考察する場合には，先に見た「主権の限界について」と題する第２編第４章を，「全面的譲渡」に関する第１編第６章との関係で捉え，さらにそれらを総合するものとして第１編第８章を分析すべきであると考える。

　「この（社会契約の）諸条項は，正しく理解すれば，すべてが次のただ１つの条項に帰着する。すなわち，各構成員をそのすべての権利とともに，共同体の全体にたいして，全面的に譲渡することである。」[56]（第１編第６章）

　「社会契約によって各人が失うもの，それは彼の自然的自由（liberté naturelle）と，彼の気をひき，しかも彼が手に入れることのできる一切についての無制限の権利（droit illimité）であり，人間が獲得するもの，それは市民的自由（liberté civile）と，彼の持っているもの一切についての所有権（propriété）で

---

(52)　R. Derathé, *Jean-Jacques Rousseau et la science politique de son temps*, 2 éd., Paris, 1974, p.348. 西嶋法友『ルソーとその時代の政治学』（九州大学出版会，1986年）325頁。

(53)(54)　A. Brimo, *op. cit.*, p.41.

(55)　A. Brimo, *Les grands courants de la philosophie du droit et de l'état*, 3 éd., Paris, 1978, p.127.

(56)　J.-J. Rousseau, *Œuvres completes, t.3*, p.360. 桑原・前川訳（岩波文庫）30頁。

ある。」[57]（第１編第８章）

　すでに見たように，第２編第４章では，①社会の全構成員に対する「絶対的権限」＝一般意思に導かれた主権と，②個々の構成員に対する生命や自由とが一見矛盾するかたちで説かれている。したがって，①②のいずれに力点を置くかによって解釈が異なってくるのはさほど不思議なことではない。そこで，上にあげた第６章と第８章の２節に目を向けてみよう。確かに，そこにおける「各構成員をそのすべての権利とともに，共同体の全体にたいして，全面的に譲渡する」とか「自然的自由」を失うといった表現は，第２編第４章の①の論点との関連からしても，反個人主義者・反自由主義者としてのルソーを彷彿させる。しかし，ルソーは別の箇所で，「自分の自由の放棄，それは人間たる資格……を放棄することである」[58]とも述べているのである。それは第２編第４章の論点に結びつくものである。したがって，検討すべき問題は，社会契約における「全面的譲渡」が文字通りの「個人の自由」の放棄と「全能的国家権力」の出現を要請するものであるかどうかという点である。

　結論を先に言えば，決してそうではない。社会契約によって失われる「自然的自由」と無制限の権利」については，ルソーが「自然的自由」を「個々人の力以外に制限をもたぬ自然的自由」と説明していることに注目しなければならない。つまり，この「自然的自由」と「無制限の権利」は同一の意味で用いられているのである。換言すれば，社会契約によって失われる「自然的自由」と「無制限の権利」とは，「単なる欲望の衝動〔に従うこと〕」（l'impulsion du seul appétit）[59]にほかならない。ルソーが『人間不平等起源論』で説いているところの，欲望が欲望を生むといった所有欲やそれを充足するための無制限な実力行使を想起すればよい。これらを放棄することによって，人ははじめて市民社会の構成員となるのであり，そこに「市民的自由」が生ずるというのである。それは，「各人が自然状態におけるような実力による支配を断念して，人民主権を前提とする法による支配に服すること」[60]を意味する。

　なお，上のこととの関連で見落としてならないのは，ルソーが社会契約によって各人が失うものと手に入れるものとを論じたあとで，その手に入れるも

---

(57)　ibid., p.364. 訳36頁。
(58)　ibid. p.356. 訳22頁。
(59)　ibid. p.365. 訳37頁。
(60)　恒藤武二「近世フランス法思想」『法哲学講座』第３巻（有斐閣，1961年）137頁。

のの内に「道徳的自由」(liberté morale) を加えてもよいと述べている点である[61]。ルソーの『社会契約論』のテーマは、個人の自由と国家権力の二律背反を止揚し得る政治・法原理の探究およびそれに基づく政治制度の構想にある。しかも、ルソーのルソーたる所以は、さらにそれらの根底に据えられねばならないものを見抜いている点にある。ルソーが説くところの、人民の一般意思を前提とした人民主権原理に基づく政治社会は、その構成員の不断の自己省察・自己規律を伴うことによってしかその生命を保ち得ない。それゆえ、人民主権原理に基づく政治社会の構想は、その構成員の道徳的な自己立法の原理＝自律の原理の探究でもなければならない。ルソーにあっては、その原理の究極的な担保は「徳」(vertu) に求められている。ルソーはそのデヴュー作である『学問芸術論』の結びの部分で、「おお　徳よ！……お前の掟を学ぶには、自分自身の中にかえり、情念を静めて自己の良心の声に耳をかたむけるだけでは十分ではないのか。ここにこそ真の哲学がある。」[62]と述べているが、この1節はルソーの社会契約論や一般意思論を考える場合にも看過すべきではない。確かに、『社会契約論』においては、「ヴェルチュ」をめぐる問題はそれ自体としては説かれていない。しかし、政治・法思想の領域で考えた場合、ルソーの説くヴェルチュは、個人と政治社会もしくは個人の自由と国家権力との二律背反的関係がそれによって止揚されるべき究極的な価値原理＝政治道徳原理として据えられているのである。換言すれば、社会的存在としての人間の個人性と社会性とを一体不可分なかたちで確保し得る価値原理である。ルソーにとって、「一般意思」(volonté générale) は個人の利益のみを求める「特殊意思」(volonté particulière) でもなければ、その総和としての「全体意思」(volonté de tous) でもない。それは、種々対立する個人的利益を反映した「特殊意思」が「ヴェルチュ」を介して止揚された指導的意思にほかならない。この意味において、ルソーの「ヴェルチュ」は、「特殊意思」を「一般意思」へ昇華させる究極的な政治道徳的資質を要請する価値原理としての機能を期待されているのである。

このように考えれば、ルソーが『社会契約論』において考究しているのは、「ロックのような個人の権利と権力の必要性との調和ではなく、人間的連帯の名における個人と政府との融和」[63]であり、「一般意思は社会によって腐敗させられた人間の意思に対して道徳的価値を与え、人間を市民に変える」[64]もので

---

(61)　J.-J. Rousseau, *op. cit.*, p.365. 訳37頁。
(62)　*ibid.*, p.30. 前川貞次郎訳『学問芸術論』（岩波文庫、1968年）54頁。

あるというブリモの指摘は，ルソーの政治・法思想の本質をついていると言えよう。

　以上のことから，ルソーの社会契約論や一般意思論をもって全体主義的・絶対主義的理論であるとするヴォーンやデュギーの見解，逆に，個人主義的・自由主義的理論であるとする見解は，いずれも一面的な見解だと言わざるを得ない。すでに考察したように，ルソーの社会契約論や一般意思論は，彼の「ヴェルチュ」の観点を根底に据えて解釈しない限り一面的な理解に終始し，その全体像を捉えることはできない。この意味において，ドゥラテやブリモの考察は，ルソー理論の全体構造の総合的解明であると言えよう。

　93年憲法が，このような「ヴェルチュ」の観点を十分なかたちで継承し得ているか否かについては後述する。

2　1791年憲法と1793年憲法

　ドゥサンシエール・フェランディエールは，人民主権原理に基づく普通選挙制をはじめとした人民の直接的な政治参加の諸制度に着目して，93年憲法を民主主義的・反自由主義的憲法であると考える。逆に，そのような諸制度を欠く91年憲法は，彼にとっては自由主義的・反民主主義的憲法であり，両者は異質の憲法原理に基づくものとして捉えられている。

　ところが，ブリモは，93年憲法を民主主義的憲法であるとする点ではドゥサンシエール・フェランディエールと共通するが，91年憲法と93年憲法の間には憲法原理をめぐる本質的な相違はないと考える。つまり，93年憲法も91年憲法の自由主義的原理の延長線上に位置づけられるというのである。その論点は多岐にわたるが，ここでは3点に限定して挙げてみよう。第1に，93年憲法はルソーの一般意思論を継承しているが，その一般意思論においても少数者の権利の尊重という自由主義的原理が十分に読み取れるということ。第2に，93年憲法の人権宣言には社会的諸権利が見られるとしても，それは同憲法が社会主義的であるということを意味するものではなく，「1793年憲法の人権宣言は，1789年の個人主義の否定であるというよりも，むしろ1789年の諸原理の拡大である」[65]ということ。第3に，93年憲法の社会主義的傾向の論拠とし

---

(63)　A.Brimo, *Les grands courants de la philosophie du droit et de l'etat*, 3 éd., Paris, 1978, p. 123.
(64)　*ibid.*, p.125.

て，所有権の制限を強調したロベスピエールの人権宣言草案がよく援用されるが，それはあくまでも彼の「巧妙な政治的術策」としての「左翼主義」によるものであって，93年憲法の人権宣言に反映されていないだけでなく，公安委員会は労働者の団結に対してブルジョワ的諸法律を適用し，罷業を抑圧し，土地均分政策を放棄しているということ。

　この3つの論点のうち，第1点についてはすでに検討したようにブリモの考えを肯定せざるを得ない。しかし，そうだとしても，そのとから93年憲法が91年憲法の延長線上に位置するものであると断定し得るであろうか。そこで，ここでは上の第2点，第3点を考察しつつ，この問題を検討してみよう。

　まず，93年憲法の人権宣言における社会権規定について考えてみる。同宣言第21条は，「公の救済は，神聖な負債である。社会は，不幸な市民に労働を得させ，あるいは労働することができない人々に生活手段を確保することによって，その生存に対する義務を負う」と規定し，第22条は，「教育は，万人の要求である。社会は，全力をあげて，公共の理性の進歩を助け，かつすべての市民が教育を受けるようにしなければならない」と規定する。このような社会権規定は，89年人権宣言には一切見られない。この点につき，ブリモは次のように述べている。「1793年の人権宣言の起草者たちは，これらの諸権利の尊重を立法者たちに強力に想起させたのである。なぜなら，1793年には，これらの諸権利は，フランス革命史においては新たなものと思われたからである。」[66]「何よりも，同宣言は，個人に対していくつかの社会権の尊重を保障することを国家の義務として確認する。すなわち，教育を受ける権利，労働権，救済を受ける権利（第21条および第22条）がそれであるが，しかし，そのことは，同宣言が社会主義的であるということを意味しない。同宣言は，ただ，1789年の人権宣言の諸欠陥を補充したのである。」[67]

　ブリモが言うように，93年憲法の人権宣言における社会権規定は，同宣言が社会主義的であることを意味するものではない。そのことは，91年憲法と93年憲法の異質性を説くドゥサンシエール・フェランディエールも次のように述べて認めるところである。「1793年憲法は，社会主義的なもしくは社会化の傾向をもった（socialiste ou socialisante）ものであると言えるだろうか。実を言っ

---

　(65)　A. Brimo, op. cit., p.44.
　(66)　ibid., p.44.
　(67)　ibid., pp.44-45.

て，同憲法は社会主義を非難してもいなければ賞賛してもいない。なぜなら……所有権に関する諸条文も，同宣言第2条の列挙において平等が第1番目に示されているという事実も，決して社会主義的なものであると考えることはできない。」[68]

　しかし，93年憲法の人権宣言における社会権規定が社会主義的なものでないからといって，そのことは89年の人権宣言および93年人権宣言との同質性を意味するものではない。何よりも，89年人権宣言には社会権規定は一切見られないのである。したがって，ブリモの言うように，93年人権宣言は89年人権宣言の原理の拡大であり，延長線上に位置するものと捉えることには無理がある。確かに，89年人権宣言に大きな影響を与えていると考えられるシエースの人権宣言草案第2条には，「自らの欲求を充足するの無力であるようなすべての市民は，その同胞の援助を受ける権利（droits aux secours de ses concitoyens）を有する」[69]と規定されていることからもわかるように89年当時そのような考え方が存在していたことは否めない。89年宣言には社会権規定が一切見られないにもかかわらず，93年宣言の社会権規定は89年宣言の欠陥を補充したものであるとブリモが述べているのは，あるいはこのことを踏まえてのことかも知れない。

　しかし，シエースの言う「同胞の援助を受ける権利」というのはあくまでも「慈恵的救済」の次元にとどまるものであって，現代の憲法学でいうところの社会権とは異質のものである。もちろん，ブリモもこの点を看過しているわけではない。「実を言って，1789年の精神と1793年の精神の間には，1つの方法の違いがある。1793年の人々にとって，社会権は国家の積極的義務（une obligation positive）を構成するものであるが，1789年の人々にとっては，それは単純な義務（un simple devoir）である」[70]と指摘しているからである。しかし，人権思想史や人権宣言史を考えてみた場合，上の違いは単なる「方法の違い」として片付けることのできない決定的な意味を有するものである。そのことは，89年－91年の政治体制がいかなるものであったかを考えることによって明らかとなる。

　「89年－91年体制」は，執行権の首長としての国王の存在を大前提としてい

---

(68)　A. Decencière-Ferrandière, *op. cit.*, p.57.
(69)　*Archieves parlementaires, 1 série, t.8*, p.261.
(70)　A. Brimo, *op. cit.*, p.45.

る点で93年憲法とは異質のものであるだけでなく、市民を「能動的市民」(citoyen actif) と「受動的市民」(citoyen passif) に差別し、後者を政治の舞台から排除していること、「法律は一般意思の表明である」と謳いながら、その実、「代表者」の意思を国民の意思に置換することによって、憲法改正や法律制定に関する人民の直接的関与を否定していること等を考えてみた場合、同体制は「持てる階級」(第3身分のうちの上層ブルジョワジー) の政治的・経済的欲求の実現をめざすものでしかなかったと言わざるを得ない。そのような体制との比較において、すでに見てきた93年憲法の普通選挙制をはじめとする人民主権原理に基づく諸制度と関連づけて93年憲法の人権宣言を考えてみた場合、そこにおける社会権規定の存在は、89年人権宣言と93年人権宣言の相違を示して余りあると言えよう。

　しかし、93年人権宣言における社会権規定は89年人権宣言との相違を示すものであるとしても、それがより実質的なものとなるための十分な配慮を伴っているとは必ずしも言えない。18世紀フランスの人権思想の中核をなす観念は「自由」「平等」「所有権」であると考えられるが、この3者をどのように関連づけるかによって人権思想の2つの潮流を区別することができる。すなわち、「自由」と「所有権」の不可分関係を強調することによって「平等」の観念を相対的に後退させる潮流と、逆に、「所有権」の制限を説くことによって「自由」「平等」理念の統一的実現を志向する潮流である。社会権が出てくるのはこの後者の潮流からである。ここでは詳しい論証を差し控えねばならないが、ケネーに代表されるフィジオクラート、その影響を多分に受けていると考えられるシエース、それら93年人権宣言を流れている人権思想は前者の潮流に属するものであると一応考えることができる。

　ところが、後者の潮流に関して、ルソーとロベスピエールのつながりについては問題がないとしても、ロベスピエールと93年憲法およびその人権宣言との関係については慎重な配慮を要する。なぜなら、ロベスピエールは自らの人権宣言草案において所有権の制限を強く主張しているにもかかわらず、それが93年人権宣言には反映されることなく、同人権宣言第17条では、「所有権は、その財産、その収入、その労働と産業の成果を、思いのままに享受しかつ処分するところの全ての市民に属する権利である」と規定されるに止まっているからである。この規定は、89年人権宣言第17条の「所有権は、侵すことのできない神聖な権利である」という規定と実質的に異ならない。したがって、93

年人権宣言に社会権規定が見られるとしても、その前提としての所有権の制限が規定されていないことから、ルソー、ロベスピエール、93年憲法の人権宣言を一貫した人権思想の潮流に属するものと考えることはできない。

　この問題は、ブリモが指摘したところの、93年憲法制定過程におけるロベスピエールの「巧妙な術策」としての「左翼主義」に関わる問題である。またそれは、93年憲法を民主主義的・反自由主義的であるとするドゥサンシエール・フェランディエールの評価と、93年憲法を91年憲法の延長線上に位置づけようとするブリモの評価に関わる問題でもある。次に、この点について考えてみよう。

3　ロベスピエールと1793年憲法

　先に見た18世紀フランス人権思想の2つの潮流のうち、ルソー、ロベスピエールの潮流の特徴は、所有権の制限を前提とした自由・平等理念の統一的実現を志向している点にある。ロベスピエールは、1793年4月24日に、国民公会において人権宣言草案を朗読している[71]が、まず第1に注目されるのは、それが平等理念実現のための生存権中心の人権体系をなしていることである。それは次の諸規定にうかがえる。「全ての政治社会の目的は、人間の自然的で時効にかからない権利の維持および全ての人々の才能の発揮にある。」(第1条)「主要な人権とは、人間の生存の維持に備える権利と自由である。」(第2条)「これらの権利は……肉体的および精神的な能力の差異がいかなるものであろうとも、全ての人間に平等に属する。」(第3条)「社会は、その全構成員の生存に対し、彼らに仕事を保障することにより、あるいは労働不能の状態にある者に対しては生存の手段を確保することによって、その生存に備える義務を負う。」(第11条)

　ところで、このような生存権は、所有権の絶対性、不可侵性を前提とした政治社会においては実現されないことは明らかである。ルソーが看破していように、野放しの所有権は社会的不平等の基本的な原因だからである。所有権の絶対性、不可侵性に基づく自由競争原理を前提として生存権や「公の救済を受ける権利」を説いても、所詮それは「慈恵的救済」の域に止まるものであって、そこからは、現代の憲法学でいうところの「社会権」は出てこない。ルソーは

---

[71] *Archieves parlementaires, 1 série, t.63*, pp.197-200.

すでにこの点を見抜いていた。「政治において最も重要な，そして恐らく最も困難な事柄は，すべての人間に公平であり，とくに貧乏人を金持ちの圧政から保護するための厳格な潔白性ということにある。……したがって，政治の最も重要な事業のひとつは，財産の極端な不平等を防止することにある。」[72]（『政治経済論』）そのためには，「私的所有をおさえ……それを常に公共善に従わせるべき1つの基準，規範，拘束を与えること」[73]が必要である。（『コルシカ憲法草案』）

　ロベスピエールがこのようなルソーの思想を継承していることは明らかである。彼は自らの人権宣言草案を朗読したとき，次のように述べているからである。「私は，所有権に関する諸君の理論を完璧なものにするのに必要な諸条文を，まず諸君に提案するものである。この所有権という語は，誰も傷つけないというのか。金だけしか尊敬しない卑しい心の持主たちよ！……財産の極端な不均衡が多くの悪徳と多くの犯罪の原因であることを世の人々に教えるためには，おそらく革命は必要でなかったであろう。……諸君の権利宣言は……自由をば人間の第1の財産，人間が自然から得る最も神聖な権利と規定しながら，諸君は，正当にも，自由はその限界として他人の権利をもつと述べた。なぜ諸君は，この原則を，1つの社会制度である所有権に適用しなかったのか。……諸君は，所有権の行使に対して最も大きな自由を保障するために多くの規定を置いた。……まるで諸君の宣言は，人間のためにではなく，金持ちのために，買占人のために，相場師のために作られたかのようである。」[74]

　こうして提案されたロベスピエールの人権宣言草案においては，次のような規定が提示されている。「所有権は，他人の権利を尊重する義務によって制限される。」（第8条）他人の「安全，自由，生存ならびに……同胞の所有権を侵すことはできない。」（第9条）この原則に反する全ての取引は，「本質的に違法かつ不道徳である。」（第10条）「生活必需品を欠く者に対する不可欠の救済は，余剰物を有している者の負債である。この負債が支払われるべき方法は，法律によって定められる。」（第11条）このように，ロベスピエールの草案においては，所有権を認めつつもそれを厳しく制限することによって，つまり経

---

(72)　J.-J. Rousseau, *Œuvres complètes,* t.3, p.258. 河野健二訳『政治経済論』（岩波文庫，1951年）35頁。

(73)　*ibid.,* p.931.

(74)　*Archieves parlementaires,* 1 série, t.63, p.197.

済的強者の所有権およびそれに基づく野放しの経済的自由を制限することによって，経済的弱者の生存権を確保することが構想されているのである。

なお，ロベスピエールのこのような構想は，「食糧について」(Sur les subsistances) という1792年12月2日の彼の演説においても次のように示されている。「社会の第1の目的は何か。それは人間の譲りわたすことのできない諸権利を保障するとである。これらの権利の第1のものは何か。それは生存の権利である。第1の社会法 (La première loi sociale) は，それゆえ社会の全構成員に生存の手段を保障する法である。他のすべての法は，この法に服する。所有権はこの法を強固にするためにしか設定されなかったし，もしくは保障されなかったのである。人々が所有権を有するのは，何よりも生きんがためである。」[75]

さて，ここでの問題は，上のようなロベスピエールによる所有権制限の構想が93年人権宣言に継承されていないことから，ロベスピエールと93年憲法の関係をどのように考えるべきかという点である。ドゥサンシエール・フェランディエールもブリモも，93年人権宣言における社会権規定が社会主義的なものではないと考える点では共通している。しかし，ドゥサンシエール・フェランディエールは，ルソー，ロベスピエール，93年憲法を一貫した思想潮流に属するものと考えるため，上の問題に関する考察を欠いている。それに対して，ブリモは，すでに見たように，ロベスピエールの草案における所有権制限構想を「政治的術策」に基づく「左翼主義」の産物にすぎないとする。ドゥサンシエール・フェランディエールの見方に立てば，ロベスピエールの草案と93年人権宣言のズレは説明されない。また，「1793年憲法のイデオロギー的基礎は，ルソーと社会契約論の内にしか見いだすことはできない」[76]のであり，ロベスピエールの所有権制限構想は「政治的術策」にすぎないとするブリモの見解に立てば，ロベスピエールの草案と93年人権宣言の相違は一応は説明されるとしても，逆に，ルソーとロベスピエールの思想の一貫性を捉えきれなくなる恐れがある。

私は，ドゥサンシエール・フェランディエールやブリモと違い，ロベスピエールの人権宣言草案はルソーの思想の帰結であり，93年憲法および人権宣

---

(75) *Œuvres de M. Robespierre, t.9,* Edition préparée sous la direction de M. Bouloisseau, G. Lefebvre, J. Dautry, A. Soboul, 1958, P.U.F., p.112.
(76) A. Brimo, *op. cit.,* p.42.

言は，ルソー，ロベスピエールの思想潮流を逸脱するものであると考える。そのことは，93年人権宣言がロベスピエールの所有権制限構想を継承していないということに示されているだけではない。およそ，93年憲法には，ルソー，ロベスピエールの憲法思想を貫いている「ヴェルチュ」の観点が希薄である。今そのことを，ロベスピエールの代表制論の根底に据えられているもの，およびそれを具体化した人権宣言草案における政府変更権，命令的委任（mandat impératif）制度および公務員罷免制度への展望に関連づけて考えてみよう。

　ロベスピエールは，1793年5月10日の「代表制について」（Sur le gouvernement représentatif）という演説において次のように述べている。「人民は善良である。その代表者たちは腐敗しやすい。政府の悪徳と専制に対する予防策は，人民の徳と人民の主権の中に探らねばならない。」[77] これは，ジャン・ポプラン（Jean Poperen）が言うように，ロベスピエールの「真のデモクラシーの概念の根底にある」[78] ものである。このような考え方を反映した彼の人権宣言草案には，次のような規定が見られる。「人民は主権者である。政府は人民の作品，人民の所有物であり，公務員は人民の使用人である。」（第15条）この規定は，次のような政府変更権および命令的委任制度と不可分に結びついている。「人民は，思いのままにその政府を変更し，自らの代表者たちの委任を解くことができる。」（第16条）「人民は善良であり，役人（magistrat）は腐敗しやすいものだと仮定しないあらゆる制度は，悪しき制度である。」（第19条）さらに，先の「代表制について」という演説の中では，「人民によって指名された全ての公務員は，規定されるであろう手続に従って，人民によって罷免され得る」[79] として，人民の公務員罷免権が提起されており，しかもそれが時効にかからぬ人民の権利として位置づけられている。

　ところが，このようなロベスピエールの構想は，93年の人権宣言や憲法には継承されていない。確かに，93年憲法は人民主権原理に基づく普通選挙制を採用している。しかし，普通選挙制は，命令的委任制度もしくは公務員罷免制度と接合されたときにはじめて厳格な意味での人民主権原理を実現し得るものである。その意味では，93年憲法の人民主権原理はロベスピエールの提起

---

(77) *Archieves parlementaires, 1 série, t.64*, p.430.

(78) *Robespierre Textes choisies, t.2*, Préface, commentaire et notes explicativespar Jean Poperen, Edition Sociale, 1973, p.146.

(79) *Archives parlementaires, 1 série, t.64*, p.432.

した命令的委任制度や公務員罷免制度の否定の上に成り立っていると言わざるを得ない。つまり，93年憲法は，一方で普通選挙制度に基づく法律制定に際しての人民投票，憲法改正に関する人民発案を通じて人民の政治参加への道を開いてはいるが，他方で命令的委任制度若しくは公務員罷免制度を否定することにより，人民の実質的な政治参加を実現し得ていないのである。

　ルソーのヴェルチュの観念を継承したロベスピエールの人民主権論およびそれに基礎づけられた統治機構論，人権論は，93年憲法に継承されえているとは言いがたい。その背景には，1793年5月31日～6月2日の政変によってジロンド派を追放したモンタニャール主流派とジャコバン派（ロベスピエール派）をめぐる政治力学が作用していると考えられるが[80]，それについての考察はここでの課題を超えるものである。

おわりに

　1789年の人権宣言および1791年の憲法が「国民主権」原理を掲げているのもかかわらず，「受動的市民」を政治の舞台から閉め出し，しかも社会権原理を示していないのに対し，1793年の人権宣言および憲法は「人民主権」原理に基づいて普通選挙制，法律案に対する「人民投票」や憲法改正に関する「人民発案」の制度を打ち立て，さらに社会権原理を提示している点で，両憲法の間には明確な相違があることは否定できない。したがって，「国民」（la nation）と「人民」（le peuple）の概念は当時においても今日においてさえも必ずしも厳格に区別されて使われてはいないけれども，91年憲法は「国民主権」（la souveraineté nationale）原理に立ち93年憲法は「人民主権」（la souveraineté populaire）原理に立つ憲法として区別されるであろう。

　しかし，両憲法とも，所有権の絶対性・不可侵性の原則にたっている点でブルジョワ憲法の範疇に属するものであることは否定できない。

　それゆえ，93年憲法が91年憲法とは異質の憲法だとするドゥサンシエール・フェランディエールの評価と，両憲法の間には本質的な相違はなく，93年憲法は91年憲法の延長線上に位置するものだと考えるブリモの評価は，必ずしも共通の土俵の上で展開されているとは言えない。実を言って，自由主義的

---

(80) 「革命政府体制内におけるロベスピエール派の位置は，普通考えられているほど強固でも安定したものでもなかった。」柴田三千雄『バブーフの陰謀』（岩波書店，1968年）60頁。

憲法であるか否かをめぐって両憲法の原理的相違を説くのは，必ずしも生産的な議論であるとは言えない。両憲法が共に所有権の絶対性・不可侵性の原則に基づいたブルジョワ憲法である点を踏まえた上で，両者の間には「国民主権」原理と「人民主権」原理という基本的な統治原理の相違があることをまず確認しなければならない。91年憲法が統治機構の構想において直接政の要素を排除するだけでなく，人権構想においても社会権原理を否定するのに対し，93年憲法は直接政の要素と社会権原理を充分とまでは言えないにしろ，採用しているという相違は，両憲法の基本的な統治原理の相違＝両憲法の制定を底辺で支えていた勢力のブルジョワ・イデオロギーの相違に起因するものである。このように考えれば，両憲法原理の共通性と異質性をめぐる議論は，いくらかなりとも整理されるであろう。

そこで，フランス革命期の諸憲法および憲法構想を，あえてルソーの憲法思想を底辺に据えて，それが継承されている度合いの弱いものから強いものへと配置するとすれば，89年人権宣言および91年憲法——ジロンド憲法——93年人権宣言および憲法（モンタニャール憲法）——ロベスピエールの憲法構想，というのが本書の見解である。

1793年6月24日の憲法（モンタニャール憲法）は，5月31日～6月2日の政変によってジロンド派を追放したジャコバン派の指導の下で作成されたことから，「ジャコバン憲法」とも呼ばれることは周知のとおりである。また，ロベスピエールを中心とするジャコバン派が，その憲法構想においてルソーの憲法思想を継承するものであることも否定できない。しかし，それらのことは，93年憲法がルソーにはじまりロベスピエールに継承されている憲法思想をストレートに反映しているということの証明にはならない。本書は，93年憲法に対するドゥサンシエール・フェランディエールとブリモの評価を素材として，主として憲法思想史の観点から，ルソー，ロベスピエールを流れている憲法思想の一貫性を捉えつつ，それが同憲法にストレートに継承されていないことを考察した。

しかし，憲法制定作業はその国の歴史的，政治的，経済的，社会的諸条件によって制約された難事業である。したがって，フランス憲法史上における1793年憲法の評価もまた，それらの諸条件の総合的考察を踏まえなければ充分なものとはならない。そのような総合的な考察は本書の力量を超えるものである。それゆえ，本書に残された課題は，これまでの憲法思想史的考察に実証

的根拠を与えるべく，同憲法制定過程におけるジャコバン・クラブおよび国民公会での議論を分析することである。

第4章
コミュニストの憲法思想とその実践
——Babeuf

はじめに

　フランス革命は「貴族の革命」に端を発し,「89年－91年体制」＝ブルジョア支配体制を確立せんとした「ブルジョアの革命」を経て,「サン・キュロットの革命」へと発展し, 1794年7月27日（テルミドール9日）の「テルミドールの反動」(la réaction thérmidorienne) と呼ばれるブルジョアジーの巻き返しによってブルジョア革命として終息しようとする。しかし, フランス革命が完全にブルジョアジーの掌中に収められるためには, もう1つの革命の試み＝「バブーフの陰謀」(La Conspiration de Babeuf) を超えなければならない。フランス革命はあらゆる革命形態を内含した典型的なブルジョア革命であるといわれるが,「バブーフの陰謀」は「自由」と「平等」の統一的実現を目指した共産主義革命の試みであり, 10年余に及ぶフランス革命における最後の革命形態である。「バブーフの陰謀」を総合的に評価することは困難であるが, ここではとりあえず次のような評価に注目したい。

　「バブーフによる平等派の反乱計画は, ルソーやロベスピエールの小市民的限界をこえて, 共産社会をつくりだそうとしたものであり, これまでの貧農的共同体思想とちがって, ブルジョア社会への明確な対決意識と, そのための組織論（秘密結社, 軍隊工作, 人民蜂起）をもっていた。……ここではじめて, 近代的な階級対立が力の問題として意識されたのである。あたらしい被支配階級を主体として, 力によって資本主義社会をのりこえるという思想は, バブーフからイタリア人ブオナロッティ (Buonarroti, 1761-1837) を経て, 19世紀前半の社会主義のなかで有力な地位をしめるようになる。」[1]

　本稿は,「バブーフの陰謀」に対する右のようなトータルな歴史的評価を目的とするものではない。この「陰謀」については, わが国ではすでに①豊田堯『バブーフとその時代』（創文社, 1958年), ②柴田三千雄『バブーフの陰謀』（岩

（1）　高島善哉・水田洋・平田清明『社会思想史概論』（岩波書店, 1962年）170頁。

波書店, 1968年), さらに「文学と歴史の境界」線上においてバブーヴィストのマンタリテをきわめて平易にまとめた③平岡昇『平等に憑かれた人々』(岩波書店, 1973年) が公刊されている。このうち, 周到な資料収集とその綿密な分析にもとづくトータルな研究という点で, ②を凌ぐ研究を近い将来に期待することはできないように思われる。したがって, 本章の課題は, ロベスピエールの「革命政府」と「テルミドールの反動」によるその崩壊, その後の総裁政府のもとでの政治状況を考慮しつつ, バブーヴィスト(バブーフ主義者)の憲法思想を考察するとともに, 彼らが啓蒙期に展開された憲法思想の諸潮流のうちいかなるものを継承し, 革命的実践のなかでそれをどのように具現しようとしたかという点に限定される[2]。

◆ 第1節　「テルミドールの反動」前後の憲法問題 ◆

第1項　ルソー, ロベスピエールの憲法思想と1793年憲法

　所有権の制限を前提として自由・平等理念の統一的実現を志向した啓蒙期のルソーの憲法思想が, 革命期のロベスピエールに継承されていることは周知のところである。そのことは, 1793年4月24日の国民公会において朗読されたロベスピエールの人権宣言草案[3]に明らかである。この草案は, 「すべての政治社会の目的は, 人間の自然的で時効にかからない権利の維持およびすべての人びとの才能の発揮にある」(第1条)「主要な人権とは, 人間の生存の維持に備える権利と自由である」(第2条)「これらの権利は……肉体的および精神的な能力の差異がいかなるものであろうとも, すべての人間に平等に存する」

---

(2) 本章をまとめるに当たって主として参照したのは, ①*Journal de la liberté de la press*, par G.Babeuf, Edition d'Histoire Sociale. (Réimpression de textes rares,1966——Réimprimé d'après l'exemplaire de la Bibliothèque Nationale, Paris) ②*Le Tribun du Peuple, ou Le Défenseur des droits des l'hommes*, par G.Babeuf, Edition d'Histoire Sociale. (Réimpression de textes rares,1966 Réimprimé d'après l'exemlaire de la Bibliothèque Nationale,Paris) ③Babeuf, *Textes Choisis*, Edition Sociale, 1976. ④Maurice Dommanget, *Pages coisies de Babeuf,* Libraire Armand Colin,1935. ⑤Victor Adville, *Histoire de Gracchus Babeuf et du Babouvism e,t.1-2*,Paris,1884（Slatkine Reprints,Zenève,1978). ⑥Buonarroti, *La Conspiration pour l'égalité dite de Babeuf, t.1-2*, Edition Sociale,1957. ⑦柴田三千雄『バブーフの陰謀』(岩波書店, 1968年). ⑧豊田堯『バブーフとその時代』(創文社, 1958年)である。

(3) *Archives Parlementaires,1 série, t.63,* pp.197-200.

(第3条)「社会はその全構成員の生存に対し，彼らに仕事を保障することにより，あるいは労働不能の状態にある者に対しては生存の手段を確保することによって，その生存に備える義務を負う」(第11条)とあるように，平等理念実現のための生存権中心の人権体系をなしている。

しかし，このような生存権構想は，所有権の絶対性・不可侵性を前提とした政治社会においては実現されないことは明らかである。それは，ルソーがすでに看破していたところである。野放しの所有権は社会的不平等の基本的な要因であって，これを前提とした「生存権」や「公的救済を受ける権利」は，所詮「慈恵的救済」の域を出ない。ルソーは言う。「政治社会において最も有用な，そして恐らく最も困難な事柄は，すべての人間に公平であり，特に貧乏人を金持ちの圧制から保護するための厳格な潔白性にある。……したがって，政府の最も重要な事業のひとつは，財産の極端な不平等を防止することにある。」[4] そのためには，「私的所有を抑え……それを常に公共善に従わせるべき1つの基準，規範，拘束を与えること」[5] が必要である。

ロベスピエールはこのようなルソーの考えを継承し，1792年12月2日の「食糧について」(*Sur les subsistances*) と題する演説において，次のように述べている。「社会の第1の目的は何か。それは，人間の譲り渡すことのできない諸権利を保護することにある。これらの権利の第一のものは何か。それは生存の権利である。第1の社会法 (La première loi sociale) は，それゆえ，社会の全構成員に生存の手段を保障する法である。他のすべての法は，この法に服する。所有権はこの法を強固にするためにしか設定されなかったし，もしくは保障されなかったのである。人びとが所有権を有するのは，何よりも生きんがためである。」[6] このような思想に基づき，ロベスピエールはその「草案」において，「所有権は，他人の権利を尊重する義務によって制限される」(第8条)「安全，自由，生存ならびに……同胞の所有権を侵すことはできない」(第9条)「生活必需品を欠く者に対する不可欠の救済は，余剰物を有している者の負債である。この負債が支払われるべき方法は，法律によって定められる」(第11条)と規定する。このように，ロベスピエールがルソーの思想を忠実に継承してい

---

(4) J.-J.Rousseau, Œuvres Complètes, Bibliothèque de la Pléiade, t.3, p.258. 河野健二訳『政治経済論』(岩波文庫, 1951年) 35頁。

(5) *ibid.*, p.931.

(6) Œuvres de M. Robespierre, t.9, publiés sous la direction de M.Bouloiseau, G.Lefebvre, A. Soboul, 1958, P.U.F., p.112.

第 4 章　コミュニストの憲法思想とその実践

とは明らかである。

　ここでは，後述する 1793 年 6 月 24 日の憲法＝モンタニャール憲法に対するバブーヴィストの評価との関係で，ルソーおよびロベスピエールの間に憲法思想の一貫性が見られるか，一貫性が見られるとした場合，その一貫性が同憲法に継承されているかどうかについて検討しておきたい。この点をめぐってはこれまで評価が分かれてきた。たとえば，先に見たごとく，アンドレ・ドゥサンシエール・フェランディエール（A. Decencière-Ferrandière）のように，ルソー，ロベスピエール，1793 年憲法を一貫した思想潮流に属するものとして捉える見方[7]と，ロベスピエールの人権宣言草案における所有権制限構想を「政治的術策」にもとづく「左翼主義の産物」に過ぎないとするアルベール・ブリモ（Albert Brimo）の見方[8]の相違を上げることができる。

　私は，ブリモが言うようにロベスピエールの人権宣言草案には当時の革命情勢を考慮に入れた「政治的術策」の側面が見られることは否定しないが，ロベスピエールの人権宣言草案がルソーの思想の帰結であるとする点では基本的にはドゥサンシエール・フェランディエールと同一の見解に立つ。しかし，1793 年憲法にはこの両者の思想潮流の一貫性を看取することはできないと考える。というのは，同憲法は単にルソーおよびロベスピエールの所有権制限構想を十分なかたちで継承していないということだけでなく，両者の憲法思想を貫いている「徳」（vertu）の観点をふるい落としているからである。

　また，ロベスピエールの代表制に関する理論，彼の人権宣言草案における政府変更権論，公務員罷免制度もしくは命令的委任制度への展望との関連で 1793 年憲法を見た場合，そのことは一層明瞭となる。ロベスピエールは 1793 年 5 月 10 日の「代表制について」（*Sur gouvernement représentatif*）と題する演説において，次のように述べている。「人民は善良である。その代表者たちは腐敗しやすい。政府の悪徳と専制に対する予防策は，人民の徳と人民の主権に中に探らねばならない。」[9]「人民によって指名されたすべての公務員は，規定されるであろう手続にしたがって，人民によって罷免され得る」[10]。このよう

---

(7)　André Decencière-Ferrandière, *La Constitution de 1793. —Mélanges A. Decincière-Ferrandière*, Préface de M.G.Gidel, Paris, 1940.

(8)　Albert Brimo, *A propos de la Constitution Montagnarde de 24 juin 1793 et deux conceptions de la démocratie——Mélanges dédiés à M. le Professeur Joseph Magnol, doyen de la Faculté de Droit de Toulouse*, Liblaire du Recueil Sirey, 1948.

(9)　*Archives Parlementaires, 1 série*, t.64, p.430.

257

な考え方を反映した彼の人権宣言草案には次のような規定が見られる。「人民は主権者である。政府は人民の作品，人民の所有物であり，公務員は人民の使用人である」(第15条)「人民は，思いのままにその政府を変更し，自らの代表者たちの委任を解くことができる」(第16条)「人民は善良であり，役人は腐敗しやすいものだと仮定しないあらゆる制度は，悪しき制度である」(第19条)。

このようなロベスピエールの構想との対比で見た場合，1793年憲法は人民主権原理を表明し，それに基づく普通選挙制度を採用してはいるが，人民主権原理や普通選挙制度が実質的なものとなるためには，公務員罷免制度もしくは命令的委任制度と接合されねばならない。1793年憲法にはその視点が十分に生かされているとは言えない。後述するように，これらの点は，バブーヴィストの間であらためて問題になるであろう。

第2項　ロベスピエールと「革命政府」の諸原理

さて，ルソーの法・政治思想を「サン・キュロットの革命」のなかで検証し具体化しようとして「革命政府」(le gouvernement révolutionnaire) を強化したロベスピエールは，1793年12月25日，公安委員会 (le comité de salut publique) の名において行った「革命政府の諸原理について」(*Sur les principes du gouvernement révolutionnaire*) と題する演説において次のように述べている。「革命政府は異常な活動 (une activité extraordinaire) を必要とする。まさに闘いの渦中にあるからである。革命政府は画一的で厳格な法には従わない。なぜなら，現在見られる諸状況は激動的にして流動的だからであり，特に新たなかつ急迫せる危険に対して，新しく迅速な政策を絶えず採用することを余儀なくされているからである。」[11]「革命体制の下では，公権力自体が，その体制を攻撃するすべての党派から自らを護ることを余儀なくされる。」[12]「革命政府はまた，正義と公共の秩序からことごとく汲みだされたその諸準則 (ses règles) を有している。革命政府はアナルシーとも無秩序ともいかなる共通性も有していない。その目的は逆に，法の支配を導き確立するために，それらのアナルシー

---

(10) *ibid.*, p.432.
(11) *Œuvres de M. Robespierre avec une notice historique, des notes des commentaires par Laponneraye, précédées de considérations générales par Almand Carrel, t. 3,* 1840, Reprinted, 1970, New York, p.512.
(12) *ibid.*, p.513.

や無秩序を抑制することである。」[13]「革命政府は軟弱さと無謀さ（la faiblesse et la témerité），穏和主義と過激行為（le modérantisme et l'excès）という二つの障害物の間を漕ぎ出していかねばならない。」[14]「それでは何をなすべきか。有害な諸制度の罪深き発案者どもを追撃すること，たとえ過ちをおかすとも愛国心を保護すること，愛国心を啓発し，たえず人民をその権利と運命の高みにまで高めることである。／もし諸君がこの準則を採択しなければ，諸君は全てを失うであろう。」[15]

　また，1794年2月5日の「共和国の内政において国民公会を導くべき政治道徳の諸原理について」（*Sur les principes de morale politique qui doivent guider la Convention nationale dans l'administration intérieure de la République*）と題する報告において，ロベスピエールは次のように述べている。「われわれが向かっている目的は何であるか。それは……自由と平等の平穏な享受であり，その永遠の正義の支配である。」[16]「ところで，民主的もしくは人民的政府の根本原理すなわちその政府を担いかつその政府を活動させる本質的な原動力とは何か。それは徳である。私は……祖国とその法律への愛以外の何ものでもないところの徳について語っているのである。」[17]「かくして，祖国愛を駆り立て，習俗を純化させ，魂を高邁にし，人の心の情念を公共の利益に導くものはすべて諸君によって採択されるもしくは確立されねばならない。」[18]「もし平和のうちにある人民政府の原動力が徳であるとすれば，革命における人民政府の原動力は徳であると同時に恐怖である。徳，それなくしては恐怖は災禍となり，恐怖，それなくしては徳は無力である。恐怖とは迅速，厳格，不屈の正義以外のものではなく，したがって，その恐怖は徳の放射物（une émanation de la vertu）である。それは特殊な原理であるというよりも，祖国の緊急の要求に適用された民主制の一般的原理の帰結である。」[19]

　ロベスピエールのこのような演説を貫いているのは，ルソーがそのデヴユー作『学問芸術論』（1750）で提起した「徳」（la vertu）の観念である。それは『人間不平等起源論』（1755）を介して『社会契約論』（1762）に結実する彼の政

---

(13)(14)　*ibid.*, p.514.
(15)　*ibid.*, pp.515-516.
(16)　*ibid.*, p.541.
(17)　*ibid.*, p.544.
(18)　*ibid.*, p.545.
(19)　*ibid.*, p.550.

治・法思想のキー・コンセプトであり，政治社会を支える市民の政治道徳的資質にほかならない。ロベスピエールはこの「徳」を革命渦中において実践に移そうとしたのである。こうして，ロベスピエールは，彼の人権宣言草案に見てきたように，富者の所有権の制限による貧者の生存権の確保を課題として掲げることによってサン・キュロット層に一定の満足を与えながらも，他方では公安委員会を頂点とする「恐怖政治」を押し進めていくことになる。

第3項 「テルミドールの反動」と1795年8月22日の憲法

しかし，ソブールも言うように，実業ブルジョアジーは革命政府の経済統制に敵対的となり，1789年のブルジョア革命の成果としての生産と取引の全面的な自由の回復を求め，所有権の侵害に危機感を覚えた[20]。こうして，1794年7月27日（共和暦第3年テルミドール9日），ブルジョアジーとその同盟者たるテロリストによって国民公会事務局は占拠され，ロベスピエールは逮捕される。この「熱月派」によって革命政府は解体され，ブルジョワジーの政治的支配が再建される。ジャコバンの支配の終末である（テルミドールの反動（réaction thermidorienne））。

その後の政治情勢は，1795年8月22日の憲法＝共和3年憲法のもと，元老会（Conseil des Anciens）によって選任される5名の総裁（Directeur）と総裁の任命による数人の大臣（Ministres）で構成される総裁政府（Le Directoire）の支配下で推移する。1795年憲法[21]を1793年憲法と比較して言えることは，①社会における人間の権利を「自由，平等，安全，所有」に限定する（第1条）ことによって，93年憲法が周到に規定していた「圧制への抵抗」（la résistance à l'oppression）の権利を排除しているということ，②「所有権は，その財産，所得，労働と職業の成果を収益し，処分する権利である」（第5条）として，93年憲法が前提としていた「所有権の制限」に関する規定を排除しているということ，③93年憲法の成年男子の直接普通選挙制に代えて制限選挙制を復活させることによって（能動的市民たるには何らかの直接税納入者であること，選挙人たるには150-200労働日に相当する財産所有者たることが要求される），サン・

---

(20) A.Soboul, *La Révolution française*, nouvelle édition,1989, Editions Sociales, p.377.

(21) cf.Léon Duguit et Henry Monnier, *Les constitutions et les principales lois de la France*, 4 éd., 1925, pp.78-118. Maurice Duverger, *Constitutions et documents politiques*, P.U.F.,7 éd., pp.80-110.

第4章　コミュニストの憲法思想とその実践

キュロット層を政治の舞台から排除しているということ，④その上で，10箇条の義務規定を置き，「法律を公然と侵害する者は，自らが社会と戦争状態にあることを宣言するものである」（第6条）とか「法律に公然と違反するのではなく，欺計もしくは策略によって法律を回避する者は，すべての者の利益を侵害するものである」（第7条）と規定することによって絶対的なブルジョア支配を確立しようとしているということ，である。

総裁政府はこのようなブルジョア支配体制を前提とするものであるが，ブオナロッティによれば，この総裁政府の精神は「富と権力を保持および獲得し，一方で王党派（les royalistes）と列強（les puissants）を，他方で平等の友たち（les amis de légalité）を抑圧すること」[22]であった。このような政治的権利の制限という総裁政府の視点は，ロベスピエールの革命政府下の「最高価格令」に象徴されるような計画経済＝統制経済政策に代わる自由主義的経済政策と不可分に結びついていた。ブオナロッティは，総裁政府の自由主義的経済政策を，ルソーやマブリ等の「平等の体系」（Système d'égalité）に対する「エゴイズムの体系」（Système d'égoisme）と呼び，次のように述べている。「この種のすべての社会制度のもとでは，骨の折れる労働に常に従事している大多数の市民は，実際には，悲惨，無知，隷属状態のうちに呻吟することを余儀なくされる。」[23]

しかし，このような自由主義的経済政策は財政問題の処理を好転させることなく停滞させ，総裁政府はパリの食糧問題をめぐる最悪の事態に直面する。ロベスピエール没落後，1794年12月24日に「最高価格令」が廃止されたことから，食糧価格の暴騰と食料不足が顕在化したからである。ジェルミナールの蜂起やプレリアールの蜂起は，このような食糧問題に直接的原因を有するものであるが，両蜂起のスローガンであった「パンと93年憲法」は，蜂起失敗後も生きつづけることになる。民衆はロベスピエール時代に郷愁を感じはじめる。このような状況に拍車をかけたのは，財政再建の観点から提起された総裁政府の食糧配給制度の廃止（96年2月1日）であった[24]。

---

(22)　Buonarroti, *La conspiration*, t.1, p.74.
(23)　*ibid.*, pp.26-27.
(24)　柴田・注（2）131頁。

◆ 第 2 節　バブーヴィストの憲法思想 ◆

第 1 項　人権思想を貫く平等主義

1　「公安秘密総裁府設立趣意書」

　以上のような状況を踏まえて，以下においては「バブーフの陰謀」と呼ばれる陰謀計画との関連を考慮に入れながらバブーヴィストの憲法思想およびその源流について検討してみよう。

　陰謀計画は，旧国民公会議員アマール（J.-B. A. Amar, 1750-1816）の家での「秘密委員会」（une comité secrète）においてはじめられた。この秘密委員会についてブオナロッティは次のように述べている。「フランス人民にその鉄腕（son bras de fer）を次第に重くのしかからせてきた暴政に対する反抗を準備するため，クレリ通り（rue Cléry）のアマールの家で秘密委員会が開かれた[25]。……委員会のメンバーは，共和 3 年憲法＝ 1795 年 8 月 22 日憲法によって樹立された政府を，その起源において非合法，その精神において圧制的，その意図において暴政的であると考える点で一致した。すなわち，彼らすべての者は，共和国と自由の救済がその政府の転覆を絶対的なものとして命じているという点で一致したのである。」[26] 委員会のメンバーは，①諸悪の根源が私的所有にあること，②「労働と享有の平等」（Egalité des travaux et des jouissances）が「社会の究極目的」であること，③ロベスピエールは「平等の友」（l'ami de l'égalité）であること，で一致した。

　①については，その思想的源流をルソーに求めることも可能であるが，より基本的にはモレリ（Morelly, 生没年不詳）およびマブリ（Gabriel Bonnot de Mably, 1709-1785）に求めるべきであろう。というのは，モレリは『自然の法典』（Code de la nature ou le véritable esprit de ses lois, 1755）において，「自然は人類全体の能力をさまざまな割合でもってあらゆる種類の個人に分け与えたのだが，

---

(25)　この秘密委員会に最初から参加したのは，アマール，ダルテ（Darthé），ブオナロッティ，マサール（Massart）およびゼルマン（Germain）であり，続いてドゥボン（Bedon [Debon]），ジュノワ（Soigne[Genois]），フェリクス・ルペルティエ（Filipe le Rexellet [Felix Lepelletier]），クレマン（Clémend）およびマルシャン（Marchand）が加わった。Buonarroti, La conspiration, t.1, p.78.

(26)　Buonarroti, La conspiration, t.1, p.78.

しかし，自然の恩恵を生みだす土地の所有は，これを分割すべからざるものとして人類のすべての者に委ね」[27]たとして，社会的諸悪の根源を土地の私的所有に求め，「私有財産を根こそぎにしないと何をしても無駄である」[28]と断言して，「神聖基本法」（Loix fondamentaires et sacrées）をはじめとする12の法典に基づく共産主義的政治社会を構想しているからである。マブリもまた『政治社会の自然的本質的秩序に関して経済哲学者に提示された疑問』（*Doutes proposés aux philosophes économistes sur l'ordre naturel et essentiel des sociétés politiques,* 1768）において，「土地所有権（propriétés foncières）の確立と生活状態の不平等（l'inégalité des conditions）は……自然状態を変化させ，いわば人びとの諸感情を煽り立てて私的利益を増大させてきた」[29]のであり，社会的悪徳の連鎖の「最初の環は財産の不平等に結びついている」[30]と述べた上で，モレリと同様に「財産の所有権が社会を支配してきた状況においては，何をしても無駄である」[31]と断言しているからである。

　②の思想的源流もモレリおよびマブリに求めてよいであろう。というのは，『自然の法典』においてモレリが構想する共産主義的政治社会においては，あらゆる市民はその能力，才能および年齢に応じて労働する義務＝公益に奉仕する義務を負い[32]，その労働成果は公共配給所に集荷されて市民に配分されることになっている[33]からである。マブリもまた，『市民の権利および義務』（*Des droits et des devoirs du citoyen,* 1758）において，無人島における国家建設を構想し，そこでは「われわれは，公共の倉庫のなかにわれわれの労働成果を持ち込むであろう。これこそまさに国家の宝であり，各人の財産である。毎年，家長たちは各個人の生活必需品として必要なものを配分し，その共同体が必要とする労務を各人に割り当てる」[34]と述べているからである。

---

(27) Morelly, *Code de la nature ou le véritable esprit de ses lois*, 1755, publié avec notice et table analytique par Edouard Dolléans, 1910, pp.7-10.
(28) *ibid.*, p.48.
(29) Mably, *Doutes proposés aux philosophes économistes sur l'ordre naturel et essentiel des sociétés politique──Collection complètes des œuvres de l' abbé de Mably*, publiée par Guillaume Arnoux, t.11, p.208.
(30) Mably, *De la législation ou principes des lois──Colection complète des œuvres de l'abbé de Mably*, t.9, p.48.
(31) *ibid.*, p.306.
(32) Morelly, *op.cit.*, pp.102-102.
(33) *ibid.*, pp.86-88.
(34) *Collection complète des œuvres de l'abbé de Mably, t.11,* p.383.

第Ⅱ部　革命期の憲法思想とその実践

③については検討すべき問題がある。上記の委員会がロベスピエールを「平等の友」として評価するに至までには，曲折があったからである。このことについて，ここではロベスピエールに対するバブーフの評価の変遷を見てみよう。バブーフの未刊の文書を点検したダリーヌ（V. Daline）によれば，バブーフがロベスピエールについて最初に語ったのは全身分会議（Etats-généraux）開催の3年前である[35]。すなわち，1786年のデュボア・ド・フォシュ（Dubois de Fosseux）宛の書簡において，バブーフはロベスピエールを次のように評価している。「彼の言説は魂と論理を有する法律家の作品である。ロベスピエール氏は，疑いもなく，あなたの弁護士会の理性ある人々の1人と考えられる。私は，彼が厳格な誠実性と稀にみる公正さを有する人物であると考える。……ロベスピエール氏は，豊かになることに執着していない。彼は，貧困者の弁護士でしかなく，ないであろう。」[36] また，バブーフは，1789年10月22日のロベスピエールの選挙法（la loi électorale）に関する演説および1790年4月27日の国民軍の組織化（l'organisation des Gardes Natinales）に関する演説を書き写している[37]。さらに，バブーフは，フイヤン派に移った憲法制定議会議員マッシュー（J.-B. Massieu）に宛てた批判の書簡において，決然としてジャコバン派に止まったロベスピエール等を「国民議会（la Diète nationale）の誉れ高きメンバー」として高く評価し，彼らに対するフイヤン派の攻撃を批判している[38]。

しかし，バブーフはやがてロベスピエールを批判しはじめる。それは何時からどのような理由によってか。ダリーヌによれば，ロベスピエールに対する彼バブーフの態度の変化は1793年に始まっており，バブーフは「最高存在の祭典」の創設（l'instauration du culte de l'Etre suprême）に関するロベスピエールの宗教政策（la politique religieuse）に対して批判をはじめている[39]。この点につき，ダリーヌは次のように述べている。「ジャコバン独裁の期間を通じてのバブーフの態度の変化には，より一層の深い根拠がある。彼は確かに，フランス民主主義の極左とりわけ例えばヴァルレ（Varlet）のような《アンラージェ（enragés）》のメンバーの多くの代表者たちに共通する政治的諸概念に繋がっていた。革命の始まり以降，バブーフは，国家権力の把持者たちはそれがいか

---

(35) V.Daline, Robespierre et Danton vue par Babeuf, *Annales historiques de la Révolution française, t.32,* 1960, p.389.
(36) *ibid.,* pp.389–390.
(37) *ibid.,* p.391.
(38) *ibid.,* p.392.

なる者であろうとも，不可避的にその権力の濫用を犯すという恐れを表明していることがわかる。/バブーフは，無制限な国家権力はその権力を有する者を必ずや堕落させるものだと考えていた。したがって，この理論は，ジャコバン派の革命政府に対するのと同様にロベスピエールに対する彼の反対の立場を明確にするものである。」[40]

ダリーヌも着目しているように，バブーフは共和3年ヴァンデミエール17日（1794年10月8日）の『護民官』第25号（*Le Tribun du Peuple ou le défenseur des droits de l'homme; en continuation du journal de la liberté de la press*, no.25）において次のように述べている。「革命政府とは何か。私は，それはテロリスム，血に飢えた政府，ロベスピエールの政府，ロベスピエールの専制支配，委員会の専制主義であり，その恐るべき結果のすべては断頭台，銃殺，溺死刑，抑圧，絶望，あらゆる種類の貧困，収奪および悲惨であると考えるものである。」[41]「単一人もしくは複数人の君主制は常に必然的に腐敗した背信者の手中に落ちる。この権力を引き受ける者は，そのことだけで背信的であり，腐敗的なのである。限界のない権力のグラスで飲むことに同意した者は，暴君であり常に暴君であるだろう。自由はその者の手中において消滅する。なぜなら，その者は法律の上位に存するからである。したがって，自由のために革命が行われる国においては，そのような君主制の創設は，革命政府と呼ばれようとも，反革命が行われたということである。」[42]

ダリーヌによれば，「バブーフは《自由の守護神》から《暴君》へと変身し，その結果1人で《限界のない権力のグラスで》飲むことになったロベスピエールを例に引くことによって，このテーゼを主張したのである。」「しかし，この

---

(39) *ibid.*, p.398. なお，この点について，豊田堯『バブーフとその時代』は次のように見ている。「ロベスピエールが，交戦中のヨーロッパの諸国から，フランスが無神論者の国家になったという非難を受け，同時に当時種々な形でおこなわれていた革命崇拝や非キリスト教運動に統一を与えるために，ルソー流の自然神教に根底を置いた，『最高存在の崇拝』を押し進めたのに対し，バブーフの宗教思想は無神論者マレシャルの考えに近かった。しかし，バブーフは一挙にその段階に到達していたのではない。1789年，否1791年以前においては，創造主を採用し，その加護を求めていた。ところが革命の進行，非キリスト教運動の中から，かれの思想は次第に宗教から離れていった。……かれの思想は一切の唯心論や自然信教から遠ざかり，革命家や特にサン・キュロットの間で拡ったイエスの信仰すら嫌悪するようになった。」（405 - 406頁）

(40) V.Daline, *op.cit.*, p.401.

(41)(42) *Le Tribun du Peuple ou le défenseur des droits de l'homme; en continuation de la liberté de la press.* no.25.

ような推論の方法が唯一バブーフの方法であったと考えてはならない。多様な形態が見られるとはいえ，このような推論の方法は極左のほとんどすべての代表者たちの方法であった。ほとんどすべての人びとは，人民による権力の直接的行使，最も広範な《純粋》民主主義の全体的で即刻の実現を求めた。またほとんどすべての人びとは，たとえ一時的なものであるにしろ革命的独裁の必要性を否定した」[43]のである。

　問題は，ロベスピエールに対するバブーフの評価がこのように変化したのをどのように考えるかということである。この点，ダリーヌによれば，「独裁の必要性の否定は，多かれ少なかれバブーフ，ヴァルレおよび今日に至るまで《エベール主義者》という名で伝統的に呼ばれているパリの《サン・キュロット民衆》の多くの《中間的》代表者たちに固有のものであった。彼らが，革命政府の期間を通じてロベスピエールの活動に対してまさに否定的な評価を与えてきたのは，このような立場からである。」[44]しかし，バブーフが革命独裁の役割を理解し，「この独裁の必要性がひとたび認められるや……ロベスピエールの偉大な歴史的役割は明白になったのである。／バブーフは，自らの勇気と大胆さでもって，ロベスピエールに関する自らの考えを修正することができた，というよりもむしろ彼が常に懐いてきた考えに回帰した。……バブーフは，真の革命家はエベール主義者として止まることはできないということを明示したのである。」[45]

　このことは，バブーフが共和3年フリメール28日（1794年12月18日）の『護民官』28号において次のように述べていることによって明らかである。「私が，最初，ロベスピエールの恐るべき断頭台を打倒するために声を限りに叫んでいたとき，私は，自分が人民にとって致命的である建造物を，まったく逆の構想のもとに打ち立てることに協力しているのだということが分からなかった。私は，寛容や，あらゆる抑圧，あらゆる専制主義，あらゆる不当な過酷な仕打ちの粉砕や，著述および言論の最も完全な自由を要求することによって，それらすべてのことが，共和国を根底から崩壊させることに役立ってしまうのだということが分からなかったのである。」[46]

---

(43) V.Daline, *op.cit.*, p.401.
(44) *ibid.*, p.402.
(45) *ibid.*, p.403.
(46) *Tribun du Peuple*, no.28.

同様に，共和3年ニヴォーズ9日（1794年12月29日）の『護民官』29号においても，「私は告白するが，私はおそらく今日まで誤っていたし，国民公会に関するあまりにも貧困な考え方しか有していなかった。一方では，現在のところでは恐怖政治はかつてそうであったようには組織化されていない。他方では，国民公会にはまだ人民の大義と純粋民主主義の勝利のための光明，原理，善意が存在している」[47]とも述べている。

　さらに，バブーフは共和4年ヴァントーズ9日（1796年2月29日）にエベール派のジョゼフ・ボドゥソン（Joseph Bodson）宛の書簡において次のように書いている。「私は今日率直に告白するが，私はかつて革命政府やロベスピエール，サン・ジュスト等を邪悪なものと考えてきたことを後悔している。私は，これらの人物は，彼らだけですべての革命家全体よりも勝った価値を有しており，また，独裁政府は非常によく構想されていたと考えている。これらの人びとやその政府が消滅して以来，何が起こったかを知るだけで一切のことが証明されるであろう。それゆえ私は，ロベスピエールやサン・ジュストが重大な罪を犯し，多くの共和主義者たちの善行を台無しにしたということについて，貴方に決して同意することはできない。私は決してそうではないと考えている。多くの共和主義者を死なせたのはテルミドールの反動である。私は，エベールやショーメットが無実であったかどうかの検証をするつもりはない。たとえそうだとしても，私はなおロベスピエールの正しさを確認するものである。……彼の行動は正しかったというのが私の考えである。」[48]

　ロベスピエールに対する肯定－否定－肯定というバブーフの評価の変化をどのように考えるべきであるのか。豊田堯『バブーフとその時代』は次のように述べている。「以上のようにバブーフとロベスピエールの思想を比較検討して，両者の思想が，その傾向，その地盤，その理想や目的が全然異なっていることを認めざるをえない。それにもかかわらずバブーフが思想的遍歴を通して最後に，すなわち陰謀の直前に，ロベスピエールの讃美に到達した事実をどのように解したらよいであろうか[49]。」「われわれはバブーフやバブーフ主義者が，陰謀に当たって，1793年の憲法を一応の到達点，集合点と定めたという事実を，再び回想しなければならない。そしてかれらが，『バブーフの教義の解説』や

---

(47)　*Tribun du Peuple*, no.29.
(48)　M.Dommanget, *Pages choisies de Babeuf*, pp.284-286.
(49)　豊田・注（2）407頁。

第Ⅱ部　革命期の憲法思想とその実践

『反乱指令』や『護民官』の中で，どれ程1793年の憲法を称揚しても，かれらの真の目的，最後の到達点とは別問題であったことは，アマール宅において，バブーフ主義者と旧山岳党議員との間で交わされた激論や，その後陰謀の加担の際の，両者の交渉経過に徴しても，極めてはっきりしていた。つまりバブーフ主義者は，広範な大衆の支持をうるために，政策として1793年の憲法を掲げたのに過ぎなかった。そしてバブーフやバブーフ主義者は，ロベスピエールが所有権に対し，1793年の憲法の規定よりも，遙に進歩的な思想をもっていたこと，その実際政策の面においても，93年の憲法以上のことを目指していたという事実も，十分承知していたことを想起する必要がある。」[50]「筆者は，バブーフが，ロベスピエールの思想はかれの教理に一番近く，そして現実政策の上で，一応実現せられたという既成事実を高く買って，全く政策的にロベスピエールを称揚したという考えに到達せざるをえないのである。」[51]

要するに，バブーヴィストがアマールの家での委員会においてロベスピエールを「平等の友」と評価したのは，彼らの「陰謀」遂行における「革命独裁」の必要性が革命的実践の観点から確認されたからにほかならない。先に見てきたようにロベスピエールの人権思想および人民主権論に基づく統治機構構想は1793年憲法に十分には継承されていなかった。その意味においてバブーヴィストにとっては，憲法思想としては1793年憲法よりもロベスピエールに評価の力点が移されることは十分に理解できるところではある。しかし，後で見るように，彼らのコミュニスムの憲法思想がそのロベスピエールのプチ・ブルジョア的憲法思想を超克していることも紛れもない事実である。したがって，ロベスピエールに対する肯定-否定-肯定というバブーフの評価の変遷は，彼自身が初期-中期-後期の革命過程における厳しい状況に対する認識論と実践論を構築していった結果であると見ざるを得ない。

さて，彼らの革命計画は，このような一致点を踏まえ，バブーフ，アントネル（Antonelle），マレシャル（Silvain Maréchal），ルペルティエ（Felix Lepelletier）による「公安秘密総裁府」（Directoire secret de Salut public）の設立によって開始される[52]。この秘密総裁府は1796年3月30日，上の4名にブオナロッティ，ダルテ（Darthé），ドゥボン（Debon）を加えて会する。ブオナロッティによれば，彼らは「労働と享有の平等」を真の市民の神聖な目的と考え，この

---

(50)　同409頁。
(51)　同411頁。

第4章　コミュニストの憲法思想とその実践

点にのみ反乱の正当性を見いだしていた[53]。また，彼らは，1793年憲法の権利宣言の所有権に関する諸条文のうちに，同憲法の明確な欠陥（le vice positif）を確認していたが，「これらの欠陥にもかかわらず，秘密総裁府は，次の2つの主要な理由でもって，共和主義者たちがこの憲法に捧げてきた尊敬を維持することを決定した。その1つは，この憲法が国民に受け入れられてきたほとんど満場一致の承認であり，他の1つは，法律について審議するという，それ自体神聖である人民の権利である。」[54] したがって，この時点における秘密総裁府の政治目標は，基本原理としての「労働と享有の平等」であり，当面の目標としての1793年憲法の復活であると見てよいであろう。

その後，秘密総裁府は「公安蜂起準備委員会」（le comité insurrecteur de salut

---

(52) 「平等　自由　万人の幸福」をスローガンとした「反乱準備のための総裁府の設立」と題するその設立趣意書の内容は次のとおりである。
　　「痛ましいまでに傷つけられ，はなはだ憤慨し，その不幸な国民のありさまを提示している悲惨と圧制の異常な状態に対して，正当にも反抗的となったフランスのデモクラットたちは／民主的な憲法が人民に提起され，人民によって承認されたとき，その憲法の寄託所（le dépôt）があらゆる徳の監視のもとに置かれたという思い出を銘記し／したがって，今日におけるごとく，人民の権利は奪われ，その自由は魂を奪われ，その生存までもが危うくされているとき，その人民の仇をうつべき企ての主導権が帰属すべきは，最も純粋で最も勇敢な徳であると考え／人民を臆病者だと告発する非難は不当な非難であるということ，人民はその先頭に立つ覚悟のできているよき指導者を欠いたばかりに今日までその正義を実現できなかったのだということを認め／権力簒奪者のかぎりなき犯罪が革命の爆発のためにすべての人びとの魂の力を成熟させているので，その革命の爆発を有益なものとし，その成功を確保するための諸規律を設けるためには，おそらく，自由な人びとの激情を駆り立てるよりもむしろ和らげることが必要になるであろうことを認め／次のように決議した。
　　第1条　フランスのデモクラットたちは，今後，公安秘密総裁府の名のもと，反乱準備のための総裁府に結集する。彼らはその資格において，人民にその主権を取り戻させるために，人民を導くべきすべての運動の指導権をとる。
　　第2条　この総裁府は，4人の構成員で構成される。
　　第3条　この総裁府は秘密である。その構成員は第一工作員たち（premiers agents）にも知らされない。
　　第4条　公安秘密総裁府は，その偉大な名称が自らに課すところの非常に広範な責務を充足することに従事する。
　　第5条　幹部工作員たち（principaux agents）に与えるべき必要不可欠な書類による訓令には明瞭な符号が付される。この符号は，にせの訓令に関するあらゆる当惑から工作員たちを護るのに役立つ。この符号は，署名が欠けていたとしても，秘密工作員たちが秘密総裁府から受理する書類が本物であることを彼らに保障する。」
　　Buonarroti, *La conspiration, t.2*, pp.80-81.
(53) Buonarroti, *La conspiration, t.1*, pp.99-100.
(54) *ibid.*, p.102.

public) 名において人民に対する「蜂起状」(Acte d'insurrection) を発するが，その第2条では，「1793年憲法，自由，平等および万人の幸福」が蜂起の目的として掲げられている。このような蜂起状にもとづく陰謀計画の内容については，柴田三千雄『バブーフの陰謀』に譲るほかないが[55]，軍事委員会のメンバーであるグリゼル (Grisel) が陰謀計画を総裁政府のカルノー (L. N. M. Carnot) に通報したため，陰謀計画は失敗することになる。

2　「バブーフの教義の概要」における1793年憲法の評価

ここでは，1796年3月30日に秘密総裁府の4名とブオナロッティ，ダルテおよびドゥボンが会して発表された「バブーフの教義の概要」(Analyse de la Doctrine de Babeuf) を取り上げて，彼らの憲法思想と1793年憲法に対する評価を見てみよう。この「概要」の内容は次のとおりである[56]。

第1条　自然は，各人にすべての自然の恩恵 (tous les biens) の享受に対する平等の権利を与えた。

第2条　社会の目的は，自然状態においては往々にして強者や悪人によって侵害されてきたこの平等を守ることであり，すべての人びとの協力によって共同の享有 (les jouissances communes) を増大することである。

第3条　自然は各人に労働の義務 (l'obligation de travailler) を課したのであり，何人といえども，罪を犯すことなく労働を免れることはできない。

第4条　労働と享有は，共同のものでなければならない。

第5条　1人の人間が労働によって疲れ，しかもすべてのものに欠乏しているのに，他の者が何もなすことなく豊かさのなかに満ち足りているような場合には，圧制が存する。

第6条　何人といえども，罪を犯すことなく，土地や工業の恩恵を独占することはできない。

第7条　真の社会においては，富者も貧者も存在すべきではない。

第8条　貧困者のために自らの剰余分を放棄しようとしない者は，人民の敵

---

(55) この陰謀計画では1万7000名の蜂起者が確認されている。内訳は，革命家4000人，かつて政治に携わった者1500人，砲兵1000人，免職官吏500人，諸県の革命家1000人，立法府の衛兵1500人，拘留軍人500人，憲兵隊6000人，傷痍軍人1000人である。Buonarroti, *La conspiration, t.1*, p.145.

(56) Buonarroti, *La conspiration, t.1*, pp.99-105.

である。

第9条　何人も，すべての富を独占することによって，その幸福にとって必要な教育を他者から奪うことはできない。教育は，すべての者にとって共通でなければならない。

第10条　革命の目的は，不平等を破壊し，万人の幸福を確立することである。

第11条　革命はまだ終っていない。なぜなら，富者がすべての富を吸収し，排他的に操作しているにもかかわらず，貧者は真の奴隷状態で労働し，悲惨にうちひしがれ，国家のなかで何らの重きも置かれていないからである。

第12条　1793年憲法は，フランス人民の真の法である。なぜなら，人民がその憲法を厳粛に承認したからであり，国民公会はそれを変更する権利を有していなしからであり，国民公会はその憲法の変更を達成しようとしてその憲法の施行を要求した人民を銃殺させたからであり，国民公会はその憲法を擁護する義務を果たそうとした議員を追放し虐待したからであり，人民に対する恐怖政治と亡命者の影響力が，1793憲法が獲得した賛成票の4分の1しか獲得しなかった1795年憲法の編纂といわゆる承認を支配してきたからであり，1793年憲法は，法律に同意し，政治的権利を行使し，集会し，市民が有益であると考えることを要求し，教育を受け，飢えて死ぬことがないという不可譲の諸権利——それらの権利は1795年の反革命的憲法が明白かつ完全に侵害したものである——を，各市民に献じたからである。

第13条　すべての市民は，1793年憲法において，人民の意思と幸福を再興しかつ擁護しなければならない。

第14条　いわゆる1795年憲法に発するすべての権力は，非合法かつ反革命的である。

第15条　1793年憲法に攻撃を加えた者は，人民に対する大逆罪に問われる。

この「概要」を貫いているのは，言うまでもなく平等思想である。「自然の恩恵」は万人共通のものであるというこの平等思想は，バブーヴィストが導きの星としたルソー，モレリおよびマブリに共通するものである。バブーフ自身，この3人の思想家が導きの星であったことを認めている。したがって，この

「概要」がこの3人の思想家の影響下で書かれたことは否定できないであろう。

　しかし、この「概要」からだけでは必ずしも明らかでないが、バブーフがこの3者の影響下にあったとしても、特にマブリおびモレリから強い影響を受けていると言ってよいであろう。バブーフ自身マブリに対しては、「人民的で、人間的で、感受性に富んだマブリは最も際立った秩序破壊者であり、ジュネーヴの市民とは全く別の資質を有した謀叛人であった。彼は、所有者たちに対して、ことのほか怒りを爆発させた」[57]と賞讃し、モレリに対しては「最も決意の堅い人物、最も勇敢な人物であり、私はいつも（共産主義）制度の最も情熱的な闘士と呼んできた」[58]と極めてた高く評価している（ただし、当時にあってはモレリの『自然の法典』はディドロの作品と考えられていたことから、バブーフはモレリのことをディドロと表現している）。

　ここではルソーとマブリの平等思想の違いを考慮しつつ、バブーフがマブリにいかに多くを負っているかを見てみよう。等しく平等思想といっても、ルソーとマブリの間にはかなり大きな隔たりが見られる。ルソーは『人間不平等起源論』において、「自然的・肉体的不平等」と「社会的・政治的不平等」を区別し、前者は「自然によって定められたものであって、年齢や健康や体力の差と、精神あるいは魂の質の差から成りたっている」が、それ自体が「自然的」なことであるからその「自然的不平等」の起源を尋ねることはできないと述べている[59]。これに対してマブリは『立法論』（De la législation ou principes des lois, 1776）において、「自然はすべての人間に同一の器官、同一の欲求、同一の理性を与えなかったであろうか」[60]と述べて、人間の自然的・肉体的同一性＝平等性を説いている。バブーフは、「陰謀」失敗後のヴァンドームの高等法廷における一般弁論（la défense générale de Gracchus Babeuf devant la Haute-Cour de Vendôme）において、マブリのこの一節を引くことによって、人間の自然的・肉体的平等性を強調するのである[61]。

　さらに、このことを最もよく示しているのは、共和暦四年フリメール9日

---

(57)　V. Advielle, *Histoire de Guracchus Babeuf et du babouvisme*, Paris, 1884, Slatkine Reprint, Zenève, 1978, t.2, p.48.

(58)　*ibid.*, p.52. なお、cf. R.-N.-C. Coë, La théorie morellienne et la pratique babouvistes, *Annales historiques de la Révolution française*, t.30, 1958, p.38.

(59)　J.-J. Rousseau, *Œuvres complètes*, t.3, p.131. 本田喜代治・平岡昇訳『人間不平等起源論』（岩波文庫、1972年）36-37頁。

(60)　Collection complète des Œuvres de l'abbé de Mably, t.9, p.52.

(61)　V. Advielle, *op. cit.*, t.2, p.52.

(1795年11月30日)の『護民官』(Le Tribun du Peuple)第35号における次のようなバブーフの考え方である。「才能や生産力の優越性というのは空想であり，平等に対する陰謀家たちの企みに常に役立ってきた特殊なまやかし (un leurre spécieux) でしかない。／人間の労働生産物における価値や値打ちの差というのは，一部の人間が虜になり利用することのできた世論にしか基づいていない。／この世論が，時計を製造する者の日当を，畝をつける者の日当の20倍に評価することは，疑いもなく誤りである。／それにもかかわらず，時計製造業者の儲けが20人分の農業労働者の財産をもたらすのは，この誤れる評価の助けによってである……／……その仕事がより高度の知的水準，より多くの精神力の適用および緊張を要している者に対するより大きな報酬という口実のなかには，不条理と不正義がある。そのようなことは，その胃の収容力とは何の関係もない。」[62]

　以上のことから，ルソーが「自然的・肉体的不平等」を概念としては認めながら，それ自体が「自然的」であるとして，それを考察の対象からはずしているのに対して，バブーフは革命的実践の観点から「自然的・肉体的不平等」の存在自体を否定しようとしていることがわかる。ルソーの『人間不平等起源論』は，「もはや存在せず，恐らくは存在したことがなく，多分これからも存在しそうにもない1つの状態」[63]としての自然状態を前提にして書かれており，その限りでは思弁的色彩が強いけれども，「自然的・肉体的不平等」の存在はルソーとともに認めざるを得ない。したがって，マブリやバブーフのように人間の「同一の器官，同一の欲求，同一の理性」を肯定し，「才能や生産力」の違いを無視することは説得力に欠けると言わざるを得ない。しかし，革命的実践を念頭に置いたバブーフの平等観を，彼の次のような主張と結び付けて考えてみると，彼の思想の真相が明らかになる。彼は言う。「国民の生活手段が全構成員の食欲を満たすに十分ではないと認められる場合にも，自然の法は，人口を減らすかわりに，全員の欲求を日常的な割合において平等に満足させるため，各人の受け取り分を部分的に減らすことを命じると，私は考える。」[64]要するに，バブーフの自然的・肉体的平等観は，「貧しきを憂へず，等しからざるを憂ふ」という考え方に裏打ちされているといえよう。

---

(62) Le Tribun du Peuple, no.35.
(63) J.-J.Rousseau, op.cit., t.3, p.123. 本田・平岡訳27頁。
(64) M.Dommanget, Pages choisies de Babeuf, 1935, p.187.

しかし,「貧しきを憂へず,等しからざるを憂ふ」という考え方はルソーやロベスピエールにも見られるところであり,その意味では,「概要」における平等思想は未だコミュニズムのレヴェルに到達しているとは言えない。「革命の目的は,不平等を破壊し,万人の幸福を確立することである」(第10条)とあるが,それだけではルソーやロベスピエールの政治社会構想＝プチ・ブル的平等社会の構想の域を出るものではない。それが証拠に,この「概要」が目指している基本的な政治目標は1793年憲法の施行にとどまっている。

第2項 「平等派の宣言」

しかし,マレシャル (S. Maréchal) によって書かれた「平等派の宣言」(Manifeste des Egaux) においては,上の平等思想実現のための「財産の共有化」(Le Biens Commun ou La Communauté des Biens) が掲げられている。平等思想に着目してこの「宣言」の内容を要約すれば,次のとおりである。

平等は「自然の原初的要求であり,人間の第一義的欲求であり,あらゆる合法的社会の主要な絆」である。しかし,その平等は未だ実現されたことはなく,せいぜいのところ人びとは「法の前の平等」(égaux devant la loi) にとどめられており,「事実上の平等は空想でしかない」。1789年の人権宣言が提示しているのは,この平等観である。しかし,「フランス革命は,より一層偉大でより一層荘厳な,しかも最後の革命となるであろう今1つの革命の前兆でしかない」。「権利の平等以上に,われわれに必要なものはなにか」。それは,農地均分法もしくは農地の分配 (la loi agraire ou le partage des campagnes) ではなく,「共有の財産もしくは財産の共有化」(le BIENS COMMUN ou la COMMUNAUTE DES BIENS) である。「もはや土地の私的所有はありえない。土地は誰のものでもない。われわれは土地の産物の共同の享受を要求し欲するものである。土地の産物は万人のものである。」「フランス人民よ,完全なる幸福におのれの眼と心を開くがよい。われわれと共に平等者の共和国 (la République des Egaux) を認め,要求せよ。」[65]

このように,「宣言」においては農地均分法もしくは農地の配分が否定され,それに代えて「財産の共有化」が重要な課題として掲げられているが,それはまた「労働と享有の平等」という観念と不可分に結びついていることは言うま

---

(65) Buonarroti, *La conspiration*, t.2, pp.94-98.

でもない。そのことは,『護民官』第35号の次の1節に明らかである。「そこ（社会の目的としての万人の幸福）に到達する唯一の方法は,共同の管理（l'administrarion commune）を確立すること,私的所有を廃止すること,各人を各人の認める才能や生業に結びつけること,各人をして自然の産物を共同倉庫に保管させ,簡素な配分行政（une simple administration de distribution）すなわちすべての個人とすべての物を登録させ,それらの物を最も厳格な平等のもとで分配させ,各市民の家庭内にそれらの物を保管させる食糧行政（une administration des subsistences）を確立することである。」[66]

「宣言」における「財産の共有化」「労働と享有の平等」を前提とした「共同倉庫における生産物の保管」や「簡素な配分行政」という具体化策は,すでに見てきたモレリの『自然の法典』（La code de la nature, 1755）やマブリの『立法論』（De la législation, 1776）等に負うものであることはあらためて言うまでもない。ただし,マブリが『立法論』においてコミュニズムの社会に向けての具体策の1つとして農地均分法を提唱しているのに対し,この「宣言」においてはこの農地均分法もしくは農地の配分が否定されている点は,マブリの地平を超えるものであると言えよう。

第3項　教育を受ける権利

バブーヴィストの人権思想を貫く平等主義は,「教育を受ける権利」の平等という考え方と不可分に結びついている。たとえば,バブーフは1789年の『永久土地台帳』（Cadastre perpétuel）において,「教育の革命的価値」（Valeur révolutionnaire de l'éducation）に関して次のように述べている。「人間社会においては,教育はすべての人びとの手の届くところに置かれるべきであり,もしくはすべての個人が等しく教育を受けられるようにしなければならない。……もし人びとがまったく平等な教育を常に受けてきたならば,もし人びとが長い間自ら存在することおよび自ら欲することを認識することを妨げられてきたところの馬鹿げた偏見に服せしめられてこなかったならば,大多数の人びとは,少数の人びとがあえて彼らに不名誉な鎖鉄（chaînes flétrissantes）を課してきたことに従わなかったであろう。……第3身分と呼ばれるものは,第1身分を自認しようとしている人びとを楽しませるために,苦しむことだけを余儀なく

---

(66) *Le Tribun du Peuple*, no.35.

第Ⅱ部　革命期の憲法思想とその実践

されることはなかったであろう。」[67]

また，1791年8月20日付けのクーペ（Coupé）宛の書簡（*Lettre à Coupé sur la nouvelle législature*, 20 août 1790）においても，バブーフは，すべての人びとに保障される教育の平等と生存を諸権利の平等の原理（principe de l'égalité des droits）から導き出し，1791年憲法がこれらを具体化していないことを悔やみつつ，次のように述べている。「憲法は国民の財産（un patorimoine national）でなければならず，そこでは国民に対する精神の糧と同時に肉体の糧が見出されねばならないし，そこでは完全な知的生活と物質的生活のための規定が……あらゆる手段を共同のものとすることによって直接的に強制力を付与されねばならない。」[68]「国民の運命の源は，人びとを教育するために取られる形式に結びついているのである。支配者たち（Les esprits dominateurs）は，政治のこの原理を非常によく心得てきた。理性の欠如がペテン師の巧妙な簒奪を引き起こし，封建制度のヒドラのかくも致命的な台頭を許し，自然に対する嘲笑によって，貴族の領地と貴族を生みだし，過度の財産の濫用を維持するにもってこいの長子相続に関する嬰児殺し的な法律を生みだすに任せてきたのと同様に，理性の回復のみが人びとを自らに相応しい高貴な状態に取り戻し（réhabiliter），われわれがそれに立ち向かうことになるさまざまな災禍の伝播の結果であるすべての悪習を消滅させることができるであろう。」[69]

さらに，『護民官』35号の「平民宣言」（Manifeste des Plébéiens）においても，バブーフは次のように述べている。「教育は，それが不平等であり，それが社会の一部の者の排他的独占物となっている場合には，恐るべきものである。というのは，教育がこの一部の者の手中に置かれる場合には，一群のからくり（un amas de machines）やあらゆる種類の軍資金（une provision d'armes de tout sortes）……は，結局のところ容易に丸腰の人びとを欺き，その財産を奪い，彼らを最も恥ずべき鉄鎖につなぎ止めるに至るからである。」[70]

モーリス・ドマンジェ（Maurice Dommanget）によれば，それゆえにこそ，バブーフは，国民教育は「すべての者にとって平等」でなければならず，すべての者は「同一の食糧，同一の衣服，同一の教育，同一の扱い」を受けるべき

---

(67)　M.Dommanget, *Pages choisies de Babeuf*, 1935, p.85.
(68)　*ibid.*, p.107.
(69)　*ibid.*, p.87.
(70)　*Tribun du Peuple*, no.35.

であるということを規定していたミッシェル・ルペルティエ（M. Lepeletier）の教育プランを「崇高なもの」と呼んだのである[71]。したがって、『バブーフの教義の概要』第9条においては、「何人も、すべての富を独占することによって（par l'accumulation de tous les moyens）、その幸福にとって必要な教育を他者から奪うことはできない。教育は、すべての者にとって共通でなければならない」と規定され、その原理の支柱として次のような論証（preuves）が挙げられている。すなわち、①このようなすべての富の独占は、すべての人びとにとって必要な知識を得る努力から可能性までをも人びとから奪うものであるということ、②人民にとって広範な教育は必要でないとしても、人民が悪人の餌食にならないためには、教育は必要であり、人民にとってその権利と義務を良く認識することは重要であるということ、の2点である[72]。

要するに、バブーフにとって、教育の平等への要求は社会的平等への要求に緊密に結びついており、「各人が要求する権利を有するところの一種の所有権」（une espèce de propriété à laquelle chacun a le droit de prétendre）として考えられているのである[73]。彼にとって、教育を人民に取り戻すことは土地を取り戻すことと不可分に結びついており、万人に対する教育の平等は「救済」としてではなく、「権利」として位置づけられているのである。それゆえ、バブーヴィストにとって、国民教育のプランの目標は、道徳的には、正義と不正義の観念をより良く認識させること、徳を愛し追求する道程へと若者を導くこと、市民的には、何が人間の権利であるかを若者に明示し、祖国愛の徳を若者に目覚めさせることに置かれることになる。

◆ 第3節　統治機構構想 ◆

それでは次に、バブーヴィストたちは右に見たような平等思想実現のためにどのような統治機構を構想していたかを、ブオナロッティの回想を参考として見てみよう。

ブオナロッティによれば、「蜂起委員会」（le comité insurrecteur）において、国民の意思を集約していく機関として構想されたのは、①主権議会（les as-

---

(71) M.Dommanget, Babeuf et l'éducation, *op.cit.*, p.504.
(72) Buonarroti, *La conspiration, t.2*, p.105.
(73) M.Dommanget, Babeuf et l'éducation, *op.cit.*, p.505.

semblées de souveraineté），②中央立法者議会（lassemblée centre des législateurs）および③国民意思保持機関（le corps des conservateurs de la volonté nationale）の三機関である。①②は1793年憲法においても認められていたものであるが，③は「蜂起委員会」が必要と判断した補完物である。

①主権議会は，共和国が区（arrondissements）に分割されることから，共和国の基本的な政治単位として各区に置かれ，各区の主権議会はその全市民によって構成される（直接民主制）。同議会によってその議長と数名の書記および同議会の秩序維持のための官吏（officiers）が指名される。さらに，各区にはこの主権議会によって指名される長老者たちの長老議会（un sénat）が置かれ，長老議会はその経験と分別を生かして主権議会の相談に応じ，その後で市民とともに投票することが期待されていた。

②中央立法者議会は，1793年憲法にならって人民の直接選挙により選出された代表者（délégués）によって構成され，法律案の提出およびその執行のための命令発布，政府に対する監督を任務とする国民議会と考えてよいであろう。

③国民意思保持機関は，主権議会の議決を集約し，主権者の意思を表明し，上の中央立法者議会を監視する。ブオナロッティによれば，同機関の人数および任期についてどのような決定がなされたかは記憶していないが，「蜂起委員会」は長老議会の構成員のなかから人民の直接選挙で選ばれた代表者で同機関を構成することを人民に推奨することでは同意を見た[74]。

この3機関の関係を人民主権原理を軸に要約すれば，次のようになる。すなわち，主権者人民の意思が各区の主権議会において十分に表明され，それを受けて中央立法者議会が立法し，長老で構成される国民意思保持機関が主権議会で表明された主権者人民の意思に照らして中央立法者議会を監視するという関係である。

なお，ブオナロッティによれば，「蜂起委員会」では中央立法者議会による法律制定および主権議会による法律制定という2つの立法方法が考えられていた。前者の場合には，中央立法者議会はその提案理由を付した法律案を主権議会に送付し，それをめぐる主権議会の審議結果は国民意思保持機関に送付され，各区の投票結果（les votes de chaque fraction du souverain）が公表される。後者の場合には，各主権議会は法律の制定や廃止を提案し，国民意思保持機関はそ

---

(74) Buonarroti, *La conspiration*, t.1, 192 et s.

のことを中央立法者議会に通知し，同議会は求められた法律案を作成して人民の承認に付す。

　ブオナロッティによれば，「蜂起委員会」で問題になったのは，中央立法者議会が権限を濫用することによって人民の主権を侵害する事態が生じた場合に対する対策である。同委員会のメンバーは中央立法者議会の権力に対する防御策を講じる必要性については一致をみたが，その具体化については一致をみることはできなかった。先に見たように，基本的には長老たちで構成される国民意思保持機関が中央立法者議会を監視することになっているが，その長老たちもまた世襲的君主制の夢想，宗教の過ち，所有権の威光および隷属的道徳といった慣習に毒されていることが看取されたからである。それゆえ，「蜂起委員会」は，一定の期間，最も有徳にして情熱を有し，新制度に最も愛着を有する市民でもって長老議会を補佐することを考えた。

　上記のような統治機構の根底に据えられているのは，「厳格な平等」(l'égalité rigoureuse) と「人民主権」(la souveraineté populaire) という不可侵の原理である。この不可侵の原理は，市民の一部が他の市民を隷属させんとする場合における抵抗権と蜂起権を定める法律によって維持されねばならない。なお，ブオナロッティによれば，権力の濫用という異常事態が生じた場合，それを除去するのに相応しい方法を提起する特別委員 (commissaires spéciaux) を選出し，国家状態を検証することが期待されていた。

　またすでに述べたように，「蜂起委員会」は1793年憲法を評価しているが，特に，同憲法が「執行評議会」(le conseil exécutif) の権限を法律と命令の執行に限定するとともに同評議会の不作為に対して責任を負わせていること，同評議会の執行権と裁判所の司法権を分立させていること，行政官の数と任期を明記していることを讃美した。しかし，「蜂起委員会」はそれだけでは十分でないとして，行政官の行動をチェックする方法，その義務違反に対する刑罰，人民によって告発されている行政官に対する告訴の方法等を制度化することが必要であると考えていた。

　いま1つ問題になるのは，政府すなわち「公安蜂起準備委員会」＝秘密総裁府と「中央立法者議会」すなわち国民議会との関係である。すでに見た「蜂起状」においては，「公安蜂起準備委員会」＝秘密総裁府は蜂起が完全に達成されまでは解散することなく存続すると考えられていた。それでは，蜂起達成後，「公安蜂起準備委員会」＝秘密総裁府はどうなるのか。この問題をめぐっては

秘密総裁府において討議されているが、ブオナロッティはその討議について次のように述べている。「この重大な討議の結論は次のとおりである。すなわち、暴政打倒後、パリの人民は最高権力を有し、各県1名のデモクラットで構成される国民議会（une assemblée nationale）の創設に取りかかるということ、それまでは秘密総裁府は推薦指名すべきデモクラットの良心的探索にあたるということ、革命が達成された場合でも、秘密総裁府はその任務を停止せず、新たな国民議会の行動を監視するということ、である。」[75] このようなブオナロッティの報告からすると、「公安蜂起準備委員会」＝秘密総裁府は、最終的には国民議会に発展解消すべきものと考えられているが、国民議会の活動が軌道に乗るまでは、それを監視すべきものとして位置づけられているいえよう。したがって、上に見た「中央立法者議会」＝国民議会の任務のなかに政府＝秘密総裁府に対する監督が含まれているのは、国民議会の活動が軌道に乗った段階で秘密総裁府が国民議会に発展解消するにしても、立法府である国民議会が同時に政府の任務をも兼ねるのか、旧秘密総裁府に代わる新たな政府を創設するのかについては明らかではない。

いずれにしても、「蜂起委員会」は人民主権原理にもとづく人民による憲法改正を認めているが、1793年憲法を基本的に評価していたことから、同憲法を超える新たな統治機構は構想されていない。しかし、上に見たような統治機構をさらに具体化するだけでも多くの議論がかわされたことは、ブオナロッティの回想にもうかがえることであり、仮に蜂起計画が成功したとしても、その前途は決して楽観できるものではなかったと言えよう。

おわりに

以上のようなバブーヴィストの憲法思想の考察を踏まえ、ここでは、①彼らの憲法思想とロベスピエールの憲法思想および1793年憲法との関係、②彼らの憲法思想の歴史的意義について若干のまとめをしておきたい。

①について。ロベスピエールがルソーの憲法思想を継承していること、しかし、両者の憲法思想の一貫性が1793年憲法に必ずしも十分なかたちで継承されていないことについてはすでに述べたところである。また、バブーヴィストのコミュニスムにもとづく憲法思想がロベスピエールの憲法思想および1793

---

(75) *ibid.*, pp.114-115.

第4章　コミュニストの憲法思想とその実践

年憲法を凌駕していることについても明らかである。問題は，それにもかかわらずバブーヴィストがロベスピエールおよび1793年憲法を高く評価していることをどのように考えるべきかという点である。

　この点については，フランス革命の進行過程においてバブーフが革命実践を通じて学んでいることを押さえておかねばならない。バブーフ自身，「私が貴族の収奪の秘密を発見したのは，領主の文書部屋の埃のなかであった[76]」という有名な言葉を残しているように，また，「バブーフにおける『財産共同体』の構想は，その思想的源泉にかんするかぎり……初期バブーフに潜在している」[77]と言われるように，バブーフが若き時代にロワ地方の土地台帳管理人（commissaire à terrier à Roy）の仕事を通じて旧体制の人民収奪のからくりを学び，次第にコミュニズムの思想を懐くに至ったと考えられる。フランス革命の勃発はバブーフにとって旧体制からの人民解放の光明であったに違いない。しかし，「89年－91年体制」は，この人民解放の観点を満たすものでは決してなかった。この時期におけるロベスピエールは，バブーフにとって多くの革命家のなかで際立った存在であった。それは，1792年前後のロベスピエールの諸演説とそれに対するバブーフの肯定的評価によって明らかである。しかし，その後のロベスピエールの革命政府の政策は，バブーフにとっても看過することのできない「恐怖政治」に他ならなかった。それゆえに，バブーフはロベスピエールを厳しく批判することになる。しかし，ロベスピエールの革命支配が「テルミドールの反動」というブルジョアジーの巻き返しによって崩壊するや，バブーフはあらためて「最後の革命」に立たざるを得なくなる。しかも，1795年憲法のもとで「総裁政府」は反人民的政策を次から次へと提起してくる。民衆はロベスピエールの統制経済政策と1793年憲法に郷愁を懐きはじめる。このような状況下でのバブーヴィストの「蜂起計画」は，この民衆の欲求を無視しては成功の見込みを与えない。いわゆる「バブーフの陰謀」は，このような限界状況において計画されたものであることを押さえておかねばならない。したがって，彼らは，このような限界状況において自らの憲法思想とロベスピエールの憲法思想および1793年憲法が異質のものであることを承知の上で，「蜂起計画」を実践に移そうとしたのである。この点を看過して，ロベスピ

---

(76) *Le Tribun du Peuple*, no.29.
(77) 高橋誠「初期バブーフと土地所有の問題（1）」法学新報97巻7・8号34頁。cf.Robert Legrand, *Babeuf et les compagnons de route*, Paris, 1981.

第Ⅱ部　革命期の憲法思想とその実践

エールの憲法思想および1793年憲法とバブーヴィストの憲法思想の異質性に疑問を投じることは，「思想－状況－実践」の関係を視野に入れない考察であると言わざるを得ない。

②について。18世紀フランスの憲法思想史を概観すれば，啓蒙期に展開された（1）貴族の憲法思想（モンテスキュー），（2）ブルジョアの憲法思想（フィジオクラートおよびアンシクロペディスト），（3）プチ・ブルジョアの憲法思想（ルソー），（4）コミュニストの憲法思想（モレリおよびマブリ）が10年余にわたる革命期を通じて実験に付されていったことが分かる。この意味において，バブーヴィストの憲法思想は18世紀フランス憲法思想史の総決算として位置づけることができる。「バブーフの陰謀」は，その総決算を実践に移そうとして挫折したのである。「バブーフの陰謀」が挫折したことは否定しがたい事実である。しかし，それが挫折したとはいえ，そのことによって「18世紀フランス憲法思想史の総決算」というバブーヴィストの憲法思想の歴史的意義が否定されたことを意味するものではない。それが証拠に，彼らのコミュニスムの憲法思想は19世紀の2月革命やパリ・コミューンに継承されていくことになる。

結　18世紀フランスの憲法思想とその実践に学ぶもの

　これまで見てきたように，革命の序曲ともいうべき1787年から開始される国王権力に対する貴族の反抗（貴族の「革命」）に始まり，「共産主義の革命」の試みと挫折によって終息する10余年にわたるフランス革命は，あらゆる革命形態を内含した典型的なブルジョア革命であった。すなわち，その過程で展開されたそれぞれの革命，すなわち①貴族の「革命」，②ブルジョアの革命，③「民衆」（プチ・ブルジョア）の革命，④共産主義の革命の試みと挫折，を経て最終的にブルジョア革命として終息した。そして，これまでの考察によって，それぞれの革命は，(1)パルルマン（高等法院）の憲法思想，(2)ブルジョアの憲法思想，(3)「民衆」の憲法思想，(4)コミュニストの憲法思想といった啓蒙期の憲法思想によって支えられていたことが実証された。
　このような考察に対しては，あまりにも図式的に過ぎるという批判があるであろう。というのは，これまで見てきたように，(1)から(4)の啓蒙期の憲法思想には様々な要素が内含されており，それらの憲法思想をその主要な要素にのみ着目して整理することは，それぞれの思想家および革命実践者の憲法思想とその実践の多面性・多様性を等閑に付してしまう危険性があると考えるからである。しかし，そのような危険性があるとしても，1人の思想家もしくは実践者のみについて考察する場合にはともかく，革命という歴史的事業を全体として考察してその基本的な特徴を描き出そうとする場合には，その思想と実践の基本的な主要要素に着目して考察を進めることは，やむを得ぬこととも考えられる。革命という歴史的事業は，それを支えた思想家と実践者の思想と実践の多面性と多様性の中に漂わせたのでは，その客観的把握を見失う危険性があると考えるからである。
　さて，これまで考察してきたフランス啓蒙期の憲法思想の4つの潮流とそれを継承したと考えられる革命実践者達の実践行動との関連について考察した結果，今日的観点から，何を教訓として得ることができるであろうか。この点について考えてみよう。
　まず第1に，モンテスキューの憲法思想と革命期におけるその実践者として

結

のパルルマン（高等法院）の活動は、フランス革命の「序曲」としての役割を演じたという意味において重要な歴史的意義を有していることについては否定することはできないであろう。とりわけモンテスキューがボルドーの高等法院貴族としてありながら、『ペルシャ人の手紙』において、すでに没していたルイ14世の絶対王政の諸政策を「東洋風の専制主義」として批判し、国王権力機関としての王室顧問会議に対する高等法院（パルルマン）の「法令（王令）審査登録権」や「建白権」の復権を説いたこと、そしてこのモンテスキューの思想をフランス革命の「序曲」ともいうべき「貴族の『革命』」の段階において継承し、実践に移していった高等法院貴族の反抗は、その主要な狙いが同貴族の「失地回復」にあったとは言え、その歴史的意義は正当に評価しなければならない。

しかし、モンテスキューの『法の精神』が果たした歴史的意義、および高等法院貴族が王権との関係において、フランス革命の「序曲」を演じたことの歴史的意義は正当に評価しなければならないとしても、それらの歴史的意義は絶対王政という身分制秩序を前提とした限りでのものであって、それ自体としては普遍性を有するものとは言えないであろう。モンテスキューが『法の精神』において説いた「権力分立」論が近代的なものでは決してなかったにもかかわらず、わが国においては明治時代以降の『法の精神』の誤読によって、今日に至るまで近代的な権力分立論として考えられていることは、大いに反省すべきであろう。

なお、このフランス革命によって歴史的使命を終えた貴族階級は、フランス革命後の政治過程において幾度かの政治情勢においてその復権を計ろうとしたが、すでに歴史的状況はそれを許すことはなかった。

第2に、ブルジョア革命としてのフランス革命において、先に見てきた啓蒙期におけるフィジオクラート（重農主義者）の憲法思想およびアンシクロペディスト（百科全書派）の憲法思想（本書では「ブルジョアの憲法思想」としてまとめた）、およびそれらの憲法思想に学びつつ革命期に独自の革命実践を展開したシエースの果たした歴史的意義は、正当に評価されねばならない。ブルジョアの憲法思想とその実践が、ブルジョア革命としてのフランス革命において中核的役割を演じていることは言うまでもない。

フランス革命以降のフランス社会は、資本主義社会として世界をリードすることになるが、ナポレオン法典をはじめとする近代法の体系が、かれらの憲法

思想とその実践に負うものであることは明らかである。アンシアン・レジームおよび絶対王政を超克し，自由，権利における平等，所有，圧制への抵抗という自然権の理念に基づいて新たな資本主義社会を建設していった「ブルジョアの憲法思想」とその実践の歴史的意義はきわめて大きい。

　しかし，そのブルジョアの憲法思想に基づく近代法体系も19世紀の70年代に始まり，20世紀において確立された独占資本主義の内含する問題点の顕在化によって，修正を余儀なくされたということは，否めない事実である。したがって，フランス革命期の古典的なブルジョア憲法思想は，すでにその歴史的使命を終えていると言ってよい。

　第3に，フランス革命期の「コミュニストの憲法思想」とその実践に関して言えば，当時のコミュニストが描いた「空想的社会」の実現が叶わなかったことは，18世紀末という歴史的・社会的制約を考えれば，当然の帰結であった。

　しかし，その後の1848年のフランス2月革命，1871年のパリ・コミューン，1917年のロシア革命による社会主義国家ソビエト連邦の登場，1947年の毛沢東による社会主義中国の登場，1959年のキューバ革命といった歴史的情勢を見れば，「空想から科学へ」という社会主義・共産主義思想の展開の歴史的意義は正当に評価されなければならないであろう。その意味において，18世紀フランスの「コミュニストの憲法思想」の歴史的意義は過小評価されるべきではない。

　そうは言うものの，その後の歴史的推移を見れば明らかなように，アメリカとソビエトを中軸とする資本主義対社会主義・共産主義の対立状況は，1991年のソビエト連邦の崩壊によって終止符を打たれた感を呈して今日に至っている。このような世界情勢を考えるとき，「コミュニストの憲法思想」が改めて人々の注目を浴びるのは，容易なことではないと言わねばならない。おそらく，「能力に応じてはたらき，必要に応じてとる」というのが，人間社会の究極的目標であろうが，それが実現されるか否かは今のところ「謎」と言うほかない。

　第4に，そうだとすれば，現在の時点で言えることは，フランス革命期の「『民衆』の憲法思想」の潮流が現在および後世の政治社会の行方を左右するものであると考えざるを得ない。ルソーの憲法思想とロベスピエールによるその実践の今日的意義を改めて考えて見なければならない。ルソーの社会契約論は，その公表以来今日に至るまで多様な解釈をされ続けており，その実践者としてのロベスピエールの評価も必ずしも一致点を見出すに至っていないと言ってよ

結

いであろう。すなわち，ルソーの社会契約論を全体主義的・絶対主義的であるとする評価と，逆に個人主義的・自由主義的であるとする評価である。また，ロベスピエールの革命実践における「恐怖政治」をめぐる評価についても，必ずしも定まっているとは言えない。

しかし，本書の第Ⅰ部第3章において論じたように，「ルソーの社会契約論や一般意思論をもって，全体主義的・絶対主義的理論であるとするヴォーンやデュギーの見解，逆に，個人主義的・自由主義的理論であるとする見解は，いずれも一面的な見解だと言わざるを得ない」。すなわち，ルソーの社会契約論や一般意思論は，彼の「徳（vertu）」の観点を根底に据えて理解しない限り一面的な理解に終始し，その全体像を捉えることはできないであろう。また，ロベスピエールの「恐怖政治」についても，革命フランスをめぐる内外の厳しい革命状況において捉えないと一面的な評価に終始するであろう。ルソーの説いた「徳（vertu）」の観念がロベスピエールの革命実践にも継承されていることは明らかである。

以上のことから，今日のわが国をめぐる内外の政治状況を考えてみた場合，ルソーの憲法思想やロベスピエールの革命実践が提起している諸問題，とりわけかれらが提起した「徳」の観念は，今日の私たちが抱えている政治的課題を考える際のキー・ワードになるものである。すなわち，それは私的利益と社会的利益（公的利益）の統一的理解とそれに基づく社会的・政治的実践を支えるものと言えよう。人間は社会的存在である以上，おのれの私的利益を無視することはできないであろうが，私的利益の追求のみに終始して社会的利益について思考停止することも不可能である。この両者の利益をおのれの生活を通じていかに統一的に把握することができるか，私たちは社会的・政治的存在として常にこのことを問われ続けているのである。

国家権力によって何をしてもらえるかではなく，主権者国民として国家権力に何をさせることができるか，ルソーの一般意思論およびロベスピエールの革命実践を貫いている「徳」は，そのことを私たちに問い続けていると言えよう。

あとがき

　私はこれまで，金沢大学に職を得て以来37年間大学の変遷を見てきた。「大学はすっかり様変わりしてしまった」というのが，昨今の実感である。時代と共に社会組織がその組織の構成員の意識と共に変遷していくのは当然であるが，それにしてもである。憲法を学習・研究しようとする学生が，「時代状況」に超然として「その日暮らし」に明け暮れる姿には疑問を呈さざるを得ない。

　高校入試・大学入試について考えざるを得ない。毎年，高校の進学指導担当の先生方と話し合う機会があるが，先生方から「来年の入試ではどんな問題が出るのですか」と言わんばかりの質問が出る。「世の中，すべて決められたレールの上を転がっていれば無難で安心」というわけである。

　他方，最近では学生の成績通知を保護者宛に通知しておかないと，卒業延期（留年）となった際に保護者からの「苦情」への対応に大学が「苦労」することになる。保護者が学務係に直接出向いてきて，子女の成績をチェックするという事態も見られる。さらに，もう10数年まえのことであるが，保護者から電話があり，出てみると「息子が病気のため定期試験が受けられない」と言う。「それは大変ですね。どこの病院に入院しているのですか」と聞くと，「ここにいます」と応える。これにはあきれてしまった。「息子さんに電話を代わって下さい」と言って，出てきた息子に「そんなことを親に頼まずとも自分で電話するように」と厳重注意した上で，さらに親に代われと言って出た親に「子離れしてください。息子さんは，大学生なのです。よろしいですか」と言ったことがある。

　さらに，就職を控えたわがゼミナールの学生はどうか。地方公務員志望の学生が約9割である。「公務員は安定している，と親が言うから」というのが，その理由である。

　大学は「ここまで来てしまったのか」と嘆かざるを得ない。

　そこで，フランス革命である。歴史的な事業からものごとを学ぶという学生の姿は，どこへ行ったのであろうか。「歴史」は単なる受験上の知識にすぎなくなってしまったのであろうか。おのれの生きざまを検証するための「歴史」というのは，古くさくて面倒な営みなのだろうか。

　世界的に行き詰まった感を抱かざるを得ない世界状況にあって，「自律せる

あとがき

学生」「時代のバロメーター」としての学生・大学の「再生」を願わざるを得ない。

　最後に，本書の出版に際して多大の御尽力を頂いた立教大学法学部の神橋一彦教授，原稿に目を通した上で貴重な御指摘を頂いた金沢大学法学系の山崎友也准教授に感謝申し上げるとともに，編集作業にあたり多くの助言と配慮を頂いた信山社の皆様に御礼申し上げます。

◇人名索引◇

◆ あ 行

アイゼンマン（Eisenmann, Charles）
　……………………………28, 36
芦部信喜……………………………35
アマール（Amar, J.-B.A）…………262
アルチュセール（Arthusser, Louis）…20
粟田伸子……………………………49
アンヌ・ドートリッシュ
　（Anne d'Autriche）……………171
イエリネック（Jellinek, Georg）……35
井田進也……………………………32
井田尚………………………………93
市原豊太……………………………197
稲本洋之助……………………154, 200
井上幸治……………………………38
岩本勲……………………………125, 144
ヴァルレ（Varlet, Jean）……214, 266
ウインスタンリー（Winstanley,
　Gerrad）………………………3
ヴォルフ（Wolfe, Don M.）…………6
上原行雄……………………………21
ウォールウィン（Walwyn, William）…2
ヴォルテール（Vollaire, François Marie
　Arouet）………55, 100, 165, 178
ウオルポール（Walpol, Robert）……37
ヴォーン（Vaughan, C. E.）……109, 239
鵜飼信成……………………………30
宇津木正……………………………118
浦田一郎……………………………199, 201
エカテリーナ二世（Ekaterina Ⅱ）…83
エリザベス一世（Elizabeth Ⅰ）………4
エルヴェシウス（Hervétius, Claud
　Adrien）……………………80, 87
エンゲルス（Engels, Friedrich）……1

オーヴァトン（Overton, Richard）……2
大岩誠………………………………201
大内兵衛……………………………54
オリヴィエ・マルタン（Olivier-Martin,
　François）………38, 46, 167, 169

◆ か 行

加賀英三郎……………………………83
ガクソット（Gaxotte, Pierre）………168
梶原愛己……………………………28
勝谷在登…………………………58, 156
ガリアニ（Galiani, Abée）……………77
カルノー（Carnot, Lagare Nicolas
　Marguerite）…………………270
木崎喜代治……………………………54
クック（Coke, Edward）………………4
グルネー（Gournay Jean Claude）……77
クレルモン・トネール（Clermont-
　Tonnerre）…………………199, 205
グロティウス（Grotius, Hugo）……102
クロムウェル（Cromwell, Oliver）……5
桑原武夫……………………………69, 207
ケネー（Quesnay, François）……54, 203
コーエ（Coë, R.-N.-C）……………130, 135
古賀英三郎……………………………76
コスト（Coste, Brigitte）……………138
ゴデショ（Godechot, Jacques）………67
小林昇………………………………56
コルベール（Corbert, Jean Baptiste）
　………………………………56
ゴワイヤール・ファーブル（Goyard-
　Fabre, Simone）………………19

◆ さ 行

坂上孝………………………………19

人名索引

坂田太郎······54
佐竹寛······24
サン・ジュスト（Saint-just, Louis Antoine Léon）······267
シエース（Siéyès, Abbé）······73, 199, 200
ジェームズ一世（James I）······4
塩田庄兵衛······137
柴田三千雄······15, 116, 213, 255
渋谷浩······6
島津亮二······55
ジャネ（Janet, Paul）······26, 75
シャルル5世（Charles V）······195
シャンピオン・ドゥ・シセ（Champion de Cié）······199, 205
ジョクール（JAUCOURT, Le Chevalier de）······69
ジョーレス（Jaures, Jean）······134
杉原泰雄······205, 221
杉村みよ子······155
スコット（Scott, Samue. F.）······166
ストラニエル（Stragnell, Anthony）······76
ストラフォード（Strafford, Earl of）······4
スミス（Smith, Adam）······54
セー（Sée, Henri）······62, 67, 143, 149, 160
セシェル（Sechelles, Herault de）······236
ソクラテス（Sokrates）······93
ソブール（Soboul, Albert）······2, 134, 209, 212, 222

◆ た 行

高島善哉······115
高野真澄······221
高橋誠······141, 281
田中治男······49
ダリーヌ（Daline, Viclor）······264
ダルジャンソン（d'Argenson, Marquis）······43
ダントン（Danton, Georges Jacques）······227
遅塚忠躬······134
チャールズ一世（Charles I）······4
辻村みよ子······134, 221, 223
恒藤恭······54
恒藤武二······112, 141
ディディユ（Didieu, Josephe）······31
ディドロ（Diderol, Denis）······68
デュギー（Duguit, Léon）······27, 109, 206, 239
デュベルジェ（Duverger, Maurice）······206
デュボア・ドゥ・フォシュ（Dubois de Fosseux）······264
デュポン・ド・ヌムール（Dupont de Nemours）······54
ドゥサンシエール・フェランディエール（Decencière-Ferrandière, André）······110, 222
ドゥラテ（Derathé, R.）······51, 110
ドマンジェ（Dommanget, Maurice）······267, 274
豊田堯······145, 255, 267
ドレアン（Dolléans, Edouard）······117, 132, 135

◆ な 行

中江桂子······23
中川久定······89
中木康夫······56
西川長夫······19
西嶋法友······110
縫田青二······136
ねづまさし······197
野沢協······117
野田良之······19, 166
野村敬造······37

人名索引

◆ は 行

パーカー (Parker, Henry) ……… 9
ハーラー (Haller, William) …… 10
バスティド (Bastid, Paul) ……… 200
ハースバッハ (Hasbach, G.) ……59
塙浩………………………41, 166
バブーフ (Babeuf, Francois Nöel)
　　…………………3, 116, 254, 270
浜林正夫………………………… 5
樋口謹一………………………221
樋口陽一…………………134, 221
菱山泉…………………………55
ピム (Pym, John) ……………… 4
平岡昇…………………………84
平田清明…………………55, 115
ファゲ (Faguet, Emile) ………51
フィリップ・ドルレアン (Philippe
　d'Orléans) ………………38, 172
フィリップ・ル・ベル (Philippe le Bell)
　　…………………………… 183
ブオナロッティ (Buonarotti, Filipp
　Michele) …………… 261, 268
深瀬忠一…………… 134, 154, 200
フュレ (Furet, François) …… 134
フラメルモン (Flammermont, Jules)
　　……………………………39
フリードリッヒ・ヴィルヘルム二世
　(Friedrich Wilhelm Ⅱ) …… 213
ブリモ (Brimo, Albert)
　　……55, 110, 222, 229, 234
プルースト (Proust, Jacquess) …69
ベッカリーア (Beccaria, Cesare) … 150
ベリア (Berlia, Georges) ……… 229
ポプラン (Poperen, Jean) …… 218
ホワイトフィールド (Whitfield, Ernest
　N.) ……………………… 148

◆ ま 行

前川貞次郎………………………91
マザラン (Mazzarin, Jules) …… 171
マゾーリック (Mazauric, Claude) … 134
松川七郎………………………54
松平斉光………………………54
マティエ (Mathieq, Albert) …… 134
マブリ (Mably, Gabriel Bonnet de)
　　………………73, 133, 262
マルクス (Marx, Karl) ………… 2
マレシャル (Marechal, Silvain)
　　……………………… 268, 274
水田洋………………………… 115
三辺博之……………………… 19
宮沢俊義……………………… 21
ミラボー (Mirabeau, Comte de)
　　……………………… 165, 203
三輪隆…………………………54
ムニエ (Mounier, Jean Joseph) …… 198
メルシエ・ドゥ・ラ・リヴィエール
　(Mercier de la Rrivière) …61, 141, 203
モープー (Augustin de Maupeou) …86
モレリ (Morelly) …………73, 262
モンテスキュー (Montesquieu, C. L. de
　Scondat) …………………… 19

◆ や 行

柳春生………………………… 221
山口俊夫……………………166, 175
山本隆基……………………… 8
吉田克己……………………… 134
吉田静一……………………… 40

◆ ら 行

ラ・ファイエット (La Fayette,
　Marquis de) ……………… 195
ラモワニヨン (Lamoignon, Chancelier)

291

人名索引

　　　　　　　　　　……………… *180*
リシェ（Richet, Demis）…………… *134*
リシュタンベルジェ（Lichtenberger,
　　André）……………… *118, 131, 146*
リューデ（Rudé, Georges）………… *213*
リルバーン（Lilburne, John）………… *2*
ルー（Roux, Jacques）……………… *214*
ルイ 11 世（Louis XI）……………… *168*
ルイ 14 世（Louis XIV）………… *38, 171*
ルイ 15 世（Louis XV）………… *38, 175*
ルイ 16 世（Louis XVI）…………… *175*
ルソー（Rousseau, Jean Jacques）……*90*
ルフェーヴル（Lefebvre, Georges）
　　　　　　　　　　…………… *134, 256*

ルペルティエ（Lepeletier, Felix）… *268*
ルペルティエ（Lepeletier, Michel）
　　　　　　　　　　……………… *277*
レオポルト二世（Leopord Ⅱ）……… *213*
ロー（Law, John）…………………… *40*
ロック（Locke, John）…………… *30, 60*
ロード・ウイリアム（Laud, William）
　　　　　　　　　　………………… *4*
ロベスピエール
　（Robespierre, Maximilien）
　　…… *2, 14, 73, 114, 212, 213, 233*

◆わ 行

渡辺輝雄………………………………… *54*

◇ 事項索引 ◇

◆ あ 行

『アメリカ合衆国の政府と諸法律に関する考察』……………… 153, 159
アンラージェ（enragés）…… 2, 15, 213
イギリスの議院内閣制………………33
イギリスの国制について……………20
幾千人もの市民の抗議………………10
一月誓願………………………………12
一般意思（la volonté générale）
　　………………71, 101, 104, 113
イングランドの悲しい奴隷状態……11
イングランドの生得権擁護…………10
ヴァンドームの法廷（la Cour de Vendôme）……… 116, 135, 272
ヴェルチュ（徳）……………105, 250
『浮島の遭難（バジリアード）』……130
エカテリーナ二世との対談……83, 85
エベール派（Hébertistes）…………214
エルヴェシウスの「人間論」の反駁
　　……………………………83, 85
王国の根本法（lois fondamentales du royaume）………………………175
王室顧問会議（Conseil du roi）…38, 170
王立マニュファクチュール…………56

◆ か 行

会計検査院（Chambre des comptes）40
下　院……………………………………32
革命委員会（Comité révolutionnaire）
　　……………………………………214
革命政府………………………………258
「革命政府の諸原理について」………258
『学問芸術論』………… 71, 90, 94, 259
過激派（Enragés）……………………214

囲い込まれた共有地（Common inclosed）……………………………7
カピタシオン（capitation）………191
『ガリアニ師讃』（Appologie de l'Abbé Galiani）…………………………78
議会主権論……………………………12
貴族の反抗（貴族の「革命」）………1
救貧政策…………………………………9
共産主義の革命…………………………1
共産党宣言……………………………128
共同利益（l'intérêts général）……68
恐怖政治………………………………13
共有の財産もしくは財産の共有化…274
共和政（Gouvernement républiqué）…25
空想的共産主義………………………141
クール・ド・パルマン（Cour de Parlement）………………………167
君主政（Gouvernement monarchique）
　　……………………………………25
君主論…………………………………131
啓蒙的専制君主政論……………………65
権限の分割（une division des fonctions）
　　……………………………………233
原初的理性（la raison primitive）……23
建白権（remontrance）…… 37, 40, 169
憲法問題調整委員会…………………198
権利請願（the Petition of Rights）……4
権利の平等……………………………203
権力均衡の制度（Le système des contreforces）……………………65
権力による登録（l'enregistrement d'autorité）………………………170
権力分立………………………………233
公安秘密総裁府（Directoire secret de Salut public）…………………268

293

事項索引

公安蜂起準備委員会·············· 270, 280
公開状（lettre patente）·············· 169
公共善（le bien commun）·············· 79
後見的権力（l'autorité tutélaire）······ 63
公的自由（la liberté publique）······· 219
高等法院のフロンド（Fronde Parlementaire）················· 171
衡平の諸関係（rapports d'équité）····· 23
合法的専制主義（le despotisme légal）
·············· 63, 67, 155
公務員罷免権················· 218
国制が許容しうる自由の程度······· 24, 29
国政調査権·············· 34
国民（la nation）·············· 251
国民意思保持機関·············· 278
国民議会（l'Assemblée nationale）····· 73
国民公会（la Convention nationale）··· 73
国民主権（la souveraineté nationale）
·············· 4, 73, 133, 217, 251
国務会議（a Council of State）·········· 11
穀物取引の自由·············· 78
穀物論·············· 57
コミュニストの憲法思想·············· 1
護民官·············· 265, 268
『小麦に関する対話』（Dialogues sur les blés）·············· 78
混合政体（gounernement mixte）··· 160

◆ さ 行

最高価格法·············· 216
最高価格令·············· 261
最広義の法·············· 23
最高存在の祭典·············· 264
財産と生活状態の不平等·········· 80, 63
財産と労働の共有（Communauté des biens et des travaux）·············· 132
最良の統治形態·············· 160
山岳派（Montagnards）·············· 214

サン・キュロット（sans-cullotes）··· 2, 213
産業の真の基礎（le véritable élément de l'industrie）·············· 77
自愛の感情（l'amour-propre）·········· 119
恣意的専制主義（le despotisme arbitraire）·············· 67
恣意的・専制的君主制·············· 69
ジェントリー·············· 14
自己愛（l'amour de soi-même）······· 95
自然権·············· 60, 63
自然状態（État de Nature）·············· 69
自然的自由（la liberté naturelle）··· 182
自然の意図にかなった立法のモデル
·············· 125, 131
自然の法典······ 116, 122, 130, 145, 262
自然法（Droit naturel）·············· 64, 69
自然法（la loi naturelle）·········· 70, 182
自然法学派·············· 182
執行評議会（le conseil exécutif）···· 279
実定法（lois positives）·············· 24
シナの専制主義·············· 65
『市民政府論』（Two Treatises of Civil Government）·············· 60, 74
市民的自由（liberté civile）·············· 107
『市民の権利および義務』········ 136, 263
市民法（droit civil）·············· 24
　　──に属する事項の執行権·············· 30
『社会契約論』·········· 71, 83, 93, 94, 259
社会権的人権·············· 109
社会性の精神（esprit de sociabilité）··· 123
社会的政治的不平等·············· 96
社会における人間の権利の宣言案···· 205
ジャコバン・クラブ·············· 223
自由（la liberté）·············· 72
19箇条の提案（The Nineteen Propositions）·············· 5
重商主義＝コルベールティスム·········· 56
集団主義的国家構想·············· 126

自由な状態（un état de parfaite liberté）
　……………………………………70
主権議会………………………………278
『出版業に関する書簡』（Lettre sur le
　Commerce de la Libraire）…………74
受動的市民（le citoyen passif）…73, 204
受任者（manndataire）………………236
諸悪の根源としての土地所有…………140
上　院……………………………………32
食糧について（Sur les subsistances）
　……………………………………256
所有（la propriété）……………………72
所有権の制限…………………………216
ジロンド派（Girondins）……………214
人権協会（Société des Droits de
　l'Homme）………………………214
審査登録権………………………………40
神聖基本法（Loix fondamentaires et
　sacrées）…………………………263
身体の所有……………………………201
人民（le peuple）……………………251
人民協定…………………………………6
人民裁判所……………………………219
人民主権（la souveraineté populaire）
　…………………………4, 73, 218, 251
人民の護民官（Le Tribun du Peuple）
　……………………………………116
親臨法廷（lit de justice）…………38, 170
正義の可能的な諸関係（rapports de
　justice possible）…………………23
制限王政（Monarchie tempéré）……167
制限選挙制度……………………4, 12
『政治社会の自然的本質的秩序』
　………………………61, 76, 78, 141
政治社会の自然的本質的秩序に関して
　経済哲学者に対して提示された疑問
　……………………………………136
政治的権威………………………………84

政治的自由（la liberté politique）……26
政治的不平等（l'inégalité sociale ou
　politique）…………………………95
聖職者（clergé）………………………191
生存権構想……………………………256
政体の性質と原理………………………24
政体分類論………………………………27
政法（droit politique）…………………24
セクション協会（Société séctionnaire）
　……………………………………214
セネシャル裁判所………………………41
選挙権…………………………………208
専制政（Governement despotique）…25
全体意思（la volonté de tous）…104, 113
全身分会議（Etats généraux）………191
造幣院（Cour des Monnaies）………40
租税院（Cour des Aides）……………40
粗野な平等主義………………………137

◆ た 行

大抗議文（Grand Remonstrance）……5
第３身分（Tiers état）………………194
代表者…………………………………236
タイユ（taille）………………………191
第４身分………………………………205
大領主のフロンド（Fronde des grands
　seigneurs）………………………171
第６部会案……………………………205
魂（Ames）……………………………91
堕落した下院からの自由民への訴え…10
『父と子供たちとの対話』（Entretien
　de pere avec son enfants）………74
地方のパルルマン（Parlement de
　province）………………………168
中央立法者議会………………………278
中間的，従属的，依存的な諸権力……26
懲罰王令…………………………………44
長老議会（un sénat）…………………278

事項索引

長老派……………………………… 5
直接税 …………………………… 208
直接普通選挙制度 ……………… 220
陳情書（cahiers）……………… 197
抵抗権 ……………………… 83, 217
ディッガーズ（Diggers）…… 2, 14, 16
ディドロ全集…………………… 69
テニス・コートの誓い ………… 197
テルミドールの反動（la réaction thérmidorienne）…… 214, 254, 255, 260
統治契約………………………… 99
道徳的自由（liberté morale）
 …………………… 107, 109, 112
『道徳と政治の関係に関するフォシオンの対話』……………………… 153
道徳の諸原理…………………… 139
徳（la vertu）……………… 113, 259
「特殊意思」（la volonté particulière）
 ……………………… 71, 104, 113
特殊利益（l'intérêts particuliers）…… 68
独立派…………………………… 5
特権マニュファクチュール…… 56

◆な 行

二院制………………………………… 32
肉体的不平等（l'inégalité naturelle ou physique）……………………… 95
「二権分立」論……………………… 30
ニュー・モデル軍………………… 5
『人間不平等起源論』… 71, 92, 94, 100, 259
農業王国の経済統治の一般準則 … 56, 62
農地均分法（lois agraires）…… 145, 275
能動的市民（le citoyen actif）… 73, 204

◆は 行

バイイ裁判所…………………… 41
89年-91年体制………………… 1
パトニー会議…………………… 8

バブーヴィスト（Babouvistes）… 16, 217
「バブーフの陰謀」（la conspiration de Babeuf）………………… 2, 116, 135
『バブーフの教義の概要』…… 270, 277
パリ市第3身分の請願書（Cahier du tiers-états de la ville de Paris）…… 198
パルルマン（Parlement・高等法院）
 …………… 1, 22, 26, 36, 86, 165
 ——の評定官（conseillers）…… 168
「パンと93年憲法」……………… 261
反復建白（itératives remontrances）… 170
万民法（droit des gens）………… 24
 ——に属する事項の執行権……… 30
百科全書…………………… 70, 81
ピューリタリズム……………… 6
ピューリタン革命 …………… 1, 2
平等（l'égalité）………………… 72
 ——の状態（un état d'égalité）…… 70
平等者の共和国（la République des Egaux）……………………… 274
平等派の宣言（Manifeste des Egaux）
 ……………………………… 274
ピルニッツ宣言………………… 213
フィジオクラシー……………… 57
フィジオクラート ………… 54, 57, 75
『フォシオンの対話』…………… 160
服従契約（le contrat de soumission）
 …………………………… 83, 99
普通選挙制…………………… 12, 224
普通・平等選挙制度……………… 4
フランス革命…………………… 1
フランス同輩衆（Pairs de France）… 170
ブルジョアの革命………………… 1
ブルジョアの憲法思想…………… 1
プレビシット ………………… 228
分離派…………………………… 5
平民宣言（Manifeste des Plébéiens）
 ……………………………… 276

296

事項索引

ペルシャ人の手紙……………………32
封建王政（Monarchie féodale）……167
法典編纂に際して代議員に宛てたロシア
　女帝の訓令に関する考察………80, 86
法の精神………………………………19
法律の保管者（dépositaires des lois）
　…………………………………173
法律の保管所（dépôt des lois）…26, 35
法令（勅令）審査登録権
　（enregistrement）……………37, 169
『ポーランドの政府と諸法律について』
　…………………………………157

◆ ま 行

マブリ全集……………………………136
民衆の革命……………………………1
民衆（プチ・ブルジョア）の憲法思想…1
無神論（athéisme）…………………151
無制限の権利（droit illimité）………106
明証の専制主義………………………67

命令的委任制度（mandat impératif）
　……………………………154, 218
モンタニャール憲法…………………257

◆ ら 行

理神論（déisme）……………………151
立憲君主制……………………………69
立法権…………………………………30
立法権行使への参加の理論…………39
「立法について　別名　法律の諸原理」
　…………………………………136
領主裁判権……………………………167
レヴェラーズ…………………………1, 6
レファレンダム（人民投票制）……228
憐憫の情（la pitié）…………………95
労働と享有の平等……………………275
労働の所有……………………………201
ロード・ストラフォード体制………5
ロードの「徹底政策」………………4
ローマ人盛衰原因論…………………49

297

〈著者紹介〉

畑　安次（はた・やすじ）

1945年　三重県生まれ
　　　　三重県立伊勢高等学校を経て
1968年　同志社大学法学部卒業
1970年　同志社大学大学院法学研究科公法学専攻修士課程修了
1974年　金沢大学教養部助教授
1991年　金沢大学教養部教授
1996年　金沢大学法学部教授
2004年　金沢大学大学院法務研究科教授（現在に至る）

〈編・著書〉

『デモクラシーと法』（舟越耿一との共編著）（1994年，ミネルヴァ書房）
『デモクラシーと憲法』（舟越耿一との共編著）（1999年，ミネルヴァ書房）
『日本国憲法 —— 主権・人権・平和』（編著）（2010年，ミネルヴァ書房）

学術選書
59
憲　法

18世紀フランスの憲法思想とその実践

2010(平成22)年12月25日　第1版第1刷発行
5859-2：P320　￥9,800E-012-050-015

著者　畑　　安　次
発行者　今井　貴　稲葉文子
発行所　株式会社　信　山　社
〒113-0033　東京都文京区本郷6-2-9-102
Tel 03-3818-1019　Fax 03-3818-0344
info@shinzansha.co.jp
笠間才木支店　〒309-1611　茨城県笠間市笠間515-3
笠間来栖支店　〒309-1625　茨城県笠間市来栖2345-1
Tel 0296-71-0215　Fax 0296-72-5410
出版契約 2010-5859-2-01010　Printed in Japan

©畑安次,2010　印刷・製本／亜細亜印刷・渋谷文泉閣
ISBN978-4-7972-5859-2 C3332　分類323.803-b003 フランス憲法

〈(社)出版者著作権管理機構　委託出版物〉
本書の無断複写は著作権法上での例外を除き禁じられています。複写される場合は，そのつど事前に，(社)出版者著作権管理機構（電話 03-3513-6969, FAX 03-3513-6979, e-mail:info@copy.or.jp）の許諾を得てください。

芦部信喜・高橋和之・高見勝利・日比野勤 編著

日本立法資料全集
日本国憲法制定資料全集

(1) 憲法問題調査委員会関係資料等

(2) 憲法問題調査委員会参考資料

(4)-Ⅰ 憲法改正草案・要綱の世論調査資料

(4)-Ⅱ 憲法改正草案・要綱の世論調査資料

(6) 法制局参考資料・民間の修正意見

続刊

塩野宏 編著

日本立法資料全集
行政事件訴訟法 1～7

信山社

広中俊雄 編著 〔協力〕大村敦志・岡孝・中村哲也

日本民法典資料集成
第一巻 民法典編纂の新方針

【目 次】
『日本民法典資料集成』（全一五巻）への序
全巻凡例　日本民法典編纂史年表
全巻総目次　第一巻目次（第一部細目次）
第一部「民法典編纂の新方針」総説
新方針（＝民法修正）の基礎
法典調査会の作業方針
甲号議案審議前に提出された乙号議案とその審議
民法目次案とその審議
甲号議案審議以後に提出された乙号議案
第ⅠⅡⅢⅣⅤⅥⅦⅧ
第一部あとがき（研究ノート）

来栖三郎著作集Ⅰ～Ⅲ

《解説》
安達三季生・池田恒男・岩城謙二・清水誠・須永醇・瀬川信久・田島裕・利谷信義・唄孝一・久留都茂子・三藤邦彦・山田卓生

Ⅰ　法律家・法の解釈・財産法　1 法律家　2 法律家・法の解釈　3 法の解釈における制定法の意義　4 法律家・法の解釈（講界—フィクション論につらなるもの）　5 法の解釈における慣習の意義　6 法の解釈と法の遵守　7 いわゆる事実たる慣習と法の解釈について　8 学界展望・民法　9 民法における擬制について　10 立木取引における慣習と法との関係　11 債権の準占有と免責証券　12 損害賠償の範囲および方法に関する日独両国の比較研究　13 契約につらなるもの　＊ 財産法判例評釈（一）〔総則・物権〕
Ⅱ　財産法判例評釈（2）〔債権・その他〕C 契約法　14 契約法の歴史と解釈　15 契約法判例評釈（2）〔債権・その他〕　16 日本の贈与法　17 第三者のためにする契約　18 日本の手付法　19 小売商人の瑕疵担保責任　20 民法上の組合の訴訟当事者能力　＊ 家族法判例評釈（親族・相続）
Ⅲ　家族法　家族法判例評釈（親族・相続）　D 親族法に関するもの　21 内縁関係に関する学説の発展と戸籍の訂正　22 婚姻の無効について　23 穂積陳重先生の自由離婚論と穂積重遠先生の離婚制度の研究（講演）　24 養子制度について紹介　E 相続法に関するもの　25 日本の養子法　26 中川善之助『日本の親族法』紹介　27 共同相続財産の性質について　28 相続順位　29 日本の相続と相続制度　30 遺言の解釈　31 遺言の取消　32 lover について　F その他・家族法に関する論文　33 戸籍法と親族相続法　34 中川善之助「身分法の総則的課題—身分権及び身分行為」「新刊紹介」＊ 家族法判例評釈（親族・相続）付・略歴・業績目録

信山社

◆クラウス・シュテルン 著◆
ドイツ憲法 I
総論・統治編

赤坂正浩・片山智彦・川又伸彦・小山剛・高田篤 編訳
鵜澤剛・大石和彦・神橋一彦・駒林良則・須賀博志
玉蟲由樹・丸山敦裕・亘理興一 訳

A5寸 592頁 本体15,000円（税別）

§4 憲法 小山剛 編 小山剛・鵜澤剛・川又伸彦 訳／§12 地方自治 小山剛 編 駒林良則 訳／§13 政党 高田篤 編 丸山敦裕 訳／§16 自由で民主的な基本秩序 高田篤 編 片山智彦 訳／§18 民主制原理 高田篤 編 須賀博志 訳／§20 法治国家原理 高田篤 編 丸山敦裕 訳／§21 社会国家原理 小山剛・川又伸彦 編 亘理興一 訳／§22 議院内閣制の基礎と形成 小山剛 編 川又伸彦 訳／§32 連邦憲法裁判所 赤坂正浩 編 神橋一彦 訳／§36 作用の分割と分配：権力分立原理 赤坂正浩 編・訳／§44 憲法裁判 赤坂正浩 編 玉蟲由樹・大石和彦 訳

◆クラウス・シュテルン 著◆
ドイツ憲法 II
基本権編

井上典之・鈴木秀美・宮地基・棟居快行 編訳
伊藤嘉規・浮田徹・岡田俊幸・小山剛・杉原周治
西土彰一郎・春名麻季・門田孝・山崎栄一・渡邉みのぶ 訳

A5寸 504頁 本体13,000円（税別）

§66 防御権 棟居快行 編 伊藤嘉規・西土彰一郎 訳／§69 客観法的基本権内容 棟居快行 編 棟居快行 訳・西土彰一郎・山崎栄一・宮地基 訳／§76 私法秩序における基本権の効力 井上典之 編 渡邉みのぶ・門田孝 訳／§79 基本権の限界づけの概念と種類（M. ザックス執筆）井上典之 編 井上典之・浮田徹・春名麻季 訳／§84 過剰侵害禁止（比例原則）と衡量命令 鈴木秀美 編 小山剛 訳／§91 憲法裁判所による基本権保護 鈴木秀美 編 杉原周治・鈴木秀美・岡田俊幸 訳

シュテルン国法学のエッセンスの訳出を慶ぶ

日独公法学の交流に多大の功績を積まれたドイツ公法学の泰斗シュテルン教授の代表作・ドイツ国法学のエッセンスがこのたび訳出される運びとなり、慶びにたえない。わが国の公法学に裨益すること多大なものがあると信じ、江湖の研究者におすすめする。

東京大学名誉教授 塩野 宏

信山社

ヨーロッパ人権裁判所の判例
〈編集〉戸波江二・北村泰三・建石真公子・小畑 郁・江島晶子

ドイツの憲法判例Ⅲ
ドイツ憲法判例研究会 編 栗城壽夫・戸波江二・嶋崎健太郎 編集代表
●基本用語集、関連文献一覧を新たに付した、1996〜2005年の重要判例を網羅した、公法研究に必備の判例研究書の最新版。●「Ⅱ」からの資料もアップデートして再録。

フランスの憲法判例
フランス憲法判例研究会 編 辻村みよ子 編集代表
●日本初のフランス憲法判例集。フランス第五共和制憲法で創設されたフランス憲法院の重要判例を選抜し、その意義や論点を解説。●フランス憲法院（1958〜2001年）の重要判例67件を、体系的に整理・配列して理論的に解説。

●新感覚の入門書 ブリッジブックシリーズ● **ブリッジブック 日本の外交** 井上寿一 著
日本外交の辿って来た道筋を平明に説く入門書　定価：本体￥2,000（税別）　ISBN：4-7972-2318-9

講座国際人権法1　国際人権法と憲法
講座国際人権法2　国際人権規範の形成と展開
芹田健太郎・棟居快行・薬師寺公夫・坂元茂樹 編

ドイツ憲法集【第6版】
高田敏・初宿正典 編訳
●近代以降のドイツから現在までのドイツの憲法典を通観する基礎的史料新装最新版

――――― 信山社 ―――――

◆総合叢書◆

1. 甲斐克則・田口守一 編　企業活動と刑事規制の国際動向　11,400円
2. 栗城壽夫・戸波江二・古野豊秋 編　憲法裁判の国際的発展Ⅱ　続刊
3. 浦田一郎・只野雅人 編　議会の役割と憲法原理　7,800円
4. 兼子 仁・阿部泰隆 編　自治体の出訴権と住基ネット　6,800円
5. 民法改正研究会 編(代表 加藤雅信)　民法改正と世界の民法典　12,000円
6. 本澤巳代子・ベルント・フォン・マイデル 編　家族のための総合政策Ⅱ　7,500円
7. 初川 満 編　テロリズムの法的規制　7,800円
8. 野田昌吾・守矢健一 編　法発展における法解釈学の意義　近刊
10. 森井裕一 編　地域統合とグローバル秩序　6,800円

◆法学翻訳叢書◆

1. R. ツィンマーマン　佐々木有司 訳　ローマ法・現代法・ヨーロッパ法　6,600円
2. L. デュギー　赤坂幸一・曽我部真裕 訳　一般公法講義　続刊
3. D. ライボルド　松本博之 編訳　実効的権利保護　12,000円
4. A. ツォイナー　松本博之 訳　既判力と判決理由　6,800円
9. C. シュラム　布井要太郎・滝井朋子 訳　特許侵害訴訟　6,600円

―信山社―

価格は税別

◇ 学術選書 ◇

1	太田勝造	民事紛争解決手続論（第2刷新装版）	6,800円
2	池田辰夫	債権者代位訴訟の構造（第2刷新装版）	続刊
3	棟居快行	人権論の新構成（第2刷新装版）	8,800円
4	山口浩一郎	労災補償の諸問題（増補版）	8,800円
5	和田仁孝	民事紛争交渉過程論（第2刷新装版）	続刊
6	戸根住夫	訴訟と非訟の交錯	7,600円
7	神橋一彦	行政訴訟と権利論（第2刷新装版）	8,800円
8	赤坂正浩	立憲国家と憲法変遷	12,800円
9	山内敏弘	立憲平和主義と有事法の展開	8,800円
10	井上典之	平等権の保障	近刊
11	岡本詔治	隣地通行権の理論と裁判（第2刷新装版）	9,800円
12	野村美明	アメリカ裁判管轄権の構造	続刊
13	松尾 弘	所有権譲渡法の理論	近刊
14	小畑 郁	ヨーロッパ人権条約の構想と展開（仮題）	続刊
15	岩田 太	陪審と死刑	10,000円
16	石黒一憲	国際倒産 vs.国際課税	12,000円
17	中東正文	企業結合法制の理論	8,800円
18	山田 洋	ドイツ環境行政法と欧州（第2刷新装版）	5,800円
19	深川裕佳	相殺の担保的機能	8,800円
20	徳田和幸	複雑訴訟の基礎理論	11,000円
21	貝瀬幸雄	普遍比較法学の復権	5,800円
22	田村精一	国際私法及び親族法	9,800円
23	鳥谷部茂	非典型担保の法理	8,800円
24	並木 茂	要件事実論概説 契約法	9,800円
25	並木 茂	要件事実論概説Ⅱ 時効・物権法・債権法総論他	9,600円
26	新田秀樹	国民健康保険の保険者	6,800円
27	吉田宣之	違法性阻却原理としての新目的説	8,800円
28	戸部真澄	不確実性の法的制御	8,800円
29	広瀬善男	外交的保護と国家責任の国際法	12,000円
30	申 惠丰	人権条約の現代的展開	5,000円
31	野澤正充	民法学と消費者法学の軌跡	6,800円

信山社

価格は税別

◇学術選書◇

32	半田吉信	ドイツ新債務法と民法改正	8,800円
33	潮見佳男	債務不履行の救済法理	8,800円
34	椎橋隆幸	刑事訴訟法の理論的展開	12,000円
35	和田幹彦	家制度の廃止	12,000円
36	甲斐素直	人権論の間隙	10,000円
37	安藤仁介	国際人権法の構造Ⅰ〈仮題〉	続刊
38	安藤仁介	国際人権法の構造Ⅱ〈仮題〉	続刊
39	岡本詔治	通行権裁判の現代的課題	8,800円
40	王 冷然	適合性原則と私法秩序	7,500円
41	吉村徳重	民事判決効の理論(上)	8,800円
42	吉村徳重	民事判決効の理論(下)	9,800円
43	吉村徳重	比較民事手続法	近刊
44	吉村徳重	民事紛争処理手続の研究	近刊
45	道幸哲也	労働組合の変貌と労使関係法	8,800円
46	伊奈川秀和	フランス社会保障法の権利構造	13,800円
47	横田光平	子ども法の基本構造	10,476円
48	鳥谷部茂	金融担保の法理	近刊
49	三宅雄彦	憲法学の倫理的転回	続刊
50	小宮文人	雇用終了の法理	8,800円
51	山元 一	現代フランス憲法の理論	近刊
52	高野耕一	家事調停会〈増補版〉	続刊
53	阪本昌成	表現の自由〈仮題〉	続刊
54	阪本昌成	立憲主義〈仮題〉	続刊
55	山川洋一郎	報道の自由	近刊
56	兼平裕子	低炭素社会の法政策理論	6,800円
57	西土彰一郎	放送の自由の基層	近刊
58	木村弘之亮	所得支援給付法	12,800円
59	畑 安次	18世紀フランスの憲法思想とその実践	近刊
60	髙橋信隆	環境行政法の構造と理論	12,000円
2010	高瀬弘文	戦後日本の経済外交	8,800円
2011	高 一	北朝鮮外交と東北アジア:1970-1973	7,800円

信山社

価格は税別